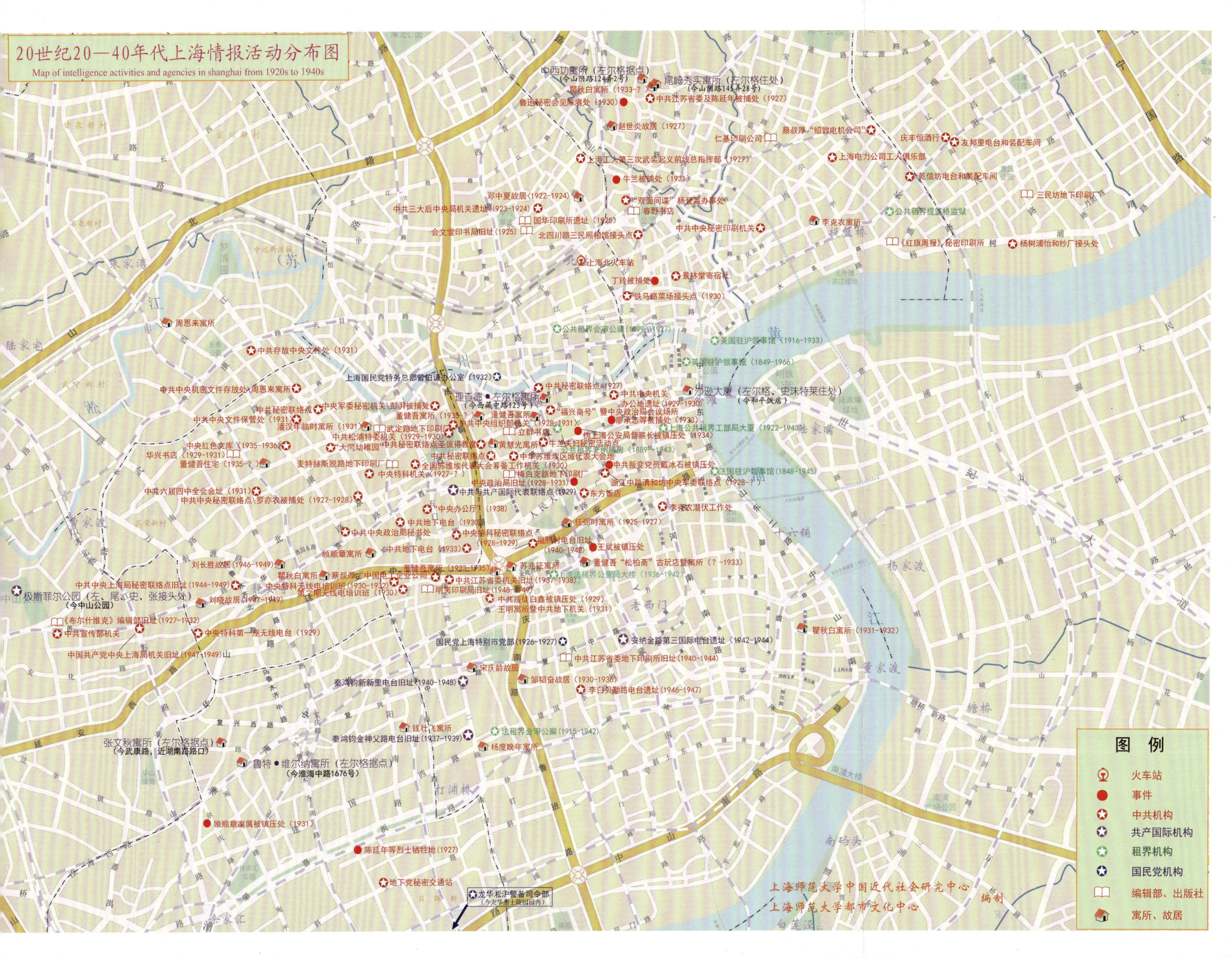

20世纪20—40年代上海情报活动分布图

Map of intelligence activities and agencies in shanghai from 1920s to 1940s

Richard Sorge's
Secret Mission in China

佐尔格在中国的秘密使命

苏智良 ◎ 主编

上海社会科学院出版社

图书在版编目(CIP)数据

左尔格在中国的秘密使命/苏智良主编.—上海：上海社会科学院出版社，2014
 ISBN 978-7-5520-0618-6

Ⅰ.①左… Ⅱ.①苏… Ⅲ.①佐尔格，R.（1895～1944）-人物研究-文集②情报工作-历史-上海市-现代-文集Ⅳ.①K835.125.2-53②K295.1-53

中国版本图书馆 CIP 数据核字（2014）第 116886 号

左尔格在中国的秘密使命

主　　编：苏智良
责任编辑：林凡凡　张广勇
封面设计：闵　敏
出版发行：上海社会科学院出版社
　　　　　上海淮海中路 622 弄 7 号　电话 63875741　邮编 200020
　　　　　http://www.sassp.org.cn　E-mail:sassp@sass.org.cn
排　　版：南京展望文化发展有限公司
印　　刷：山东鸿君杰文化发展有限公司
开　　本：710×1010 毫米　1/16 开
印　　张：24.5
插　　页：4
字　　数：380 千字
版　　次：2014 年 7 月第 1 版　2015 年 3 月第 2 次印刷

ISBN 978-7-5520-0618-6/K·244　　　　　定价：70.00 元

版权所有　翻印必究

目　　录

左尔格在上海（1930—1932）……………………………… 苏智良　001

上海城市对于中共领导革命斗争的意义（1921—1949）
　　——一个城市社会史的考察 ……………………………… 熊月之　023
周恩来秘会左尔格 ………………………………………… 杨国光　041
理查德·左尔格和他的情报小组 1929—1932 年在中国的活动及其结果
　　………………………［俄］Н.Л.玛玛耶娃（Natalia Mamaeva）　056
左尔格在上海活动初探 …………………………………… 邵　雍　077
共产国际执行委员会设在上海的国际联络点 OMC
　　……………………………［俄］索特尼克娃（Irina Sotnikova）　086
左尔格之后苏联在华情报活动
　　………………［俄］А.科尔帕克基（Aleksandr Kolpakidiss）　109
左尔格小组在上海的足迹 …………………… 胡皓磊　苏智良　126

左尔格与上海犹太人中的地下反法西斯集团 ……………… 潘　光　137
作为国际情报战的左尔格事件 ………………… ［日］加藤哲郎　142
上海和东京：尾崎秀实情报活动的起点和终点 ……… 徐静波　154
艾格尼丝·史沫特莱：20 世纪 30 年代在上海的情报活动
　　…………………………………………………… ［日］白井久也　178

尾崎秀实和中共谍报团事件
　　——他们曾反对侵略战争，为中国革命的胜利而战
　　……………………………………………………〔日〕渡部富哉　195
从尾崎秀实看谍报概念的革新……………………〔日〕铃木规夫　208
宋庆龄与牛兰夫妇案…………………………………………邵　雍　220
牛兰事件细节问题的再研究…………………………………张姚俊　225
左尔格小组与宋庆龄30年代初政治活动关系之初探………朱玖琳　237
得不偿失的大营救
　　——牛兰、宋庆龄与左尔格…………………………吴基民　259
抗战时期上海特科对日本的情报工作………………………钱　明　276
情报战线上的战士
　　——我们的父辈……………………………………景　虹　景　云　290
钱明、肖心正等口述、回忆中的日本中西功及"中共谍报团案"
　　………………………………………………………………陈正卿　295
帝国主义与上海警察的反共活动………〔美〕魏斐德著　周育民译　310
孤岛时期上海的国际情报战
　　——以郑苹如间谍案为中心……………………………徐　青　323
反战间谍作家陶晶孙……………………………………………高建国　339
太平洋戦争前の日本の二大紙における中国関係の組織と記者
　　………………………………………………………〔日〕土屋礼子　356
朝日新聞と中国—日中戦争期での国策新聞『大陸新報』の足跡
　　………………………………………………………〔日〕山本武利　371
谍战海上，厥功至伟：左尔格和他的谍报工作
　　——"左尔格与上海情报战国际学术研讨会"综述………李云波　380

后记………………………………………………………………………387

左尔格在上海(1930—1932)

◎ 苏智良

20世纪30年代初的上海,人口已达300万人,为中国的首位大城市、交通枢纽,工业、金融、贸易和文化的中心;在世界城市中,上海是仅次于伦敦、纽约、东京、柏林的第五大城市,号称"东方巴黎"。

上海城市具有非常特殊的"三界四方"的政治格局,华界(管辖着互不相连的南市与闸北)、公共租界、法租界;两个租界各自独立,拥有各自的市政机构、警察系统。由于治外法权和租界的存在,上海是"冒险家的乐园",是远东外国人活动的中心;各种政治势力均不会轻视上海的存在,恰恰相反,这里成为他们活动的基地。以共产革命势力为例,在更早的20世纪20年代初,上海就已是亚洲共产主义运动的中心[①];到20年代末,这里仍是欧美各国倾向于共产国际的人士云集的前沿地带,他们中有职业政治家,也有作家、记者等自由职业者,他们期待并催生着中国革命高潮的出现。上海也是各种政治势力活动和搜集情报的中心。各种力量犬牙交错、相互重叠。尤其是在30年代及以后,这里也是世界情报战的重要战场:国民党、共产党,租界,日本势力,傀儡政权,黑社会,还有共产国际、苏联政府和红军代表,以及美国

---

① 参见姚霏、苏智良:《90年前的上海:远东共产主义运动的中心》,《历史教学问题》2011年第5期。

共产党、日本共产党、安南共产党等势力云集；各种政治势力在上海这个谍报之都里联合与较量，双面谍、三面谍、谍中谍、金钱、女色、斗智、角力、暗算、收买、杀戮……上海租界里，还有一些专门以搜集和贩卖情报为生的职业特工。

在上海的红色情报战线，除了以"龙潭三杰"（钱壮飞、李克农、胡底）为代表的中央特科，还有极富传奇色彩的左尔格领衔的"拉姆扎小组"，他们演出了一幕幕鲜活生动的红色情报历史剧，成为苏联"重要的交通站之一"。①前者披露较多，而后者至今仍隐秘重重，扑朔迷离。为纪念左尔格牺牲 70 年，拟依据各类史料，勾勒上海左尔格小组的历史轮廓。

左尔格来到上海

1929 年春夏之交，一度撤销的共产国际远东局从海参崴移至上海，负责与中国及远东各国共产党组织的联络。其前期领导人为原德共中央政治局委员埃斯勒、波兰人任斯基，后来又来了共产国际东方部副部长米夫和持有美国护照的阿瑟·尤尔特。远东局下设政治部、组织部和军事顾问组，它们相对独立。1933 年，进入苏区担任军事顾问的德国人奥托·布劳恩（中国名李德）就是隶属于该顾问组的。应共产国际之邀，中共也陆续派遣了一批精明的党员充实该国际情报队伍。

理查德·左尔格(Richard Sorge)1895 年 10 月 4 日生于阿塞拜疆阿仁肯村。父亲是德国工程师，母亲是乌克兰人。大学时代向往社会主义，1921 年加入德国共产党，1925 年又加入联共（布）。左尔格在第一次世界大战中曾负过伤。他住在汉堡，在汉堡经济学院获得社会学博士学位。1924 年移居苏联。此后以共产国际特派员身份在欧洲活动，1928 年出版著作《新德意志帝国主义》，次年被划为"右派"而调离共产国际，此后投入苏联红军总参谋部第四部部长扬·别尔津将军麾下，并受其派遣前往东方，为了不给敌人留下口实，他以共产国际情报局远东地区情报员的身份活动。②

---

① ［美］魏斐德著，章红、陈雁、张晓阳译，周育民校：《上海警察 1927—1937》，人民出版社 2011 年版，第 193 页。
② ［日］尾崎秀树：《ゾルゲ事件と中国》，东京劲草书房 1989 年版，第 177 页。

左尔格 1929 年 11 月启程前往柏林,在那里取得德国护照,并获得了《德意志粮食报》特派记者头衔,以及一家社会学杂志的供稿合同。1930 年 1 月 10 日来到上海①,入住沙逊大厦的华懋饭店(Cathay Hotel),化名亚历山大·约翰逊。左尔格的公开使命是研究银行业务,这是他在汉堡经济学院研究过的课题。在上海时,左尔格又得到了一项来自德国化学学会的委托,调查中国市场销售法本工业公司产品的可能性。他受到德国驻上海领事波尔希的热情欢迎。波尔希把他介绍给了在华的德国军事顾问们,在他们眼中,左尔格"既有魅力又漂亮,他有一个狭长的脑袋,

理查德·左尔格
1932 年摄于上海

一头浓密而卷曲的头发,脸上已经有了皱纹,一双深蓝色的眼睛,镶着一圈深色的睫毛,他有一张轮廓漂亮的嘴"②。在社交场合,他风度翩翩,器宇不凡,颇有人缘。以后,左尔格成了顾问团的常客,冯·科伦贝格上校又把左尔格引荐给了军政部长何应钦,而这位上校不久就晋升为将军,后来担任上海总领事。左尔格回忆:"军事顾问们经常邀请我去南京,他们也来上海看望我。"③

左尔格曾说:"谍报工作是我所喜欢的,而且我认为自己适合干这行……我的性格、兴趣和爱好,都使我倾向政治情报和军事情报工作,而回避党内争论。"④他接替了老资格的苏联在沪情报网的负责人亚历山大·乌拉诺夫斯基。左尔格需要重建上海的情报网,他需要完成的任务包括:第

---

① 关于左尔格到达上海的时间,杨国光先生认为是 1930 年 1 月 30 日(见杨氏著:《理查德·左尔格——一个秘密谍报员的功勋与悲剧》,汉语大词典出版社 2005 年版,第 28 页;《功勋与悲剧:红色谍王左尔格》,中国青年出版社 2012 年版,第 29 页)。国际学界多认为是 1 月 10 日。如尾崎秀樹(见尾崎著:《上海 1930 年》,岩波新书,第 152 页;《ゾルゲ事件——尾崎秀实の理想と挫折》,中公新书,第 86 页;《ゾルゲ事件と中国》,劲草书房,第 176 页),上海纪实频道所摄《档案:大间谍左尔格》也认为是 1 月 10 日。
② [德]鲁特·维尔纳著,张黎译:《谍海忆旧》,解放军文艺出版社 2000 年版,第 38 页。
③ [美]F. W. 狄金、G. R. 斯多利著,聂崇厚译:《左尔格事件》,群众出版社 1983 年版,第 71 页。
④ 转引自杨国光:《理查德左尔格——一个秘密谍报员的功勋和悲剧》,汉语大词典出版社 2005 年版,第 15 页。

一,对南京政府社会、政治进行分析;第二,研究南京政府的军事力量;第三,研究中国各派系的社会政治结构、军事力量;第四,南京政府的内政与社会政策;第五,中国等各国尤其是日本对苏联的外交政策;第六,南京政府及各派系对美英日的政策;第七,列强在华军事力量研究;第八,治外法权及租界问题;第九,中国工业概况及工人、农民状况研究,等等。[1] 可以说,内容繁多,任务沉重,但左尔格仍充满信心。

左尔格到上海后不久,便从收费昂贵的华懋饭店移住西藏路青年会大楼(今西藏路123号),最后定居在尾崎秀实的虹口居所,地址是施高塔路(今山阴路145弄2号),并以此为在沪基地而展开活动。[2] 左尔格在上海时,喜欢骑摩托车,而且速度飞快,以至于曾因车祸而住进医院。根据《远东德国通讯录》记载,他在上海有个私人信箱是1062号。他的上海情报网被苏联称为"拉姆扎小组"。

拉姆扎小组

在上海落脚后,莫斯科给左尔格配备了几位外侨核心成员,并日益扩大,形成了国际小组。

报务员马克斯·克劳森,生于1899年,是德国汉堡一个店员的儿子,1917年入伍担任德军无线电报员,1919年退伍后当过德国商船上的报务员,后加入德共,到苏联接受训练,成为总参谋部四局的成员。1928年10月,他从汉堡乘坐火车经西伯利亚到达哈尔滨,然后到大连乘船来到上海。一天,他来到汇中饭店(今和平饭店南楼),左手拿着一份《字林西报》,右手持烟斗,与一个名叫吉姆的人接上了头。[3] 后来他担任左尔格的报务员,租赁法租界的一个单元房屋。为遮人耳目,克劳森像其他外国人一样,搞些赚钱的买卖,他在所住的虹口开了一个带车库的摩托车行。克劳森设计和组

---

[1] [日]尾崎秀树:《上海1930年》,岩波书店1990年版,第167—168页。
[2] [日]尾崎秀树:《上海1930年》,岩波书店1990年版,第163页。
[3] [美]F. W. 狄金、G. R. 斯多利著,聂崇厚译:《左尔格事件》,群众出版社1983年版,第61页。

装发报机,建立了电台。在左尔格的撮合下,克劳森与住在同一楼的芬兰女郎安娜结婚了,安娜是上海一家医院的护士。后来,克劳森奉命随左尔格前往日本继续情报生涯,并成为第二次世界大战情报战中的著名人物。

记者艾格尼丝·史沫特莱1890年生于美国一工人家庭,早年即同情革命,思想激进。1928年12月到上海,身份是德国《法兰克福报》特派记者。她最初所居就是左尔格也住过的华懋饭店,所以联系非常方便。左尔格知道40岁的史沫特莱思想左倾,他最先与之进行会面。① 一天,史沫特莱来到美国花旗总会(今福州路209号),她询问主办者是否有中国人参加,得到的回答是中国人不准进入俱乐部,这里没有中国人会员。听完此话,史沫特莱立即起身离开,从此再也没有迈入这幢邬达克设计的美轮美奂的建筑。她刚刚出版了自传体小说《大地的女儿》(Daughter of Earth),愤世嫉俗,热爱中国,将中国视为第二故乡。后来史沫特莱去了优雅的法租界,她与左尔格成为挚友,她对左尔格小组的贡献不在于搜集了多少情报,而是介绍了不少可靠的人员。如她把尾崎秀实等介绍给左尔格,约在1931年的1月,地点是华懋饭店。史沫特莱对尾崎秀实有着深厚的感情,甚至称其为"心上人"、"我的丈夫"。②

左尔格是通过史沫特莱认识尾崎秀实的。③ 尾崎秀实1901年出生,在台北长大,其父为日本著名报人。尾崎秀实1928年11月携妻英子来上海,任《朝日新闻》上海特派员,成为中国问题评论家、满铁调查室顾问、满铁中国研究室主任,他以批判日本"大陆政策"的立场来研究和报道中国,加之精通中、英、德语,他的报道越来越受到欢迎,后来成为上海日本进步人士的核心人物。尾崎秀实居住在施高塔路(今山阴路)145弄2号,与鲁迅、夏衍、陶晶孙、郑伯奇、冯乃超、沈西苓、田汉、郁达夫、成仿吾等进步文艺人士颇为熟悉。夏衍曾回忆道,1930年5月29日左联的第二次全会,就是在尾崎提供的日本俱乐部里举行的。尾崎的导师是中共党员王学文。王学文毕业于京都帝国大学,1928年返沪,曾任中共左联党团成员、社会科学研究会党团书记。1930年3月,王在上海东亚同文书院演讲中国革命的历程,听讲的

---

① [日]尾崎秀树:《上海1930年》,岩波书店1990年版,第164页。
② 杨国光:《谍海巨星左尔格》,学林出版社2000年版,第183页。
③ 在东京被捕后的尾崎秀实曾说,美国共产党日本人部的鬼头银一将他介绍给了左尔格。

尾崎秀实大为感动，而逐渐走上革命道路。左尔格吸收他加入地下组织，成为战友。最初，尾崎只知道他是约翰逊。"他们通常事先定好会面地点，非必要绝不使用信件或电话联系"。最常用的就是左尔格驾摩托车到靠近日本人居住的虹口的外白渡桥边，尾崎秀实上车后坐在后座上，"然后他们在马路上兜风，由尾崎讲述新闻，或者到一家中式饭馆去用餐。不过，他们最喜欢去的场所是艾格妮丝·史沫特莱舒适的寓所，她已经搬出了旅馆"①。尾崎为左尔格的人格魅力所感召，全力投入了情报战，成为他的"真挚的同志"。②

尾崎秀实介绍了一些在沪日本人加入左尔格小组。③ 如鬼头银一是美国共产党员，他从安南潜入上海，主要使命是搜集各种情报。④ 接着将主张反战的、中国日文版画报《上海新闻》的记者河井也拉了进来，他被派到东北区负责刺探关东军进攻苏联的计划。河井提供了诸如日本人挟持溥仪、建立伪满洲国等情报。还有川合贞吉，1901年出生的《上海新闻周报》记者，个头矮小却举止沉着，1931年参加左尔格小组，⑤后曾被上海的日本警察逮捕。川合清楚地记得，有一次，他依约到福州路交换情报。当时，尾崎穿着上海流行的大衣款式，在电车、汽车和拥挤的行人中穿行，快速地走到一辆黑色轿车前，打开车门；车上先下来一位戴着深色眼镜的很酷的外国女性，她就是史沫特莱，然后是一位有着鸢色头发的英俊男子，不用说，他就是左

---

① ［苏］尤里·科多利科夫著，永穆、爱琦、李薇译：《间谍——左尔格》，新华出版社1980年版，第69页。左尔格评价尾崎"是我最得力的助手……我们之间无论是工作关系，还是私人交情，都是非常好的。他能获得最准确、完整、有价值的情报。他所提供给我的日方情报，占了我的情报来源的四分之一。尾崎是个非常了不起的人"。（张晓龙、许文龙：《红色国际特工》，哈尔滨出版社2006年版，第31页）

② 后来，尾崎秀实成为日本首相近卫文麿的顾问，对东京左尔格小组贡献尤多。在东京狱中，尾崎回忆沪上往事时说："现在回想起来，我结识艾格妮丝·史沫特莱和理查德·左尔格，可以说是前世有缘。这是因为与他们两人的邂逅决定了我此后的狭窄的道路。他们个个都忠实于自己的主义和信念，并对工作全力以赴且有真本事。如果我发现他们有一点私心或仅仅想利用我们的话，我至少会与他们一刀两断而分道扬镳。可他们却不是这样的人，尤其是左尔格作为真挚的同志，直至最后还始终如一地善待我，情如手足。因而我对他也十分信赖并协助他工作。"（尾崎秀树：《ゾルゲ事件》，中央公论社1963年版，第20页）

③ ［德］左尔格《狱中手记》，转引自尾崎秀树：《上海1930年》，岩波书店1990年版，第164页。

④ 鬼头银一于1931年在上海租界内被逮捕，后由日本引渡，判处惩役两年。尾崎秀实：《東京拘役所で行われた第二十回讯问调書》，尾崎秀树：《上海1930年》，岩波书店1990年版，第165—166页。

⑤ 尾崎秀树：《ゾルゲ事件》，角川书店2003年版，第73页。

尔格。他们一起走进了熙熙攘攘的杏花楼。川合被派往东北搜集日军情报，行前，左尔格又约他、尾崎和史沫特莱在极斯菲尔公园（今中山公园）接头，四人坐在草坪上，左尔格对川合交代着东北线人的联络方式，当声音高些时，史沫特莱警惕地说："小心特务。"①

中西功，中共情报系统文件记载：中西功，1928年5月为中共正式党员。② 中西功的寓所在施高塔路留青小筑28号（今山阴路124弄28号）③，这里也成为左尔格时常光顾的联络窗口。

西里龙夫，先由王学文介绍进入中国共青团，并被发展进入中共特科，正式加入中共是在1934年。尾崎、中西、西里以及川合贞吉、船越寿雄（日本新闻社驻上海办事处成员）、水野成（船越的同事）等在沪的日本人组成了"日中斗争同盟"。④ 其中有些人是东亚同文书院的学生，而这个学院是中共重点发展的对象，先后成立学院的中共支部和共青团支部，其骨干多加入了左尔格小组。⑤ 尾崎秀实本人于1932年2月被《朝日新闻》总社调回东京，正当他为离开上海、离开左尔格而沮丧时，左尔格也来到了东京，并共同成就了谍报事业的辉煌。

鲁特·维尔纳是德国共产党员⑥，1930年夏随丈夫罗尔夫·汉堡嘉来到上海，这一年她23岁，她的丈夫经好友瓦尔特介绍，来应聘公共租界的市政工程师。在上海，鲁特·维尔纳结识了史沫特莱，通过她又与鲁迅、丁玲、宋庆龄等成为朋友⑦。11月，当史沫特莱介绍她与左尔格相识后，鲁特·维尔纳视左尔格为"老师和榜样"，已怀孕的她表示愿意立即工作。她的代号

---

① ［日］尾崎秀树：《上海1930年》，岩波书店1990年版，第180—182页。
② 转引自杨国光：《理查德·左尔格——一个秘密谍报员的功勋和悲剧》，汉语大词典出版社2005年版，第15页。
③ 中西功居所由许洪新先生提供，研究生李君益实地考察确认，特此致谢。
④ 成员还有臼井行幸、尾崎庄太郎、川合贞吉、手岛博俊、安斋库治（战后任日共中央书记）、小松重雄、副岛龙起、岩桥竹二、船越寿雄、宫城与德等。其中有些后来又加入了左尔格在东京的情报组。
⑤ 内务省警保局保安课：《特高月报》，昭和十八年10月，转引自渡部富哉：《尾崎秀实と中共諜報団事件》，2008年6月7日。铃木规夫教授提供，谨此致谢。
⑥ 鲁特·维尔纳的真实姓名乌尔苏拉·毕尔顿，在上海时称乌尔苏拉·汉堡嘉。80年代，她曾重返中国，见到了老战友陈翰笙，并找到了上海当年的旧宅（鲁特·维尔纳著，张黎译：《谍海忆旧》，解放军文艺出版社2000年版）。
⑦ 鲁迅在1931年的日记中曾3次记录了与汉堡嘉夫人的交往。在鲁特·维尔纳也就是"汉堡嘉夫人"的帮助下，鲁迅完成了刊印珂勒惠支版画的工作。

是"索尼娅",主要任务是为左尔格小组提供秘密接头地点,收藏情报资料,保存武器和电台。她曾为隐藏中国同志而与丈夫汉堡嘉争吵,而左尔格为汉堡嘉谋到新的职位,挽救了他们的感情。维尔纳最初寄居在瓦尔特家里,1931年4月1日,他们迁居到法租界的霞飞路1464号(今淮海中路1676号),左尔格小组每周至少要在这里举行一个半天的会议。维尔纳逐渐学会了地下斗争的生活:"白天或者晚上,我要注意观察是否有人监视我的房子或者我本身。同志们会面之前和之后,我要不动声色地检查一下大街上的动静……要尽量多请些资产阶级的客人来,免得'地下工作的客人'太显眼。"①她还在《红旗》上发表了一篇文章。②1932年左尔格回苏联后,她于1933年夏天也被调回莫斯科,接受训练。后又曾派到东北工作。③她非常自豪的是,她放在小皮箱里的电台在中国一直没有被破坏,"她总是能运用自己的智慧,在敌人的眼皮底下坦然而大胆地工作,利用一切可能的条件和机会,巧妙地与敌人周旋,出色地完成了她的使命"④。在战斗中,她"开始理解和热爱这个民族了",最初她的丈夫是个局外人,后来也加入了斗争的行列。和平年代,她成长为了著名作家。⑤

弗兰茨也是报务员,他有淡黄色的头发,红色的脸膛,身体结实,并不高大,他与一个白俄女人结婚。早年他也是海员,"当时在情报机构的同志们当中有许多是海员,他们借助自己的职业充当信使"⑥。

约翰,波兰人,加入波共,1931年春加入左尔格小组,战友们称其格里沙。他沉默寡言,当时20多岁,有一头侧分的深色卷曲的头发,额头铮亮,一双黑眼睛和突起的颧骨。他住在霞飞路的一幢独立房屋里,晚上当中国仆人下班后,这里便成为小组的主要开会场所。克劳森回忆,在这里开会总有饮料可喝。约恩的任务是负责密码和照相。1931年年底,他在四川北路一家照相器材商店工作,也是左尔格小组的摄影师,负责将情报全部复制成

---

① [德]鲁特·维尔纳著,张黎译:《谍海忆旧》,解放军文艺出版社2000年版,第44页。
② 维尔纳用笔名在1932年4月24日的《红旗》上发表了《在日本手里》。
③ 张黎:《隐蔽战线女英雄》,《人民日报》2005年8月23日。
④ [德]鲁特·维尔纳著,张黎译:《谍海忆旧》,解放军文艺出版社2000年版,第5页。
⑤ 晚年的维尔纳,出版了回忆录《索尼娅的报告》(中译本名《谍海忆旧》,解放军文艺出版社2000年版)。1987年,她曾随民主德国老战士代表团重返上海,找到与左尔格秘密会面的住房,激动不已。2001年以94岁高龄去世。
⑥ [德]鲁特·维尔纳著,张黎译:《谍海忆旧》,解放军文艺出版社2000年版,第53页。

缩微胶卷。这个商店同时也成了秘密交通员的歇脚点。他在上海多年,而父母对儿子在远东一个叫上海的城市长期潜伏根本不知道。

格哈特·艾斯勒,德国人,曾是德共政治局委员。1928年因反对台尔曼而被解除职务,此后被共产国际执行局派到上海从事秘密工作。关于他的活动,我们知道得非常少。作为老资格的共产党员,他曾奉左尔格之命,考察鲁特·维尔纳。维尔纳回忆:左尔格"建议我到一条重要街道上去观看一次游行,不必直接参加进去,扮作购物的样子,作为欧洲人证明我在现场;我站在巨大的永安百货商店门前,看见许多中国人遭殴打,被逮捕。在多数情况下,被逮捕即意味着死亡。我注视着那些刚刚被判处死刑的年轻人的面孔,我知道,若是有人向我提出要求,我会为他做任何工作。后来我才知道,格哈特·艾斯勒在那里看见了我,我们在柏林曾经有过一面之交。他让同志们提醒我,往后再遇见这种情况,要把自己打扮成贵妇人模样"①。

保尔·里姆是莫斯科给左尔格配备的核心成员之一。这个爱沙尼亚人护照上的名字是克拉斯·塞尔曼,职业兽医。他是电报译码员,也是小组的联络员,还担任军事顾问、左尔格的助手。他出身爱沙尼亚一农业工人家庭,当过红色近卫军,担任过政委,被选入苏维埃,还读过军事学院,当过苏联的将军。他在约恩的照相器材商店附近开设了一家西餐馆,生意兴隆。里姆有着圆圆而光秃的脑袋,一双小眼睛和一张敏捷而和善的笑脸,他那笨重的身体只能缓慢地活动;但非常聪明、坚毅和热情。里姆也是约恩照相器材商店的老板,被认为是左尔格的接班人。其妻子露易丝(真名柳芭·伊凡诺夫娜·里姆),拉脱维亚人,1932年来到上海,也担任小组的密码译员。

伊萨是一位只有23岁的德国姑娘,原是柏林的书店职员,该书店老板为开拓中国业务,派遣她来上海设立书店,曾举办珂勒惠支作品展览。她曾与一位中国的同志长期生活在莫斯科,并有一个女儿。后来她的丈夫成了托洛茨基派成员,两人分手了。伊萨有一双乳蓝色的眼睛和红色的头发,但不会打扮。她生活简朴,干事勤快,与维尔纳是最要好的朋友。

弗雷德·施特恩,德国人,他参加过1921年的3月斗争和1923年的汉堡起义。在上海,维尔纳曾给他送过情报。1932年,他成为中共中央的军事顾

---

① [德]鲁特·维尔纳著,张黎译:《谍海忆旧》,解放军文艺出版社2000年版,第39页。

问。之后返回欧洲,参加保卫马德里的战斗,成为英雄,成为红军的高级军官。

瓦尔特是个在上海的德国商人,为人非常精明。得到左尔格同意后,维尔纳去说服他加入小组工作,瓦尔特表示愿意帮助中共,此后左尔格亲自与他建立了联系。瓦尔特说,左尔格是个非常有魅力的人,愿意提供帮助。后来,瓦尔特离开了小组,但并未反对或伤害小组的任何一个人。

诺伦斯-吕格夫妇,情报人员。1932年被国民党抓捕,并被判处死刑。左尔格立即筹措大笔资金来进行疏通,最后将死刑改成了终身监禁。

时常与左尔格见面的,还有奥托·布莱恩和他的德国女伴。神通广大的左尔格曾告诉克劳森,如果紧急情况下找不到他时,可去西门子公司驻上海代表伏依格特或沃依德特博士处找他。但这位左尔格生死兄弟的生平,至今仍是个谜。①

左尔格手下不仅有国际组,还有中国组。之所以要建立中国组,除了协助左尔格在中国展开工作以外,还有就是左尔格奉共产国际的命令,要运用各种方法支持中国革命,支持中国红军。②但迄今为止,中国组的秘密仍未全部公开。在同事们的合作下,左尔格较为顺利地建立了上海情报网,笔者所知,主要成员有吴仙青、蔡叔厚、张放、社会科学家陈翰笙及夫人、经济学家王学文(中共江苏省委委员)及夫人刘静淑,还有朱姓夫妇、姜某等。③

陈翰笙,江苏无锡人,1915年赴美留学。十月革命成功后,他转攻历史学,1924年从柏林大学获得博士学位,成为北大最年轻的教授。后慢慢从事共产国际情报工作,1927年在莫斯科认识宋庆龄,并成为一生的挚友。1929年初,陈翰笙从苏联回到上海,在宋庆龄处结识史沫特莱,当时双方并不知道对方在为第三国际服务。陈翰笙后来又通过史沫特莱认识了左尔格。④陈翰笙后来将年轻的孙冶方介绍给左尔格。一次,热情的孙冶方用流利的俄语与左尔格交谈,后者大吃一惊,左对陈翰笙说,他不再见孙冶方了,因为在公开场合,他从来不使用俄语。他们的工作极其机密,同志之间也不

---

① [美]F. W. 狄金、G. R. 斯多利著,聂崇厚译:《左尔格事件》,群众出版社1983年版,第70、72页。
② 张晓宏、许文龙:《左尔格援助中国工农红军》,《党史信息报》2006年11月8日。
③ [日]尾崎秀树:《上海1930年》,岩波书店1990年版,第164页。
④ 陈翰笙:《四个时代的我》,中国文史出版社1988年版,第54页。

准过问。1932年2月,陈翰笙奉命提着打字机在徐州车站接人,想不到从上海来的是左尔格,他们一起到达西安,接待的主人竟是杨虎城将军。①

陈翰笙夫妇和经济学家王学文及夫人刘静淑都是热情的史沫特莱介绍给左尔格的,他们都是中共党员。左尔格经常向王学文请教各种学术问题。

一天,左尔格对张放说,中共中央现在急需国民党策划中的"围剿"计划,包括进攻方向、兵力、装备以及部队集结的日期,等等;并责成张放与中央特科代表潘汉年作为双方的联络员,定期接头,交换各自所获得的情报。从此,中央特科和共产国际进行了多个渠道的有效合作。

与左尔格合作的中央特科特工"王君",他在左尔格情报活动中起过重要作用。此人便是左尔格在《狱中手记》中唯一提到的,在上海时一道工作的"王君",是左尔格和史沫特莱去广州时经董秋斯介绍认识的第一个中国得力助手。这位"王君"就是张放,笔名方文;曾用名:张金增、陈培生。他毕业于燕京大学,中共党员,时任广州东山美国教会女子中学语文教师。1930年,张放进入共产国际远东情报局左尔格情报小组工作,成为出色的国际特工②。张放奉左尔格之命,在特科领导蔡叔厚的帮助下,从外国武器商人手中购置武器,并请他夫人鲁丝的姐姐、著名话剧明星蓝天小姐雇车将武器运到指定地点。③

1929年落成的沙逊大厦,是当年上海滩最豪华的饭店之一,也是外滩标志性的建筑物。左尔格、史沫特莱等均曾在沙逊大厦华懋饭店居住。

---

① 杨国光:《谍海巨星左尔格》,学林出版社2000年版,第55页。
② 陈印口述,叶德英整理:《谍王左尔格在中国的营救行动》,《纵横》2011年第3期。陈印为张放之子。
③ 纪录片:《天价字条》解说词,张放之子陈印、张放侄女张晓嵩接受采访。网址:http://www.eeloves.com/memorials/article-show?id=311527。

随后,张放把进步学生柳忆遥、肖炳实也发展为小组骨干。他们因精通英语,平时在小组里担任中译英工作。鲁丝也是小组成员,后来协助丈夫去南京建立新的情报网。

张文秋长期从事地下工作,此时根据中共的指示,进入在上海国际远东第四局情报部工作。根据左尔格的指示,张文秋与吴照高以夫妇身份租下法租界的一幢3层小楼,一楼布置成客厅、厨房和女仆居室,二楼是主人的房间和几间小办公室,三楼也设一卧室;全部用高档的西式家具,还有一部电话。张文秋与吴照高聘用了一位年轻的俄侨女秘书,每天在三楼工作并住宿;后来张文秋才知道,这位漂亮的俄国女郎才是吴照高真正的妻子。左尔格交给张文秋的工作是,每天翻阅公开发行的10多种报刊,如《每日新闻报》、《申报》、《民国日报》、《大公报》、《字林西报》等,从中摘录国民党的军政、经济、文化方面的信息,包括各地的所谓"匪情"和蒋介石的"围剿"计划等,并加上自己的分析判断,整理成第一手资料。其他同事则分管翻译、打字等,最后汇集到左尔格处,由他核对印证,再用密码电报或经微缩技术处理,经哈尔滨,转送到莫斯科的情报中心。张文秋被任命为南方站站长,负责与南方情报网的联系。有一次,她化装成阔太太,乘英国"皇后"豪华客轮去香港,送机密文件和传达左尔格的指示。周恩来离沪前,又给左尔格推荐了一个刚从莫斯科中山大学深造归来的高才生章文先做他的中国助手,帮助翻译情报,默默无闻,直到左尔格离沪后才转到中共党内工作。

吴仙青,女,俄文名字叶琳娜。1928年至1930年在莫斯科东方大学深造时,就参加了共产国际的工作。她俄文流利,受总参四部别尔津将军的青睐,曾在莫斯科接受过正规特工训练,如化装侦察、微缩拍照、秘密书写、驾驶、刺杀、格斗、射击等。她走出洋房时,有时打扮成女教师,有时打扮成佣工。她组织能力极强,参加小组的一年里,便在华东、华南建立起20多个网点,并发展了沙文汉(解放后任浙江省省长)、陈修良(沙文汉妻子,曾任浙江省委宣传部长)、沙文威(解放后任全国政协副秘书长)等人入党。中共许多老一辈都尊称吴仙青为"巾帼英雄"、"远东第一谍"。

蔡叔厚,早年加入中共,留日攻读机电专业。20年代在上海开设绍敦电机公司。1928年秋,中央决定在上海设立党的秘密电台。周恩来把任务交给特科的李强,并调蔡叔厚协助他。到1929年夏,中共的第一个电波便从大西路(今延安西路)福康里9号蔡叔厚寓所传出。周恩来闻讯后决定,将第一台无线电设备送往江西根据地,从此沟通了上海党中央和苏区的无线电通信联系,以后蔡叔厚与李强又制作数台收发报机,送往洪湖贺龙、鄂豫皖徐向前领导的红军根据地。1932年,蔡叔厚被左尔格看中,也成为一名红色国际特工。我们所知道的,蔡叔厚除了完成通讯方面的本行,还根据左尔格的指示,利用各种社会关系,为小组购买武器。

韩先生和温先生是维尔纳的中文老师,维尔纳则教授韩英文。"韩有一副生动的面孔。他生性活泼,理解力强,这两点促使维尔纳和他之间建立了很好的关系"。温先生"是一位沉着而细心的人,他讲究科学的工作方法,上课时,维尔纳给他们读共产国际机关报《国际新闻通讯》,与韩用德文,与温用英文。两个人学习都很用功"①。维尔纳曾参加温的婚礼,见证婚礼的"自家人"竟然有130人,这让维尔纳极为吃惊。

还有位中国女性,是一个聪慧、勇敢、年轻而又谦逊的女人,她父亲是国民党的高级将领,她与一个贫穷的共产党员结婚时,被父亲赶出家门。

维尔纳的印象中还有"杨教授也是左尔格圈子里的人。他在一所大学任教,夫人是图书馆馆员,他们的外国名字是彼得和茜必莉。彼得又瘦又小,但博学多才,还很幽默。他有讲不完的故事,一有机会便露一手,让大家开怀大笑。两口子来我家做客时,史沫特莱也常常过来。即使是地下工作,有时也需要这种调剂和放松的"②。

参与翻译资料的,还有柳忆遥、肖炳实、陆海防、联络员老常等。到1932年8月时,左尔格在以上海为中心的中国情报网,已发展到近百人,中国组的成员经常在维尔纳的霞飞路寓所见面,通常是每周一次;大家交流情报,左尔格在那里倾听,最后会提出一些高明的建议。其间,左尔格还向苏联保送了一大批青年学生学习情报技术,为中国革命培养了许多情报人才。

根据张文秋的回忆录,周恩来曾在上海密会左尔格,这一首次披露的信

---

① 转引自杨国光:《理查德左尔格——一个秘密谍报员的功勋和悲剧》,汉语大词典出版社2005年版,第57页。

② [德]鲁特·维尔纳著,张黎译:《谍海忆旧》,解放军文艺出版社2000年版,第52页。

息,在海内外引起极大的轰动。① 这个新解密的、饶有趣味的史实,为人们进一步研究左尔格在上海的情报活动提供了新的视角。1931年4月顾顺章事件之后,周恩来准备离开上海,他命令张文秋调入共产国际第四局工作。"1931年9月底的一个下午,周恩来同志亲自带着我,乘汽车到法租界一座高级宾馆门前,下车后由一位年轻的外国人把我们迎进了一个房间,房内走出一位西装革履风度翩翩的外国人,我认出他就是我在董秋斯家见过的那个外国人。周恩来对我介绍说:'这位就是共产国际方面的领导人左尔格同志,今后你在他的领导下工作。'他又对左尔格说:'我依照你的意见,把张一萍同志调到你这里工作,希望你给她做出适当的安排。'"②从这段叙述中可知,周恩来与左尔格关系密切,非常熟悉,左尔格小组中的中国成员,应该是在周恩来亲自调配下加入左尔格小组的。于是,左尔格的助手吴照高③协助张文秋,在法租界的福开森路(今武康路)和吕班路(今重庆南路)分别租下两栋三层洋楼,开始情报收集工作。

小组的活动与使命

与中央特科的活动有相似之处,左尔格小组以小组成员开设的照相馆、西餐馆、书店等为活动基地。④ 但当中共受到"左"倾盲动路线干扰,热衷于"飞行集会"时,左尔格则坚决反对,他严令手下的中国成员坚决与"左"倾行动划清界限,这一方针使得小组能隐蔽下来。⑤

---

① 此前如权威的金冲及主编的《周恩来传》(中共中央文献出版社1998年版),力平、马芷荪主编的《周恩来年谱(1898—1949)》(中央文献出版社、人民出版社1989年版),穆欣的《隐蔽战线统帅周恩来》(中国青年出版社2003年版)等均无片言记载。日本时事社2008年5月8日曾以《左尔格和周恩来在上海秘密接触——1931年在情报领域合作》为总标题,作了长篇报道。
② 张文秋:《毛泽东的亲家张文秋回忆录》,广东教育出版社2002年版,第136页。
③ 吴照高是德共党员,原籍福建,出生在德国。公开身份是旅欧华侨资本家,妻子是苏联人。他带领一班人马住在吕班路。
④ 中央特科成员在上海租界里开设古董店、诊所、家具店甚至房产公司,来作为联络点而展开活动。详见穆欣:《陈赓同志在上海》,文史资料出版社1980年版。
⑤ 根据尾崎秀实胞弟尾崎秀树的研究,秀实曾在北四川路上海邮政大楼附近的小公园和杨树浦附近,作为证人观察过中共的"飞行集会",但他并没有参加([日]尾崎秀树:《上海1930年》,岩波书店1990年版,第176页)。

左尔格以上海为中心展开活动,一项使命就是了解和判断日本对华侵略的可能。当时美国有一份秘密备忘录即费森登报告,评估了中日关系、蒋介石与西方关系、上海治外法权、美国的态度等,该报告尚未公布,左尔格已获得并送往莫斯科。他是如何获得该情报的,细节至今仍不清楚。

左尔格具有卓越的情报才能。一位红色情报人员回忆,"当时的环境异常复杂,人们很容易晕头转向。但是左尔格却十分冷静。我们在上海见面时说话必须简明扼要,约会时间不能过长。但他能够在短短几分钟内介绍一个复杂情况,说明敌人的意图和计划,这既能帮助朋友,又可以向他提出警告。"①还有人说,"左尔格经常炫耀他外出旅行的经历。有一次,他谈到如何引诱一位美丽的中国姑娘,说服她交出一张中国兵工厂的蓝图,他拍了照,寄给了莫斯科。"②

"一·二八"事变爆发后,左尔格小组活动十分频繁。他们甚至派人到日本势力控制的虹口地区去侦察,以了解日本在沪的军事情况。2月2日维尔纳写道:"日本人居住区看上去简直令人不可思议,整条街空无一人,死气沉沉,偶尔看见驶过几辆日本军用汽车和几具死尸。大多数住宅都没有玻璃,门被打破。值得庆幸的是我们手里有一个日本人的名片,可以到处通行无阻。"③这张名片就是尾崎秀实的。小组成员还到前线去慰问十九路军的伤兵。为了了解日本关东军的情况,川合贞吉常常奉左尔格之命,到东北活动,搜集情报。他通常是坐船从上海先到天津,然后在北平停留一段时间,再经大连到达东北各地。川合的情报由尾崎秀实翻译成英文,交付左尔格。④

在德国领事的推荐下,左尔格很快迁至法租界辣斐德路(今复兴中路)一套舒适而租金不贵的住宅,并住了两年。他也活跃于德国军事顾问团、德国外交官和德国商人之中,在社交场合风度翩翩,器宇不凡。他刺探日军的配备及其作战计划、美英法德对华图谋、国民党的政治和军事概况、对红军

---

① [美]F. W. 狄金、G. R. 斯多利著,聂崇厚译:《左尔格事件》,群众出版社1983年版,第84页。
② [美]F. W. 狄金、G. R. 斯多利著,聂崇厚译:《左尔格事件》,群众出版社1983年版,第73页。
③ [德]鲁特·维尔纳著,张黎译:《谍海忆旧》,解放军文艺出版社2000年版,第72页。
④ 尾崎秀树:《ゾルゲ事件》,角川书店2003年版,第75—78页。

的"围剿"等。

左尔格通过收买在南京政府工作的德国工程师、无线电通信军官施特尔茨的中国太太，掌握了国民政府南京总司令部及其所属部队的无线电通信密码、德国军事顾问相互之间的无线电通信密码和一本德国军事顾问与国民党中国进行联络的电话号码。此后，大量有关中国问题的情报源源不断地飞往莫斯科。

同样，热情好客的维尔纳在霞飞路的寓所，一直是左尔格与特科的合作人聚会、交换情报的隐蔽场所。但中共中央的一些秘密机关，如云南中路政治局会议场所①、成都北路中央组织部机关②、西摩路中央秘书处③之类的地方，并不向左尔格小组开放。大多数场合，中央特科与左尔格小组还是各自独立活动的。

中共给左尔格和共产国际提供了许多帮助和情报，反之亦然。1932年夏，国民政府同日本签订《淞沪停战协定》后，蒋介石立刻将枪口对准苏区，筹划第四次"围剿"。为此，在桂林的一次秘密会议上，德国顾问魏策尔退役大将同蒋介石的军事指挥官拟定了对鄂豫皖根据地的进攻计划以及他独创的所谓"掩体战略"。左尔格从顾问朋友处得到详细计划后，在电告莫斯科的同时，把情报交给了陈翰笙。陈翰笙则通过宋庆龄及时地把它送到了苏区。鄂豫皖根据地的红军以徐向前任总指挥的红四方面军为主力，他们得到情报后，立即主动退出根据地，使国民党军扑了个空。红军在反"围剿"中与国民党军队周旋了两个多月，又一次彻底打垮了他们，随后进入川北，开辟川陕边区革命根据地。克劳森等还买通国民党在沪的军需上校，以德国专家的名义购买了一批军火，秘密运至中央苏区。④ 左尔格对红军反"围剿"的胜利功不可没。

1931年4月顾顺章叛变，共产国际的驻沪机构在接到中共中央的警报

---

① 中央政治局会议场所设在云南中路447号(今云南中路171—173号)二楼，当时熊瑾玎夫妇在此开设"福兴商号"，周恩来、邓小平等常来此开会(刘梦华、唐振南、闵群芳：《熊瑾玎传》，重庆出版社1992年版，第118—120页)。
② 中共中央组织部设在成都北路741弄丽云坊54号。
③ 中共中央秘书处设在西摩路(今陕西北路)一条弄堂里(李维汉：《回忆与研究》上册，中共党史资料出版社1986年版，第243页)。
④ 张晓宏、许文龙：《红色国际特工》，哈尔滨出版社2006年版，第64—65页。

后,也立刻搬了家。左尔格除采取必要的应对措施外,还为此添置了 10 支手枪,以备自卫反击之用。这些枪支是张放联系蔡叔厚购买的。

在上海,左尔格还非常关注以谢苗诺夫为首的白俄团体。这些流亡者经常在霞飞路的一家地下室小酒吧聚会,酒吧老板是特卡钦科上尉。左尔格在特卡钦科酒吧聆听他们回忆好时光的倾诉,也一起参与有利可图的商机,但始终没说过一个俄语单词。谢苗诺夫多次向左尔格喋喋不休地讲述复辟计划和理想。在这里左尔格获得了这些白俄与日军密切勾结、密谋在远东地区攻击苏联的证据。谢苗诺夫的骑兵 12 000 人部署在华北,并得到蒋介石的默许,而日本提供了武器和借款。[①] 这方面的情报,对苏联控制远东地区具有重大意义。

拉姆扎小组的情报发给"慕尼黑"(莫斯科的代号)。过去的研究以为,克劳森的无线电台并没有从上海或广州发过电报[②],实际情况并非如此。据俄罗斯新近解密的档案,左尔格在上海从事情报工作期间,共发回莫斯科 597 份急电,其中有 335 份直接通报给了中国工农红军或中华苏维埃政府。这些电报是克劳森从上海发往海参崴的。当然,如果没有中国共产党的鼎力相助,左尔格是不可能取得如此业绩的。还有多种传递情报的方式,调查报告之类由克劳森拍摄在微型胶卷上,然后由交通员通过哈尔滨递送,也有经广州取道香港转送莫斯科。

左尔格小组需要大量的经费,这些经费除了交通员从莫斯科带来外,还通过纽约国民银行的账户汇款。

小组的网络以上海为中心,还有 6 个情报站。左尔格以记者和农业专家的身份,得以方便地环游中国,向中共通报国民党军队的动向,对中国革命发挥了一定的作用。如他曾将有关国民党引进新式武器的情报通报给中共,结果在国民党尚未投入使用时,红军便熟悉了这种武器。

(一)南京站。左尔格自己常去南京活动,会见上自军政部长何应钦、实业部长陈公博、孙科、张学良、汪精卫等国民党将领和政治人物,据说他还

---

① 谢苗诺夫于 1945 年 8 月苏联红军攻入大连后被捕,被押送至莫斯科,1946 年 10 月被苏联最高法院特别军事法庭判处绞刑(杨国光:《谍海巨星左尔格》,学林出版社 2002 年版,第 33 页)。

② [美]F. W. 狄金、G. R. 斯多利著,聂崇厚译:《左尔格事件》,群众出版社 1983 年版,第 75 页。

曾在中央陆军军官学校官邸见过蒋介石。德国军事顾问组是最佳情报来源,从那里他可以了解国军的驻地、装备、指挥官与蒋介石的关系等,还曾获得南京军火仓库图。南京站成员有方文、鲁丝等。

1931年,左尔格曾成功地用金钱贿赂国民党政府内有关人员,营救出在中华全国总工会工作的国际革命者劳伦斯夫妇。

(二)北平站。左尔格在北平设立了情报组,成员有张永兴、于毅夫、张树棣等。张永兴是东北人,曾是基督教徒,"九一八"事变后积极参与抗日活动,由方文发展入党。于毅夫的公开身份是东北军司令部秘书,可见潜伏之深。

(三)大连站。左尔格在交通便利的大连设立了情报组,川合贞吉提供了很多帮助,由此可见,当地提供情报的多是日本人。①

(四)哈尔滨站。由克劳森负责设立的哈尔滨小组,负责搜集东北的情报,克劳森多次去那里工作。同时,哈尔滨也是联络中心,苏联的交通员通过水陆路交通要道,来往于上海—哈尔滨—莫斯科之间。

"九一八"事变后,左尔格拖着一战中受伤致残的双腿,冒着风险赶往沈阳调查,回沪后与尾崎秀实商议,又派遣《上海新闻周报》记者川合贞吉到沈阳、哈尔滨等地侦察情况,川合获得了日军向苏蒙边境挺进、日军筹建"满洲国"等重要信息。

红色间谍美国作家史沫特莱曾活跃于上海上层社会

(五)华南站。1930年5月9日,左尔格带史沫特莱前往广州,在这个南方的重要城市的公共租界里也建立了情报组织。左尔格小组在广州的中国助手以中共党员方文为首,他租赁一幢小楼,左尔格住在一楼,史沫特莱住在二楼。左尔格要求方文平时不参加任何公开的革命活动,以避免暴露。张文秋曾扮成阔太太到香港活动。成员还有董秋斯和蔡步虚夫妇等,他们与方文同学,均是翻译家。这年夏天,史沫特莱曾被广州市警

---

① 尾崎秀树:《ゾルゲ事件》,角川书店2003年版,第80页。

察局逮捕。

（六）武汉站。左尔格曾亲自到汉口建立组织，该站有成员刘思慕（后任中国社会科学院世界史研究所所长）等。

除了以上情报站，左尔格还在长春、天津、太原、重庆、海丰、杭州、汉口、河南、香港等地设有情报员，从而完成了中国的"一幅天衣无缝的情报图画"①。

牛兰事件与撤离上海

大革命失败后，共产国际联络部、情报局等因援华不力而遭到严厉批评。共产国际决定派赤色职工国际远东分会上海办事处秘书兼共产国际远东局秘书牛兰来华了解情况，探讨建立秘密联络站。1931 年 6 月 15 日，牛兰夫妇在上海被公共租界警务处英国巡捕逮捕，罪名是间谍嫌疑。同时被捕的还有他们的儿子和保姆。原来此前，英国警方在新加坡逮捕了共产国际的信使约瑟夫，并从他携带的文件中发现了牛兰在上海的电报挂号和信箱号，牛兰夫妇因此被捕。另外，顾顺章被捕叛变后，供认不久前，经他之手，曾将两名共产国际派来的军事顾问，化装成传教士，从上海潜入瑞金，但由于接头有变，未获成功，那两人又回到上海的共产国际联络站，该联络站的负责人是个德国人，绰号叫"牛轧糖"。但是，由于他不掌握"牛轧糖"的具体身份和联络地点，所以，国民党特务根本无法查到他们的下落，直到一个多月后，牛兰夫妇在租界被英国巡捕逮捕，国民党才怀疑这对持有德国护照的夫妇，也许就是顾顺章所供的"牛轧糖"。同年 8 月 14 日，主要由于顾顺章的出卖，牛兰夫妇被认定为国际间谍，秘密引渡给了国民党军事当局，并传言将被判处死刑。这就是当年轰动一时的"牛兰事件"。

牛兰（Noulens）只是他多个化名中的一个，真实姓名是雅各布·马特耶维奇·鲁德尼克，俄国十月革命时攻打冬宫的五位指挥官之一。1927 年 11

---

① ［美］F. W. 狄金、G. R. 斯多利著，聂崇厚译：《左尔格事件》，群众出版社 1983 年版，第 75 页。

月,在中央特科建立的同时,牛兰也来到了上海,此后两年间,他穿梭于上海到欧洲之间,进行贸易和联络。1929年起,他开始全面负责中国联络站的工作。之后,其妻达吉亚娜·尼克莱维娅·玛依仙柯携两岁儿子吉米也来沪生活。在上海,牛兰以"大都会贸易公司"等三家公司老板的身份做掩护,他持有比利时、瑞士等国护照,登记八个信箱、七个电报号,租用十处住所。①从牛兰的述职报告等显示,他的主要工作是沟通共产国际与远东各国共产党的联络,建立秘密印刷点,租用公寓和举行秘密会议的场所;为赴苏开会学习的共产党人办理各种手续等。共产国际通过秘密渠道,将援助亚洲各国党的资金汇入大都会贸易公司,再从上海汇发给各国共产党。据记载,1930年8月到1931年6月,援助中国党的资金平均每月达2.5万美元,高出其他亚洲各党十几倍。②并且,牛兰夫妇手中掌握大量各国共产党的机密情报,因此,他们的被捕,使位于莫斯科的共产国际总部非常担忧。

但是,牛兰夫妇是外国人,是欧洲国家的合法公民,即使国民党政府怀疑牛兰夫妇就是顾顺章所说的"牛轧糖",按照当时欧美国家在华实行治外法权的惯例,牛兰夫妇的案子,蒋介石政府的法律是根本无权干涉的。如果真是蒋介石政府秘密接手了这个案子,外国人因共产党的罪名在中国被捕,涉嫌违法,必将受到国际社会的关注,那么,能把这件事情公布于世,也就等于抓住了蒋介石的软肋。

当时莫斯科指示,营救活动分两步走:第一步是秘密斗争,由左尔格情报小组侦察牛兰夫妇的下落,拿到蒋介石秘密关押他们的证据;第二步是公开斗争,由史沫特莱号召国际上有影响的人士进行抗议。

于是,左尔格奉共产国际书记皮亚特尼茨基之命,开始介入此案。他要求情报人员张放尽快确认牛兰所押之处,张放通过中统总干事张冲,了解到牛兰关押在南京。这时,德国共产党人西伯勒尔和布劳恩(即李德)每人携带2万美元来到上海,交付左尔格进行营救。左尔格通过张放——张冲这条线以3万美金的高价,获得牛兰在狱中的亲笔信③,并在上海的报刊上如

---

① 上海法租界档案,237/S,第136—137页;转引自[美]魏斐德著,章红、陈雁、张晓阳译,周育民校:《上海警察1927—1937》,人民出版社2011年版,第193页。
② 罗威:《"牛兰事件"始末》,《中华读书报》1998年2月25日。
③ 陈印口述,叶德英整理:《谍王左尔格在中国的营救行动》,《纵横》2011年第3期。

路透社、德国新闻社、英文版《中国论坛》、《申报》等中外传媒作了大量连续报道。确证牛兰夫妇被国民党关押,从而使得国民党秘密处死的阴谋破产。

中共和共产国际立即在社会上号召开展救援活动,发动国内外知名人士如宋庆龄、鲁迅、高尔基、蔡特金、罗曼·罗兰、爱因斯坦、罗素、杜威等发表声明,向国民党施加压力。欧洲甚至成立了保卫牛兰委员会①,来进行推动。潘汉年曾在汉口路老半斋邀柳亚子、田汉、郑振铎等名人商议向政府抗议。② 1932年7月,左尔格拜托史沫特莱恭请宋庆龄发起组织牛兰夫妇营救委员会,③宋亲自担任该委员会的主席,史沫特莱任秘书长,宋曾与左尔格面晤商议营救事宜。宋庆龄亲自与蒋介石、汪精卫等交涉,并迫使国民党当局同意允许牛兰夫妇保外就医。④ 8月,国民党当局以"危害民国,扰乱治安"罪判处牛兰夫妇无期徒刑。1937年,牛兰夫妇获释出狱。⑤

由于牛兰案件的交易,无形中留下了左尔格情报小组与国民党特务组织藕断丝连的关系,也等于将自己的组织暴露在中统的视线之内。资料表明,自1931年7月起,国民党已对左尔格进行监视。⑥ 因营救牛兰夫妇而致使左尔格暴露,显然是极其得不偿失的,可以说是苏联方面的致命错误。1932年5月,左尔格给皮亚特尼茨基的电报中称:"我们现在的处境已不允许我们再从事这方面的联络活动。我的身份已经受到怀疑。"有迹象表明,国民党特务开始跟踪、寻找他们。1932年10月10日,苏联总参四部的别尔津将军收到上海密电:"我们从中国线人那里得知,南京方面似乎已发现一名军事间谍的踪迹。据说此人是一名德国犹太人。根据从当地德国人那里听到的消息,我们认为,各方怀疑线索正在拉姆扎身上靠拢。请指示,拉姆扎是否一定要等到接替人选来了之后才能离开,还是可以提前撤离?"左尔

---

① 上海法租界档案,237/S,第130—131页;转引自[美]魏斐德著,章红、陈雁、张晓阳译,周育民校:《上海警察1927—1937》,人民出版社2011年版,第197页。
② 中共上海市委党史研究室编:《潘汉年在上海》,上海人民出版社1995年版,第33页。
③ 盛永华主编:《宋庆龄年谱(1893—1981)》,广东人民出版社2006年版,第469页。
④《申报》1932年7月13、18日。
⑤ 在宋庆龄协助下牛兰夫妇回到了苏联。牛兰在大学执教中文,1963年病故;其夫人1964年去世。他们的儿子在上海生活6年后,也重返苏联(罗威:《"牛兰事件"始末》,《中华读书报》1998年2月25日)。
⑥ 子晴:《左尔格在中国的传奇经历》,《党史信息报》2005年10月5日;陈印口述,叶德英整理:《谍王左尔格在中国的营救行动》,《纵横》2011年第3期。

格接到命令后,于 1932 年 11 月 12 日匆匆离开上海,经海参崴回到莫斯科。① 同他一道撤离的,还有张放、柳忆遥和肖炳实等。此前尾崎秀实也回到日本。张文秋等一批中国情报战士则回到了中共党内。

为了苏联的情报事业,左尔格在上海 3 年,完成了这项中国使命,并使自己成为中国通;不仅如此,在上海的成功潜伏,是左尔格情报生涯的良好开端,他由此获得许多非常重要的经验。1933 年,他再度出发奔赴东京,与上海战友陈翰笙(1934 年奔赴东京)、克劳森、尾崎秀实、川合贞吉②等并肩作战,并最终成长为世界反法西斯战线的谍报英雄。对于左尔格在中国的情报工作,苏联国家安全部第四局局长帕维尔·苏多普拉托夫曾指出,"左尔格搞到的情报在整个 30 年代都相当受重视",它们为苏联制定其远东政策提供了可靠的依据。③ 在生命的最后时刻,左尔格在东京巢鸭监狱的狱中日记里写道:

假如不是为了崇高的事业,我将在中国一直待下去。我深深地迷恋上这个国家了。④

(苏智良　上海历史学会副会长、上海师范大学教授)

---

① 关于左尔格离华的日期,似有分歧。左尔格后来在东京狱中的自述第一编第四章的标题为"我的谍报组织以及 1930 年 1 月至 1932 年 12 月间在中国的活动"(参见《左尔格事件 狱中手记》,岩波书店 2003 年版)。据说,1937 年日军攻占南京时,左尔格曾重返中国,亲眼见证了大屠杀,并将骇人的日本暴行照片寄回德国。
② 尾崎秀树:《ゾルゲ事件》,角川书店 2003 年版,第 73 页。
③ 转引自杨国光:《理查德左尔格——一个秘密谍报员的功勋和悲剧》,世纪出版集团汉语大词典出版社 2005 年版,第 44 页。
④ 转引自杨国光:《理查德左尔格——一个秘密谍报员的功勋和悲剧》,世纪出版集团汉语大词典出版社 2005 年版,第 43 页。

上海城市对于中共领导革命斗争的意义(1921—1949)

——一个城市社会史的考察

◎ 熊月之

如果政党也有籍贯的话，中共的籍贯便是上海。兴业路上的那座青砖白缝的石库门房子，便是她呱呱坠地的产房。从1921年至1949年，中共凡举行7次全国代表大会，3次在上海，[①]另有8次中央会议在上海召开。[②] 28年间，中央领导机关有三分之一以上时间设在上海。[③] 中共众多领导人，陈独秀、瞿秋白、毛泽东、周恩来、刘少奇、陈云、邓小平等，都曾在这里工作和生活。中国工人运动的摇篮，与共产国际联系的据点，左翼文化的基地，统一战线的堡垒，都在这里。特别是诸多著名红色书刊的出版与文艺作品的发表，从《新青年》、《共产党》到《热血日报》，从《共产党宣言》、《资本论》到

[①] 即中共一大(1921)、中共二大(1922)与中共四大(1925)。

[②] 即中共三届一次中央执行委员会会议(1923年11月24、25日)、三届三次扩大执行委员会会议(1924年5月10—15日)、四届中央执行委员会第三次全体(扩大)会议(1926年7月12—18日)、中央临时政治局扩大会议(1927年11月9、10日)、六届二中全会(1929年6月25—30日)、中央政治局会议(1930年6月11日)、六届三中全会(1930年9月24—28日)、六届四中全会(扩大)(1931年1月7日)。

[③] 中共中央领导机关是1933年1月由上海迁入瑞金的，此前除了短暂的迁往北京(1922年10月—1923年3月)、广州(1923年4、5月间—8月)、武汉(1927年4月上旬—9月底)外，其余时间均设在上海。

《反杜林论》,从《西行漫记》《鲁迅全集》到《钢铁是怎样炼成的》,从《国际歌》翻译、《大刀进行曲》到《义勇军进行曲》,无一不在这里。

上海之所以能起到如此巨大的作用,拥有如此重要的地位,是与她硕大的城市体量、便捷的交通与通信网络、奇特的政治格局、开放的文化氛围、复杂的社会结构等特点密切联系在一起的,与共产党人对这座城市特点的认识与利用是分不开的。

硕大的城市体量

上海所在长三角地区,自晚唐以后,就是中国最宜居地区。这里气候宜人,四季分明,雨水充沛,土地肥沃,经济发达,文化繁荣,人才荟萃。这种情况到明清两代尤为明显。这里读书人特多,科举人才多,文学人才、科技人才、艺术人才都特别多。

上海自1843年开辟为通商口岸以后,由于多种因素的综合作用,人口快速增长,到1900年,已是超过百万人口的中国第一大城市。1919年上海已是中国超大城市。那年中国10万人口以上的城市有69个,前10名依次是:上海、广州、天津、北京、杭州、福州、苏州、重庆、香港与成都。这时,上海人口为240万,比第2名广州(160万)多80万,比第3名天津(90万)多150万,差不多是北京(85万)的3倍,超过后4名即苏州(60万)、重庆(52.5万)、香港(52.5万)、成都(50万)4个城市的总和。到了1947年,中国前四大城市人口依次是:上海人口430万,天津171万,北平167万,南京103万,上海人口几乎是天津、北平、南京三市人口的总和。

近代上海城市面积不断扩大。开埠以前,上海城厢内外市区面积约30平方公里。开埠以后,一方面租界自成市面,不断扩张,越界筑路地区不断向华界伸展,华界亦在闸北、沪西、江湾等地拓展。到1936年,市区面积已有673平方公里,比北京(533)大100多平方公里,比南京(450)大200多平方公里。①

---

① 《申报年鉴》1944年第2册,第358页。

上海城市体量硕大，突出体现在经济方面。近代上海工业产值通常占全国60％以上，外贸额通常占40％左右，金融业占全国80％左右，新闻业、出版业占全国半壁江山以上。抗日战争前夕，除东三省外，外国对华出口贸易和商业总额有81.2％集中在上海，银行投资的79.2％、工业投资的67.1％、房地产的76.8％，均集中在上海，1936年，上海对各通商口岸贸易总值，占全国75.2％，1940年比重上升到88％。细细品味这些数字，越品味越觉得高得不成比例，匪夷所思！

中共早期领导的政治斗争，是以广大工人阶级为社会基础的。上海工人阶级队伍庞大，这是中国共产党以上海为革命基地的根本原因。

近代上海是产业工人最为集中的城市。鸦片战争后，列强陆续在上海开设工厂，在外商经营的船厂、缫丝厂、纱厂、烟厂及电灯、电车、自来水等企业中，产生了中国第一批产业工人。19世纪60年代以后，清政府在上海陆续创办江南制造局、轮船招商局、电报局、机器织布局等机构，民间资本自主经营的面粉厂、机器印刷厂等也陆续兴办，在这些企业中又涌现出了大量的产业工人。到1894年，上海已有产业工人3万多人，占同期全国工人将近一半。[①]《马关条约》签订后，列强取得在华设厂、进行资本输出的更多特权。在19、20世纪之交，外商掀起一股在华投资热潮，上海是外资最为集中的地方。1901年以后，清政府实行新政，奖励工商，民间资本在沪投资设厂也相当活跃。从1895年到1911年的十余年间，外资在上海开设的企业，以开办资本在10万元以上的就有41家，华商在上海开办工厂66家。民国建立以后，特别是第一次世界大战的爆发，列强减少了对中国的商品输出，民族资本在上海迅速发展，工厂开办数逐年增加，外资企业也有较快发展，从1913年至1919年，上海11家重要外资企业的资本总额增长了83.94％。

工厂的增多，生产规模的扩大，导致工人数量剧增。据《新青年》调查，1919年上海有各类工厂2291家，工人18万多。上海从事交通运输业的工人也有近12万人。两者相加已达30万人。此外，上海还有手工业工人21

[①] 刘明逵编：《中国工人阶级历史状况》第1卷第1册，中共中央党校出版社1986年版，第198页。

万;服务业工人3 000多;①有店员10万。② 此外,还有没有确切数据、但数量相当可观的都市杂工,包括码头工、清道夫、人力车夫等。综合而言,到中共成立以前,在全国,上海已是工人阶级最集中的城市;在上海,工人阶级已是城市中最大的群体。

城市体量大,人口多,经济发达,工人阶级集中,这些因素为共产党在这里的活动提供了广阔的空间与坚实的基础。1925年的"五卅"运动中,上海参与罢工的工人有20多万,加上商人罢市,学生罢课,运动持续4个多月,这才造成席卷中国、震动世界的重大事件。到1927年"四一二"政变以前,上海共产党员达8 000人,上海总工会领导的会员达82万人。这种规模,在当时中国,只有上海这样的城市才能达到。

便捷的交通与通信网络

上海地处中国大陆海岸线中点,万里长江出海口。通过海运和江运,她将沿海与沿江联系起来。

水路方面,到20世纪初,上海已形成内河、长江、沿海和外洋四大航运系统,出入上海的轮船和吨位都占全国总数的五分之一以上。20世纪20年代初,由上海开往欧、美、日各主要港口的定期客轮,可以直接到达伦敦、马赛、汉堡、新加坡、旧金山、西雅图、温哥华、檀香山、神户等,每条航线都有好几家轮船公司经营。③ 1931年,上海港进出口船舶吨位名列世界第七。从国内航运线路看,1921年,在上海登记的内港船只已有300多艘④,航线远则北至天津,南至广州,西至重庆,近则长三角各内河港口,无处不通。

铁路方面,沪宁、沪杭铁路,分别于1908年、1909年通车,这两条铁路干线联通江浙,进而与全国铁路网相连。

---

① 上海社会科学院历史研究所编:《五四运动在上海资料选辑》,上海人民出版社1980年版,第11—14页。
② 沈以行主编:《上海工人运动史》上,辽宁人民出版社1991年版,第49页。
③ 林震:《增订上海指南》,商务印书馆1930年1月版。
④ 徐雪筠等译编,张仲礼校订:《上海近代社会经济发展概况》(1882—1931),上海社会科学院出版社1985年版,第257、312页。

航空方面，上海联结国内外各大城市的航空线路于1929年以后开通。30年代，中国三大航空公司，即中国航空公司、欧亚航空公司与西南航空公司，航站焦点均集中于上海。到抗战前夕，中航、欧亚两大公司，已在全国各地拥有56个机场，有国内航线6条，国际航线3条。

市内交通方面，晚清上海已有人力车、马车、有轨电车、出租汽车等交通工具，到了民国时期，又增加无轨电车、机动渡轮、双层公共汽车，公交车辆线路更多，车辆更多，1935年有各种公交车辆近800辆。1933年有出租汽车行95家，有出租汽车近千辆。可以说，到了30年代，适应不同阶层、不同距离、不同需要的市内交通工具应有尽有。

邮电方面，民国时期，上海邮路可与全国各地相连接，为国内邮差线的一大中心。上海口岸停泊着众多国家的邮船，国内的邮差线经上海可联邮世界各国。英国、法国、德国、美国、日本、帝俄等在上海均设有邮局。

通讯方面，上海的国际国内通讯联系均极便捷。电报方面，到19世纪末，上海国际电报北可以经日本与俄罗斯通报，南可以经香港与欧美各国通报，国内通报更是四通八达，北到北京，东北到山海关，西北到西安，西到汉口，西南到泸州，南到广州。电话方面，1918年，租界内已有电话用户8 207户，1928年发展到27 217户。1934年，上海电话局有局所7个，南市、闸北两个分局均实现电话自动化。长途电话方面，1923年开通上海至南翔的市郊长途电话，1926开通上海至吴淞、苏州、无锡三地的长途电话，此后逐步发展，至抗日战争前夕，上海电话可通达国内城镇470多处。1936年，国际电台开通上海至东京的国际无线电话电路，上海开始出现国际电话。1937年，开通沪港和中美长途电话电路。至抗战前夕，上海已确立其全国邮电通信网中心，特别是国际通信枢纽地位。

便捷的交通与通信网络，对于城市来说，有如身手矫健，脉动强劲，经络顺畅，这对于中共领导的政治斗争至关重要。就与外部联系而言，中共中央与各地党组织之间，与共产国际之间，都必须保持密切而通畅的联系。在上海活动的许多领导人，如周恩来、李立三、刘少奇、陈赓、陈毅、彭湃、杨殷、恽代英等，其活动地点，都是在各地流动的，时而北京，时而武汉，时而广东，时而江西。在上海城市内，中共组织在大部分时间里处于秘密状态，党员的住处时常变换，联络地点时常变换，时而租界，时而华界，时而沪西，时而闸北，联系方式时常变换。在这种状态下，没有便捷的交通与通信网络，是很难想象的。

且以处理顾顺章叛变案件为例，1931年4月24日，顾在武汉被捕叛变。25日晚，时在南京的钱壮飞获悉此信息。26日清晨，情报就传递到时在上海的周恩来那里。说时迟，那时快，周立即安排中共领导机关转移，安排时在天津的中共地下情报员胡底转移。等顾顺章到达南京面见蒋介石时，周恩来这里已经转移妥当。

再以关于第四次反"围剿"信息传递为例。1932年夏，蒋介石筹划第四次对苏区的"围剿"，拟定了对鄂豫皖根据地的具体进攻计划，以及他独创的所谓"掩体战略"。共产国际派到上海来的红色间谍左尔格获此情报后，立即交给其中国同伴陈翰笙，陈翰笙通过宋庆龄，及时送到了苏区。鄂豫皖根据地的红军以徐向前任总指挥的红四方面军为主力，得到情报后，立即作战术转移，主动退出根据地，使国民党军扑了个空，又一次粉碎了国民党消灭红军的图谋。

奇特的政治格局

上海在1843年开埠，1845年设立英租界，后来又设立美租界、法租界，再后来英美租界合并为公共租界。由于各种复杂的历史原因，租界成为事实上的"国中之国"，无论是清政府、北洋政府，还是南京国民政府，都无法对租界实施直接的管辖权。这样，上海就形成了"一市三治四界"的特殊格局。所谓"一市"，指一个大城市上海；所谓"三治"，指上海分为三个区域，有三个城市管理机构，三个司法体系，三个警察局，三个公共交通系统；所谓"四界"，指两租界各为一区域，华界又分为南市与闸北两个区域，中间隔着两个租界。这四个区域在市政设施、居住条件、建筑风格方面有明显差异，人口素质、文化教育、社会管理方面也有所不同。无论是在公共租界还是法租界，中国地方官员均不能随意入内捕人。租界巡捕章程写道：

或奉法租界官员之命，或奉会审衙门之命，或奉其他华官之命,而无合例之牌票,或不协同巡捕拘人者,皆为违章拘人。一经查出,巡捕立即将违章之员役,拘获请惩。

按:华官欲在租界拘人,必先有正式公文,经由领事签字。

按:租界匿有要犯,须由华官移文西官,始饬捕房派探协拿。俟初审明确,方可移解。若遇该犯于途,可即唤捕拘拿,同至捕房报告,候其解送法院。若竟私自扭送,虽唤捕同拘,亦与乱捉人者无异,自身反被管押审讯。①

外滩是上海租界的门面,这是从一战胜利纪念碑鸟瞰外滩。

这样,在华界与公共租界之间、华界与法租界之间、公共租界与法租界之间,就出现了城市管理的一道道缝隙。这也使得上海在中国大一统格局中,成为一道特殊的缝隙,既是物理意义上的缝隙,更是制度意义上的缝隙。

这道缝隙很小,但是作用很大,影响很大。一些不满意当局统治的持不同政见者,早见及此并充分利用这些缝隙。戊戌政变以后,遭到清政府通缉的康有为是在上海租界的庇护下逃往香港,然后逃到国外的;住在上海的维新派黄遵宪,是在上海租界当局的干预下,未遭清政府逮捕,然后返回广东

---

① 《公共租界巡捕房职务章程》,《增订上海指南》(1930年),商务印书馆1930年版,《稀见上海史志资料丛书》第5册,上海书店出版社2012年版,第53页。

老家的。1903年,章太炎、邹容公开发表书籍和文章,鼓吹推翻清朝政府,租界当局虽然同意清政府的查办要求,但坚持在租界审理,不予引渡,最后通过额外公堂,分别判处监禁3年与2年,如果不是在租界,那肯定要被杀头。蔡元培、吴稚晖、于右任等都有效地利用上海这道缝隙,进行反清革命活动。民国初年,很多前清遗老利用这道缝隙,不承认民国政权,住在上海,拖着长辫子,进行反对共和的活动。

中国共产党在上海成立以后,充分地利用了这道缝隙。中共一大、二大、四大会址,均选择上海三界四方控制的缝隙地段。一大会址望志路(今兴业路),在法租界老区的边缘地带,房屋新造不久,南面不远即为农田。二大会址南成都路辅德里625号(今老成都北路7弄30号),地处公共租界最南部,紧靠法租界,是典型的两租界交界的缝隙地带。四大会址,选在闸北淞沪铁路附近、北四川路西的华界与租界毗邻之地,这里很少有租界巡捕,中国警察也不能在这个地区巡逻,一旦发生异常情况,就可以立即撤往租界。

从1921年至1949年,上海司法系统发生多次变化。1926年以前,上海两租界都有会审公廨存在。1927年,中国收回上海公共租界会审公廨,设立临时法院,1930年改为江苏上海第一特区地方法院。1931年,法租界会审公廨改为江苏第二特区地方法院。在会审公廨阶段与临时法院阶段,两租界审案,均有外国领事陪审,相对说来,比较讲究法律程序,讲究依法办案。这对于中共领导的政治斗争,提供了一个缓冲地带,不少时候,可以通过司法途径进行政治斗争。陈独秀在1921年10月、1922年8月,两次被上海法租界当局拘捕,理由都是宣传"过激主义",经有关方面斡旋,分别罚洋100元、400元了事。他第一次被关了22天,第二次被关了5天,出狱后,还是照样在法租界活动。1929年11月,任弼时被捕后,在法庭上坚称自己叫彭德生,江西人(实际是湖南人),无业,最后被以所谓"危害国家安全罪"判处40天,后减刑释放。1931年,关向应被捕后,自称李世珍,职业教员,是从东北来上海探亲访友的,现在被抓实属无辜和冤枉。后经组织营救,关向应被无罪释放。1933年,熊瑾玎在法租界被捕,虽经叛徒指认,但因宋庆龄出面营救,租界当局将他判刑8年而未引渡给国民党当局,因而免遭杀害。当然,更多时候,租界与国民党当局沆瀣一气,将被捕人员直接引渡给国民党当局,赵世炎是由公共租界引渡出去的,胡也频、柔石等左联作家与何孟雄、林育南等共产党员共 23 人,也是被租界与国民党当局联手逮捕的。

开放的文化氛围

近代上海是西方文化输入中国的最大窗口。无论是器物文化、制度文化还是精神文化,大半先传入上海,然后传播到其他通商口岸和中国内地。西方新的学说,新的思想的传入,无论是天文学、地质学、物理学,还是哲学、经济学、法学、社会学,无论是进化论、民约论,还是社会主义学说、无政府主义学说,几乎无一不是先传入上海,然后扩散开去。以马克思主义传播而论,1898 年,广学会出版的《泰西民法志》,就述及马克思、恩格斯的学说。1899 年,《万国公报》发表的《大同学》,述及欧洲社会主义流派与马克思学说。这些都是马克思主义学说在中国最早传播的记录。到 20 世纪初年,这类传播数量更多,内容更丰富。

上海自晚清开始,就是中国新思想、新文化酝酿的温床。从 19 世纪六七十年代的洋务思潮,90 年代的维新思潮,20 世纪初年的革命思潮,上海都是酝酿与传播重镇。民国初年的新文化运动中,《新青年》是在上海创办的,在北京大学高举新文化大旗的蔡元培、陈独秀、胡适、马叙伦等,都是清末上海有名的新派人物。新文化运动鼓吹的个性解放、妇女解放、批判孔教、白话文,在清末上海都已发轫,或已颇有声势。民国初年的上海,继续保持这种在新思想、新文化方面领导潮流的地位。1919 年"五四"运动以后,陈独秀南下上海,上海更成为中国传播新思想、新文化的集中地。1920 年,联共(布)外交人民委员部远东事务全权代表、第三国际东亚书记处临时执行局主席维连斯基在给共产国际执委会的报告中就说:"上海是中国共产主义出版事业的主要中心。在这里,东亚书记处拥有许多报刊,我们有《上海生活》,中文报纸《周报》、《社会日报》,杂志《新青年》(是月刊,由北京大学教授陈独秀博士出版)、《新中国》等。"受俄共(布)华人党员中央组织局派遣来华的刘江也称:"上海是中国社会主义者的活动中心,那里可以公开从事宣传活动。那里有许多社会主义性质的组织,出版 300 多种出版物(报纸、杂志和书籍),都带有社会主义色彩。那里时而举行群众大会。出版的书籍、报纸和杂志,刊登有苏俄人士,特别是列宁和托洛茨基的照片,购买踊跃。"[1]

正是由于这么开放的文化氛围,上海才能聚集那么多进步文化人才,出版那么多宣传共产主义、宣传民主革命的书刊与文艺作品。从建党初期的《新青年》《共产党》,中共早期创办的日报《热血日报》《红旗日报》,顶着白色恐怖面世的《前哨》,宣传抗日救亡的《大众生活》,到解放前夕出版的《新少年报》《文萃》;从马恩原著译本《共产党宣言》《资本论》《反杜林论》,到进步读物《大众哲学》《西行漫记》《鲁迅全集》与《钢铁是怎样炼成的》;从《国际歌》翻译、《大刀进行曲》与《义勇军进行曲》创作,无一不在这里。

如果说,革命胜利靠两杆子,枪杆子与笔杆子,那么,笔杆子的一大半在上海。

复杂的社会结构

华洋混处、五方杂处是近代上海社会结构重要特点。

上海租界自1854年以后,即处于华洋混处状态。上海外国人口,1915年超过2万,1925年超过3万,1931年超过6万人,此后几年保持在六七万之间,其中大部分为欧美人。1937年"八一三"事变以后,大批日本人涌来,上海外侨总数迅速膨胀,1942年达到高峰,超过15万人。这些外侨国籍,最多的时候达58个,包括英、美、法、德、日、俄、印度、葡萄牙、意大利等。第二次世界大战结束后,尽管日侨、西方侨民大批回国,但上海外侨数量依然相当可观,到1949年年底还有近3万人。近代上海,是中外混处程度很高的社会。时人用文学性语言描述:

在那里世界各地的人你都看得到,走在南京路上的时候,你会觉得好像在参加世界各族大聚会。路上走的有高高的大胡子俄国

---

[1] 中共中央党史研究室第一研究部译文:《联共(布)、共产国际与中国国民革命运动(1920—1925)》,北京图书馆出版社1997年版,第41页。卢毅:《中共中央早期驻地的变迁》,《百年潮》2012年第12期。

人、胖胖的德国佬。没准你一头撞上一个瘦小的日本军官,他显得趾高气扬,认为自己是优秀的大和民族的一员,征服整个欧洲都不在话下。老于世故的中国人坐在西式马车里,精瘦的美国人则乘人力黄包车。摩托车飞驰而过,差点撞到一乘帘子遮得密密实实的轿子,轿中坐的是中国的官太太。一个法国人在上海狭窄的人行道上向人脱帽致敬,帽子正好打在一名穿着精美黄色丝绸外套的印度人脸上。耳中听到的是卷舌头的德语夹杂着伦敦俚语。穿巴黎新款时髦衣衫的人旁边站着近乎半裸的穷苦小工。一对水手踏着双人自行车飞驰而过,两名穿和服、趿拖鞋的日本仕女转身避让,显得有点恼怒。着一身灰袍的和尚手肘碰到了一名大胡子的罗马传教士。出于对祖国的热爱而不是商人那种唯利是图的本性,一位俄国店主店里的商品标价一律用俄文书写,使人看了茫然。对面是一家日本人开的理发店,店主用生硬的英语写了些广告词,保证大家在此理发,价格低廉。①

共产党领导的政治斗争,一个重要特点,是与国际人士有广泛的联系,包括共产国际、欧美进步人士。维经斯基、马林、斯诺、史沫特莱等人,能够比较自如地进出上海,生活在上海,很大程度上由于华洋混处。

1927年8月,宋庆龄秘密前往莫斯科,其手续是由美国友人、英文报纸《人民论坛报》的主编普罗梅帮助办理的,也是在普罗梅的护送下离开上海的。离开的情形:

> (8月22日)是日早上3时30分,宋庆龄由雷娜·普罗梅陪同,悄悄地离开莫利爱路寓所,乘上预先停在路旁的一辆苏联总领事馆的汽车。她们与陈友仁及其两个女儿和武汉国民政府外交部秘书长吴之椿在黄浦江边两个不同的地方分别乘上两艘机动舢板,转驳到苏联货船上。一起上船的还有一个俄国人。②

---

① Gascoyne-Cecil and Cecil, Changing China, 104 - 105, 转见卢汉超:《霓虹灯外》,段炼译,第31—32页。
② 盛永华主编:《宋庆龄年谱(1893—1981)》上册,广东人民出版社2006年版,第366页。

美国人、苏联人、中国人、外交官、汽车、机动舢板诸多元素集合在一起，这在其他城市是很难想象的。

最能突显华洋混处给共产党领导的政治活动带来方便的，是牛兰夫妇案件与左尔格情报网的建立。

公共租界的万国商团在跑马厅阅兵

牛兰是俄国十月革命时攻打冬宫的指挥官，1928年被共产国际派到上海，秘密建立共产国际联络部中国联络站。为便于开展活动，牛兰夫妇持有多国护照。他以"大都会贸易公司"等3家公司的老板身份做掩护，登记了8个信箱、7个电报号，租用了10处住所。共产国际通过秘密渠道，将援助亚洲各国党的资金汇入该公司。据记载，1930年8月到1931年6月，援助中国共产党的资金平均每月达2.5万美元。1931年6月，牛兰夫妇被公共租界警务处逮捕，后被引渡到南京。由于宋庆龄、鲁迅、高尔基、罗曼·罗兰、爱因斯坦等众多国际著名人士公开声援，牛兰被判处无期徒刑，没有被处死，1937年获释出狱，在上海生活两年，然后回到了苏联。

作为国际红色间谍，左尔格于1930年来到上海，很快建立起一个谍报网，其成员包括军事顾问、无线电报务员、电报译码员、摄影师、作家、学者，有德国人、波兰人、美国人、俄国人、爱沙尼亚人、日本人与中国人。到1932年8月,左尔格在中国的情报网已发展到近百人,共发回莫斯科597份急电,其中有335份直接通报给了中国工农红军或中华苏维埃政府。

正因为华洋混处的奇特格局,上海才能产生像中西功与西里龙夫这样特殊的红色间谍。他们两人都是日本人,都在上海的日本学校东亚同文书院接受教育,受到共产党人影响,加入共产党,成为左尔格领导下的国际红色间谍网中的骨干,为反法西斯斗争作出了重要贡献。

近代上海移民通常占总人口80%左右。这些移民来自全国各地,内以江苏、浙江、广东、安徽、山东、湖北、福建、河南、江西和湖南诸省为多。这样高比例、多来源的移民人口,为外地文化在上海立足、发展提供了难得的土壤。从晚清到民国,上海会馆公所的数量,少的时候有五六十个,多的时候有二三百个,为各地移民提供安排住宿、介绍工作、排解纠纷、防病治病、购置棺材、联络乡谊等服务,有的还提供从小学到中学的教育。

近代上海没有严格的户口管理。清末地方自治时,上海参事会下设户政科,户政科下设户籍、地产、收捐三科,但户籍管理方面没能实际发挥作用。北洋政府时期,上海先后于1920年、1924年、1925年进行过户籍调查,但不全面,也不精确。南京国民政府时期,1928年,上海进行过比较全面、细致的调查,但仅是调查而已。汪伪时期,1938年进行户口复查,1939年实行保甲制度,颁发市民证、居住证。1943年以后,因物资供应紧张,实行粮食配给,上海户口才开始与经济利益挂钩。1946年以后,上海重新实行保甲制度,发放国民身份证,并按证配给粮食。但是,对于来沪人口仍然没有限制,平时也没有警察上门查户口的制度。

五方杂处,不查户口,使得近代上海社会更具有异质性、匿名性与流动性特点,为中共领导的秘密斗争提供了比较理想的场所。

1923年,毛泽东在上海,住在闸北香山路公兴路口的三曾里(今象山路公兴路口)中央办公处。他在这里住了近3个月,对外以报关行职业为掩护。这所房子住了3户人家,即毛泽东、杨开慧夫妇和孩子,蔡和森、向警予夫妇和孩子,还有罗章龙一家。三户人家都是湖南人。这是当时上海通行的散中有聚的居住方式,即来自同一地方的人习惯于集中居住同一个地段或同一幢房子里。

以打麻将的名义举行会议,是陈独秀进行地下活动的惯用方式。郑超麟回忆:

> (陈独秀等人)常开会的地方是宝山路南边某同志家里,大多夜里开会。有一夜,向警予说,很晚才开完会出来;弄堂里,独秀一面走,一面说:"他那个三番没有和成,真可惜,已经听张了,七束一定有,但总不出来……"直到看弄堂的开了铁门放我们出去之后,他才不谈牌经了。①

城市空间大,人口高度密集,居民相互之间比较陌生,为时常变换身份、转换住处、进行隐蔽的斗争提供了便利。1927年"四一二"政变以后,中共在上海的地下活动曾规定一条原则,即机关社会化,党的各级机关都以商店、住家、医院、写字间等形式出现,驻留机关和来往机关人的穿着、语言、活动等,必须符合公开身份的要求。住家要夫妻两人,进进出出的人也不能太多,商店来往的人可多些,与国际接头的机关是古董店,外国人来往不易引起怀疑。② 周恩来、向忠发的公开身份都曾是古玩商;邓小平的公开身份曾是商店经理,在浙江路清河坊开设一家烟纸店;毛泽民、钱之光等领导的中共秘密印刷厂,从1931年春到1932年冬,更换了5个地方。

那时,中共中央政治局秘密机关设在云南路447号(今云南中路171—173号),就在繁闹的天蟾舞台后面,楼下是一家生黎医院,楼上挂着"福兴字庄"的牌子。这个机关是1927年冬或1928年初建立的,作为中央常委开会的地方。字庄老板叫熊瑾玎,老板娘名叫朱端绶,都是长沙人。两人原为假扮夫妻,后来假戏真做,结为夫妻。机关设立后,中共中央政治局在这里举行过很多次会议,周恩来、瞿秋白、李立三、李维汉、邓小平、邓颖超、陈赓等领导人经常来这里研究工作。李维汉回忆:

> 那时,开会的同志从天蟾舞台西侧云南路的一个楼梯上去,就

---

① 郑超麟:《郑超麟回忆录》(上),东方出版社2004年版,第221页。
② 中共上海市委党史研究室著:《中国共产党上海史(1921—1949)》上册,上海人民出版社1999年版,第481页。

可以直到开会的房间。房间内朝西的窗下有一张小桌子,开会时,小平就在小桌子上记录。这个机关从建立起一直到一九三一年一月六届四中全会以后,都没有遭到破坏。后来,大概由于一九三一年四月顾顺章被捕叛变,中央才放弃了这个机关。①

在上海这样极其复杂的社会里,亲情、乡情、友情、党情、民族情与各种利益时常交织在一起。这也为中共秘密斗争提供了方便。

1929年8月,身为中央红四军前委书记的陈毅到上海,向党中央汇报工作,借以掩护的有两个人:一是他的兄长陈孟熙,时任上海警备司令部政治部主任;二是他的一位堂兄陈修和,时任上海龙华兵工厂指导员兼政治部代主任。他们两位给陈毅赶制了一套西装,搞到了一枚兵工厂的徽章。当陈毅与周恩来在新都旅社谈话时,陈修和、陈孟熙就在外间下棋作掩护。身为国民党官员的陈孟熙与陈修和,当然明白陈毅的政治身份,但在这时,亲情胜过了党情。

最富有传奇色彩的是杨登瀛。杨为广东香山人,早年留学日本,1919年到上海,1924年加入国民党,大革命时期为国民党左派,与中共人士关系密切,在"五卅"运动中结识同乡杨剑虹,成为莫逆。日后,杨剑虹成为陈立夫亲信,杨登瀛得以与陈立夫熟识。1928年,陈立夫负责国民党中统特务机关,杨登瀛成为中统驻上海特派员。杨登瀛有一好友陈养山,是共产党员。通过陈的关系,陈赓与杨登瀛建立了联系。杨虽为国民党关键部门官员,但思想上与国民党有一定距离。于是,通过杨的关系,中共党员钱壮飞打入了中统内部,成了中统特务头子徐恩曾的机要秘书;中共先后获得了何家兴、郝稚华夫妇叛变,戴冰石叛变,白鑫叛变,陈慰年叛变,黄第洪叛变的信息。这一系列关键时刻的关键信息,为中共获取国民党重要情报、惩处内奸,作出了重大贡献。

中共对杜月笙的利用,也很能反映上海社会错综复杂的特点。杜月笙在1927年"四一二"政变时,站在国民党蒋介石一边,参与镇压共产党。但是,他的私人顾问杨度,又是共产党员。杨度先前是筹安会六君子之一,但在白色恐

---

① 李维汉:《回忆与研究》,第243页。

怖时代加入了共产党。杜月笙慕他之名，聘他为顾问，每月送银五百元，赠以洋房。杨度利用这层关系，为共产党获取了不少很有价值的情报。抗日战争时期，杜月笙为抗战作了许多贡献，也为新四军提供了一些帮助。他曾协助新四军建立数条地下交通线，为新四军运送了大量军用物资。他与黄炎培是同乡、至交。黄炎培参加过许多进步政治活动，为蒋介石所忌恨。1947年，国民党特务准备对黄下毒手，事为杜月笙所悉，通报于黄，黄躲过一劫。

至于潘汉年善于与多方面人物周旋、利用多方面关系进行隐蔽战线的斗争，已为人们所熟知，兹不赘述。

像杨登瀛、杜月笙、潘汉年这样具有多方面丰沛人脉、近似于路路通的人物，在上海绝非个别。这正是上海复杂社会结构的产物。人是复杂的，也是可变的，尤其是在风云变幻的时代，上海这样千奇百怪的社会，共产党人明白这点，也尽可能地利用了这点。

共产党的自觉利用

特别需要指出的是，上述上海城市的这些特点，对于中共及其领导的政治斗争的意义，共产国际与中国共产党自始至终都有清楚的认识，并加以自觉的利用。

从1921年至1927年，中共中央驻地曾在上海、北京、广州、武汉之间几度迁徙。每次迁徙，都是从当时城市特点、斗争形势出发的。对于每次迁徙，中共主要领导人与共产国际代表都有讨论。从讨论的意见看，主张中央机关驻留上海的，主要出于以下一些考虑：上海作为国际大都市，有相对自由的华洋杂处的租界，外国人比较容易出入；上海有特殊的交通和通讯条件，便于与各国和中国各地联络；上海是中国工业中心，是无产阶级最集中的地方；上海是中国出版业最发达的城市，有利于传播马克思主义；上海有许多带有社会主义性质的组织，学生与工人有集会的传统，在那里可以从事公开的宣传活动。① 基于这些考虑，上海成为中共中央首选驻地。也是基于

---

① 卢毅：《中共中央早期驻地的变迁》，《百年潮》2012年第12期。

这样的考虑，共产国际在此前已将上海看作远东革命中心。1920年5月，刚成立不久的国产国际便在上海成立东亚书记处，下设中国、朝鲜与日本三个分部。此后，出于斗争形势的需要，中共中央驻地曾短暂地迁往北京、广州、武汉，但很快又迁回上海。在讨论是广州还是上海更为合适时，共产国际代表马林与共产国际执委会东方部远东局局长维经斯基意见就很不一致。马林认为广州合适，维经斯基不以为然，他说："我不能想象，中央将如何从广州领导运动，广州与上海、汉口和北京没有铁路交通，而通过海路到上海大约需要走5天时间。建立书面联系也是相当困难的。"经过讨论，中央委员会认为，"宁愿在上海处于非法地位，也不愿在广州公开活动，因为上海的运动意义更加重要"。①

近代上海是各种政治势力都极端重视、极力争夺、尽量利用的地方。中国共产党在1921年至1949年的28年中，不同阶段与上海的关系不尽不同，但一以贯之的是极端重视、极力争夺、尽量利用，能争夺时尽力争夺（如三次武装起义），争夺不到，则尽量利用。上海对于共产党来说，不同阶段所起作用不尽相同，前12年的重要性自不用说，1933年以后，尽管中共中央机关迁离了上海，但上海仍然是中共进行地下活动的最重要城市，是工人运动的最大基地，是革命文化活动的中心，是中共冲破国民党封锁、向世界宣传自己的窗口，是抗日救亡运动的中心城市，是各民主阶层爱国民主运动的坚强堡垒。

比如，毛泽东的3个儿子，是1931年杨开慧逝世以后由地下党从长沙带到上海，安排在大同幼稚园的。后来，毛岸龙病逝，岸英、岸青于1936年被辗转带到莫斯科。红军到达陕北以后，共产国际援助的巨款，是通过上海，然后转运到延安的。共产国际汇来的是美元，美元在中国内地不能流通。中共中央派毛泽民等人到上海，在泥城桥附近办了一家申庄货栈，将援款通过买公债、股票等方式，再分批换成通用货币，或辗转带到陕北，或购买红军急需的物资。红军用的通讯设备、印刷器材，也主要是通过上海采办的。这些都是共产党人了解上海城市特点、自觉利用这些特点进行斗争的典型。

---

① 卢毅：《中共中央早期驻地的变迁》，《百年潮》2012年第12期。

邓颖超回忆说：我们在上海，"经常搬家，有的地方住半个月，有的地方住一个月，有的长一点，但住一年就了不起了。每住一处，改用一个名字。名字随我们起，二房东只要给钱就行"。① 最后一句话"名字随我们起，二房东只要给钱就行"，很实在，生动说明上海社会的广阔性、异质性、陌生性给秘密工作带来的便利性，也说明共产党人对上海城市这些特点的利用得心应手。

中国共产党是通过农村包围城市取得革命胜利的，但是，取得胜利的许多必要条件并不是农村能够提供的，诸如进行革命舆论宣传的新型媒介（报纸、杂志、广播电台、出版社），军队与军队之间、城市与城市之间、中国与外国之间的新式通讯设备（无线电台），现代药品与医疗设备，国际货币的兑换。这些方面，中共都通过自己的努力，在上海（也包括天津等城市）获得了成功。

革命总是在统治力量相对薄弱的地方容易发生和取得成功。井冈山革命根据地、闽浙赣革命根据地、陕甘宁抗日根据地，都是地处两省或三省交界地区，都是统治力量相对薄弱的地区，也可以说，都是国民党统治的缝隙地带。共产党在这些地区发展自己，进行斗争，就是利用了国民党统治力量不平衡性造成的缝隙效应。这与共产党特别重视上海、利用上海城市的缝隙效应，出于同一原理。在这个意义上，上海—瑞金—延安，一脉相承。

但是，上海与那些根据地又有所不同，她能够提供红色政权所必需的、而农村根据地所不能提供的上文所述的特有战略资源与关键情报。因此，上海对于中共领导的革命斗争，其重要性是唯一的，也是不可替代的。

（熊月之　中国史学会副会长、上海历史学会会长、上海社会科学院研究员）

---

① 窦应泰：《邓颖超追忆周恩来》，《党史博览》2012年第6期。

周恩来秘会左尔格

◎ 杨国光

理查德·左尔格是第二次世界大战时期著名的苏联特工,被媒体列为20世纪最杰出的100个人物之一。在他的墓碑上刻的是这样的碑文:

  这里安息的是一位为反对战争,保卫世界和平贡献出了生命的勇者。1895年生于巴库。1933年来到日本。1941年被捕。1944年11月7日就义。

左尔格——德国人,参加过第一次世界大战。1919年加入德国共产党(斯巴达克斯)。1924年来到莫斯科,在共产国际联络部(OMC)研究国际工人运动,沟通总部与各国党的关系,并予以必要的指导和帮助。

大记者——左尔格

1930年1月,左尔格以德国记者、自由撰稿人身份来到上海,开始了他3年的中国之行。他的真实身份是苏联红军总参四部(格柏乌 GRU)特工,名义上是共产国际驻华代表。他的主要任务是深入研究蒋介石国民政府的内外政策，国民党军队的编制、武器装备，以及西方列强特别是德日的对华政策等。

左尔格到上海后，首先拜会了德国驻沪总领事馆。总领事冯·科伦贝格男爵是个高大肥胖的老人。他热情地接待了左尔格，并主动承担了照应这位年轻人的义务，还建议左尔格去一趟首都南京，结识蒋介石部队里的德国军事顾问团。临走时，老男爵搂着左尔格的肩头说："我们德国人都应该互相帮助。好吧，穿上你最好的西装到南京去，那里只有这样才吃得开。还有，如果见到蒋介石，对他要毕恭毕敬。这是讨他欢心的好办法。"

这样，左尔格带着总领事的介绍信，随后去了南京结识帮助蒋介石改组军队和抓军工生产的德国国防军军事顾问团。他在这里遇上了顾问团头目之一——吉尔贝特上校。几次见面后，两人便成了"朋友"。后来，吉尔贝特接替科伦贝格出任上海总领事。左尔格在社交场合风度翩翩，气宇不凡，颇有人缘，在欧洲同行和朋友中很快博得了广泛的赞誉，被视为精通中国事务的记者。但左尔格清楚，当务之急是尽快恢复和重建因中国大革命失败而遭到破坏的情报网。

据曾任中共中央驻莫斯科代表团秘书廖雯初（廖焕星）回忆，共产国际书记皮亚特尼茨基为协调左尔格的工作征求意见时，他答道："左尔格中国之行的关键，是要取得中国党的帮助，既然他已到了上海，就应该和中共中央局联络。"对这番提醒，皮亚特尼茨基频频点头，随即叫来秘书，要他立刻给中国党发报，通知左尔格已到达目的地，请给予必要的指导。顺便说，廖雯初历任共产国际柏林情报局情报员、世界反帝同盟执行委员兼《救国时报》主编等。

周恩来主持中央工作

上海是中国革命的发祥地。尤其是经过大革命时期三次起义的洗礼，这里有开展革命活动的有利土壤。1921年诞生的中国共产党一直依托它领导全国的革命运动。20年代末30年代初，中国革命正处于北伐战争到土地革命和武装割据的转折时期。1927年4月12日，蒋介石突然发动反革命政变,屠杀共产党员和进步群众。中国的第一次大革命由此中途夭折。它促使中国产党人开始懂得武装自己的必要性和迫切性。"八七"会议后,中共中央由武汉迁移至上海。周恩来在南昌起义失败后,奉命于1927年11月,经香港来到上海,作为政治局常委、军委书记,后又兼中央组织部部长主持中央工作,直至1931年底去江西苏区。

面对白色恐怖笼罩下严酷的斗争环境,周恩来到任后首先在军委特科的基础上组建了中央特科,即中国式的"契卡"(肃反委员会),作为中央的保卫机关。其主要任务是保证中央领导人的安全,收集掌握情报,镇压叛徒,营救被捕同志和建立秘密电台等。其间,周恩来两次赴苏:一次是1928年出席在莫斯科召开的中共六大,并与斯大林、布哈林切磋中国革命问题,他遵照斯大林的建议,还约见了苏军总参四部别尔津将军;一次是1930年向共产国际报告工作,并出席联共十六大,代表中共中央作《中国革命高潮与中国共产党》的报告。

1928年春夏间,一度撤消的共产国际远东局,从海参崴移到上海,负责与中国党和远东其他国家共产党组织的联络。其前期领导人为牛兰、埃斯勒(原德共政治局委员)和波兰人任斯基。东方部副部长米夫在1930年10月—1931年4月间,曾操持过远东局工作。1931年1月的中共六届四中全会(王明进中央政治局)就是他直接干预下召开的。远东

年轻时期的周恩来

局下设3个相对独立的部门,即政治部、组织部和军事顾问。1933年在博古支持下进入苏区任军事顾问的德国人奥托·布劳恩(中国名李德)就是属于这个顾问组。远东局作为共产国际的派出机构包括左尔格小组,与中共领导层和其相关部门都建有固定的工作关系和横向联系。应当说这时的周恩来对国际的活动是了解的,并给予过力所能及的帮助。中国党还应他们之邀,派遣了一批自己的优秀党员,以充实其情报队伍。

左尔格情报网分为两类

左尔格在上海落脚后,莫斯科随即给他配备了几个核心骨干。他们是:军事顾问、伏龙芝军事学院毕业、少将军衔、爱沙尼亚人保尔·里姆(鲍威尔),无线电报务员、德国人马克斯·克劳森,摄影师、波兰人约翰,电报译码员、爱沙尼亚人克尔曼,联络员、德国人鲁特·维尔纳(汉堡嘉夫人)等。维尔纳在法租界的家一直是左尔格与中央特科人员秘密聚会、交换情报的隐蔽场所。

美国进步女作家、时任德国《法兰克福报》驻华记者艾格尼丝·史沫特莱交际很广,宋庆龄、鲁迅、丁玲都是她的朋友。1928年她与左尔格邂逅于莫斯科,并分别为共产国际工作。到了1930年又在上海相遇。左尔格说,还在德国时,对史沫特莱就有耳闻,也读过她的书和文章,知道她很有叛逆精神。左尔格回忆两人这次见面的情形时说:

> 我立即明白,我可以依靠史沫特莱……我在组建上海小组时,特别是物色中国合作人时,就请她协助。只要是她的一些中国年轻朋友,我都设法认识他们。特别是设法结交那些自愿合作的人,结交自愿为左翼事业与外国人共事的朋友。

史沫特莱为左尔格情报网的建立起了穿针引线的重要作用。经史沫特莱引见结识的就有日本《朝日新闻》驻华资深记者、后来担任近卫文麿首相私人秘书兼顾问的尾崎秀实。随后,尾崎又介绍了川合贞吉、船越寿雄、水野成等在华日本记者或报人加入情报小组。

左尔格在上海建立起来的情报网,大致可分为两类:一是上述国际组;二是中国组。关于国际组,中外相关著作已多有涉及介绍。但关于中国组,迄今为止仍鲜为人知。这是由于保密工作性质决定的。

经济学家王学文及夫人刘静淑、社会科学家陈翰笙及夫人顾淑型都是经史沫特莱介绍与左尔格相识,成为他的合作人的。他们不仅是社会上有名望的专家学者,还是党的老地下工作者;他们更是维尔纳家每周一次碰头会的"常客"。不夸张地说，左尔格中国行的关键，如上所述，是取得中国党的协助。当然，这需要他广结人脉，独立开展工作。

张文秋回忆录引起的轰动

近年来，随着时间的推移，某些重大事实也开始浮出水面来，使后人有幸得以还原历史本来面目。从革命老人张文秋近期发表的《踏遍青山》一书中，即可窥见其一斑。张文秋，又名张一萍（另有李丽娟、陈孟君、羡飞、秋萍等多个化名），1903年出生于湖北省京山县。早年，受陈潭秋、董必武、恽代英、李求实、林育南影响，投身革命。1924年加入中国共产主义青年团，两年后转入中国共产党。1927年以京山县代表出席中共五大。"七一五"汪精卫反共政变后，在京山的张文秋躺在棺材里被人抬过敌人封锁线，死里逃生。1929年，由于叛徒出卖，与丈夫刘谦初（时任中共山东省委书记）一道被捕。1930年她由组织营救出狱，刘谦初却在1931年4月被杀于济南千佛山。张文秋出狱后来到上海，任中共中央局交通员，在周恩来领导下坚持地下工作。

张文秋在回忆录中首次披露了封尘80多年的周恩来秘会左尔格一段鲜为人知的历史，它在海内外引起广泛关注，也惊动了"左尔格学界"。日本时事通信社驻北京记者林詑孝立即（2008年5月8日）以《左尔格和周恩来在上海秘密接触——1931年在情报领域合作》为总题作了长篇报道。随后，日本各大报以及洛杉矶的日本报纸据此争相作了相关报道。据说，左尔格的相关论著全世界不下数百种，却没有一部提及此事。有个日本友人，为此还专门来华向中联部核实其真相。日本一桥大学著名政治学教授加藤哲郎不无兴奋地说："这个新解密的、饶有趣味的史实，很值得注意。它为我们进一步研究左尔格的情报活动提供了新的视角。"

与中央联络员张文秋合作

1931年9月18日，日本突然袭击沈阳，随即强行占领整个东北。国民党军队奉命不战而退。中国面临空前严重的民族危机。一天,周恩来找到中央联络员张文秋说,因共产国际在华工作的需要,经组织研究决定,同意她到远东局协助左尔格工作;并说那里的工作非常重要,也非常机密,希望她不要辜负中国党和国际的期待。张文秋回忆道:

30年代的中共情报员张文秋,她奉周恩来之命进入左尔格小组工作。

  1931年9月底的一个下午,周恩来同志亲自带着我,乘汽车到法租界一座高级宾馆门前,下车后由一位年轻的外国人把我们迎进了一个房间,房内走出一位西装革履风度翩翩的外国人,我认出他就是我在董秋斯家见过的那个外国人。周恩来对我介绍说:"这位就是共产国际方面的领导人左尔格同志,今后你在他的领导下工作。"他又对左尔格说:"我依照你的意见,把张一萍同志调到你这里工作,希望你给她做出适当的安排。"
  左尔格高兴地说:"请你放心,我会给她安排适当工作的。谢谢你对我的帮助,你给我把张一萍调来了。我还要求你,再帮我调几位来好吗?"
  周恩来同志满口答应,说:"你点名要谁,我就给你调谁来。"
  左尔格说:"我不认识党内什么人,不知道点谁好,你看着办吧!"
  周恩来笑了笑,表示同意了。左尔格高兴得连连称谢。①

  周恩来还就目前中国的政治形势作了介绍。随后,便和左尔格握手告别。
  原来这次会面之前,张文秋曾见过左尔格。那还是两周前的事。一天,史沫特莱约她在董秋斯(她把女儿思齐寄养在董家)家相见。当时

---

① 张文秋:《毛泽东的亲家张文秋回忆录》,广东教育出版社2002年版。

在座的还有一个陌生的外国人，他就是左尔格。不过，左尔格并没有作自我介绍。如前所述，董秋斯（原名董绍明）及夫人蔡步虚（原名蔡咏裳）也都是左尔格情报组的成员。董秋斯还是颇有造诣的翻译家，译著有苏联文学名著、库拉特可夫的《土敏土》和世界名著、列夫·托尔斯泰的《战争与和平》等。

那天送走周恩来，左尔格转身对张文秋说："我已经很了解你。董秋斯和史沫特莱把你的情况都告诉我了。所以我指名要求调你来。希望你来帮助我们把国际的工作开展起来。"随后，他把助手吴照高请来相见，告诉他们假扮夫妻租赁房屋，建立机关。

按照左尔格的指示，张文秋和吴照高在法租界的福开森路（今武康路）和吕班路（今重庆南路）分别租下两栋三层洋楼，开始情报收集工作。吴照高还向她宣布了国际的工作纪律和保密原则：从此切断与中共的一切关系，只接受国际分配的任务。

据张文秋回忆，左尔格当年三十七八岁，颇有风度，公开身份是新闻工作者兼学者。吴照高则是她的顶头上司，年纪和左尔格相仿。他是德共党员，原籍福建，出生在德国。公开身份是旅欧华侨资本家，妻子是进步书店"时代精神"的老板，名叫伊萨，德国人。吴照高领一班人马住在吕班路。

张文秋说，取得情报的方法主要有两种：一种是从报纸上收集各方面信息；一种是派人打入敌人内部。她的工作是前一种，即每天翻阅国民党统治区公开发行的十多种报刊，如《每日新闻报》、《申报》、《民国日报》、《大公报》、《字林西报》等，从中摘录国民党的军政、经济、文化方面的信息，包括各地的所谓"匪情"和蒋介石的"围剿"计划等，并加上自己的分析判断，整理成第一手资料。其他同事则分管翻译、打字等，最后汇集到左尔格处，由他核对印证，再用密码电报或经微缩技术处理，经哈尔滨或香港，转送到莫斯科的情报中心。

后来，张文秋被任命为南方站站长，负责与南方情报网的联系。有一次，她还化装成阔太太，乘英国"皇后"号豪华客轮去过香港，送机密文件和传达左尔格的指示。

"很有本事的王君"——方文

在这里,需要特别提到一个核心骨干,他在左尔格情报活动中起过重要作用。此人,便是左尔格在《狱中手记》中唯一提到的,在上海时一道工作的"很有本事的王君"①,即方文,又名张放、刘进中、陈浩笙,是左尔格和史沫特莱去广州采访时经董秋斯介绍认识的第一个中国助手。燕京大学毕业,中共党员。时任广州东山美国教会女子中学语文教师。随后,他把进步同学柳忆遥、肖炳实也发展为小组骨干。因他们精通英语,平时在小组里做中译英工作。方文夫人鲁丝(曾在苏联受训一年)也是小组成员,后来协助丈夫去南京建立新的情报网。

至今得知的,中国组还有以下人员:

章文先,周恩来离沪前推荐给左尔格的又一名中国助手,一个刚从莫斯科中山大学深造归来的高才生。

吴仙青(女),当年 29 岁。1928—1930 年在莫斯科东方大学深造时,就参加了共产国际的工作。她受总参四部别尔津将军的青睐,曾在莫斯科接受过正规特工训练。她组织能力极强,参加小组不久,便在华东、华南建立起 10 多个网点,并发展了沙文汉(原中共上海局成员,解放后出任浙江省省长)、陈修良(沙文汉妻子、潘汉年战友、原南京地下市委书记,曾任浙江省委宣传部长)、沙文威(曾任全国政协副秘书长)等人入党。中共许多老一辈都尊称吴仙青为"巾帼英雄"、"远东第一谍"。

蔡叔厚,早年是共产党人,留日学生(机电专业)。1928 年秋,中央决定在上海设立党的秘密电台。周恩来把任务交给特科的李强,并调蔡叔厚协助他。时过一年半载,1929 年夏,党的第一个电波便从法租界蔡叔厚寓所传出。周恩来闻讯后仍决定,将第一台无线电设备送往江西根据地,从此沟通了上海党中央和苏区的无线电通信联系。1932 年,蔡叔厚被左尔格看中,也成为一名红色国际特工。

中国组里还有中央特科介绍来的常同志(不知真实姓名),北京站的张

---

① 《现代史资料·左尔格事件》,三铃书房,第一卷。

永兴、于毅夫、张树棣,武汉站的刘思慕(刘燧元,解放后任中国社会科学院世界史研究所所长)等。这样,截止1932年8月,左尔格在中国的情报网包括上述国际组和中国组,已发展到近百人,其间还向苏联保送了一大批青年学生学习情报技术。

周恩来、陈云化险为夷

1931年4月下旬,根据1928年中共六大决定成立并由向忠发、周恩来、顾顺章3人负责的中央特科,曾遭到一次严重挫折,就是参与领导特科工作的政治局候补委员顾顺章送张国焘、陈昌浩去鄂豫皖根据地后,在汉口被捕叛变投敌。多亏周恩来从打入国民党特务机关当机要秘书的地下党员钱壮飞处获悉后,当机立断,在陈云等人协助下迅速采取转移中央领导人、销毁机密文件、更换秘密工作方法等一系列紧急措施,才使党避免了一场灭顶之灾。共产国际的派驻机构在接到警报后,也立刻搬了家。左尔格除采取必要的应对措施外,还为此添置了10支手枪,以备自卫反击之用。这些枪支是方文从十里洋场的外国武器商手中购得的。但由于顾顺章的叛变,蔡和森和恽代英牺牲,汉口的地下组织几乎全遭破坏,800名地下工作者付出了生命。

周恩来在顾案发生后,对中央特科进行了改组。改组后的特科下属各科领导人是陈云(总务科)、康生(行动科)、李强(通讯联络科)。潘汉年则接替准备转移的陈赓的情报科,负责情报、侦察和反间谍以及与左尔格情报小组的合作等工作。

不料,6月21日又突发了向忠发因擅自在外面过夜而被捕,供出了周恩来在小沙渡路住址的事件。周恩来虽及时撤离,但已很难再在上海开展工作了。因此中央决定:周恩来停止在上海的工作,撤回中央苏区。这样,他在1931年12月上旬,告别上海,经广东汕头、大埔,福建永定、长汀等一条秘密交通线,于12月15日进入江西瑞金,与毛泽东、朱德以及先期抵达的任弼时、项英、王稼祥等人会合,并就任苏区中央局书记兼红军总政委。

当周恩来撤回苏区后,重建中央特科的担子就落到了陈云肩上。

为红军反围剿提供重要情报

30年代初,一度遭到严重挫败的中国革命,首先在广袤的偏僻农村开始走向复兴。党领导的游击区扩大到江西、福建、湖南、湖北、广东等12个省,300多个县,建立了湘赣、赣南闽西、湘鄂赣等大小15个根据地。工农红军则扩大到10万人,其中毛泽东和朱德领导的红四军力量最强。

蒋介石在西方列强的帮助下,发动一次次"围剿",企图将红色政权扼杀在襁褓中。

一天,左尔格对方文说,中共中央现在急需国民党策划中的"围剿"计划,包括它的进攻方向、兵力、装备以及部队集结的日期,等等。"现在要建立一个情报小组,由共产国际的上海情报站和中共中央特科双方各派一名联络员,定期接头,交换各自所获得的情报。我们这方面由你参加,中共中央方面派潘汉年同志参加"。[①]

数日后,方文按左尔格所说的在一家咖啡店见到了潘汉年。潘汉年在交谈中提出了特科对国际的要求,方文则将事前准备好的材料交给了他。从此,中央特科和共产国际进行了多个渠道的有效合作。

1932年夏,蒋介石同日本签订《淞沪停战协定》后,立刻将枪口对准苏区,筹划第四次"围剿"。为此,在桂林的一次秘密会议上,德国顾问魏策尔退役大将同蒋介石的军事指挥官拟定了对鄂豫皖根据地的进攻计划以及他独创的所谓"掩体战略"。左尔格从顾问朋友那得到详细计划后,在电告莫斯科的同时,把情报也交给了陈翰笙。陈翰笙则通过宋庆龄及时地把它送到了苏区。

鄂豫皖根据地的红军以徐向前任总指挥的红四方面军为主力。他们得到情报后,立即作战术转移,主动退出根据地,使国民党军扑了个空。工农红军在这次反"围剿"中与国民党军队周旋了两个多月,又一次彻底打垮了他们消灭红军的图谋,随后进入川北,开辟了川陕边区革命根据地。

左尔格对工农红军反"围剿"的胜利功不可没。

---

① 张晓宏、许文龙:《红色国际特工》,哈尔滨出版社2006年版。

众所周知,德国是第一次世界大战的战败国,战后,其陆海空武器装备受到凡尔赛条约的诸多限制。为此,德国曾利用国民党在中国内地秘密试验各种新式武器,包括远射程的大口径火炮、跨越欧亚航线的大型飞行器等。所有这些都没能逃过左尔格的眼睛。他还从吉尔贝特处搞到了一张南京最大的军火库的示意图,并在此基础上进一步搜集了有关军事工业的情报。

据俄罗斯新近解密的档案,左尔格在上海从事情报工作期间,共发回莫斯科597份急电,其中有335份直接通报给了中国工农红军或中华苏维埃政府。

对于左尔格这一段工作,前苏联安全部第四局局长帕维尔·苏多普拉托夫中将在回忆录《情报机关与克里姆林宫》中曾说,当年"左尔格搜集到的情报在整个三十年代都相当受重视",它们为莫斯科制定其远东政策包括对华政策提供了可靠的依据。①

处理轰动上海的"牛兰事件"

1931年6月15日,同属于苏军方情报系统、持有瑞士护照的牛兰夫妇,在上海被公共租界警务处英国巡捕逮捕。同时被捕的还有他们刚满5岁的儿子和保姆。罪名是特务嫌疑。同年8月14日,主要由于顾顺章的出卖而被认定为国际间谍,秘密引渡给了国民党军事当局,并传言将被判处死刑。牛兰夫妇此时意识到,他们可能从此踏上了一条不归之路。这就是,如前所述,当年轰动一时的"牛兰事件"。

牛兰(Hilaire Noulens)只是他多个化名中的一个,真实姓名是雅各布·马特耶维奇·鲁德尼克(Jakob Rudnik),俄国十月革命时攻打冬宫的著名指挥官。在中国,他以"大都会贸易公司"等三家公司老板作掩护,登记八个信箱、七个电报号,租用十处住所。共产国际通过秘密渠道,将援助亚洲各国党的资金汇入该公司。

---

① 苏多普拉托夫:《情报机关与克里姆林宫》,东方出版社2000年版。

牛兰是有丰富经验的"契卡"人员,为执行特殊任务曾在法国被判两年徒刑。从审讯记录看,牛兰夫妇被押解南京后也保持沉默,始终没有暴露真实身份。后因他身兼"泛太平洋产业同盟"书记职务,营救活动遂发展成为抗议蒋介石政府任意侵犯人权的世界性运动。然而,南京方面对此始终保持缄默,从不作公开表态。

1932年新年刚过,左尔格奉共产国际书记皮亚特尼茨基之命,开始介入此案。他一方面请史沫特莱进一步动员国际知名人士,如宋庆龄、鲁迅、高尔基、蔡特金、德莱塞、罗曼·罗兰、爱因斯坦等发表声明,要求释放牛兰;另一方面开始秘密侦察牛兰被押解南京后的下落,并疏通与国民党高层的关系。

国民党特务系统当时操纵在中央俱乐部CC派,即陈立夫的中统手中。情报小组里的柳忆遥是浙江人,因工作关系与浙江派的国民党高官很熟。左尔格便想从这里打开一个缺口。果然,柳忆遥通过一个可靠的亲戚得知,CC派的国民党中央组织部调查科总干事张冲不仅知道牛兰的下落,而且还是此案的主管。

左尔格没有满足于这点信息,认为最好有个文字依据,比如让牛兰亲笔写一个字条,证明他确确实实在南京。有了这个证据,国际进步势力才能进一步开展反蒋抗议活动。于是在左尔格的积极支持下,方文和柳忆遥设法派人与张冲秘密接触。双方经过一番周旋,最终达成一项协议:以3万美元换取牛兰在狱中的手迹。

这在当时是一笔可观的款子。不过,左尔格考虑张冲的为人以及他在20年代曾留学苏联等经历,认为他未必是一个反共的死硬派。国民党贪污受贿、敲诈勒索是家常便饭,不算犯法,可是"暗通共党"则格杀勿论。张冲竟然敢冒这个风险,同意做这笔交易,必然另有企图。张冲在中统内有一定地位,他没有拒绝请求,说明他有意和共产党保持一定的关系。如果这笔交易成功,即有了牛兰的字条,等于左尔格又多了一个情报员。"中共出了一个顾顺章,难道国民党就没有刘顺章或马顺章吗?不但有而且比共产党多得多。只要我们的方法对头,就能找到这样的人。""政治交易是不能用金钱计算的。"①

---

① 张晓宏、许文龙:《红色国际特工》,哈尔滨出版社2006年版。

左尔格只要求一条：先交货，后付款。对方对此也未表示异议。于是左尔格当即电告莫斯科，莫斯科欣然采纳他的建议，并告知两个携款人（其中一人为李德）已上路。左尔格拿到牛兰一张3寸长、1寸宽的俄文手迹并鉴别其真假后，照价付了款，从而给这笔政治交易画上了句号。

在内外舆论的强大压力下，国民党被迫公开审理牛兰案件，于1932年5月以所谓扰乱治安、触犯"民国紧急治罪法"的罪名，判处牛兰夫妇死刑。随后援引大赦条例，减为无期徒刑。他们被关押至1937年，得以获释出狱，后在宋庆龄协助下于1939年回到了苏联。

关于这一次交易，事态的后续发展证实，正如左尔格当初估计的那样，张冲成为共产党的朋友，在周恩来的正确指引和帮助下，以民族利益为重，为第二次国共合作和共同抗日的实现起了重要作用。

张冲于1941年8月不幸在重庆病逝。国民党给他举行了隆重的追悼会，蒋介石亲自到场，陈立夫致了悼词。

周恩来也参加了。他在悼词中说："五年来与国民党人共事者数百，始终安危与共者淮南先生（张冲字）为其最。西安事变后始识他，为两党团结事，凡朝夕往还，达三四个月。站在民族利益之上的党见，非私利私见可比，故无事不可谈通，无问题不可解决……因先生之力，两党得更接近，合作之局以成……淮南先生不愧为国家民族之栋梁。"

在延安的毛泽东、朱德也分别发来了唁电。

身份险些暴露，左尔格被迫撤退

话说回来，左尔格对张冲所作的分析，当时只是一种乐观的估计，是问题的一个方面。另一方面，由于这次交易，无形中留下了左尔格情报网和国民党特务组织藕断丝连的关系，也等于将自己的组织暴露在中统的视线之内。1932年5月，左尔格给皮亚特尼茨基的电报中称："我们现在的处境已不允许我们再从事这方面的联络活动。我的身份已经受到怀疑。"

有迹象表明，国民党特务开始跟踪、寻找他们。1932年10月10日，总参四部的别尔津将军收到上海密电："我们从中国线人那里得知，南京方面似乎已发现一名军事间谍的踪迹。据说此人是一名德国犹太人。根据从当地德国人那里听到的消息,我们认为,各方怀疑线索正在'拉姆扎'(左尔格的暗号)身上靠拢。请指示,拉姆扎是否一定要等到接替人选来了之后才能离开,还是可以提前撤离?"

别尔津在电报上批示:"尽快撤离,不必等候接替人选,否则会出事。"为安全起见,莫斯科要求相关人员迅速撤离中国,从而导致左尔格在中国工作的结束。在被召回莫斯科时,他曾不无感慨地说:"如果不是为了崇高的事业,我将在中国一直待下去。我已深深地迷恋上这个国家了。"

左尔格于1932年年底告别上海,经海参崴回到莫斯科。同他一道撤离的,还有方文、柳忆遥和肖炳实等。左尔格的离去,也意味着他在中国的工作暂告一段落。张文秋等一批中国情报战士回到了中共党内。

回到莫斯科后4个月,左尔格于1933年5月被派往东京,揭开了他特工生涯最辉煌的一页。左尔格和他的"拉姆扎"小组在日本工作8年,准确无误地预告苏德战争的爆发和日本南进的国策,在第二次世界大战情报史上写下了令人叹为观止的大手笔,至今仍为人们津津乐道。

1937年"七七"事变后,左尔格曾短暂回到中国,对事发地点卢沟桥及其邻近的宛平镇进行实地考察,摸清了日军下一步的战略意图。随后,他搭上日军的军用飞机,于12月中旬赶到南京,目睹了骇人听闻的"南京大屠杀"。

在南京,左尔格下榻在德国驻华使馆内,正是在他的鼓动和引导下,三等秘书克劳森、鉴证科长汉斯等具有人道情怀的德国外交官将日军烧杀掳掠、奸淫妇女、活埋中国市民和军人的一组组图片资料装进外交邮袋,设法送回本国外交部。希特勒获悉后下令将资料严格保密,并指示外长里宾特洛甫照会日本盟友,必须注意其在南京无休止的暴行可能在国际上产生负面影响。[①] 对于左尔格促成保存"南京大屠杀"证据的努力,中国人民应该铭记。

---

① 王炳毅:《鲜为人知的文件解密:二战苏联英雄间谍左尔格在中国》,《青年参考》2007年11月27日。

左尔格于 1941 年 10 月在东京被日本反间谍机关"特别高等警察"("特高")逮捕,1944 年 11 月 7 日和他的终生战友、日本革命志士尾崎秀实一道被送上绞刑架,结束了他 49 年的光辉生涯。

20 年后的 1964 年,苏联公开了左尔格的秘密,追授他最高荣誉称号——苏联英雄,并在莫斯科竖起他的巨大塑像和纪念碑。

(杨国光　中国新闻社资深记者)

理查德·左尔格和他的情报小组 1929—1932年在中国的活动及其结果

◎ [俄] Н. Л. 玛玛耶娃（Natalia Mamaeva）

世界各国情报历史中不乏辉煌篇章。其中不能不提到举世闻名的苏联间谍理查德·左尔格（匿名作拉姆扎，1894—1944），特别是他在日本长达8年（1933—1941）的驻外间谍情报活动为世人所瞩目。他行动果敢、坚定，信息准确，分析能力强。从以下几个层面我们可以诠释左尔格情报活动的特点。

20世纪初战争与革命交织在一起，国际主义并非空谈，左尔格成为这个时代最鲜明的代表：苏联间谍，共产党员，在自己的间谍活动中，他遵循的原则远不止于完成职责和任务，还有对于苏联国家无尽的忠诚，所以不奇怪在他生前逝后总是伴随着那么多的传说。

苏联远东间谍工作的主要任务是搜集日本对于苏联远东地区直接军事威胁的情报。左尔格作为苏联远东地区的情报领导小组负责人，其主要工作亦是收集日本对远东边界构成威胁的相关情报。而事实上，左尔格和他的情报小组在另一个远东国家——中国——的大规模情报工作要早于在日本的活动，1930—1932年左尔格在中国上海居住，他的情报小组就设在这个城市。而上海在当时的中国更像是一个巨大的城邦，是所有外国间谍在中国活动的主要阵地。上海时期的生活为左尔格在中国和随后的日本间谍活动打下了良好的基础并且取得了初步的成绩。正是在上海,左尔格和他的情报小组培养了自己适应远东地区特点的间谍素养,并逐渐拥有了自己独特的工作特点;同时,正是在上海,左尔格和他的情报小组完成了对于中国和日本内部局势的知识性积累,掌握了日本在其他国家和在中国情报工作的方法,准确分析日本在远东地区的地位。

上海左尔格国际研讨会上,俄罗斯玛玛耶娃教授发言。

俄罗斯学者和国外研究苏联间谍历史的专家一致认为,左尔格的间谍活动之所以如此成功,其中一个不可忽略的因素是他不仅仅是一个间谍,还是一个接受良好教育的学者,他更像一个天生的外交家和国际问题专家,善于分析国家之间的复杂关系。只要简单了解一下左尔格在20世纪二三十年代发表的文章就可以看出他学识渊博,具有研究能力并且拥有一个职业记者应该具有的所有天分和才华。

1895年10月4日,左尔格出生在阿塞拜疆一个叫作阿仁肯特的村庄,他的父亲是石油公司的工程师,母亲妮卡·卡别列娃是一个出生在巴库的俄罗斯人。正如左尔格后来写的那样,像其他有保障的德国家庭一样,他的童年很平静,很快乐。他的祖父——弗里德里希·阿尔别尔特·左尔格是一个革命者,认识马克思和恩格斯并且与他们保持通信长达20年。在共产国际海牙会议上,左尔格的祖父当选为委员会秘书,后来列宁曾怀着温暖感念的心情回忆左尔格的祖父。左尔格的家庭(祖父——革命者,父亲——企业家)很好地反映了那个时代的特征。而且需要强调的是,左尔格始终认为祖父是自己的人生榜样,虽然左尔格出生在德国,而祖父后来一直在美国,他们没有见过面。

左尔格参加过第一次世界大战,也正是在此期间他第一次听到了列宁的名字,漫长的战争和伤痛使他重新认识了世界,他决定将自己的生命与工人运动联系在一起。复员后他先是毕业于德国基尔大学医学系,后来又成为了社会学系和政治学系的学生。此间,他参加了一系列德国社会民主党争取自由的活动。在德国他知道了发生在俄国的革命——10天的无产阶级革命彻底震惊了世界。革命精神迅速传遍了东方和西方,当然也影响了德国。左尔格很快卷入了德国革命漩涡,他参加吉尔集会,在船员和码头工人集会上发表演说。在基尔工人运动被镇压之后,革命中心转到了汉堡,在这里左尔格加入了德国共产党。社会主义革命在德国是不可能实现的,德国共产党也很快就被禁止活动了。

1925年,德国共产党派左尔格到苏联去。此间,有很多外国共产党人来到苏联,苏联成为全世界共产党人的"灵魂祖国",苏联国内的革命氛围、充满了希望和理想的时代极大地震撼了左尔格,1925年3月左尔格加入苏联共产党,开始参与共产国际的活动。应该指出的是,左尔格与国际共产主义运动的精神联系伴随了他的一生。从1925年到1930年,左尔格在共产国际执行委员会的工作极大地影响了他在20世纪30年代的思想,尽管表面上看来,他在30年代的工作与共产国际并没有直接的联系。1925—1928年,左尔格担任共产国际执行委员会情报处顾问,并且从1926年4月开始在苏联代表团的推荐下担任共产国际执行委员会情报处负责人,取代了主席团在3月就已经确认的负责人彼·舒宾。从1927年年初,左尔格担任信息处指导员工作,担任曼努伊尔斯基的秘书。曼努伊尔斯基从1922年开始在共产国际工作,1924年成为共产国际执行委员会主席团成员,1928—1943年担任主席团书记,负责苏联代表团在共产国际的工作。由于参与了共产国际书记处的工作,理查德·左尔格了解到了共产国际从制定政策到执行的整个过程,积累了工作经验。这一时期左尔格负责与其他国家共产党员进行联系,同时他的意见和建议也起到了重要的作用。在这个过程中左尔格逐步开阔了视野并且也逐渐看到了东西方共产主义运动发展和民族解放运动的世界美好前景。

但是共产国际的频繁改组反映出了世界共产主义运动的艰难,使得共产国际内部不停变更领导人。而这种领导职位的变更又和苏联共产党内部斗争不无关联,这种变更无不带有干部清算的性质,即清算布哈林的追随者"右倾分子"和"调和分子",而左尔格则被认为在"调和分子"之内。

根据共产国际执行委员会常设秘书处的决议,1929 年 8 月 24 日左尔格和他的同事乌尔姆·舒曼和其他人被解除了职务,被派回到苏联或者德国[1]。回到苏联后左尔格在莫斯科马克思列宁主义学院从事科研工作。

早在 1919 年,左尔格就在汉堡大学获得了社会学博士学位,后来出版《卢森堡的玫瑰·资本的积累》和《道威斯计划及其后果》[2]两本书,同时还撰写了大量的国际政治和经济问题文章。作为一位学者、记者和国际人士,他这一时期的研究领域主要集中在苏联和德国[3]。早在 1920 年代,左尔格就极富远见地指出《凡尔赛条约》的消极结果就是会使德国最终走向战争。而美国和欧洲病态发展过程也经常出现在左尔格的研究领域内,这期间他思想上认为"苏联"与"和平"是同义词。所以他认为自己的主要任务之一就是极力防止苏联处于战争的威胁之中。所以左尔格的生命轨迹出现了重大的历史变化,其主要使命就是成为一个军事间谍。也有一种观点认为左尔格之所以成为一名专业军事间谍是因为在柏林康斯坦丁·巴索夫谍报总部受到了严格的训练(1928 年[4]该谍报处共有 250 人)。

而且有这样的事实,正是和老布尔什维克、拉脱维亚机枪团团长、红军总司令部四局(负责军事情报工作)扬·别尔津的结识,使得左尔格将自己的一生和军事间谍联系在一起。1925—1930 年他在专门学校得到培训,学

---

[1] 阿吉别科夫 Г. М.,沙合娜扎洛娃 Э. Н.,《什利尼亚 K. K. 共产国际组织机构 1919—1943》,莫斯科,1997 年,第 144 页。
[2] Sorge R. Das Dawesabkommen und seine Auswirkungen. - Hamburg, 1925.
[3] 左尔格的新闻活动表明他对国际政治有深入的研究,参见:Sonter R. Der neue deutsche Imperialismus. — 汉堡-柏林,1928.
[4] 参见网页:www.1917.com/History/I-II/1176490892.html。

习成为职业间谍。1929年理查德·左尔格转入到红军总司令部四局谍报处工作。

从1927年开始，左尔格的兴趣逐渐转移到远东，因为在他看来，帝国主义的力量逐渐集结在远东并且威胁着苏联的安全。很明显，这个直接威胁来自日本。1920—1930年苏联军事情报工作计划之一就是研究日本所有的间谍机构，比如，研究位于哈尔滨的日本和关东军间谍机构。不过当时别尔津领导的情报工作主要集中在中国上海，正是在这个大都市集中了当时世界最强大的间谍组织，而别尔津的两个"教徒"左尔格和乌尔苏拉·库琴斯基（化名露丝·沃纳）也被派到了这里。苏联不同部门派出的间谍组织在上海的活动要更早些，但是由军事部门派出的间谍最早则是在20世纪20年代末。

当时间谍的任务很复杂，这主要是因为20年代中国国内复杂的局势。这里弥漫着反共和反苏联的情绪，与此同时，情报搜集的重点集中在中国国内的局势分析、国民党内部权力分配和其他强权国家在中国的势力等三个方面，而这些情报都是苏联处理日本和中国关系的基础。众所周知，日本在1928年中国北伐胜利和1927—1929年国民党政权真正建立之前就已经对中国的内政外交有了重大影响。到了20年代中期，北京政府基本在日本影响控制之下，与此相平行的是日本在东北对于张作霖的控制。

左尔格在上海获得了合法的记者身份，并从上海走向世界的情报舞台。

总体上来讲，苏联在中国成立间谍情报机构是苏联在其他国家建立谍报机构链条上的一个重要环节。只是这种间谍机构相比起在美国、英国、法国、捷克斯洛伐克和罗马尼亚等国家设立邮政联系、提供无线发报和培养干部要复杂得多，这是由30年代中国国内的复杂局势决定的。

上海之所以被选为苏联间谍在中国的总部基于以下原因：不仅仅是因为上海是当时中国最重要的城市，可以在公共租界和法租界设立一个相对安全的情报机构,还因为在上海中国警察对于外国人特别是对于租界的外国人监视非常松懈,这就有利于完成一些重要任务甚至是将情报传递给其他间谍机构,上海成为一个有利的中间站。

当然,在中国成立地下间谍组织并不是一件轻松的事情,首先要克服语言障碍和不稳定的国内局势,尤其是历史上形成的不同政治军事派系间的彼此争斗、国民党内部矛盾、国民党和中国共产党之间逐渐形成的内战态势以及对共产党和"苏区"的坚决抵制,等等,都须一一克服。与此同时,在中国设立地下间谍组织已经刻不容缓,因为此时日本军国主义已经开始加紧对中国的侵略,日本逐渐扩大其在中国东北的影响进而影响整个中国,企图借此推进建立"大东亚共荣圈"进而影响苏联,这在当时已经不是什么秘密。20 年代末的中国内部局势对于很多强国包括苏联在内都不明朗,很多国家的利益在这里积累,当然首先是日本利益。所以在中国设立地下军事间谍的首要任务就是研究中国国内局势,梳理各个强国在中国的利益节点以及关注中国的对外关系。

首先是中国与日本的关系。但是军事间谍最重要的任务是研究日本究竟在多大程度上威胁了苏联的安全。解决这些问题在当时的苏联共产党看来只能是设立地下情报网络。其实就在左尔格到达上海之前(1930 年 1 月 10 日)苏联在上海就已经设立了地下情报站(公开身份是商行),固定有无线电台和莫斯科联系,但是系统的情报网络还没有建立起来。

正如 M. A. 阿列克谢耶夫在自己的书中所写的那样,左尔格到达上海是接替亚历山大·乌拉诺夫斯基(私下里人们都称他为长官)的工作。后者因为缺乏间谍经验在 1930 年返回莫斯科,此后左尔格才被任命为苏联驻上海情报站负责人。[①] 事实证明,这个任命是成功的,当然这里也包括左尔格的出身以及他和德国领事馆、德国军事顾问之间的联系(一个事实是,尽管上海警察对于外国公民或多或少会有些保护,但是所有的上海警察对于苏联公民都是充满敌意的)。在左尔格到达上海之前,中苏关系已经开始紧张。1926—1927 年,中国政治进程很大程度上与共产运动的失败相联系,

---

[①] M. 阿列克谢耶夫:《你们的拉姆扎》,《拉姆扎·左尔格和苏联军事间谍在中国(1930—1933)的活动》,莫斯科,2010 年,第 164—165 页。

这当然会影响到中苏之间的关系,在帝国主义列强的推动下,1927年发生了一系列针对苏联驻中国机构的挑衅行为。1927年12月,中国警察突袭了苏联位于广东(广州)的领馆(逮捕了苏联领馆工作人员,查封了领馆),与此同时苏联设在汉口的领馆也遭到了中国警察的查封。

1929年,围绕着远东铁路的矛盾爆发,新任满洲铁路代表张学良致力于将苏联势力从满洲里排挤出去。1929年5月,中国警察对苏联驻哈尔滨领馆进行了搜查,搜到了一批苏联打算在中国进行共产主义宣传和向中国共产党提供武器的情报,1929年7月10日,满洲政权完全掌控了满洲里铁路,逮捕了200多名苏方工作人员,大部分苏联机构被查封。

莫斯科对此事的反应出乎中国政府的预料,1929年7月17日,苏联政府宣布驱逐所有中国外交人员、顾问代表,甚至是铁路工作人员,在莫斯科的非官方人员也遭到遣返,两国的铁路交通彻底中断。

1929年11月,在国内战争时期的苏联英雄B. K.布留赫拉的指挥下,苏联远东特别部队越过中苏边界成功偷袭了驻扎在满洲里的张学良部队(张部队约有20万人),中方军队没有等到蒋介石的增援,半数人被苏联抓去成了俘虏。1929年12月,中苏在哈巴罗夫斯克签订了苏联—满洲备忘录,决定恢复苏联在远东铁路的地位,释放被逮捕的苏联公民,苏联驻满洲领馆和满洲驻苏联领馆的工作得以恢复。

实际上远东铁路事件的调停并没有在本质上使得中苏关系正常化,蒋介石拒绝承认哈巴罗夫斯克备忘录的合法性,双方的实际执行也不一致。西方强国对于苏军用武力保护自己的利益十分不满,无法得到他们的支持,苏联在满洲里的军事行为被打上了侵占他人财产的性质。远东铁路冲突极大地影响了远东地区的和平与安全,而苏联和中国的矛盾大大缓解了日本和中国之间的矛盾,使得日本军方得到机会发动对中国的侵略(1931年),左尔格正是在这种复杂环境下来到中国工作的。

苏联军方为左尔格能够在中国具有合法公开身份做了周密安排和细致的工作,左尔格从柏林学院获得了搜集中国科技发展状况的任务,并且为此获得了多个推荐信,手头还有一个和出版社的合同——他需要写一部关于中国的书。他甚至还获得了德国柏林《粮食报》在中国代表的资格,任务是研究中国农业发展过程中遇到的问题。同时他的公开的合法身份还包括在德国和世界上都享有良好声誉的《社会科学报》特派记者,加入该报纸他就拥有了在中国自由活动的权力。除此之外,左尔格也为几家美国报纸做事情,甚至还会经常收到德国或者中国社会的其他来信,这些信件可能是推荐他研究中国银行事务和外汇交易。这一切都使得左尔格在中国的身份合法化成为可能。

在到达上海一周后左尔格拜访了德国驻上海领馆,递交了德国外交部给德国驻上海领事冯·科伦贝格男爵的亲笔信,在信中德国外交部高度赞赏左尔格的科学精神和记者才华,同时推荐他调节在上海的德国各个阶层的关系。

实际上自从乌拉诺夫斯基回国到左尔格来到上海之前,苏联的地下情报网已经中断,这就意味着左尔格要从零开始重新建立自己的情报站。同时想要了解当时中国的内部局势也必须通过设立情报站才能建立彼此的联系。这一任务的完成首先需要在中国设立完备的间谍体系和情报联络员体系。而体系的建立不可或缺的因素首先是需要从已经熟悉的中国

左尔格从上海、东京获得了大量珍贵的情报,这是他在共产国际的档案。

人或者外国人那里获得情报。按照常规——当然是在彼此信任的基础上——这些提供情报的人本身永远都不会假设:他们的情报会是间谍情报的一部分。左尔格广结朋友,从当时的南京政府和各个省政府,从驻扎在中国北方和南方的军队总部等多个渠道,获取重要情报,甚至和当时的政要包括蒋介石、汪精卫、张学良、孙科、宋子文、陈济棠、陈公博等也都有一定的交往。同时左尔格还从日本间谍部门获得了日本驻扎在中国的兵力情况以及日本对中国和苏联下一步行动的计划等重要情报。当然,左尔格的主要交际圈还是德国军事顾问,他们成为左尔格主要的情报来源,而且这种方式信息来源广、可信度高,情报内容主要是关于中国中央政府和地方军队的情况,中国领导层的军事计划,甚至还包括了国民党军队的改组计划。

安插在中国人中的间谍代理人，左尔格称他们为"组长"，这些人负责直接和中国人打交道，获得需要的情报。而左尔格本人是不直接和这些中国情报网络联系的，这些情报代理机构由设在上海的间谍小组"鲁道夫"和设在广州的"玛丽安"直接领导。当然，这些间谍小组除了在上海设立，还在中国的南京和汉口两座城市，在河南、湖南、福建、江西和满洲里都有自己的情报机构。如此，左尔格前后在中国成功地设立了13个情报小组，通过"鲁道夫"为自己工作。事实上，他们已经成为左尔格工作中的重要助手①。

左尔格情报小组的主干人员都拥有自己正式的掩护身份，分工各有不同，比如杰别尔·万冈尔登和马克斯·克劳森就分别负责无线电台联络和遇到危险时保障情报人员可以从海参崴安全返回莫斯科。情报人员保罗的妻子柳芭·伊凡诺夫娜（化名露易丝·克劳斯）本身就是无线电报务员和密码破译员；还有约翰（化名为斯特隆斯基）②等情报人员——他们来到军事间谍小组的经历各不相同，但是他们每个人都坚信自己的工作具有无上的重要性，都深深热爱自己的祖国并且忠诚于共产主义理想③。

对于左尔格来说最适合寻找情报来源（不是通过线人）的环境是位于上海的德国租界和其他中国大城市的德属领地。在这些德国人当中拉姆扎（左尔格）寻觅着位居高位并且掌握重要情报的高层人士。

早在柏林期间左尔格就得到过美国著名作家和记者艾格尼丝·史沫特莱的推荐，很多人甚至都认为史沫特莱是一个共产党员。无论如何，史沫特莱本人对于中国的局势很有兴趣并且做过一系列深入研究。拉姆扎积极利用史沫特莱整理的关于国民党218名高级将领的资料。史沫特莱在中国拥有广泛的联系并且和当时的政要、知识分子代表都过从甚密，左尔格非常钦佩这位女作家。按照俄罗斯国内研究左尔格的专家学者的观点，左尔格使

---

① М. 阿列克谢耶夫：《你们的拉姆扎》，《拉姆扎·左尔格和苏联军事间谍在中国（1930—1933）的活动》，莫斯科，2010年，第593—602页。

② 详细内容参见：В.Н. 乌索夫：《苏联间谍在中国：20世纪30年代》，莫斯科，2007年，第222—226页。

③ 近年来由于一系列国家档案加以解密，虽然还谈不上完全解密苏联间谍档案，但出现了一些著作，详细诠释了左尔格间谍机构所有成员的活动，参见：卡尔帕奇基、П. 普罗霍罗夫著：《苏联情报帝国》，《俄罗斯军事间谍历史概观》两卷本，莫斯科，2000年出版，共401页；М. 阿列克谢耶夫的《你们的拉姆扎》，《左尔格和他的苏联情报小组在中国的活动（1930—1933）》，莫斯科，2010年出版，以及 В.Н. Усова 等人的著作。

得史沫特莱在情报募集方面参与了苏联情报工作。暗地里史沫特莱利用美国间谍支持的杂志《每周》宣传反英反美情绪。同时左尔格化名约翰逊认识了《朝日新闻》的记者尾崎秀实,后者为其提供了大量中日关系的情报。为了获得准确的消息来源,左尔格还得以成功地结识国民党党首孙中山的遗孀、当时国民党内亲民主的政治精英代表宋庆龄。当然宋本人并没有为苏联间谍工作,但是宋庆龄经常有文章见诸报端,同时也会参加有关国内局势的访谈,特别是她对国民党针对共产党的报复和对苏区的进攻持反对态度,这些都为左尔格了解中国国内状况提供了大量的资料。

从到上海工作的第一天起左尔格就迸发出高度的热情,他刚到上海就直接去了国民党的首都南京,因为有很多德国人居住在南京,在这里他认识了国民党南京政府军事顾问冯·科伦贝格上校。作为一个社交能力超强的人,左尔格善于认识更多的人,这对他开展工作提供了更多的契机。甚至他和德国欧亚航空公司飞行员的良好关系也帮助其形成了对中国环境的总体画面。左尔格在中国的活动最远到达过广州,在那里左尔格也是利用德国租界建立重要联系。为了建立联络点并且顺利将情报传递出去,左尔格跑遍了中国的主要城市,从汉口到南京,从南京到奉天,从奉天到广东,然后又回到上海。在这些公务中马克斯·克劳森经常和左尔格在一起,正是他的帮助,左尔格成功于海参崴①建立了和苏联联络的无线电发报站。

和情报中心的联系,左尔格采取两种方式:直接发报或者写信。有时候也会收到总部发过来的一般是半年的工作计划。只是遗憾的是这种通讯方式非常落后,不仅仅是因为邮递时间比较长,更重要的是当时中国国内情形瞬息万变,所以总部指派的任务要么已经过时,要么就是不符合当时中国局势了。在这种情况下,左尔格也会被迫自己审时度势指定任务,而不仅仅是按照总部的要求搜集情报,当然因此左尔格也会受到总部的指责。

左尔格非法间谍小组的活动逐渐从上海扩大到了其他城市。到1931年5月,由于中国人的帮助,左尔格已经把情报工作扩大到了南京、广州和香港。

---

① И. 杰民期耶娃, Н. 阿卡扬钦:《左尔格同志》,文件. 回忆. 苏联间谍采访. 1965年,第65页。

在左尔格的间谍工作中，正如他的同行和领导所指出的那样，他过于依赖个人关系，而不是将间谍工作完全纳入到情报网络中去，所以类似的工作方式带来更大的风险；在搜集情报过程中的确也遇到过个别很危险的情况，按照常规都和平解决了。只是正如我们所想象的那样，当时衡量拉姆扎间谍工作的效果只能是看他每次搜集情报的结果，而不是搜集的方式。下面，我们尝试着分析几件具体的事情。

间谍总部不止一次要求左尔格搜集中国国内具体信息，比如中国政府军队的性质；军费开支；国民党军队的内部结构、指挥分布方式、武器和装甲设备，中国兵工厂的生产能力；海上和空军力量；培养士兵和指挥官的水平；经济与政治等内容。除了这些情报，苏共中央认为左尔格和他的情报小组的工作是正确并且是及时的。尽管中国国民革命军在1928年取得了北伐胜利并且公告国家共和，1916—1928年间的军阀割据局面因此得到遏制，但是国家仍然处于分崩离析的状态。在这种情形下判断帝国主义究竟在多大程度上影响了中国，这对于苏联显得尤为重要，同样重要的是要搞清楚列强国家在中国扩大势力范围和利用日本对抗苏联的企图。

左尔格及其战友经常到汇中饭店（今和平饭店南楼）接头

20世纪30年代初，远东地区处于战争与和平的边缘，日本被认为是入侵苏联的潜在对手（这一点早在俄罗斯国内战争期间就已经确定）。无论是在外交方面还是从情报人员的信息来分析，都不能排除日本可能对苏联开战，这种认识直到日本对美国开战才得以消除。而日本早在20年代就开始了针对中国的敌对行动，直到30年代初开始侵略中国，中国和苏联都是日本认为的主要进攻目标。关于这一点，左尔格在给苏共中央的情报里已经详细阐明，尽管这一时期他接受的主要任务是分析关于国民党的武装情况和中国国内局势、中国潜在的对抗日本的能力等问题，但实际上这些问题的解决在很大程度上帮助苏联确定远东政策特别是针对中国和日本的政策。

尽管情报工作困难重重，左尔格和他的情报小组后还是了解到了1930—1932年中国国内政治和经济的客观概况，特别是关于南京政府的军事政策，取得这些成绩主要是因为拉姆扎与蒋介石邀请的德国军事顾问之间的联络。

通过与南京政府德国军事顾问的接触（1929年在南京政府的德国军事顾问有20人；到1932年已经到了58人；到1937年已经超过90人），左尔格获得了大量准确的情报。德国军事顾问人数，按照左尔格的情报，随着中国与德国贸易的加强而同比例增加。左尔格通过德国军事顾问获得了军队改组方向及国民党领导层政策。而从外交使团和情报机关获得的信息都显示不排除日本针对美国也会采取战争行为。同时情报显示，日本早在20年代末就已经开始觊觎中国领土，伺机发动战争，并且在中国东北企图挑起中国对苏联的敌对情绪；这一时期左尔格传递给苏联情报中心的信息虽然是按照上级指定的多是关于中国国内局势的细节和具体情况，但是左尔格也一再强调日本会在30年代初对中国挑衅直到开战，这里也包含可能对苏联开战。苏联情报机关高度重视左尔格的情报，并且分析中国国内的军事力量和中国局势的稳定性，以及中国反抗日本侵略的可能性，因为这些因素都将直接影响和预测苏联在未来与中国和日本的关系走向。

按照左尔格通报的情报，几个强国试图利用中国国内政治经济形势，巩固自己在中国的地位，反对日本对中国的侵略，同时支持蒋介石在国内与红军作战。强国给予蒋介石南京政府以精良武器弹药，现代化的通讯设备。在国民党政府内部，几个强国都派出了自己的军事顾问，其中当然也包括德国军事顾问。

1931年日本正式开始对满洲发动军事行动,1932年扶植清朝末代皇帝溥仪为帝成立"满洲国"。这说明日本把占领中国作为优先考虑对象。苏联情报部门很多间谍都尽快将这一消息通报给了苏联情报总部。斯大林在给Л. М. 冈卡诺维奇和 B. M. 莫洛托夫的报告中,就日本于1931年9月23日对中国的武力干涉提出了自己的立场。斯大林认为,日本对中国的军事干预可以看作是日本与所有在中国的强国或者至少部分强国的协议,旨在扩大日本在中国的影响范围。斯大林敏锐地指出了列强在阻止日本武力干预中国事件上表现出的消极态度。在获得了诸国在日本武装干预中国问题上没有达成统一立场的情报之后,斯大林认为苏联在远东问题上的立场是不完善的,所以立即对远东事务进行外交干预。自然,在对中国人民表示同情的同时,尚未从本国国内战争后果中恢复过来的苏联也因为日本对中国的进攻而获得了暂时的喘息[1]。同时日本对中国的公然军事挑衅也进一步证明日本已经做好全面发动战争的准备。所以苏联此时对于日本的态度也格外谨慎小心,特别是关于日本是否也会寻找一个借口对苏联发动战争,这一问题始终是关注的焦点。根据1931年9月25日苏联政治局会议决议要求:如实将正在发生的事情报告给莫斯科;没有莫斯科方面的指示不得采取任何措施,也不得作出任何解释[2]。这里自然可以看出,根据相应的决策莫斯科赋予左尔格和他的情报小组以更大的责任。

日本对于满洲入侵的直接结果就是促成了中国和苏联全面恢复外交接触。1932年6月26日中国驻日内瓦裁军委员会代表颜惠庆向苏联外交部长利维诺夫正式递交建议函,希望能够全面恢复中国和苏联政府的外交关系。但是在南京政府,也包括在其他国家政府眼中苏联和中国的关系正常化也可能会加速日本和苏联之间爆发战争。苏联在1933年初派使者鲍果莫罗夫来到南京,鲍果莫罗夫在给莫斯科的报告中写道:中国社会广泛讨论事态进一步发展很可能便是苏联和日本军队之间爆发冲突。所以南京政府也不排除考虑和苏联恢复外交关系将有助于缓解中日之间的紧张局面。

---

[1] 第404号文件,《斯大林给冈卡诺维奇和莫洛托夫的关于日本入侵中国的秘密电报》,1931年9月23日。
[2] 第405号文件,选自64号文件(特别文件)《苏共中央政治局会议机要和1919—1943年共产国际文件》,莫斯科,2004年,第646页。

苏联政府内部此时就远东政治问题达成共识，即不仅中国，苏联也没有做好准备和日本开战，特别是在东部和西部两条战线上可能会同时发生战争。另外苏联国内现代化尚处于开始阶段，苏联的国防战略不允许在日本未宣战之前主动和日本开战。虽然中苏关系在共产国际、苏联和中国共产党的关系等敏感问题上存在掣肘，但中国政府还是认为要实现中苏关系正常化。

苏联政府决定全面恢复对中国外交关系，并于1932年与中国签订两国互不侵犯条约。这样苏联在远东的政治立场已经明确，即与日本保持应有的外交关系并且不会对日开战，同时支持中国抗击日本。但是，日本占领满洲之后苏联和日本之间的关系则越发复杂了，排挤苏联在远东的利益成为日本的重要政治任务之一。苏联与中国恢复外交关系的内容还包括参与中国的经济发展进程，参与中国在中央和地方的行政改革，换言之，就是参与到中国国内党派关于争夺国家领导权的斗争中去。

应该指出，左尔格发给莫斯科的情报中很大一部分包含了他本人的分析，根据左尔格的分析，苏联中央能够在有限的条件下确立对中国问题的基本观点，而且左尔格在苏联寻找远东盟友、打击日本的问题上也发挥了重要作用。

密切关注日本的行动，研究日本军事学说、军队部署和军事战术成为这一时期左尔格的重要任务。与此相关，左尔格实际上获得了"上海事变"[①]（1932年1月17日—3月2日）的全部情报。每天他都向中央报告日本在上海战区的部队部署情况。"上海事变"之后，左尔格已经整理出完整的关于日本空军和海军的资料。"上海事变"和国民党领导的失策激起了国家的反战情绪。尽管国民革命军19路军战败，但是他们英勇抗击日本侵略、誓死保卫上海的精神，使得中国社会各政党、各阶层和军队联合起来抗击共同的敌人——日本——成为一种潜在的可能。"在上海所发生的一切不是像在满洲里那么简单"[②]。占领满洲里和中国东北的计划并没有回答出"日本

[①] 1932年1月，日本决定伺机扩大对上海的侵略，企图给中国一些"教训"，恰逢此时上海爆发了大规模反战示威、反战集会和抵制日货行动，这给日本以借口从公共租界向上海工人聚集地——闸北区——进攻，战斗打响。日本派出3个师团，国民党19路军与日本军队正面作战。国民政府从南京迁到洛阳。国联没有采取任何有利于中国的决议和措施，经过长时间的谈判于1932年5月中日签订关于上海的条约，按照该条约，中国军队不得进入"大上海"区域，日本军队得以全面进入公共租界，如此，"上海事件"以完全按照日本提出的条件结束。

[②] 引文来自 В. Н. 乌索夫：《苏联间谍在中国：20世纪30年代》，第237页。

在未来准备将自己的部队带到哪里"这样的军事问题,因此不能完全排除日本在这几年当中将侵略苏联作为可能的目的之一。——左尔格在自己的报告中这样写道。局势的复杂还因为几个大国在日本侵略中国问题上的犹疑态度:一方面他们看到了日本旨在扩大在华势力范围并且很可能入侵苏联的意图;另一方面他们又为自己深陷1929—1930年的经济危机而分身乏术。所以左尔格这一时期的任务也分为两个方面,即关注南京政府内部行动,同时关注中国与苏联、日本以及其他大国之间的关系。

对于左尔格在1931年的情报工作,苏联中央评价不是很高,但是总体上满意。特别是对于左尔格搜集关于国民党政府的情报给予了很高评价,其中包括国民党军事政策情报、国民革命军改组计划、与盟军的关系、国民革命军的军事能力和军费开支等。具体情报则主要是关于国民党西南军队、19路军内部的反日情绪;同时还包括政府军与地方军会合的照片资料和军事路线图,以及中国共产党的军事行动路线图等。应该指出的是,大部分材料都翻译成了英文,小部分仍然是中文形式。

苏联中央对于左尔格在1932年8月底发给中央的情报进行了分类评价,这些情报主要是关于1932年2月27日到8月底的中国内政情况,其中65条情报中央认为很有价值,48条情报中央认为应该引起重视,6条情报中央认为缺乏价值。

左尔格是共产国际的成员之一,这是他登陆的文书之一。

1932年11月12日,就在左尔格已经离开上海之后,他的情报再一次受到了苏联中央的高度评价。主要涉及上海的中国和外国情报机关、日本在满洲里的驻扎部队、蒙古国在通辽地区的军队总数等。特别是关于"中国国内政治军事形势"和"德文说明"①——日本军队在上海的陆路和空中行动,被苏联中央认为是极其具有价值并且是正确判断的情报。

在左尔格离开上海之前发往苏共中央的情报,截至1932年10月,总共55份900多页。现在已经很难想象,在上海工作期间左尔格和他的情报小组面临怎样的危险,是怎样在随时被中国警察发现的情况下从事情报工作的。

如果不考虑左尔格和共产国际上海联络处之间的关系,那么研究理查德·左尔格和他的情报小组在中国的工作将是不完整的。该联络处前身为1928年11月14日由中国共产党决定成立的特别委员会,这个特别委员会主要负责中国共产党领导人的安全和反间谍工作。不过需要强调的是,左尔格始终是苏联间谍,不是作为中国共产党或者共产国际的间谍开展情报工作,特别是在当时的中国,假如作为一个共产国际间谍在上海活动的话会给自身情报工作带来极大的危险。

苏联的外交思维和苏联军事间谍在中国的活动具有共同特点。如果苏联与中国外交的主旨是将保护苏联民族立场和共产国际立场相结合,以使得苏联思想在共产国际的中国方面代表——中国共产党——内部得以生存并且达到平衡的话,那么苏联军事间谍的工作自然是与共产国际的立场保持平衡,并且尽可能帮助中国共产党在中国国内不因为"白色恐怖"而被消灭。

关于共产国际联系处的工作以及它是如何与理查德·左尔格的情报机构共同工作的,这里不多加展开(这本身就可以成为一个独立的研究课题),笔者想提到几个重要的细节——在已经公开的研究资料中可以找到一系列令人信服的材料说明左尔格在中国共产党1932年第四次反"围剿"中曾经提供过情报给中国共产党。这些情报削弱了国民党对共产党苏区的破坏。

---

① 引文来自《你们的拉姆》,《拉姆扎·左尔格和苏联军事间谍在中国(1930—1933)的活动》,第619—620页。

这里一部分情报来自左尔格,是左尔格通过南京政府德国军事顾问了解到国民党军队将对河南、湖北和安徽交界处的苏区实行第四次"围剿"。

到了1933年春天,红军成功阻退敌人。1933年4—5月,由于日本对中国东北的侵略和国民党在围剿红军中的失利,蒋介石停止了对苏区红军的进攻。红军占领江西和福建西部的一些土地,军队人数有所增加,为部队重新部署和加强军队战斗力赢得了时间。左尔格与中国共产党建立情报联系是在他已经化名"保罗"——K.里姆后开始的。

雅各布·马特耶维奇·鲁德尼克(匿名为牛兰,鲁埃格,1894—1963)事件震惊了世界。1925—1940年,他在共产国际执行委员会国际联络处工作。1928—1931年间担任共产国际驻上海联络处负责人,在那里他以鲁埃格的身份被捕。1930年3月30日,他来到上海,随之这个国际联络处的工作活跃起来。国际联络处提供技术和资金保障,同时保护共产国际代表在上海的安全。牛兰的工作包括日常供给、资金支持和通讯联系。他设立有8个邮政信箱,租住10个住所,2个办公室和1个商店,银行账户里有5万美金。[①] 1926年建立的共产国际执行委员会远东局积极与上海联络处保持联系,并且通过它,利用苏联在上海的军事情报机构与莫斯科保持紧密接触。

1931年6月15日,牛兰被捕后共产国际上海代表处工作一度陷入混乱。理顺新的工作没有左尔格情报小组的帮助是不可能实现的。左尔格情报小组成员克劳森和万冈尔登在1931年8月接见了共产国际执行委员会国际联络处新的代表马利(化名卡尔·列瑟,另一个化名为杰尼茨)。不久,1932春天上海站由埃尔文(化名H. H.赫伯特)来领导,直到1935年。国际联络处的工作之所以能够重新启动,得益于电台的帮助(其中一个无线电发报站用于与莫斯科和苏区联系,另一个作为备用)。这里有职业发报员和密码破译员,他们建立了一条快捷的情报送出路径:1)上海——厦门——汕头——江西;2)上海——哈尔滨——莫斯科。

如果想要了解苏联军事间谍在上海国际联络处的工作,首先应该了解当时中国的局势:共产党和国民党之间态势紧张。从1929年年底到1930年年初,共产党内部极左思想严重,加剧了国民党对苏区的军事进攻。

---

① B.乌索夫:《左尔格小组在中国(1930—1932)》,《远东问题》2005年第3期,第125页。

1930年6—8月,在李立三的领导下,中国共产党中央政治局通过在中国大城市发动武装进攻的冒险计划并且要求红军执行该决议。在7月18日,中国共产党政治局给共产国际联络处的电报中,包含了征求共产国际同意其在武汉、南京和上海举行大罢工的征询意见。共产国际联络处给中共中央政治局的意见里,则明确表示不同意在中国大城市举行总罢工的决定。

为了推动"世界革命"的爆发,1930年8月1日,在李立三的积极努力下,中共成立了"中央行动委员会"和"地方行动委员会"。"行动委员会"向红军发出命令迅速进攻南昌、长沙、武汉、桂林、柳州、广州和九江。同时计划在上海、南京、广州、天津、青岛、旅顺、大连和香港举行总罢工。在试图占领中心城市的战斗中,共产党遭遇到国民党精锐部队的严重打击,损失惨重。赤色工会遭到严重破坏,1930年赤色工会会员由3 000人迅速降到了700人。而与此同时中国的"黄色工会"人数却猛增到576 000人。在共产国际和远东局的帮助下,李立三的"冒险路线"在中国共产党内得到纠正。但与此相关联,中国共产党在上海的工作环境越来越恶劣。仅在1931年4月就有17个党组织被破坏;6月21日,中国共产党中央委员会总书记向忠发被上海警察逮捕,6月23日被处死。中国共产党中央委员会其他机关的党员也多数被抓。共产国际上海联络处的工作面临更大的危险。牛兰被捕就是在这时发生的。1931年6月1日,共产国际人员法国人约瑟夫·杜克鲁在新加坡被捕,警察在其文件中发现了上海的邮政信箱号码,导致不久之后牛兰在上海被抓获。

警察逮捕牛兰(当时的公开身份是一位法语和德语教授)之后,上海的抓捕行动告一段落。另外一种说法,按照当时幸免被捕的情报人员的描述,警察在牛兰处找到了远东局在1930—1931年的一些文件,同时也找到了泛太平洋工会秘书处地方工会的大部分文件,且这些文件大多数被警察成功破译。

根据当时中国国内的环境,帮助共产国际执委会国际联络处人员的工作在很大程度上威胁了苏联军事间谍自身的安全。① 按照一位曾经于1932

---

① 共产国际联络处关于在中国的工作报告,莫斯科,1932年1月14日。//共产国际与中国,文件汇编,第IV卷,《共产国际与苏联在中国的运动》,1931—1937年,第一部分,第108页。

年1月14日起在中国共产国际联络处工作的人员 K. 莱塞的观点:"苏联军事情报人员由于自身工作的特点,已经不再想与中国共产党保持联系了。"这份报告中还说明由于与中国共产党的联系,已经导致若干名军事情报人员被警察监视。

上海苏联军方情报人员,以及社会各界名士包括孙中山遗孀宋庆龄都积极参与到营救牛兰夫妇的行动中来。宋庆龄曾经到监狱看望牛兰夫妇并且找到蒋介石,希望他释放牛兰夫妇,但是诸多努力终究没有成功。8月14日,牛兰夫妇从上海被转移到南京国民党中央监狱直到1931年10月。此间,中央积极为他们寻找律师、提供资金帮助和寻求国际组织支持。1931年8月20日在欧洲成立了保卫牛兰委员会,成员有阿尔伯特·爱因斯坦、克拉拉·蔡特金、德莱塞、马克西姆·高尔基、史沫特莱、孙中山遗孀宋庆龄和他的儿子孙科。正如研究者 Ф. 吉京和 Г. 斯托利所描述的那样:"牛兰和他的妻子被转到南京政府,交给军事法庭,1931年10月被判处死刑。"[①]但是由于多种因素影响了当时的局势,使得牛兰的死刑没有执行,随着日本对中国侵略的加深,国民党内部政策逐渐转向有利于苏联的一面,其他一些因素也发挥积极作用,最终使得牛兰没有被处死。1937年8月,牛兰夫妇获释并于不久后回到苏联。

左尔格小组主要成员之一的维尔纳,当年在上海霞飞路(今淮海中路)的住宅(已拆毁)。

在获知牛兰夫妇被捕两周后,左尔格离开了上海。不过按照当时英国租界警察的记录,认为左尔格是在一个月之后即离开了上海。

牛兰被指控为"为共匪提供资金帮助"和进行"武装颠覆活动",左尔格和他的军事情报组都参与了这些活动,苏联军事情报机构暴露的风险进一

---

① Ф. 吉京、Г. 斯托利:《拉姆扎·左尔格案件》,莫斯科,1996年,第91—92页。

步增大。关于这一点左尔格在1932年5月①给共产国际联络处 И. А. 比阿尼茨基的报告中就已经详细说明。从左尔格情报小组与苏联中央情报机构方面的通信中可以明确看出,围绕拉姆扎·左尔格的疑虑越来越强烈,最终苏联中央决定让左尔格离开中国。1932年11月12日左尔格正式离开上海。

左尔格和他的情报机构是苏联了解中国国内局势、国民党的对外政策,特别是围绕中国的各种国际关系等重要信息的渠道。在左尔格情报机关还没来上海之前,苏联中央一直认为中国是一个积弱的国家,没有能力抗击日本的侵略。左尔格的军事情报逐渐改变了苏联对于中国的固定成见,按照军事情报所述,应该建立一个强有力的中国,尽管当时的中国面临地方军阀与中央政府军事内讧,缺乏真正的领导核心;国民党内部分歧严重;国民党一贯坚持与中共内战到底,等等诸多问题,但是一些积极的活动还是取得了一定进展,如实现了中央政权的统一,并且完成了经济、金融、土地、行政以及税收的改革。苏联军事情报机构与共产国际联络处的联系为苏联中央提供了重要信息,使其看到中国在发展壮大道路上的最主要障碍,是国民党政府倾注所有精力和财力致力于与共产党之间进行内战。从收到的情报可以看到,结束中国内战不仅可以改变现有中央政权的面貌,还能将更多的精力用于加强中国军事、经济和政治实力,以备能够在实质上与日本侵略者相抗衡。中国国内局势的发展进一步证明了这一点,1936年中国内战结束,国共之间建立"统一战线",使得国民党可以将主要军事力量投入到与日本的战斗,中国主权得以保护,同时也牵制了日本关东军对于苏联的进攻。

左尔格在领导上海苏联情报部门工作期间,取得了一定的成绩,但是也有缺陷。情报机关里面个别人员工作出现过纰漏,当然这没有对情报机构在上海的生存造成致命影响。正如所有的间谍一样,左尔格不止一次因为低估了秘密组织的工作或者其他原因受到上级领导的批评。然而也正是苏联中央对自己情报人员的严苛要求,左尔格才能够被派往日本工作,而在日本的情报搜集工作对于苏联在远东地区的安全则更加重要。

---

① 第52号文件,左尔格给比阿尼茨基的信,1932年5月;《共产国际与苏联在中国的运动》,文件汇编,1931—1937年,第一部分,第153—154页。

作为一名德国记者和一名"真正的雅利安人",在中国从事情报工作期间,左尔格将自己扮作一个极端民族主义者,并且为了更好地工作,1933年他加入了纳粹党,这样就顺理成章地被Я. К.别尔津派往日本,并且执行一项全新的任务。

1941年10月17日,左尔格被日本反间谍组织逮捕,并于1944年11月7日被处于绞刑。在行刑前左尔格大声喊道:"红军万岁!苏联万岁!"理查德·左尔格——国际共产主义战士、军事间谍、情报分析专家,在德国希特勒进攻苏联之前3个月准确判断了这一军事行动和军事计划,并且准确地报告了它的进攻时间——1941年6月20—22日,这一功绩将永远留在今天俄罗斯的历史记忆中。

([俄]Н. Л.玛玛耶娃〔Natalia Mamaeva〕 俄罗斯科学院远东研究所中国当代史研究中心部门主管、首席学术主任;田洪敏译)

左尔格在上海活动初探

◎ 邵 雍

左尔格是苏联英雄,关于他在日本东京与尾崎秀实等人合作,成功地将日军南下的战略情报送回苏联,人们已经耳熟能详。相关的学术成果当数戈登·W. 普兰杰的《目标东京:左尔格间谍集团》(纽约,1984)和查默斯·约翰逊的《叛国一例:尾崎秀实和左尔格间谍集团》(斯坦福,1964)。美国学者珍妮斯·麦金农、斯蒂芬·麦金农认为后者"是对左尔格在中国时期最好的研究,也是对日本的著作和材料最有用的综述"。不过这些外文著作因为没有汉译本,因此在中国知晓度很低。加上其他一些原因,中国学术界对左尔格在中国特别是上海的情报工作的研究才刚刚起步。本文根据新解密的相关档案,对此课题进行初探。

一

理查德·左尔格(Richard Sorge)1895年10月出生于阿塞拜疆的一个村庄,他的父亲是德国人,母亲是俄罗斯人,祖父弗里德里克·左尔格是位杰出的社会主义者,认识马克思和恩格斯,并与他们保持通信20年。左尔格后来全家搬迁至德国柏林郊区。1914年左尔格应征加入德军,参加过第一次世界大战,曾经3次负伤,住院疗伤期间他阅读了大量的共产主义书籍,思想有了很大的进步。1918年他在大学读书期间加入了刚刚成立的德国共产党。1924年4月德国共产党第九次代表大会在法兰克福召开,在那里苏联红军参谋部第四局的特工人员和与会代表左尔格接上了关系。10月左尔格去莫斯科。1925年加入了苏联共产党。1925年至1928年先后任共产国际执行委员会情报部顾问(1926年任部处负责人)、组织部指导员和执行委员会书记、主席团成员曼努伊尔斯基的秘书,[1]负责与其他国家的共产党员联系。对共产国际的内部运作有较多的了解。1929年年初左尔格转入苏联红军参谋部第四局,被派往中国工作。

左尔格前来上海的身份是多重的。

公开的身份是《德意志粮食报》记者,研究中国农业发展过程中遇到的问题。同时还是德国《社会科学报》记者。记者这种公开的合法的身份便于他在中国自由活动。左尔格一到上海,就根据《法兰克福报》编辑部提供的信息找到了该报特派记者、美国左翼人士史沫特莱。他在一篇名叫《一位非凡的妇女——艾格尼丝·史沫特莱》的文章中写道:"早在欧洲时,我就听说过她。我知道,她是一个值得信赖的同志。我在上海建立小组时,无疑需要她的帮助。我尽可能多地认识她的年轻的中国朋友,并尽力先认识那些准备同俄国人一道为左派事业进行合作的人。"[2]左尔格身材魁梧、粗犷英俊,比史沫特莱小3岁。两人结识不久基于相互的敬慕和吸引力就同居了。正如史沫特莱1930年5月2日写给弗洛伦斯·伦农的信所说:"我结婚了,就是那类的婚姻,他是有男性魅力的,各方面我们都是五十对五十,他帮助我,我帮助他,我们一起工作,一起纵饮,等等,这是一种巨大、宽广、全面的友谊和同志关系。"[3]1932年5月左尔格写信给共产国际执行委员会主席团委员皮亚特尼茨基:"建议利用史沫特莱来做国际范围的报刊工作……史沫特莱可以根据我们的意见多做两倍的工作,还会少花三分之二的费用。在这方

---

[1] 《共产国际、联共(布)与中国革命档案资料丛书》第十卷,中央文献出版社2002年版,第429页。
[2] 周文琪:《史镜——共产国际和中国共产党(1919—1991)》,中国社会科学出版社2011年版,第69—70页。
[3] 转引自[美]珍妮斯·麦金农、斯蒂芬·麦金农著,汪杉等译:《史沫特莱——一个美国激进分子的生平和时代》,中华书局1991年版,第185页。

面,我们想提请您注意,她的帮助是需要的。"①经过史沫特莱的介绍,左尔格还结识了日本《朝日新闻》记者尾崎秀实。尾崎秀实在大学时代开始接触共产主义,并最终成为一名忠实的共产主义者。从1928年开始,尾崎秀实就以《朝日新闻》的记者身份在上海活动。1931年10月5日,鲁迅的《阿Q正传》日文版出版,尾崎秀实以白川次郎的笔名撰写了长篇序言,作了高度的评价。②

半公开的身份是德国在华外交、军事人员的智囊。他来华时持有德国政府颁发的、填写有他本人真实姓名的合法旅行护照。他还有德国外交部给该国驻上海领事的介绍信,信中推崇左尔格的记者才华和科学精神,推荐他协调在上海的德国各阶层人士的关系。左尔格后来与德国驻华大使、领事保持良好的关系,多次为他们分析资料与情报。但左尔格的主要情报来源是先后担任德国军事顾问小组负责人的赫尔曼·科伦贝格与格奥尔格·魏策尔。他们常邀请左尔格去南京访问,有时也来上海找左尔格,互相交换情报。为了工作需要,他还在1933年加入了纳粹党,将自己扮作一个极端的民族主义者。

充满热情的鲁特·维尔纳,是左尔格小组的重要成员。

秘密的也就是真实的身份是苏联红军参谋部第四局侦察员,1930年他被任命为驻上海情报站的负责人。但由于他在共产国际高层工作过一段时间,因此与在上海的共产国际人员、中共干部也有接触,宋庆龄、陈翰笙、周恩来、张文秋等与左尔格有过直接的交往。

经过史沫特莱的介绍,左尔格本人结识了从事中共秘密工作的陈翰笙,他们3人不久就开始定期会面,交换情报。1931年9月底的一个下午,时任中共中央政治局常委,负责组织、军事、情报工作的周恩来找到张文秋(化名张一萍,当时在党中央"苏准会"机关工作),告之将调她去从事一项新的极

---

① 《共产国际、联共(布)与中国革命档案资料丛书》第十三卷,中共党史出版社2007年版,第159页。
② 《上海革命文化大事记》,上海书店出版社1995年版,第259页。

为机密的工作。周恩来亲自带她乘车到法租界一座很讲究的洋房,会见了左尔格。周恩来先向左尔格介绍了张文秋,随后向张文秋介绍左尔格,并明确指示:"这里的工作非常重要,也极其机密。一萍同志,你已经做过多年地下工作,中央和左尔格同志都认为,你能担负起这一新的任务。我们希望并且相信你,不会辜负组织上对你的信任与期望。"左尔格一边欢迎张文秋,一边高兴地对周恩来说:"谢谢中国党,谢谢你对我们工作的支持和帮助……不过我们还希望,像张一萍同志这样的同志,最好再调几位来,我们太需要他们了。"①左尔格向张文秋具体交代的工作任务主要是搜集和阅读国民党方面出版的各种报纸,将上面公开发表的消息报道,分门别类摘录整理编成资料,加上自己的分析判断,交给有关同志,为共产国际和苏共中央提供决策依据和参考资料。

二

左尔格在上海的工作中心是收集情报,关注日本军队在中国的活动及这种活动究竟在多大程度上威胁到苏联的安全。1932年1月28日,日本海军陆战队在上海登陆,中国方面十九路军奋起抵抗。左尔格及时从德国军事顾问那里获得了有关日本的军事计划和部队兵力的精确数字,每天将日本在上海战区的部队部署情况报告给莫斯科。3月初上海事变刚结束,他就整理出一份有关日本海、空军的完整资料。

1932年夏,德国军事顾问魏策尔同蒋介石的军事顾问们在一次秘密会议上,拟定了对鄂豫皖的中国共产党的军队发动第四次"围剿"的战略计划。左尔格从德国军事顾问团那里获悉这一情况后,立即将他所了解到的有关这次"围剿"的进攻方向、兵力、部队的集结日期、地点以及魏策尔想用来消灭中国红军的"掩体战略"的中心内容迅速通过情报人员找到并传达给了陈翰笙。陈翰笙拿到情报之后马上通过宋庆龄将这些情报及时地送到了中央苏区,为红四方面军粉碎这次"围剿"创造了有利条件。共产国际执行委员

---

① 张文秋:《毛泽东的亲家张文秋回忆录》,广东教育出版社2002年版,第136页。

会国际联络部人员莱谢说,他经常与左尔格讨论如何帮助中国红军粉碎国民党军队"围剿"的诸多军事问题,左尔格小组"表示愿意把德国军事顾问给政府军编写的军事指南手册转给苏区,当然条件是一定要送到(我们的)地区,否则他们就会使自己的情报来源收到(受到)威胁"[1]。

左尔格小组还侦察到南京兵工厂"正在生产步枪子弹,里面只装很少一点必要的火药,这样子弹就失去射程和穿透能力,在战斗中就没有什么价值。进攻苏区的部队带着这些弹药,要把它们作为战利品留给红军"。这一情报后来通过莱谢转告给了中国红军。[2] 左尔格并将一张搞到手的南京政府兵工厂地图拍摄下来送往莫斯科。左尔格在上海将近3年的时间里,冒着极大的危险以惊人的胆识和高超的技巧,截获大量有价值的重要情报,总共向莫斯科发回597份急电,其中有335份急电直接通报给了中国工农红军和中华苏维埃政府,为中国革命作出了重要的贡献。

除此之外,左尔格还做了其他一些有益的事情。

(一)资金转付

转交共产国际执行委员会给中国共产党的经费。1931年10月,左尔格小组在获悉中共经济极端困难后借给莱谢1 500金元,以应急需。[3] 此外,左尔格小组还借钱给莱谢,筹备在上海出版朝鲜共产党的中央机关报。[4] 1932年年初,左尔格小组将共产国际执行委员会的3万美元转交给中共方面。[5] 1932年7月,中共中央在上海致电王明再次告急,称"四个月来我们一直没有收到钱。我们正处于十分窘迫的财政状况",要求共产国际"尽快寄些钱来。不久前收到的1万美元用来救助牛兰(夫妇)了,我们一点儿也

---

[1]《共产国际、联共(布)与中国革命档案资料丛书》第十三卷,中共党史出版社2007年版,第99页。
[2]《共产国际、联共(布)与中国革命档案资料丛书》第十三卷,中共党史出版社2007年版,第100页。
[3] 参见《共产国际、联共(布)与中国革命档案资料丛书》第十三卷,中共党史出版社2007年版,第90—91页。
[4] 参见《共产国际、联共(布)与中国革命档案资料丛书》第十三卷,中共党史出版社2007年版,第92页。
[5] 参见共产国际执行委员会主席团委员皮亚特尼茨基1932年5月3日给左尔格的电报,《共产国际、联共(布)与中国革命档案资料丛书》第十三卷,中共党史出版社2007年版,第149页。

没有剩下"。① 共产国际在收到电报次日即 7 月 25 日,由执行委员会主席团委员皮亚特尼茨基致电左尔格,要求将苏军参谋部寄去的 2 万美元中的一半"立即转给中国朋友。如果您只收到 1 万美元,那就将它们全部转给中国朋友,另外的 1 万美元,您很快就会收到"②。

(二) 协助地下交通

20 世纪 30 年代初,国民党严密封锁通往苏区的交通要道,中外革命人士要进入苏区绝非易事。1930 年 10 月抵达上海直接领导左尔格小组的共产国际远东局委员、苏军参谋部第四局工作人员、中共中央军事顾问组领导人盖利斯于 11 月 30 日写信给局长别尔津称,"从我们到达上海之日起已经过去两个多月了",但由于没有熟悉去苏区路线的人,还是无法前往。不过"还有一种可能性。这就是借助于拉姆扎③的帮助"。左尔格对盖利斯说过,"他有安排这次远征的一些条件。他可以从自己的领事那里弄到一些证件,还准备从浙江省省长(张难先)那里搞到一封保护信。"盖利斯认为,"即便中国人能成功地安排这次行程,拉姆扎还是能给我们提供较大帮助的。"④1931 年年初,中国共产党以传教士为掩护,企图将盖利斯与马雷舍夫送往苏区,结果半路受挫、护照弄脏,退回上海。2 月 28 日盖利斯写信给别尔津,汇报说已经就此事同左尔格博士谈过,希望在上海得到新护照的样本。左尔格"答应向胖博士施加压力,但没有希望得到任何东西"⑤。

晚年的鲁特·维尔纳,撰写中国往事,成为德国著名作家。

---

① 《共产国际、联共(布)与中国革命档案资料丛书》第十三卷,中共党史出版社 2007 年版,第 190 页。
② 《共产国际、联共(布)与中国革命档案资料丛书》第十三卷,中共党史出版社 2007 年版,第 191 页。
③ 左尔格的化名。
④ 《共产国际、联共(布)与中国革命档案资料丛书》第九卷,中央文献出版社 2002 年版,第 488 页。
⑤ 《共产国际、联共(布)与中国革命档案资料丛书》第十卷,中央文献出版社 2002 年版,第 152 页。

（三）营救牛兰

1931年6月15日,共产国际执委会国际联络部上海站代表兼泛太平洋产业同盟(即国际红色工会远东分会)上海办事处秘书鲁德尼克(即牛兰)和他的妻子薇丽卡娅在上海公共租界被巡捕逮捕,600余件档案文件被抄。8月租界当局将牛兰夫妇移交国民党当局。"牛兰夫妇被捕后,共产党再也没有收到任何材料。党根本不知道共产国际和红色国际的决定和决议等,这给中央同志们的工作造成了极大困难。"①在这种情况下,左尔格小组临危受命,接受了共产国际交办的营救牛兰夫妇的任务,中共方面则由中央特科情报科科长潘汉年负责这项营救行动。在此期间,我方人员冒着极大风险,通过同乡关系,付出3万元酬金给浙江籍的中统高级官员张冲,索取了一张牛兰亲笔写的纸条,证实了他本人确在国民党手中。11月宋庆龄前往南京探视了关在军事监狱中的牛兰夫妇。12月14日,宋庆龄还与蒋介石当面商谈释放牛兰夫妇的问题,但蒋宣称"要把这两个人移交军事法庭,他没有别的办法"。当晚宋庆龄与左尔格密商,"要求派100名优秀共产党员去南京,在那里她想为他们弄来一些武器,并想用政府汽车把牛兰(夫妇)从监狱里营救出来"②。共产国际为了营救牛兰夫妇,分别派遣两名德国共产党员赫尔曼·西伯勒尔和奥托·布劳恩在互不知情的情况下各带2万美元先后穿越中国东北,将钱安全送到左尔格手里。③ 1932年7月11日,左尔格通过史沫特莱与宋庆龄、鲁迅、杨杏佛、埃德加·斯诺等32人成立了"牛兰夫妇上海营救委员会",主席为宋庆龄,书记为史沫特莱。该委员会成立后便与国际保卫牛兰委员会合作,要求将牛兰一案"移沪,或将其全部释放"④。1937年,牛兰夫妇终获自由。1939年7月他俩安全离开中国。在这一漫长的过程中,左尔格小组的多方努力功不可没。但由于营救牛兰,左尔格引起了国民党当局的怀疑与注意,1932年11月12日奉命离开上海。

---

① 《共产国际、联共(布)与中国革命档案资料丛书》第十三卷,中共党史出版社2007年版,第93页。
② 《共产国际、联共(布)与中国革命档案资料丛书》第十三卷,中共党史出版社2007年版,第96页。
③ 《真假共产国际军事顾问》,《党史信息报》2013年9月4日。
④ 《孙夫人领导下之营救牛兰会发表英文宣言》,《申报》1932年7月12日。

三

除了坚定的共产主义信仰之外,从技术层面上讲,左尔格事业成功的因素有以下几方面。

第一,具有良好的学术背景。左尔格受过大学正规的学术训练,1919年在汉堡大学获得社会学博士学位,出版过《卢森堡的玫瑰·资本的积累》、《道威斯计划及其后果》等著作,写过不少有关国际政治与经济问题的文章。学者的专业背景可以作为情报工作的掩护。由于有对文学和知识分子的爱好,因此结交了一批各种国籍的知识分子。

第二,有杰出的语言能力。他会德、俄、英、法等多种语言。他有其独特的语言天赋,到上海后在很短的时间里掌握了汉语与日语,但为了谨慎起见,从来不说俄语。

第三,有广泛的社交能力。由于他拿的是德国的护照,参加过第一次世界大战,在德军服役受伤3次,得到过德国官方授予的铁十字勋章,因此与在华的德国军事顾问很谈得来。共产国际执行委员会国际联络部人员莱谢证实,左尔格他们"同德国军事顾问们有密切的接触,并从他们那里得到了必要的情报,而后我把情报转告给中国同志了"[①]。

第四,有强烈的自我保护意识,不愿多包揽与执行任务无关的事情。早在1931年夏,左尔格就对共产国际执委会国际联络部人员莱谢表示:"考虑到自己工作的特殊性,不愿再与中国共产党保持联系。"[②]在牛兰夫妇被捕后,他强烈反对由德国共产党员鲁思·库斯佐斯基出面收留牛兰的儿子。为此不惜与提出此意的史沫特莱断交。1932年5月左尔格写信给共产国际执行委员会主席团委员皮亚特尼茨基报告说,迄今为止我们一直与被捕的人和律师保持着联系。"现在,您的机关重新得到改善……您的人可以抓这项工作的时候到了。这倒不是因为我们不愿做这件事,而是因为我们的

[①]《共产国际、联共(布)与中国革命档案资料丛书》第十三卷,中共党史出版社2007年版,第99页。

[②]《共产国际、联共(布)与中国革命档案资料丛书》第十三卷,中共党史出版社2007年版,第90页。

事情不是那么好,以至我们不能轻率地把这种联系揽在自己身上……我们在这里是些可怜的小技术员。我们没有本事像政治监督员那样行动。因此,我们不能承担责任,特别是在您这里的人当中早就有一些业务精通的人的情况下。我们请求坚决解除我们这种超负荷的重担。这不是因为我们懒惰,而是因为我们的处境不允许我们再从事这些联络了。"[1]

(邵雍　上海师范大学教授、博士生导师、上海市委党史研究室特邀研究员)

---

[1]《共产国际、联共(布)与中国革命档案资料丛书》第十三卷,中共党史出版社2007年版,第158—159页。

共产国际执行委员会设在上海的国际联络点 OMC

◎ [俄] 索特尼克娃（Irina Sotnikova）

共产国际是一个国际性的共产主义组织，其目标是建立共产党，帮助其他国家服从共同的战略，通过无产阶级革命开展革命运动，以破坏旧的社会制度。为完成这些任务，共产国际必须在国外设专门机构从事秘密工作。1920年8月20日，共产国际执行委员会小局通过了成立这样一个下属机构的决议，同年11月11日建立了一个以拉脱维亚共产党中央委员会委员，共产国际管理局局长大卫·萨姆伊洛维奇·别卡（1885—1946）和副局长拉脱维亚人西蒙尼斯·别尔吉斯（1887—1943）为首的保密部门。1921年该处取名共产国际执行委员会国际联络部。因共产国际执行委员会这个下属机构具有从事秘密情报活动的性质，负责直接联系与苏俄建交的国家，所以这个机构的许多资料直到今天也还没有开放。

现在知道的情况是，国际联络部有联络、财政、文献、密码等几个下属部门。据共产国际执行委员会书记处1921年2月的决议，共产国际执行委员会同各共产党的联系，"同国外的一切联系"即发送信件、文献资料等事，都务必"只能通过国际联络部"进行。

1920—1921年间，国际联络部相当大的一部分工作就是把活动分子从一个国家送到另外一个国家，例如把参加共产国际代表大会的代表送到莫斯科并助其回国；发送情报、文件、指令、宣传材料、种种物资和钱。① 这些工作由专门的信使完成，1921 年 1 月 21 日，据共产国际执行委员会的决议，国际联络部决定建立这样一个部门。同年 5 月，共产国际执行委员会小局任命一名老布尔什维克，共产国际奠基人之一的约西夫（奥西普）·阿罗诺维奇·皮亚特尼茨基（1882—1938）为国际联络部部长。他的副手是保尔·亚历山德罗维奇·沃姆普（1890—1925），此人于 1922 年 12 月当上共产国际执行委员会国际联络部副部长。1925 年他死后，共产国际执行委员会主席团任命情报局工作人员米哈伊尔·格里戈利耶维奇·格罗利曼（1896—1938）为国际联络部部长。然后到 1926 年 6 月，一个秘密工作人员、在欧洲工作的外交官，在共产国际执行委员会组织处任职的名为亚历山大·叶米利杨诺维奇·阿勃拉莫维奇（阿尔诺，阿利勃列赫特）（1888—1972）的人继任。从 1926 年到 1936 年年底国际联络部长由拉札列维奇·阿勃拉莫夫（米罗夫）担任，他也有外交和秘密工作经验。

国际联络部成立伊始就成为工农红军情报局、对外情报机关和共产国际在各国的下属机构间的协调机构和联络中枢。国际联络部与这些部门的联系在《共产国际国外处和情报部与全俄特别委员会（契卡）代表工作章程》中已有规定，这是 1921 年 8 月 8 日通过的。其中规定"共产国际代表应当全力协助全俄特别委员会（契卡）和情报部代表的工作"②。

国际联络部的工作在初期与外交人民委员部关系十分密切。该部工作人员按照规定都是苏联领事馆、全权代表处、塔斯社代表处和其他苏联驻国外组织的工作人员，他们奉派以外交人员身份或持有公务护照上任。表面上是普通工作人员，事实上的工作完全由国际联络部指派。与莫斯科的所有联系——钱财、电报、邮件和印刷资料，都通过外交人民委员部的机关制作，所以国际联络部人员的部分工作是在使馆内完成的。据共产国际执行委员会小局向联共（布）中央委员会提出的要求，共产国际从事国外特别任

---

① 共产国际执行委员会在向共产国际第二次代表大会作的报告中指出，"从各国来向我们报告其本国方兴未艾的共产主义运动发展情况的同志们一路上历经艰险。我们的全权代表和信使带着共产国际的任务出行，也同样历经艰险甚至牺牲。"《共产国际执行委员会向共产国际第二次代表大会的报告 1920 年 7—8 月》，莫斯科，1934 年，第 595 页。
② В. И. 皮亚特尼茨基：《针对斯大林的阴谋》，莫斯科：同时代人出版社 1998 年版，第 210—217 页。

张文秋回忆,曾在福开森路(今武康路)租赁一幢 3 层西式洋房,左尔格经常来此开会。这是武康路上的一幢洋房。

务的工作人员开始纳入外交人民委员部、对外贸易人民委员部和各贸易委员会的信使处。① 在表面公开的身份下有一套标准的保密暗箱操作规程:秘密化名、假护照、密码等。但是不久,由于商务代表团对共产国际代表秘密工作的扩大越来越不满,1921 年 5 月 4 日,联共(布)中央委员会政治局决定把共产国际承担的职能与外交人民委员部分开。共产国际执行委员会拒不执行这个决定,于是这两个部门间开始了一场旷日持久的冲突。②

同远东国家的联络由于俄罗斯内战而困难重重。于是西伯利亚和远东的地方当局便成了东亚秘密活动的"战场"。为了开展对日本和中国的工作,白卫军将领 Г. M. 谢米诺夫的军队被击退后,1921 年 4 月在赤塔设立了俄共(布)中央委员会远东局下属的外国处。它向上海派遣了由远东内战的参加者 Г. B. 吴廷康(格里戈利)(1893—1953)率领的秘密小组。1920 年春冬这一行人帮助中国革命者把分散的各种各样思想的知识分子组建为共产

---

① 俄罗斯国家社会政治历史档案馆,全宗 495,目录 2,案卷 6,第 20 页背面。
② 俄罗斯国家社会政治历史档案馆,全宗 495,目录 23,案卷 361,第 29 页。

主义小组,备日后联合建立共产党。吴廷康本人不是情报人员,索性可称之为俄共(布)"控制"的"秘密"代表。不言而喻,他当时得到的情报,后来转到了相应的部门。此部门想方设法利用各种可能的手段搜集情报。到 1920 年 12 月作为远东统一的对外情报机关方始建立起来。①

俄共(布)中央委员会远东局同设立于上海的革命委员会保持着联系。远东局的代表符拉基米尔·德米特里耶维奇·威廉斯基-西比利亚科夫(1888—1942)在 1920 年夏天到了上海。

然后俄共(布)中央委员会西伯利亚州局主动承担起了对中国的工作,② 1920 年 7 月在伊尔库茨克建立了远东民族部。吴廷康被授予全权,成为负责领导中国工作的全权代表。1920 年 8 月信使联络正式开始。东方民族部中国处秘书 B. Л. 霍霍洛夫金携珠宝来卖,带来了书籍和给予上海分部的详细指令。③

共产国际在远东的代表机构——远东书记处——于 1921 年 1 月在伊尔库茨克建立,其负责人是俄共(布)中央委员会西伯利亚州局革命军事委员会成员,外交人民委员部驻远东全权代表鲍里斯·札哈罗维奇·舒米亚茨基(1886—1838)。④ 这样共产国际远东书记处就承担起了国际联络部在远东的工作。1921 年他向上海派遣了远东共和国人民革命军司令部情报侦察处的工作人员符拉基米尔·阿勃拉莫维奇·涅伊曼(尼科尔斯基)。涅伊曼此前在中国东北工作,此时刚刚加入俄共(布)。他以共产国际派驻中国东北全权代表的身份参加了中国共产党在上海举行的成立大会。

莫斯科与远东的联系并不完善,虽然这受制于许多因素:一方面,中央是否认可地方上据相应形势做出的决议;另一方面,中央是否有能力自上而下地监督指令的执行情况。而这一切则直接取决于传递、交换情报的范围和速度。

---

① 俄罗斯国家社会政治历史档案馆,全宗 372,目录 1,案卷 62,第 60 页。引自 O. B. 史宁:《远东共和国人民革命军军事情报机构的创建和确立 1920—1922》,《历史杂志》——科学研究,2012 年第 1 期,第 41—56 页。
② 俄罗斯国家社会政治历史档案馆,全宗 495,目录 154,案卷 8,第 6 页;1 页;案卷 52,第 53 页。
③ 《联共(布)、共产国际与中国》第 1 卷,莫斯科:布科列特出版社,第 52 页。
④ 俄罗斯国家社会政治历史档案馆,全宗 495,目录 154,案卷 83,第 15 页。

为保持同中央的联系,20世纪20年代初使用的手段是无线电、电话、电报和机要信使等。但是电话和无线电报联系只能在不远的距离内使用,因此需要一系列中转枢纽,通过它们"分段"传递情报。所以为了远距离交换情报,多广泛使用机要信使传送的办法。直至30年代,铁路一直是基本的交通工具。1922年在伊尔库茨克出现了一个"情报收集站",它每3周一次向中国发送情报。

最便捷而直接的联系方式是"直线"无线电联络,即借助电报机关在事先约定的时间交换情报。但这样的联系方式在发报时速度相当缓慢,所以对"直线"无线电联络进行综合分析后认为,应对这一使用方法实行严格的保密规定。"共产国际机关未得俄共(布)中央委员会远东局许可或远东共和国外交部的许可,不许使用'直线'发报"[①]。显然,共产国际使用联络手段时受到了限制,这是因为俄共(布)西伯利亚局和远东局在争夺对远东共产主义工作的指导权;还因为共产国际活动中整体上采用一套特殊的保密手段,以及财政上的原因——"直线"电报是付费的。共产国际经常感到秘密工作经费支绌,尽管它用的是共产国际的专项拨款。

1921年9月,远东书记处国际联络部在上海建立了一个秘密办事处即所谓的上海联络站。此外,国际联络部还特别关注利用海上交通建立与海员的联系,所以设法在沿海城市建立联络点,以备必要时利用苏俄舰只秘密转送人员和货物。上海是大港口,苏俄舰只频繁出入,上海也有很大的俄罗斯人聚居区。

1922年海军上将斯塔克的船队到了长江口,船上有几千名逃亡者,上海的俄罗斯人数目剧增。秘密工作者不费吹灰之力便可隐身于密集地居住于公共租界和法租界的外国人之中,并享有本国提供的治外法权。上海的联络站应当同中国、朝鲜、日本和其他国家的革命者建立联系。其任务是:

——收发邮件;

——加密和解密电报;

[①] M. 福克斯:《地区当局政权结构在20世纪前20年苏俄远东对外政策中的作用》,《俄国史杂志》1998年第1卷,第2期;俄罗斯国家社会政治历史档案馆,全宗372,目录1,案卷48,第116页。

——散发共产主义文献；

——财务运作，包括把莫斯科的钱交给一些国家的共产党领导人；

——接送共产国际执行委员会、红色工会国际、青年共产国际和国际革命战士济难会、情报局的工作人员，为他们提供服务，为他们提供住处，包括接头点；

——送学生到苏联学习；

——安排从莫斯科前来中国出差的工作人员，转送他们去目的地。

上海联络站通过冒牌的进出口贸易公司活动。

国际联络站的工作人员奉命以公开身份行事，伪装开设经济核算所或其他类似业务。他们要靠共产国际执行委员会的经费支撑上海的各联络点，但各处的代表彼此并不知情。各联络点的地址据地方条件选定。①

上海联络站的主要任务之一，是通过苏联贸易人民委员部西伯利亚州管理局收取共产国际给中共、中国社会主义青年团，以及其他东方国家共产党的拨款。给共产国际的大部分印刷品，各种货物都发到莫斯科对外贸易人民委员部的名下。共产国际发给外国共产党的电报、无线电报，只能通过外交人民委员部（在那里设立了一个"共产国际执行委员会发电代表"的职位）。因共产国际远东书记处同共产国际执行委员会、外交人民委员部之间联络不通畅，各联络站点事实上没有从属关系。② 信使们频繁往返，许多时候充当的不仅仅是"邮差"，而是传递领导下达的重要口信，有时候还执行监管任务，这就容易引起地方当局的怀疑。

因为远东书记处指定的代表不能完成这一工作，联络站的工作未能立即就绪。结果因上海联络站服从国际联络部的安排，仅仅为其做的只是译电一事，有时候也往电报局转发解密的信息。联络站的工作对共产国际全权代表和苏联国外机关都是保密的。③ 由于不能充分利用苏联在中国的公开机构，组织技术工作效率又低，远东书记处联络部的工作影响了整个共产国际在中国的工作。联络站千方百计不让中共领导控制其工作，这是因为中共缺乏在联络领域进行秘密工作的经验，所以国际联络部就"自上而下"

---

① 俄罗斯国家社会政治历史档案馆，全宗495，目录73，案卷77，第28页。
②《联共(布)、共产国际与中国》第1卷，第81页。
③《联共(布)、共产国际与中国》第1卷，第79—80页。

地进行这项工作,把此事的领导权放在国际联络部的层面上。①

从1921年秋季起,事实上同俄罗斯的联系是通过全俄中央合作总社驻上海办事处的索洛蒙·拉札洛维奇·维里杰(符拉基米尔)进行的。他此前在远东书记处主席团当过会计。由于国际联络部工作的保密性质,他承担的秘密活动都要求其有掩护身份,所以维里杰就在中国以从事会计事务的身份公开活动。1922年2月,远东书记处撤消,对国际联络部包括上海在内的远东各站点的领导便转移到莫斯科。国际联络部活动的保密性以及它在许多国家的秘密行动,加强了共产国际执行委员会国际联络部与格伯乌(国家政治保安局)之间的联系。② 1923年4月,国际联络部和格柏乌机要信使队签署了一个关于利用格柏乌信使为国际联络部服务的协议。据此协议,格伯乌的地方机关有全权收取国际联络部的通信资料。该地方机关则应当向格伯乌机要信使队报告本局地方机关的分布情况。这样,格伯乌就拥有了国际联络部为中心的在苏联和其他国家各站点的分布全图。格伯乌会通过国际联络部提请共产国际客人注意安全(如回国时③在边境是否会遭到警察正拟进行的搜查或逮捕)。由米尔·阿勃拉莫维奇·特利里谢尔(莫斯科文)(1883—1940)领导的格伯乌外国部经常向国际联络部征询有关国外党派活动分子的情况,并向国际联络部提供后者感兴趣的资料。1922年5月13日,特利里谢尔向皮亚特尼茨基报告称,"现将我们的代表从国外寄来的共产国际可能感兴趣的一些材料发给您。每次收到此类材料后,请告知您的看法,至材料中提及的问题,贵处有何资料,也望一并告知"。④

据俄共(布)中央委员会政治局和人民委员部的决议,为运送人员和物资,给国际联络部派遣了信使,在火车上挂专门的车厢,还派遣了商船。维里杰在上海就利用了义勇舰队⑤的船只,该舰队的办公处便设在全俄中央合

---

① Г. М. 阿基别尔科夫、Э. Н. 沙赫纳札罗娃、К. К. 史里尼亚:《共产国际的组织机构1919—1943》,莫斯科:百科全书出版社1997年版,第49页。
② 《俄罗斯苏维埃联邦社会主义共和国内务人民委员部的国家政治管理机关1922年2月6日至1923年11月2日》,过去称"苏联内务人民委员部全俄肃清反革命和怠工特别委员会",后改称"苏联内务人民委员部国家政治保安总局"。
③ 俄罗斯国家社会政治历史档案馆,全宗495,目录23,案卷365,第170页。
④ 达马斯金:《斯大林与情报》,莫斯科:维奇出版社2004年版,第134页。
⑤ 义勇舰队原为俄国的轮船公司,1922年起归苏联内务人民委员部管辖。

作总社理事会的驻地上海九江路14号5层的一个房间里。① 前来上海的人的接头点也设在这个地址。通常通过北京联络不太方便，因为信件长时期滞留。维里杰通过共产国际执行委员会驻华代表或中共派出的代表与中共进行联系，少数情况下也通过苏联驻北京使团或通过罗斯塔驻华代表索洛蒙·伊兹拉伊洛维奇·斯列帕克进行联系。维里杰是苏联驻沪代表团的非正式成员，所以他掌握着与该团间联络的密码。1923年夏季，由于义勇舰队不再走符拉迪沃斯托克——上海航线，使得莫斯科的财务和其他会计报表一度通过北京②传递。档案中可见维里杰的一些电报，如要求不要延迟付给中国共产党的费用和增加上海联络站的电报费用预算等。维里杰回苏联小住，于1924年6月回到上海，此时他已经成为苏联驻沪总领馆的副总领事了。不过直到1926年5月这段时间里，他一直为共产国际代表同莫斯科的联系而工作，并报告中国和中国共产党党内的情况。③

因1926年3月发生蒋介石反共举动，为使共产国际领导工作更加贴近中国共产党，共产国际执行委员会的代表机构远东局紧急建立。1926年11月驻远东局的俄共代表团在会议上承认，最好把共产国际执行委员会联络部原部长阿勃拉莫维奇派回上海。④ 1927年1月7日，据共产国际执行委员会书记处决议，阿勃拉莫维奇奉派以共产国际执行委员会远东局成员的身份到了中国。当时该局成员，除了国际联络部驻远东局的代表，还有吴廷康——远东局主席，共产国际执行委员会驻中国代表，该局秘书为莫伊谢依·格里戈利耶维奇·拉斐斯（马克斯）（1883—1942）。另外还有共产国际东方部工作人员、红色工会国际代表塔杰奥斯·格加莫维奇·曼达梁（工会运动专家，契尔尼亚克）（1901—1941），青年共产国际执行委员会东方部部长尼古拉·阿列克谢耶维奇·福金（年轻人，杰米列夫）和情报局军事顾问尼古拉·米哈伊洛维奇·纳索诺夫（查里，小伙子）（1902—1938）。还有一个情报部门的代表格里戈利·伊万诺维奇·谢米诺夫（安德列）（1891—1937），他在1927年夏季领导了建立中共武装力量的工作。

---

① 《联共（布）共产国际与中国》第1卷，第210页。
② 《联共（布）共产国际与中国》第1卷，第238页。
③ 《联共（布）共产国际与中国》第2卷，莫斯科：布科列特出版社1996年版，第178—179页。
④ 《联共（布）共产国际与中国》第2卷，第500页。

应该看到,阿勃拉莫维奇和共产国际执行委员会的全权代表吴廷康的关系并不和谐。吴廷康不保证共产国际在中国的利益。阿勃拉莫维奇指责吴廷康"打官腔"、玩阴谋并破坏中国共产党的工作,①因此不仅要求撤回吴廷康,还要求派遣一名能够代表共产国际执行委员会的、更有身份的代表前来上海。② 莫斯科决定更新共产国际执行委员会远东局的班子。阿勃拉莫维奇、曼达梁和纳索诺夫于 1927 年 4 月 23 日离开中国。不过,上海(中共中央到 1927 年 3 月驻在上海法租界)、华南的苏联代表和莫斯科之间的联系还是存在。共产国际执行委员会国际联络部的全权代表格里戈利·马尔科维奇·赫伊菲茨(格里梅里尔)(1899—1984)临时取代了阿勃拉莫维奇。赫伊菲茨此前曾以外交工作为掩护执行过国际联络部在国外搜集情报的任务。

左尔格在第一次世界大战中曾负过伤,这一经历使他与德国顾问成为"战友"。

1927 年苏联驻北京大使馆房舍遭到搜查,国际联络部决定按新的更加缜密的原则安排在各国的工作。所有身份公开的工作人员都由持外国护照的人员取代。为了同国际联络部的秘密代表保持联系,以及向他们发钱等,任命了已经在使馆工作过的(他们中很多好像都兼做国际联络部的工作)一个人担任该任务。国际联络部的工作人员被禁止与外国共产党人联络,不得在苏联机关内保存秘密档案或制作假护照。通过外交邮务办理的,只有接收钱、寄送加密账目,以及确认从共产国际渠道到苏联的外国人的入境签证。③

国际联络部代表阿勃拉莫维奇对吴廷康和同样执行共产国际执行委员会代表任务的国民党政治顾问 M. M. 鲍罗廷(英国人,银行家)(1884—1951)的不满,导致了 1927 年 9 月一个名为《关于国际联络部站点与共产国际执行委员会全权代表相互关系》文件的产生,它建议通过国际联络部解决

---

① 《联共(布)共产国际与中国》第 2 卷,第 626—627 页。
② 俄罗斯国家社会政治历史档案馆,全宗 589,目录 3,案卷 430,第 7 页。
③ 俄罗斯国家社会政治历史档案馆,全宗 495,目录 7,案卷 77,第 28 页。

共产国际执行委员会全权代表与该部站点间的一切冲突。

此外,共产国际执行委员会全权代表与国际联络部站点间的任何往来都"只能"通过"国际联络部站点进行"。财政上的往来"只能根据共产国际执行委员会给国际联络部的指示进行"。护照定制,同国外的信函往来也执行同样的规定。[①] 1927年12月阿勃拉莫维奇回到上海。他的职责范围增加了一项内容,就是给远东共产党人以资助。

1926—1927年间,共产国际执行委员会机构改组,其集中制看起来有些削弱。在这个时期,中国共产党内出现了一个想法,不愿再按原规定同共产国际执行委员会国际联络部站点往来。阿勃拉莫维奇在1928年年初报告说,中共中央认为给中共资助不够,因此中共中央和共产国际代表之间就钱的管控发生分歧。党的领导已经就党的财政状况[②]给俄国驻共产国际执行委员会代表团写了一封信,决定按自己的想法提出预算报请共产国际执行委员会批准。中共中央领导批评共产国际不信任中共,不按时付钱,对中国革命产生负面影响。但共产国际执行委员会并没有允许监督或取代国际联络部工作人员的活动。

共产国际执行委员会机构的改组还扩大了国际联络部与格伯乌的联系。他们的合作采取多种形式。这不仅涉及人员和物资的转送,提供伪造的文件,交换秘密情报,还包括国际联络部关于共产国际代表同一些共产党领导人和共产党情况谈话的报告。格伯乌经常求助国际联络部,请其提供某人的情况:是否共产党员,给予该人的政治评价如何,提请注意哪些共产党人可能受到盯梢和迫害等。国际联络部帮助吸收外国共产党人及其同情者参加秘密情报工作。共产国际发出什么号召,这些人都乐意响应。但是他们直接同苏联情报部门联系却要复杂得多。工农红军情报局和格伯乌外国部的许多工作人员都心知肚明是在为共产国际工作。总体上到30年代中期,他们的活动范围没有明显的界限,都是为达到共同目标而工作。

红色工会国际、青年共产国际和其他国际组织继续通过共产国际执行委员会国际联络部开展工作:寄送文献,派遣代表参加代表大会,为经这些

[①] Г. М. 阿基别尔科夫、Э. Н. 沙赫纳札罗娃、К. К. 史里尼亚:《共产国际的组织机构 1919—1943》,第117页。

[②] 俄罗斯国家社会政治历史档案馆,全宗508,目录1,案卷1126,第3—21页。

国际组织介绍往返苏联的人制作签证。不过这个时期上海站点希望有一个更得力的人员。青年共产国际执行委员会组织部部长拉法伊尔·莫依谢耶维奇·希塔罗夫(别尔格)(1901—1938)1927年负责中国事务,他指出了国际联络部上海站点工作的不足。报告说共青团的工作几个月没有得到津贴,乃至他"不得不四出化缘","到处找钱",希塔罗夫为此向国际联络部及其领导邀功,要他们向其表示"感谢"。①

1927年共产国际执行委员会国际联络部派遣另外一名代表到上海,他就是情报总局工作人员德国人弗里德里希·菲耶尔格德(奥格涅夫,施耐德)(1897—1937),同行的还有他的夫人安娜·青涅特。他们受命开办一个商行,以便公开地、没有任何风险地(通过电汇或银行)拿到在中国的工作用款。那个年代在全世界都开始建立这样一些公开的机关和假商行。他们打算将其作为向一些共产党提供资助的渠道或作为共产国际执行委员会代表处的重要补充,同时为苏联秘密活动人员提供某种掩护。1928年年初,由国际联络部帮助,一家在德国注册的不大的商行在上海开了一家专营进出口商品的"华贸公司"。其老板是德国共产党人瓦尔特·列文海姆的母亲。菲耶尔格德既没有商品,也没有样品,就动手建立公司,但是国际联络部认为他暴露了与苏联驻沪总领馆的联系,就把他召回莫斯科。另外派遣一名情报人员代表到上海,此人名雅各布·马特耶维奇·鲁德尼克(马林,鲁埃格,牛兰)(1894—1963)。鲁德尼克要接过菲耶尔格德公司的所有业务或将其注销。为此他到德国一行,再从那里到上海,此时已经改换姓名为安徒安·连格列特,②国籍是比利时。他没有遇到阿勃拉莫维奇,后者当时正在莫斯科领受国际联络部关于改组上海站点工作的指示。1928年年初,联共(布)中央委员会政治局和核心委员会③通过决议,在哈尔滨再建一个国际联络的站点,并确定信使每6周至少往返一次。无线电联系本应成为这个站点工作的支撑,但是通过收音机同莫斯科的无线电联系只有苏联驻正式代

---

① 《联共(布)共产国际与中国》第3卷,莫斯科:布科列特出版社1999年版,第3卷,上册,第81页。
② 俄罗斯国家社会政治历史档案馆,全宗495,目录73,案卷77,第30页。
③ 共产国际执行委员会主席团1926年12月20日决定建立的共产国际执行委员会政治书记处小委员会专事保密和组织问题的处理,存在至1935年。

表处才能拥有。

鲁德尼克于1928年4月初到上海,过了一个月,菲耶尔格德偕夫人动身赴莫斯科。是年5月,阿勃拉莫维奇带着中央指示到了上海。他受命主持国际联络部上海站点,并承担起商号的经营。他接过菲耶尔格德的公司,占用的是他的办公用房,以瑞士人马克斯·哈别尔的姓名在上海开办了一家"华贸公司"的上海店。阿勃拉莫维奇这家公司在德国领事馆注册为"大都会贸易公司"。① 由于阿勃拉莫维奇没有真正的瑞士护照,他未能将公司注册为独立的企业。他的妻子杰莉玛·赫里斯托弗夫娜(艾利薇拉)(1892—?)和他一起前来做国际联络部工作。根据国际联络部的指令,鲁德尼克把从德国运来的所有商品和样品都交到阿勃拉莫维奇手里,从那时起,鲁德尼克就与公司没有任何业务往来,专门从事国际联络部的秘密工作。

阿勃拉莫维奇与共产国际代表之间的关系和从前一样,还是很别扭。这次的原因是给中国共产党、工会和青年团的钱时断时续,阿勃拉莫维奇则应当对此负责。1928年春他反倒责备临时充当红色工会国际驻华代表的奥莉加·亚历山德罗夫娜·米特凯维奇(亚历山德罗维奇,奥莉加)(1888—1938),说她"到处搂钱,有钱就搂",向情报人员代表借款,"绝对违反保密规定……我们所有的点都完蛋了,同邻居们的和其他的所有关系都成了别尔津②一个人的,弄钱……"③这个报告的结果便是米特凯维奇被召离上海。

左尔格与他的爱犬

1927年以后,欧洲人是共产国际在华工作的骨干。1928年秋共产国际执行委员会的两名政治代表德国共产党人格哈德·艾斯勒(罗伯特)

---

① 俄罗斯国家社会政治历史档案馆,全宗495,目录73,案卷77,第30页。
② 是 Я. К. 别尔津的同事,后者从1920年12月起主持工农红军总参谋部情报(第4)局。
③《联共(布)共产国际与中国》第3卷,上册,第383页。

(1897—1968)和卓有经验的地下工作者波兰共产党人伊格纳季·安东诺维奇·雷利斯基(奥斯汀)(1893—1937),以及青年共产国际执行委员会东方书记处的一名代表英国人亚历山大·马西(别恩斯)(1905—1947),还有红色工会国际代表英国人乔治·哈利(格奥尔格,乔治)(1884—1966)携夫人到了上海。这是共产国际执行委员会远东局的新成员。除了他们几人,在上海工作的还有一名《劳动报》的记者兼北京《人民论坛》的编辑,国际革命战士济难会的代表美国人吉姆·道尔森(美国人,比利)(1884—?)。国际联络部工作人员的分工是:阿勃拉莫维奇领导国际联络部在上海的全部工作,是那家公司的经理;他的夫人管密码,向中国共产党人转钱,以及做会计报表;鲁德尼克找房子安排接头点,根据国际联络部的需要到中国和日本一些城市出差,担任翻译和远东局技术秘书。1929年7月,因日本共产党政治局代表佐野真羽部(加藤)(1892—1953)在上海暴露,与之密切联系的鲁德尼克据远东局和阿勃拉莫维奇的决定离开上海。[①]

阿勃拉莫维奇大都会商贸公司的雇员是在当地招募的。1929年年底决定把公司过户给菲耶尔格德,因后者用自己的名字得到了真正的德国护照。他向列文海姆付清了菲耶尔格德的违约金后,在汉堡开了一家分公司。1929年秋,一个名为古斯塔夫·弗里克(1895—?)的德国共产党人奉派来接替阿勃拉莫维奇的公司业务,完成国际联络部的小差事。1929年年末,阿勃拉莫维奇到莫斯科汇报工作,弗里克留在上海当他的副手。阿勃拉莫维奇的妻子也留在上海。1930年1月,为和菲耶尔格德一道筹建公司的事,阿勃拉莫维奇也去了一趟柏林。此后,菲耶尔格德的德国公司就成了大都会商贸公司上海分公司的合作伙伴,菲耶尔格德和阿勃拉莫维奇开始共管这个公司。1930年年初,阿勃拉莫维奇暂时离开的期间,弗里克拿走了1万中国海关两(约6 000美元)后和妻子一起从上海逃跑到德国。[②]

1930年2月,阿勃拉莫维奇和鲁德尼克回到上海。[③]为防止身份暴露,决定把国际联络部的工作与商贸业务完全分开。据新的指示,阿勃拉莫维奇没有同远东局成员和中国共产党人见面,他只管公司业务和据总部指示

[①] 俄罗斯国家社会政治历史档案馆,全宗495,目录73,案卷77,第31页。
[②] 俄罗斯国家社会政治历史档案馆,全宗495,目录73,案卷77,第32页。
[③] 俄罗斯国家社会政治历史档案馆,全宗495,目录73,案卷77,第32页。

把钱交给鲁德尼克。1930年春季,牛兰的妻子达吉亚娜·尼克莱维亚·玛依仙柯-薇丽卡娅(亨利艾塔,科齐·鲁埃格,牛兰)(1891—1964)带着两岁的儿子德米特里(吉米)到了上海。

1930年夏,共产国际执行委员会决定改变远东局的人员,向上海派遣了新人手。青年共产国际派来接替1929年年底离职的马西者名叫格奥尔吉·米哈伊洛维奇·别斯帕洛夫(维得,莫洛多依)(1904—1967)。1930年回莫斯科报告工作的雷利斯基带着妻子李基娅·格里戈利耶夫娜·沃棱斯卡娅(罗莎)(1901—1937)回到上海,她成了远东局的技术秘书。红色工会国际的哈尔利和妻子1930年夏应召回莫斯科,接替他们工作的吉尔斯·格茨贝格(格里戈利·斯特隆斯基·约翰(尼))(1904—?)到了上海,稍后来的是从列宁学校毕业的美国人司徒(肯尼迪)和妻子艾丽斯(黛季)。此外还有3个军事工作人员:军事顾问组长奥古斯特·尤里耶维奇·盖利斯(托姆,米林·马利舍夫)(1895—1937)和两个助手:瓦西里·普罗科菲耶夫维奇·马雷舍夫(克梁恩)(1895—1976)和无线电报员菲尔德曼,他没过几个月就因病回莫斯科了。远东局原有人员中留在上海的只有艾斯列尔和道里森。共产国际执行委员会东方书记处处长巴维尔·米夫(威廉,约瑟夫)(1901—1938)奉派到上海担任政治领导。他的夫人巴夫拉·伊萨科夫娜·米夫普拉格尔(莉莉)(1901—199?)同到上海,担任远东局的政治指导员。

阿勃拉莫维奇那个大都会商贸公司的经营不力,对共产党、青年团、工会和情报工作产生了不良影响。警察不止一次查封该银行账户,阿勃拉莫维奇就用给中国共产党的钱①交罚金,遂引起中共和共产国际代表的不满。远东局收到频繁投诉,要求调整财政问题和调回阿勃拉莫维奇。1930年年底,阿勃拉莫维奇回到莫斯科,此后再也没有来上海。

1930年秋,到上海的菲耶尔格德成了大都会商贸公司的独资人和经理,他在汉堡的妻子通过企业把工作所需资金转到上海。鲁德尼克像过去从阿勃拉莫维奇那获取资金一样,接收菲耶尔格德寄的钱,给他收据,然后按照莫斯科定的预算不多不少地把钱给有关共产党。军事机构用款有专门途径送达。鲁德尼克负责国际联络部的全部工作,他手下有9个欧洲人。

----

① 《联共(布)共产国际与中国》第3卷,下册,第1069—1072页。

国际联络部的工作人员负责保证共产国际执行委员会与中国共产党、共产国际与远东局、远东局与中国共产党,以及远东某些国家之间的联系。他们为远东局代表、红色工会国际代表、国际革命战士济难会代表、青年共产国际代表和情报部门代表服务。国际联络部的站点为这些组织所派代表提供工作条件:租房,安排接头点。国际联络部掌握着同远东其他国家联络的地址和接头点,掌管同这些国家的秘密通信和文献资料的发送。

远东局的技术秘书只管记录和传递,不得过问国际联络部的组织联系和其他任何工作。据国际联络部的指令,该部给中国人的文件和指示不得用俄文书写。但是米夫和雷利斯基不懂任何一种外文,他们就用俄文写指示,所以远东局的技术秘书在远东局书记与中共中央政治局代表会面时,往往就没有时间提供翻译。国际联络部的工作人员不得不经常违规办事。

按上海的生活方式,利用大街、电影院、花园或者咖啡馆接头是不可能的。中国人经常在城里搜查,所以远东局经国际联络部同意,中共中央政治局委员不允许随身携带任何共产主义性质的文件。所有给中国共产党的文件都要经特别联络员送达和收回,这些联络员不得到远东局的任何接头点或出入该局委员住地,这就要为他们设立专门接头点了。

此外,给中国共产党的钱也要通过联络员,后者为防止暴露,把钱分成几笔,每次给 5 000—10 000 元,而且与文件分开递送。这样就需要经常会面。能用作接头点的仅仅是那些能避开中国仆役目光的地方,因此安排见面的事很复杂。因搜查和逮捕多在夜间,同中共中央政治局的人见面只能安排在白天。白天米夫基本不能外出。他在中国工作过,在东方劳动者共产主义大学当过校长,许多莫斯科留学后回到中国但脱离中共的学生都认识他。

鲁德尼克 1930 年 2 月到莫斯科,当时说定,向上海派遣自由职业的外国人,由他们把自己的住所当成接头点,保管档案,登记来往电报的地址、租用信箱和传送文献资料。然而这样的人没有来到上海,所以国际联络部的一些人就只好租下所有的房舍、接头点、收发电报的地址和邮箱(8 个邮箱,7 个电报地址,10 所住宅,2 个办公室,1 间铺面)。由于上海这些出租房分属于 4—5 家大托拉斯,此事的操作难度相当大。所以同一个人,没有上海的任何公开职业,不得不冒险用不同名字租下了同一个公司的几所房子。租赁邮箱的情况也同样有手续的问题。①

除了签订租房合同,国际联络部的工作人员还要置办家具,签订水、电、气、电话的合同,雇用仆役等。因为保密工作需要,这样的站点还为数不少。各渠道的工作不得有交叉,同军事人员会面,要同远东局成员与中国共产党人的会面分开进行。联络员不得知晓其他地址。任何一个中国人都不得知道米夫的住处,不得知道同前来上海的日本人、菲律宾人和朝鲜人会面的地点,以及国际联络部的所在地。一旦苏联代表离开,国际联络部的工作人员就要放弃他们腾退的房子,提前解除租赁契约。

当时军事工作人员的主要任务是设法进入苏区(江西省)。1927年后并未停止的对共产党人的迫害到1931年更加严重,使中共中央与这个地区的联系十分困难。不过,据远东局的坚持要求,1931年中国共产党开始以传教士为掩护,想把盖利斯和马雷舍夫送到苏区。但是这两人未能到达目的地,回到了上海。是年顾顺章前往汉口途中被捕。因此必须立即把盖利斯和马雷舍夫撤出上海。后来查明,被捕的顾顺章在国民党的压力下叛变了。中国共产党同远东局和国际联络部的联系必须立即变更,同时要把顾可能知道的所有地址取消。米夫夫妇和别斯帕洛夫奉派回莫斯科。道尔森和远东局技术秘书沃棱斯卡娅也获准离开上海。1931年6月12日,她带上最后一批邮件,动身回莫斯科了。雷利斯基未能立即离开,因他的护照已经过期,要等待莫斯科寄来新护照。国际联络部的工作人员没有得到撤走的许可,况且也没有人接手他们的工作。此外,中国共产党内的这次失败并没有直接触及国际联络部的工作人员,因为顾顺章不认识他们,也不知道他们的住处和公司。②

由于远东局收缩工作,该局成员手中的所有公文和文件都交由国际联络部机关保管。据远东局决定,国际联络部接收了红色工会国际太平洋书记处的文件,该书记处书记莱蒙德·贝克尔(鲁道夫·布吕木,杰克,埃贝尔特)(1898—?)离开到马尼拉召开菲律宾共产党成立大会。中国共产党书记

---

① 俄罗斯国家社会政治历史档案馆,全宗495,目录73,案卷77,第36—37页。
② 俄罗斯国家社会政治历史档案馆,全宗495,目录73,案卷77,第39页。

向忠发把总数为 48 000 元的 7 个银行存折交给了雷利斯基,后者把这些钱交到了国际联络部保管。① 这样一来,到 1931 年夏季,在上海的远东局工作人员就剩下雷利斯基和司徒夫妇,公司经理菲耶尔格德和国际联络部的两个工作人员将大量秘密文件存放在保密住所里。

应该说,国际联络部的派出人员并非都是训练有素的专业人员。许多人很不了解当地的生活特点、风俗习惯和民间传统。1931 年 6 月一名法国人约瑟夫·杜克鲁(杜朋)(1904—1980)就在新加坡被捕。他受国际联络部派遣到那里给东方劳动者共产主义大学招募学员。本想让这些学员经过国际联络部上海站点,于是 1931 年春,杜克鲁在前往新加坡途中到了上海,想请领导指示,了解在新加坡的关系和电报邮寄密码,以及给共产国际执行委员会发邮件。杜克鲁被捕后,在他身上找到了上海一个邮箱的号码,是供他联络使用的。②

上海的英国巡捕跟踪鲁德尼克,发现了国际联络部用于接头的一所住宅。虽然国际联络部已经电告莫斯科,称要取消这个接头的住所和相关的电报地址,但国际联络部一个接头点暴露必然连累其他站点,因为所有工作人员都来这里,使用这个处所。1931 年 6 月 15 日,早晨 7 时,英国巡捕在一个住所逮捕了鲁德尼克,当天玛依仙柯-薇丽卡娅也在另外一个住所被捕。国际联络部人员的被捕没有牵连到远东局其他成员、公司和中国共产党人。巡捕没能立即确定国际联络部的所有地址。鲁德尼克的房子是两周后③偶然被发现的,那是因一个仆役声明主人失踪了。鲁德尼克夫妇被捕时,在他们住处发现了国际联络部的大量文件和其他材料,以及杜克鲁从新加坡发来的信件副本和近期的会计报表。一部分文件和会计报表已经随沃棱斯卡娅·薇丽卡娅用双层箱子发到莫斯科了。巡捕拿到了鲁德尼克和沃棱斯卡娅·薇丽卡娅用牛兰夫妇之名办的假护照。④

搜捕后,鲁德尼克夫妇的全部工作和主要任务就是不得有任何蛛丝马迹暴露自己的苏联身份以及与莫斯科的联系。孙中山遗孀宋庆龄为营救鲁

---

① 俄罗斯国家社会政治历史档案馆,全宗 495,目录 73,案卷 77,第 38 页。
② 俄罗斯国家社会政治历史档案馆,全宗 495,目录 73,案卷 77,第 39 页。
③ 俄罗斯国家社会政治历史档案馆,全宗 495,目录 73,案卷 77,第 39 页。
④ 详见:F. S. 李顿:《牛兰案件》,《中国季刊》1994 年 6 月第 138 期,第 492—512 页。

德尼克和玛依仙柯-薇丽卡娅做了许多事情。她给这两位被关押在狱中的人送去了打印在一张小纸上的莫斯科指示,让他们一个自称是瑞士公民帕威尔,一个是格尔特鲁德·鲁埃格。① 英国巡捕费了九牛二虎之力也没有找到国际联络部的工作人员与莫斯科直接联系的任何证据。1931年8月初,英国巡捕把鲁德尼克和玛依仙柯交到上海中国军事当局时,只好说没能确定这两位被捕者的国籍。鲁德尼克和玛依仙柯被戴上脚镣。1932年8月,中国最高法庭宣判鲁埃格死刑。但是已经开始的日本侵略和欧洲、美洲营救他们的运动,阻止了判决的执行。宋庆龄是保卫牛兰委员会上海分会的主席。②

在1931年10月国际联络部工作人员暴露之后,同中国共产党的联系由国际联络部一名叫伊万·卡拉伊万诺夫(史密特,史皮涅尔)(1889—1960)的人担任,他是从哈尔滨奉调到上海的。另外,1931年8月2日,国际联络部的一位代表名叫卡尔·列塞(马利,焦尼茨)(1895—1944)的人到了上海。他的护照是真的,是柏林警察署签发的。借助军事情报人员理查德·左尔格(约翰逊)(1895—1944)和安德列耶夫的帮助,列塞同中国共产党建立了联系。但是中共的活动因缺钱几乎陷于瘫痪。为了支持中共,左尔格只好向军事情报人员借款,并且帮助中共改组联络部门。列塞向莫斯科报告说,用于同苏区联络的密码和

上海山阴路124弄28号,这是曾是中西功的寓所,左尔格经常来这里秘密接头。

---

① 俄罗斯国家社会政治历史档案馆,全宗495,目录73,案卷77,第42页。
② 鲁埃格等人在监狱一直被关押到1937年8月27日,后因日本轰炸南京和监狱被毁,他们获释。1937年9月3日他们秘密从南京到上海,宋庆龄在上海帮助他们租了一所房子,给予经济支持到1938年。1939年7月25日鲁埃格夫妇回国。俄罗斯国家社会政治历史档案馆全宗495,目录73,案卷77,第41—43页。

无线电台不符合保密要求,也不能保证安全。① 涉及国际联络部在上海的组织工作,他指出了许多错误:主要集中在德国汉堡的中转地址太少;用带有夹层的箱子运送文件不安全;往苏联送留学生的工作组织得不好;在经济危机形势下利用商贸企业的效率很低。他认为,最不利的情况是在没有生活来源的条件下把德国人、奥地利人、美国人、英国人派到上海工作,因为他们得到工作的机会太少。他认为,要以公开身份出现,可能性最大的是那些拥有资金能够在咖啡馆或者小酒馆拥有3 000—5 000墨西哥元股份的人。在他看来,向中国派遣汉学家、学者或记者的办法已经过时,而可能的做法是通过《柏林日报》和《汉堡日报》两报延请人员在印度和中国工作。为传送秘密情报,可他列塞本人却违反保密规定,通过上海的《精神时报》订了3份报刊:英文的《国际新闻通讯》、《共产国际》杂志和《红色工会国际》。②

直至1932年才有共产国际执行委员会的代表尼古拉·尼古拉耶维奇·杰季列尔③(格尔别格,艾尔温)(1876—1938)以国际音乐协会成员的身份到上海,重拾鲁德尼克暴露后遭到破坏的联络工作。杰季列尔接手了青年共产国际执行委员会驻中国代表斯杰潘·格奥尔吉耶维奇·茨维奇(安得列)(1905—1938)的工作,同中国共产党,同格尔茨贝格建立了联系,并试图保证同苏区、上海和莫斯科的联系。与此同时,无线电联络开始广泛使用,但不是直线,而是通过中转站点。符拉迪沃斯托克便是其中之一。前后共建立了3个互相不联系的站点:同苏区联络的;同莫斯科联络的;还有一个备用的无线电收音点。不过无线电联络的质量大有待改进之处。据杰季列尔说,国际联络部的无线电报员格·约尔束(帕斯卡尔)一年里就没有联系上莫斯科。共产国际执行委员会远东局没有自己的无线电站,远东局成员通过中共中央与莫斯科联络。中共中央书记处通过无线电同莫斯科的共产国际执行委员会、同临时革命政府和中国红军所在的中央苏区保持定期联络。④ 除了无线电联络,还建立了从上海通过澳门、汕头和江西的信使联络。而同其他的"红色"游击队之间,连无线电联络都没有,那里发生的情况

---

① 《联共(布)共产国际与中国》第4卷,莫斯科:百科全书出版社,上册,第113—114页。
② 《联共(布)共产国际与中国》第4卷,上册,第117—118页。
③ 《联共(布)共产国际与中国》第4卷,下册,第117—118页。
④ 李德:《中国笔记1932—1939》,莫斯科:政治文献出版社1974年版,第10—11页。

仅仅是通过不定期的信使往返带到的。与其他城市党组织的联络情况也同样不通畅。国际联络部一如既往同军事部门保持着联络。1932年中共中央军事顾问奥托·布劳恩（瓦格纳，李德）（1900—1974）和曼弗来德·施泰恩（马克·杰利别尔特，弗来德）（1896—1954）来到上海。他们以远东局成员的身份与共产国际派往中共中央的代表阿尔图尔·埃维尔特（吉姆）（1880—1959）每周到中共中央所在的保密住所见面一次。① 无线电联络一直保持到中国共产党第二书记盛中亮②被捕。同中共代表的会见是在为各代表专门租用的房舍里分别进行的。

1932年年底，中共中央决定移至中央苏区，1933年春完成转移。李德在上海停留到秋天，然后也到了中央苏区。

杰季列尔为共产国际执行委员会、青年共产国际执行委员会、红色工会国际的代表，上海的军方人员，以及无线电报员和译电员提供保障。同时和1933年到上海的"红色工会国际的人"约翰·克拉克（加里，杜朋）和1934年5月以菲力普·列维进出口公司和迪普罗克石油合作公司全权代表身份到上海的白克尔，以及同奉派前来中国接替茨维奇的"青年团员"约翰·加尔维（哈尔维）建立密切联系，具体是向他们发月薪以及用于青年团和工会的工作费用。杰季列尔向他们提供了同联络员接头的用房。青年团人员暴露后，据杰季列尔要求，加尔维被召离中国。国际联络部的代表 M. A. 哈赞基夫妇由卡拉伊万诺夫推荐来到上海站点帮助杰季列尔。他们以公开身份出现，开了一家理发店。但是由于无法适应上海的气候，二人很快就离开上海到了哈尔滨。③ 从那里一个名叫 Л. Х. 杰利特曼（1893—?）的人奉派到上海接替哈赞基。杰利特曼的主要工作就是兑换钱。④ 再后来前来的是 A. E. 乔尼格。1934年初国际联络部包括杰季列尔共有五个工作人员。他们的分工是：杰季列尔联络中国共产党、朝鲜共产党和女译电员季尔；乔尼格伪装成几家德国公司的代表，承担起党内联系，包括信使往来、同日本共产

---

① 《联共（布）共产国际与中国》第4卷，下册，第1078页。
② 盛中亮是中共上海局第二任书记。他于1934年10月5日被捕（译者）。
③ 《联共（布）共产国际与中国》第4卷，下册，第1079页。
④ 《联共（布）共产国际与中国》第4卷，下册，第1079页。

党的联系和文件复制等。①

党和团接连发生重要人员身份暴露的事,许多共产党人和社会主义青年团员被捕后,3个电台遭破获,许多重要文件和未加密的地址被查抄,共产国际执行委员会远东局和其他部门驻沪代表的工作受到威胁。据杰季列尔坚持,当时的远东局成员埃维尔特、白克尔、季姆·莱安(密尔顿)(1904—1961)、M.施特恩和兹维奇不得再与中国共产党人见面。只有杰季列尔同中共党员会见,向他们转交给中共的款项。往苏区转款也是他安排的。信使在欧式住房接头的时间从夜里改到凌晨。国民党警察投入很大力量去查清中国共产党与莫斯科的联络。②

1934年12月,共产国际执行委员会技术局工作人员威廉·弗洛赫(威廉)(1897—1937)来到上海,是年底,杰季列尔据莫斯科指示把工作移交给他,后回国。弗洛赫不懂中文,为同中国人交往,他需要一个翻译。弗洛赫开了一个口腔镜办公室,轻率地在这里接秘密工作人员。这个并不赢利的所谓诊所,当时是白克尔据杰季列尔和弗洛赫要求与中国共产党保持联络的。他报告了弗洛赫不遵守保密规则的轻率态度。③ 那时施腾本担任国际联络部的信使。杰季列尔1935年夏季回到莫斯科,建议召回弗洛赫,④后者是夏回国。1935年9月—1936年9月,国际联络部驻上海的代表是恩斯特(吉姆斯),然后是国际联络部的女工作人员加里艾拉·保列夫娜·杨(莲茨,梅德林,克拉森,叶林娜·施密特)(1899—?)。

共产国际第7次代表大会之后,国际联络部的工作发生重要改变。1936年国际联络部更名为"共产国际执行委员会联络部"。如上述,从1935年11月到1936年9月阿勃拉姆是副部长。联络站点也予以重组,实行了联络部长与代表间签合同的制度。鉴于国际形势的日趋紧张,各站点的秘密联络与公开联络完全分开,给各共产党代表指定了专人与秘密机关进行联络。还采取了其他一些保密措施:"党的后备机关"不参与秘密工作,所有秘密工作问题的谈判必须在秘密住所进行。1937年译电工作分离出来,由

---

① 《联共(布)共产国际与中国》第4卷,下册,第1079页。
② 《联共(布)共产国际与中国》第4卷,下册,第1081—1082页。
③ 《联共(布)共产国际与中国》第4卷,上册,第821页。
④ 《联共(布)共产国际与中国》第4卷,下册,第1082页。

一个译电部门负责，它不再受共产国际执行委员会联络部管辖，直接服从于共产国际执行委员会书记处总书记。1938年为了保密，莫斯科郊区为国外站点培养联络人才的无线电学校也关闭。此后培训工作分到各地去。①

在苏联大清洗的年代里，共产国际执行委员会联络部与内务人民委员部的联系更加密切。苏联特工人员定期就苏联国内外公民、疑似"不受欢迎者"、"两面派"、"阶级敌人"等各类人交换情报。

共产国际执行委员会联络部继续利用内务人民委员部的机要通信，以及其他下属部门提供的服务。共产国际执行委员会联络部不止一次就内务人民委员部工作人员违反保密工作规定向该部提出抗议。经常出现从共产国际渠道来苏联的人在边境被再三盘问，几天不获放行的情况。共产国际执行委员会联络部经常用情报部门的干部充实自己的队伍。1937年10月1日，共产国际执行委员会书记 Д. З. 曼努伊尔斯基向联共（布）中央委员会 Г. 马林科夫提出要求，请从工农红军总司令部第四局（情报局）或者内务人民委员部的中央机关里挑选工作人员进入包括联络部在内的共产国际执行委员会机关。②

尽管一次次遭到破坏，上海联络站点继续为情报部门的代表和远东其他国家共产党服务。中共中央的活动转移到苏区，它同莫斯科的无线电联络中断了两次，到1936年才得以恢复，那已经是从苏区进行联络了。靠信使联络取代了固定信使，采用的是一次性信使的办法，由各共产党的代表中挑选信使，共产国际执行委员会向其提供进入苏联的签证。从侨民中招募为共产国际执行委员会联络部站点工作的办法也停用，因这些侨民处于欧亚国家政治警察的严密监视之下。这样，给中国共产党的钱就由共产国际执行委员会联络部通过情报总局的工作人员交给中共指定的特派代表。③例如1939年8月22日总参谋部情报局报告称，他们派人通过共产国际执行委员会国际联络部的代表林伯渠"给亲近的人"一笔钱。为监督联络站点的工作，许多站点的领导者都被相应国家共产党挑选的负责人取代，这些共

---

① Г. М. 阿基别尔科夫、Э. Н. 沙赫纳札罗娃、К. К. 史里尼亚：《共产国际的组织机构 1919—1943》，第 200 页。
② 达马斯金：《斯大林与情报》，第 171 页。
③ 达马斯金：《斯大林与情报》，第 177 页。

产党的总书记承担了工作。

由此看来,国际联络部上海站点因装备有无线电联络,有信使、接头点和其他秘密工作机构专用设备组成的保密网,便成了一条"神经中枢",为共产国际、青年共产国际执行委员会、国际革命战士济难会和红色工会国际代表的活动提供了可靠的基础和保障。在一定意义上可以说,没有国际联络部上海站点工作人员出生入死进行的复杂的秘密工作,中国共产党的存在就是问题,因中共转移到苏区前,正是通过上海站点定期得到莫斯科钱款的。

(索特尼克娃〔Irina Sotnikova〕 俄罗斯科学院远东研究所中国当代史研究中心高级研究员;李玉贞译)

左尔格之后苏联在华情报活动

◎［俄］A. 科尔帕克基（Aleksandr Kolpakidiss）

1932年1月，日军继续进攻中国，上海失陷。次年，热河沦陷。对日战争有扩大之势，促使蒋介石政府重新审视与苏联的关系。1932年12月，中苏之间恢复了中断于1929年7月的外交关系。

这一政治背景下始于左尔格时期的上海谍报机构和谍报人员继续工作。主要包括新闻记者、作家艾格尼丝·史沫特莱、特派员兼记者尾崎秀实、日本《朝日新闻》记者川合贞吉等人，还有新闻联合通讯社上海分社的工作人员船越寿雄，此人主要负责搜集市内各日本机关和殖民地的情报，但是后来，他们拒绝了他提供的服务。再者有戈利佩尔（埃美尔松）和他的家人。

塔斯社当地分社的工作人员约瑟夫·叶菲莫维奇·奥瓦季斯（切尔诺夫）和他的同行符拉季米尔·阿罗诺维奇·罗维尔（罗斯耶夫）都是上海总部的工作者，后者也向苏联军事谍报机构提供情报并且负责完成指定任务。

与左尔格早有联系的特工人员还有德国人黑尔穆特·沃依德特和普劳特。将沃依德特作为情报的来源才刚刚开始。乌尔苏拉·汉布格尔是总部的联络员，以她的家作为接头地点（不是所有接头都在这里）和在此保存文件。普劳特主管德国的越洋业务，与德国使馆有着良好关系。这是个非常狡猾的钻营者。就政治观点而言，他是社会民主党，因为他在日本很有些关系,左尔格①认为,此人不可放弃。

沃依德特·黑尔穆特于1931年年底为左尔格所用,多年来忠实履行所有赋予他的任务。他的代号叫"商人"②。1903年沃依德特生于德国西里西亚一个小官员家庭。大学法律系毕业。1929年总部设在柏林的德国最大的通用电力公司(AEG)派他到上海分部任商务主管。正如左尔格所指出的那样,沃依德特"是个很有用的情报线人",他不仅仅可以做交通员。左尔格认为,沃依德特可以取代他成为负责人。但是,中央总部不同意这样做。沃依德特一直工作到左尔格③离开。

1932年《柏林日报》记者京特·施泰因(古斯塔夫)第一次到上海,他于1931年为军事情报机构招募为间谍。1932年奉派来上海。第二次世界大战结束前夕他在远东,来过上海一次。

伊萨·魏德迈尔：共产国际驻华的德国人,是上海一家"时代精神"书店的老板,她也和军事间谍代表共事。

斯特龙斯基·戈利高里·利沃维奇(约翰)：一个上海地下情报机构的助手(1931—1934)。"约翰,上海总部助手。联共(布)党员。是一个有经验的老手。掌握德语、波兰语和英语。有组织才能,但身体不好(肺痨)。有着在欧洲和东方多年的地下工作实践和经验。"(摘自工作评价)。

札杰列尔·尼古拉·尼古拉耶维奇(格尔别尔特)：军事间谍机构和共产国际的特工人员。曾在中国为共产国际国际联络部工作(1931—1935),其中包括上海④。

布罗宁·雅可夫·格利高里耶维奇(阿勃拉姆)：⑤

1931年9月18日,日本开始对满洲发起军事行动。借口是日本人在奉天附近酝酿和挑起的"事件"。日本当局声称中国一伙士兵破坏了一段南满铁路,以必须保卫铁路为借口开始军事行动,占领了奉天、长春、安东和南满的其他城市。短时间内吉林和北满的主要城市齐齐哈尔等先后都处于日本

---

① 阿列克谢耶夫 M. A.。
② В. И. 洛塔:《可能的极限:远东军事侦察,1918—1945》。
③ 阿列克谢耶夫。
④ 俄联邦国家社会政治历史档案中心。Ф. 17. Оп. 98. Д. 12991. Л. 6
⑤ M. A. 阿列克谢耶夫:《你们的拉姆扎》,《P. 左尔格和他的军事间谍1930—1933年在华活动》,库奇科沃田野出版社2010年版,第661、695—701页。

的控制之下。1月初日本占领了哈尔滨。满洲陷于日本之手,他们为进攻苏联建立了新的广阔的前进阵地。

考虑到苏联远东边界所面对的复杂形势,情报部长扬·别尔津决定尽早巩固情报部门在远东的阵地。为此,制定了理查德·左尔格潜入日本的计划,并很快就办到了。左尔格领导的上海苏联军事情报机构总部,就转交布罗宁负责。

布罗宁于1933年秘密潜伏德国。同年6月为执行中央的指示,他与左尔格在柏林见面,此后动身去上海,左尔格则去了东京。布罗宁领导的总部顺利完成了被赋予的任务。阿勃拉姆及时全面地掌握了日本在中国的活动[①]。1933年8月布罗宁到达上海。

布罗宁面临的主要任务就是在"孤岛"上,即日本的地面上,建立情报网络。于是,他开始着手实施这一艰巨任务。但是,后来苏联首要任务成了"调查中国国内的政治情况和内战战场的形势",且通过他的情报工作,完成了这一任务[②]。

布罗宁的工作条件大不如左尔格。1933年中期中苏恢复外交关系,分别在南京和上海设立了大使馆和总领馆。

到了8月底,布罗宁就掌管了"大权",在给"老头子"(别尔津)的报告中,他陈述了自己的初步工作和采取的对应措施。用布罗宁自己的话说,为了"改善"总部之财源,他采取了一系列"革命性"的决定。按照他的意见,超支不是不可避免的,主要是因为把资金轻易用在了无意义的线人身上。布罗宁提出,对于中国人来说墨西哥元的价值是马克的3倍。不过布罗宁也认为,在上海花美元要比他在柏林花马克更方便。上海机关周围豢养了一批"真正的饭桶"和他们的家眷,且不说还有三分之一的特工对于"我们"的工作毫无用处。

布罗宁认为应保留所有"有用的和健康的"资源,要集中财力和精力在少数对象上,要为充分利用真正有价值的人的潜力和提高他们的工作水平创造条件。

---

① Н. Н. 勃真依科、В. И. 罗塔:《远东军事侦察》,侦察员"阿勃拉姆"。
② В. И. 洛塔:《可能的极限:远东军事侦察,1918—1945》,第250、259、261页。

从在中国工作的特工人员（组长，技术人员）中，布罗宁留下了恩斯特（上海）、玛丽安娜（上海）、鲁道夫（北平）、鲁多利芬娜（此人用来负责罗马电台的工作）。

布罗宁得出结论，恩斯特、玛丽安娜和鲁道夫（左尔格的中国特工），都是优秀而可靠的情报人员。其中最为出众和最为重要的当属鲁道夫。"这3个人是我们在这里的一个主要成果"——新的上海间谍首脑在他给别尔津的信中如是说。

由他暂时留用的还有属于这个机构的3个中国人：陆（后来是个叛徒，左尔格一次也没有提到过，但是当时已经清楚确实是他属下的情报人员），还有鲁季（音）和冈斯（音）。

按布罗宁的话说，"在庞大而众多的中国特工人员网中"，他只保留了以下几个人：南京外交部人员，南京军政部军械局职员，张学良的一个兄弟在北方的亲信。按照布罗宁的话说，这是3个重点使用的特工，以期在他们身上有更多的收获。

经布罗宁改组后的情报网，又网罗了一些新的情报人员，到1933年9月15日前，总计有15条渠道，其中有3个小组和12个情报人员。

情报网中还保留了部分原左尔格时期合作过的线人，经过发展，这部分人提供了很有价值的情报。后来还有少数人由各情报小组头目招募而来，或者由史沫特莱引荐而来。

总部发展了许多重要情报人员。可以归入这些人中的有：205号国民党外交部的情报人员，他可以接触到机密文件，其中包括反侦察情报；206号国防部军械部的工作人员；内政部的204号特工，他可以提供有价值的军政情报；203号特工是个将军，他是军事学院教务局人员，也是张学良将军参事的秘书。最为重要的是209号中国人特工，他是美国驻上海总领事馆的职员。他还吸收了另一个中国人搜集情报，此人也是美国总领事馆人员，成了他的副手。这两个特工自1934起至1941年6月为我们搜集情报。他们提供了大量的美国总领事馆的机密外交通信、美国现用密码，并暗中窃取总领事馆的外交信件。这些特工的情报得到了中央的高度评价。在谈到总部在发展情报人员中的成绩时，当然也不可避免地会提到阿勃拉姆所犯的严重失误。

将近1935年的时候,布罗宁建立了一个巨大的间谍网。到1935年5月1日,已网罗了64人。此外,有8个人"尚在考察"中。

"1935年上海失陷的结论"中提到:"但是,阿勃拉姆的收网失之于仓促和生硬……到了1933年年底,阿勃拉姆没有充分估计形势,对人员也没有充分的考察,就动手扩充情报网。自那时起,情报网就再度膨胀,鱼龙混杂,充斥着弄不到情报的废物,仍像'拉姆扎'时期一样的臃肿。"结果,总部的整个情报网,包括对日本工作的各特工小组,几乎全部覆灭。阿勃拉姆在中国待了近3年,竟弄得"自身无法掩护和没有掩护乃至垮台"。"起初阿勃拉姆打算做记者,但是他给杂志写的文章未获刊登,记者的身份掩护告吹"。后来,为了取得掩护,阿勃拉姆给一个小商店做"厂方代表",但他也没干任何的商业活动作为身份掩护。因此,虽然一个目的也没有达到,阿勃拉姆自己却成了情报机关的危险人物。

1950年6月21日,在审讯布罗宁时他如是说:

问:您到国外的目的?

答:从1933年8月到1937年12月在中国,做情报工作。

问:在何种情况下,您在中国被捕?

答:1935年5月5日,在和我下属的特工人员在上海街上接头时,被英国警方逮捕。

1955年2月8日,苏联克格勃特别处的结论:"关于布罗宁-利赫施泰因的审查表明,他在中国从事间谍工作期间,疏于职守,犯了泄密错误。这表现在,他与特工接头时,随身携带许多事关间谍工作的文件,这些文件他本该转交领事馆代表的,结果警察逮捕他时一起被缴获。当时按照布罗宁的判断,由他派交通员从上海到武汉,并且由该交通员携带一封有关总部工作的书信。在审查中,布罗宁承认,在与他的下属情报人员接头时并不知道总部已然摧毁,所以他肯定,他的暴露是汉口的一个特工叛变的结果。从案件可知,布罗宁由于在中国领土上从事间谍活动,于1935年8月5日,被中国法庭判处15年徒刑。1937年10月,转交苏方代表送回苏联,后来他在苏联红军情报部的一个特种学校任教,至被捕前在苏军装甲和机械化兵部队的军事学院任外语教研室主任。"

С. П. 乌利茨基对斯大林说:"我不是为了开脱,我请求您相信这一点,为了让您更多了解我们事业的进展情况,我应当报告:1935年春,我接手情报时,面临的正是遭受巨大失败的形势:上海总部已经被摧毁,涉及100多人(1937年6月11日)。"

摘自苏联中央委员会第46号文件纪要:关于重新审查在苏联集中营、劳改营和流放地案件。针对自1955年3月21日起被控犯有反革命罪的人员决定:"1950年3月21日,国家安全部特别会议关于布罗宁(利赫施泰因)、雅可夫·格利高里耶维奇的命令予以取消,以俄罗斯联邦社会主义共和国刑事诉讼法典第4条第5项确定的刑事案件,予以终止,将布罗宁(利赫施泰因)从监禁中释放。"

当时和布罗宁一起在中国工作的同行这样回忆:他(布罗宁)被派来给一个叫"查理"的美国人做电报员,这在当时是违反规定的,查理在1933年法国沦陷后,被法国情报部门发现踪迹。但是,他得以逃脱①。查理在上海待了7个月(1934年10月—1935年5月)。"查理",即施奈德·格利高里·伊万诺维奇(他还叫列昂·萨莫依洛维奇·达维多维奇先生,1898年出生),他长时期在国外执行特别任务。

他还有第二个电报员,由于酗酒和破坏保密规定,布罗宁打发他去了符拉迪沃斯托克②。这是个奥地利共产党员威廉·比格尔,他于1933年3月—1934年8月在中国。

关于中国红军和苏区状况的情报,是阿勃拉姆从爱得华手中得到,爱得华后来也成为情报机构负责人③。爱得华大概就是阿尔图尔·扬诺维奇·夏列的化名。

考虑到布罗宁有可能去日本,给他派了一个共产国际领导人的妻子库西宁·阿依诺·安德列耶夫娜(1934—1935)做他的助手。

负责发展间谍的助手,化名为"英格莉德"的库西宁·阿依诺·安德列耶夫娜情况如下。她素养极高。精通芬兰语、俄语、德语、英语,还会点法语、挪威语、丹麦语和意大利语(听得懂,可以看书)。除了通晓外语,她还熟悉"高等"社会的礼节,因而,就可成功取得"富有贵妇"的合法身份,并与"高

---

① В. И. 洛塔:《可能的极限:远东军事侦察,1918—1945》,第282—284页。
② В. И. 洛塔:《可能的极限:远东军事侦察,1918—1945》,第272页。
③ В. И. 洛塔:《可能的极限:远东军事侦察,1918—1945》,第271、287—288页。

等"外国人阶层交往。她熟悉记者的工作,以至于相当顺利就取得记者和作家的身份。她懂文学、绘画和一般艺术,所以就可与出版和艺术圈子里的人员交往。

山阴路145弄2号是尾崎秀实的寓所,左尔格也时常来此晤谈。

情报部门开始使用她作为间谍主管的副手。1934年,她首先被派到中国和日本(阿勃拉姆间谍总部)。她在日本待了近半年。阿勃拉姆出事后被召回。此间她成功取得了合法身份,通过日本人和外国人建立了关系,得到了有益的情报(她会主动将情报拍照以备自需)。(摘自工作评价)

关于解救布罗宁出狱:1937年12月,曾经试图拿布罗宁交换在斯维尔得洛夫斯克生活和被捕的蒋介石之子蒋经国。1935年,情报人员阿勃姆·约瑟福维奇·加尔特曼(古特纳)和内务部外事局在上海的特工埃姆尼尔·索尔莫诺维奇·库钦(瓦特)曾打算营救布罗宁,但未成功,结果内务部外事局的特工奈迪斯被捕。此后,加尔特曼和库钦被迫离开中国。加尔特曼是《真理报》驻上海记者(1933—1935)。库钦是驻上海的副领事。在此次行动中,中央工会的情报人员符拉季米尔·阿布拉莫维奇·纽曼(科索夫)和米哈依尔·尼古拉耶维奇·穆罗姆采夫①也参加了。后由(古特纳)接替布罗宁临时全面负责情报工作。

由此例可看出,苏联驻国外的各个机构(不仅是特务机构)的特工人员是彼此互助和合作的,虽然有的时候也不排除竞争。

1934—1935年有许多新人员进入中国总部。

米勒·弗朗茨·伊万诺维奇(真名洛克尔·雅可夫·格尔曼诺维奇):1934年11月到1935年在上海总部,负责情报技术。总部失陷后被召回。1937年9月,根据第43条a款"无法予以政治信任",从工农红军的队伍中被开除,不久被苏联内务部逮捕。他最后的军衔是营级政委。根据内务人民委员部第00138号命令,第43条a款,降为预备役。1937年平反。

在中国和日本(1934年11月—1939年6月),工作过的还有库尔特·菲舍尔,他曾任中共领袖毛泽东的军事顾问。他的妻子玛尔塔·克拉斯腾·菲舍尔也是反日工作的独立情报人员。

在上海总部从事情报和无线电业务的还有约瑟夫·古切和他的儿子鲁道夫(1935—1942)。

魏因加尔特(魏因加尔登)·约瑟夫(化名泽普,泽普利,在苏联姓名是马涅斯·谢佩利·弗利德里霍维奇)。他受工农红军总参情报部的派遣(1928—1934)在中国上海任理查德·左尔格的报务员,潜伏在法租界。他曾任该情报部作战给养部长和学校无线电系主任(1934年10月—1935年7月)。

巴利昂·汉斯(考尔巴赫):德共情报总部前特工人员。从1934年起,在上海从事地下工作。大概还在普尔皮斯-埃伦利巴组织的"经济战线"上工作过。

戴·格拉夫·约昂尼(弗兰茨·格鲁别尔):他也是德共情报前特工人员,如同其他一些德国人一样,是苏联军事情报人员。他在其自传(1937年

---

① 《中国的失陷》,公开出版物。捷普利亚科夫:《秘密专案文件》,彼得堡,1998年,第1期,第8—95页。

5月7日)中写道:"1933年11月受共产国际的派遣来中国上海,负责培养游击队和破坏人员。他们摧毁了南京附近机场的76架飞机,并向参谋部门提供军事情报。在当地与其一起工作的还有弗列德(曼弗列特·斯特恩和埃韦特)。"[1]有情报说,从1933年起,他就为英国情报部门工作,不排除可能就是他通过英国人出卖布罗宁的间谍总部。

考特曼·埃利希·乌利里赫维奇:拉脱维亚人,1898年出生。1935年年末被派到上海做地下工作,持拉脱维亚公民的护照,伪装成商人,姓名是列津格·阿尔图尔(阿尔图尔·列津格)。(摘自《工作鉴定》)他在那里工作多年。他的暴露如下所述。

1935年莫斯科才明白,尽管苏联间谍频繁出事,但从中国扎根到赴日本,却是左尔格出色完成了这一任务。他用了两年的时间在东京建成了卓有成效的情报总部。这个总部对莫斯科而言意义重大。因此,情报部决定向上海派一名有政治经验的重量级领导干部,让他配合左尔格的工作。就这样,1936年,师级政委鲍罗维奇·列夫·亚历山大罗维奇(阿列克斯)到了上海,成为地下间谍(塔斯社记者)。他于1920年起就是西部战线的军事情报人员。30年代初,他曾在联共(布)中央工作过。

"鲍罗维奇·列夫·亚历山大罗维奇(利多夫)……是上海塔斯社代表处的工作人员(塔斯社分部副主任)……有以下之任务——领导在中国和日本的两总部。从1936年5月—1937年5月潜伏上海。1937年5月另有派遣,提前召回,根据工农红军指挥员和领导干部履行职守条例,第43条b款,转为预备役。同年,鲍罗维奇由内务人民委员部逮捕。"(摘自《工作鉴定》)

"阿列克斯是一名有经验的,忠于祖国和党的情报人员,他工作十分投入,然而,又考虑周全和谨慎。我了解别尔津同志十分肯定阿列克斯的工作。"(兹万那列娃,1991年7月18日)在共和国革命军事委员会-工农红军情报部的登记部工作期间,"评价良好"。(1956年7月18日)

中国之行是鲍罗维奇的最后任务。他的任务主要是领导日本的"拉姆扎"总部。鲍利斯·伊格纳契耶维奇·格鲁兹,从1936年到1937年在工农

---

[1] 俄罗斯国家档案馆,全宗17,目录98,案卷2622,第21页。

红军情报部东方局工作,他在回忆录中写道:"阿列克斯精通情报业务,具有丰富的情报工作经验,所以他能与左尔格商讨重大问题和做出决定。他有全权在他负责的任务框架内,协调左尔格的工作。他不仅要做好上下通达的任务,而且是身担重任的角色,他的建议具有中央指示的效力。"

早在 20 年代至 30 年代,阿列克斯通过共事十分了解左尔格。1936 年 8 月或 9 月他们在著名的北京天坛公园里见面。回到上海后,阿列克斯继续与左尔格情报组的其他特工人员见面,还与他领导的在华情报总部特工人员会面。此类会面还出现在天津及海滨城市青岛的崂山——这里是上海苏联侨民休养的地方。

中国总部与鲍罗维奇共事的亲密战友还有上海塔斯分社斯科尔皮列夫·安德列·伊万诺维奇(1934 年 10 月起)、副社长拉伊萨·莫依谢耶娃·玛玛耶娃(1935 年 10 月起)、塔斯社记者符拉季米尔·雅可夫列维奇·阿博尔京(1935 年 10 月起)领导[①]。

1956 年 3 月 22 日,苏联国防部总参谋部情报部第 69249 号通报:"鲍罗维奇(罗森塔尔)·列夫·亚历山大罗维奇……1920 年至 1930 年和 1935 至 1936 年,在国外和情报部机关工作期间,评价良好。但是,在中国的情报工作欠佳。对于他这段工作的评价是:鲍罗维奇的工作乏善可陈,表现消极,对于情报业务问题的决定贯彻不力,不善对下属的领导,以致纪律涣散,地下机构的领导成员不善协调,在不良情绪的影响下,花费太多的精力用在私人的经济问题上,给工作带来损害,他对该国缺乏了解,不谙政治环境,缺乏军事知识,因而不能给予情报工作应有的领导,对于得到的军事情报无法判断,对于无视纪律的行为,听之任之,乃至对与其有联系的情报人员构成威胁。"

综上所述各条和鉴于鲍罗维奇的历史(出身,曾是孟什维克党员,与拉狄克以及许多被人民内务部逮捕的工农红军情报部的特工人员联系密切),情报部领导决定免去鲍罗维奇的职务,并从工农红军中除名,此决定于 1937 年 5 月做出。

1937 年 3 月,玛玛耶娃"因病"和斯科尔皮列夫"出于政治考虑"被召回

[①] 科契克:《情报部的侦察员和情报员》,莫斯科,2004 年,第 52—58 页。

苏联。后者未能回到苏联,他于6月30日死于上海。2级技术军需官拉伊萨·莫依谢耶娃·玛玛耶娃于1937年12月被内务人民委员部逮捕,1938年1月31日开除出工农红军。1937年8月召回苏联后的鲍罗维奇被枪决。后来他们两人都予以平反。1937年7月12日,阿博尔京也从上海被召回。1937年7月7日,日军在北京卢沟桥附近,挑起与中国军队的冲突,以之成为开启战端的借口。但是,情报部对此事并不感到意外。自1933年起,潜伏满洲的军事情报站就已报告日本在华的军事经济势力的增长。中央已有关于南满株式会社所属各工厂生产军工产品,从油页岩中提取燃油,从煤炭中提取燃料和加强石油生产的情报。此外,还得到日本总参谋部制作的关于中国各地区模型、按比例的地形模型的情报,甚至包括日本军列沿南满铁路从长春和大连进行调动的情报。1935年4月起至1936年5月,远东红军副司令是前工农红军情报总部部长别尔津,该军的情报处是萨尔内,这就说明苏联领导层对满洲的局势格外关注。

7月28日,日本军队开始进攻并占领北平,7月30日占领天津,这就迫使蒋介石政府重新考虑苏联早在1933年就提出的建议,即签订中苏互不侵犯条约,同时与中共联合共同抗日。但是,与中共联合一事,还不是蒋介石的重要选择。事实是1936年12月,中共情报部门在西安精心策划了一个行动,在此过程中,颇有实力的张学良和杨虎城两将军兵谏他们的总司令与中共联合共同抗击日军。12月12日,蒋介石断然拒绝这一建议,两将军随即将其逮捕,苏联建议毛泽东与囚禁中的蒋介石谈判,强迫他同意国共合作。无疑,这个行动是在苏联领导知情和在苏联情报部门的控制下实现的。关于这一点有斯大林本人给中共领袖的以下电报可兹证明:

> 将西安事件就说成是张学良身边日本特务机构的阴谋所为。其目的就是要削弱中国。你们要重提抗日民族战线的思想,而主要是无论如何也要释放蒋介石,他可以领导我们所需要的联盟。

结果,蒋介石和中共代表周恩来举行谈判,达成了临时停火协议,12月25日,蒋介石获释。

1937年8月21日,苏联与中国签订了互不侵犯条约,1937年9月,国民党通过了停止内战和联合中共建立抗日统一战线的决议。当时,中国红军的部队改编为国民革命军第八路军。随后于9月14日,苏联与迁都重庆的中国中央政府达成向中国提供武器的协定。对此要加以说明的是,武器和军事物资只给蒋介石,而不是在任何情况下都给毛泽东的临时革命政府。

据军事情报部门通过间谍途径得到的情报,蒋介石确实认真考虑要坚决抗日。还可以确定的是,蒋介石于1937年10月断然拒绝汪精卫的亲日集团关于无条件与日本签订和约的建议。1937年12月14日他声称,苏联是中国抗日的唯一同盟。

苏联提供武器给中国始于1937年12月。1938年3月1日,苏联与中国签订了第一个协定,向中国政府提供5 000万美元贷款,用于采购苏联的军事和其他物资。据此条约1938年3月签订了3个提供武器的协定:苏联向中国提供287架飞机、82辆坦克、390门大炮和榴弹炮、1 800挺机枪、400辆汽车、36万发炮弹、1 000万发用于机枪的子弹、1 000万发步枪子弹和其他军用物资。

1938年7月1日,签署了苏联政府向中国提供贷款500万美元用以购买武器的协议。为了执行这一条约,还签订了补充协议,再向中国提供180架飞机、300门大炮、2 120挺机枪、300辆载重汽车、飞机所用的航空发动机和武器,还有炮弹、子弹以及其他军用物资。根据后续的协定,苏联向中国提供120架飞机和飞机的备件及其配套设备、83个飞机发动机、炮弹和子弹等。

1939年6月13日进一步签订了关于向中国提供贷款(1.5亿美元),用以购买武器的第三个协定。根据第一个协定,于1939年6月20日,向中国提供了263门大炮、4 400挺机枪、5万步枪、500辆载重汽车、大约1 600个航空炸弹、5 000发炮弹、1亿发子弹和其他物资。根据这三个协定,和与之相一致的条约,再向中国提供300架飞机、350辆载重汽车和拖拉机、250门大炮、1 300挺机枪,还有大量的炸弹、炮弹、子弹、电子设备、领航设备、燃油和润滑油,以及其他物资。

运送中国的武器都是在工农红军情报部的控制下进行的。为此,在情报部下设"Z"处,这个处类似1936年成立的负责向西班牙共和政府提供武器的"X"处。此外,"Z"处还负责选派去中国帮助蒋介石军队抗日的志愿者。"Z"处的工作方针由切尔诺夫负责。

自1937年10月起,苏联志愿军陆续到达中国。首先是飞行员,作战初期负责打击日本空军力量。其领导力量还是苏联总军事顾问机构,1937—1942年间领导职务先后由德拉特文、切列潘诺夫、卡恰诺夫和崔可夫担任。这一军事顾问机构延续了他们在1924—1927年间形成的传统,即军事顾问机构内部必须有情报人员的参与。1930年代的苏联领导无法回避以延安为中心的陕甘边区中国红军(第18集团军和新四军)的发展状况。但是他们也在蒋介石那里驻有苏联的官方代表。而有关边区形势的情报只能由情报部来提供,情报人员的公开身份是共产国际代表:1938—1942年间在延安的是莫季诺夫;1942—1945年间,则是符拉季米洛夫(伏拉索夫)。不过,后者不仅是共产国际的代表,还是塔斯社的军事记者。

1938年4月中苏谈判期间,双方提出了关于情报合作问题。中央政府军事委员会第2处处长戴笠[①]提出以下建议:

——为了共同反对日本,中苏两国在上海的间谍工作直接或者通过线人必须确立紧密联系;

——中国将截获日本的密码电报,破译后向莫斯科提供;

——中国情报部门向莫斯科提供白俄侨民和托洛斯基分子的情报,作为交换,苏联情报部门则向中国提供所掌握的日本在华特务名单。

经过详细斟酌后,这些建议得到实施,1938年5月,依据对等原则,双方建立一个合作局。由中国情报部门的代表,工农红军的情报部和内务人民委员部外事局的代表参加。建成的合作局有以下3个处:

第1处(特工处)负责组织情报工作,培训人员与特工技术;

第2处(情报处)负责分析获取的情报;

第3处(后勤处)。

合作局的开支确定为每年2万美元,中苏之间平均分配。

合作局工作初期很有成果。如活动在宁夏、汉口、天津、香港和其他城市的特工人员获取了日军兵力部署、日军武器、调动和作战准备等情况的情

[①] 此处原文中作者写为"张作霖",显然是错误的。似乎应指国民政府军事委员会调查统计局第二处处长戴笠。——译者注

报。但是,很快各方只照顾自己的利益,到 1940 年合作局不复存在。从那时起,苏联与中国情报部门的合作只是偶尔为之。

斯科尔皮列夫·安德列·伊万诺维奇:塔斯社驻中国上海分社社长(1934 年 10 月—1937 年 3 月)。"斯科尔皮列夫对其担任的工作尚属满意"(1937 年 10 月 23 日)。后来出于"政治因素",斯科尔皮列夫被解职①。

对师级政委斯科尔皮列夫·安德列·伊万诺维奇的鉴定:1937 年 6 月 28 日,师级政委斯科尔皮列夫死于上海(非镇压),为 1918 年起的联共(DMH)党员。从 1930 年起为工农红军情报部的干部并主要在国外工作。

1935 年 1 月,他最后一次奉派担任塔斯社驻上海分社社长,在情报战线上全力工作。斯科尔皮列夫圆满完成了他所承担的工作。

在被得知与被枪决的莫斯科恐怖中心的领导斯卡夫有过联系后,斯科尔皮列夫奉召回中央接受调查,行前患病死亡。

在上海,斯科尔皮列夫在"人民的敌人"鲍罗维奇的直接领导下工作。斯科尔皮列夫和鲍罗维奇的关系十分紧张。后者坚持尽快调斯科尔皮列夫回中央,这一立场也得到了另一位"人民的敌人"卡林的支持。

斯科尔皮列娃·丽莲京娜·尼康德罗芙娜:1927 年入党。1935 年起,在情报系统工作,并参加其丈夫斯科尔皮列夫的工作,完成了情报系统赋予的各项任务,工作兢兢业业。在国外做情报工作期间,与"人民的敌人"鲍罗维奇有联系。(摘自工作鉴定)

1936 年到上海的新特工人员还有赫里斯托(1921 年起做情报工作),他奉派到中国

尾崎秀实是左尔格的重要助手,他后来成为日本首相为近卫文麿的私人顾问,从而获得大量的情报。

(1936 年 4 月),又在德国和法国执行任务。他在上海的身份是德国商人尤利乌斯·别尔格曼,执行任务至 1938 年 12 月。

同年,维利·霍尔鲍利特化名梅利格尔到了上海,顺利开展工作。

① 俄罗斯国家档案,全宗 17,目录 71,案卷 62,第 5 页。

1936年7月，来上海工作的还有约翰涅斯·利别尔斯和他的妻子艾丽特·采尔贝，他们曾在德共情报部门（"BB机关"）和在斯季吉-马克西莫夫领导的德国情报部门工作过。

在上海的情报人员中还有加里、罗伯特、拉蒙，以及"商人"和"34"号的特工人员。（卡林供词）

在上海的"沃斯塔加"系统人员、领导远东整个活动的普尔皮斯（埃维尔兹登）·安东·伊万诺维奇也在上海潜伏了几年之久。他是红军情报部（1930—1938年期间）所派人员，并在德国情报处"沃斯塔加"（1930）实习数月。1931年起，任在华的"沃斯塔加"商行各分行（天津、张家口、上海）的主管。"为表彰其执行特别重要任务的辛勤工作"，而予以金表的奖励。

在中国为这一系统工作的还有埃伦利布（扬诺夫斯基）。在华执行特殊使命（1933—1937）中，"他领导了我国在天津的掩护公司，同时他也是一个情报人员"。1937年11月扬诺夫斯基被召回复命。

军事情报首长普罗库罗夫于1940年5月22日向军事部提交"关于红军第5部的状况和任务的报告"，报告称，在中国有253个情报站，满洲有229个。按照他的话说，"情报网人员在这些地区活动十分出色"。

提及1930年年底至40年代初苏联在华军事情报活动的时候，应该指出的是，由罗星（卢扎科夫）领导的武官处与总军事顾问处和副总军事顾问情报处之间的活动不够协调，因为3个机构都直属于莫斯科。但是军事情报活动与内务部外事处之间联系密切，在一定程度上互相制约和协同行动。1938—1944年间内务部在中国的情报负责人是亚历山大·潘友新，他同时在中国中央政府任苏联大使。至于说到具体得到的情报，则相当充分反映了当时中国的政治、经济和军事状况。

第二次世界大战初期，苏联军事情报在华的主要任务是搜集日本后续军事行动计划。在华各情报站的作用，特别是在左尔格特工组失陷后更加重要。这里大量集结了苏联情报人员，比在西欧和美国的总数还要多。

1940年5月，莫斯科再派来3个人。他们都是德共党员，参加西班牙内战的老兵，即汉斯·舒伯特（扬森）、弗利德里希·迪克尔和他的妻子多丽斯（娘家姓萨肯涅恩），她是来自加拿大的芬兰人。在来华赴命之前，汉斯和弗利德里希在莫斯科受过专门的训练。不久还有老练的苏联军事间谍与他们会合,即艾利赫·考特曼(列佐恩斯)、阿尔伯特·费依耶拉本(克列依泽斯),还有阿尔弗来德·罗森鲍姆。

同年,还有前述的维利·霍尔鲍利特(化名为梅利格尔)来到上海,顺利开展工作。

1941年9月雅可夫·亚历山大罗维奇·佩夫兹纳[①]"根据我国的间谍战略"来到远东。

1942年中期,在上海至少有4个情报站。

情报部第1情报站:费多尔·格利高里耶维奇和"国际旅行社"总公司的代表处处长符拉季米洛夫。

情报部第2情报站:奥列格·瓦西里耶维奇·谢洛夫和塔斯社记者瓦西里·吉赫诺维奇·符拉索夫(林克)。

情报部第3情报站:瓦西里·尼基季奇·康斯坦丁诺夫。

还有一个海军总参谋部情报部的特工站:雅可夫·亚历山大罗维奇·佩夫兹纳。他是苏联商务代表处"全俄粮食出口公司"分公司的代表。这个站有2名工作人员和2名特工。

上述各情报站的人员已包括前面提到过的汉斯·舒伯特(扬森)和弗利德里希·迪克尔、多丽斯·迪克尔(萨肯涅恩)、艾利赫·考特曼(列佐恩斯)、阿尔伯特·费依耶拉本(克列依泽斯)、阿尔弗来德·罗森鲍姆、维利·霍尔鲍利特。

此外,属于各站的还有莫利斯·伊兹拉依列维奇·苏列维奇、鲍里斯·纳萨耶夫、阿列克塞(阿利克)、哈因德拉娃、伊拉克利·瓦西利耶维奇、伊朗人萨迪·波利萨德、中国人王霍那等人。各站之间的联系不仅在上海,而且也在中国其他城市。

无线电员鲍里斯·纳萨耶夫(俄国侨民,莫列尔英国船舶公司的无线电员)遭无线电定位,于1942年10月23日被捕,不堪忍受他的母亲受到虐待,出卖了雅可夫·佩夫兹纳和伊拉克利·科洛托札维利。其他的人也于

---

① 佩夫兹纳 Я. А.:《第二次生命》,莫斯科,1995年,第400—408页;科瓦尔丘克-卡瓦尔 И. К.:《和记忆相见》,莫斯科:凹雕出版社1995年版,第177—242页。科瓦尔丘克-卡瓦尔 И. К.:《和记忆相见(回忆录)》,莫斯科,1996年,第297—298、330—332、419—429页;卡尔巴科基 А. И.:《卫国战争时期的国家间谍机构》,莫斯科,2010年。

1942年10月23—25日陆续被捕。共17人被捕：2个格鲁吉亚人，2个犹太人，3个德国人，2个拉脱维亚人，1个伊朗人，1个中国人和17个俄国人。被捕者中有5个苏联人，其中包括科洛托札维利。他们在日本的监狱里受尽折磨。1942年12月日本军事野战法庭宣判处以死刑，又改判2—10年的徒刑。只枪杀了一中国人。

1945年3月，在满洲边防站，5个苏联公民（科奇金、佩夫兹纳、科洛托札维利、韦特罗夫、苏列维奇）得以与在苏联扣押的5名日本人进行交换。

同年，霍尔鲍利特和迪克尔获释，但是，他们过了一年才回莫斯科。后来，这几个人在德意志民主共和国生活。

上海站的其他人可能是在美军占领上海后获释。

苏列维奇是轮船公司的老板，继续在上海工作一直到战后。

根据情报部门资料，1941年中期，日本陆军在日本境外的兵力共有56个师。其中36个师在中国，5个师在朝鲜，2个师在印度支那，12个师在满洲和1个师在萨哈林。日本将其兵力向何处调动在很大程度上关系战争的结局。总体来说，1930—1940年间，工农红军参谋部情报部分布在上海、哈尔滨、大连、重庆、东京、长崎。在中国的各情报站针对日本开展情报工作。苏联总参谋部对远东的监视，尽管有一些失误，但结果还是发展壮大起来。军事情报人员圆满完成了获取日本兵力、军事工业和对外方针情报的任务。

（［俄］А.科尔帕克基〔Aleksandr Kolpakidiss〕 Алгоритм 出版社总编辑、社长；田洪敏译）

左尔格小组在上海的足迹

◎ 胡皓磊　苏智良

被称为"红色谍王"的理查德·左尔格,是一名苏联派往中国的间谍,左尔格在上海的谍报活动是其间谍生涯的开端和高潮的开始,是一次展示其过人勇气和智慧的牛刀小试。在上海的3年日子里,左尔格完成了苏联情报部门给他布置的任务。

1930年1月,理查德·左尔格抵达上海,开始了他在中国的间谍生涯。在上海活动期间,左尔格小组主要成员有史沫特莱、尾崎秀实、马克斯·克劳森、保尔·里姆、约翰·鲁特·维尔纳,还有张文秋、蔡叔厚、王学文夫妇、陈翰笙夫妇、董秋斯夫妇等中国组成员。笔者根据各种相关资料,试图大致搜索和再现左尔格小组成员在上海活动的主要地点。

一、华懋饭店

左尔格抵达上海后便入住华懋饭店(今和平饭店北楼),时间为1930年1月。华懋饭店位于沙逊大厦底层西大厅和第4到9层,该大厦由新沙逊洋行投资建设,1929年竣工,面临南京路和黄浦江,是上海的黄金地块。华懋地产股份有限公司是洋行的下属公司,管理大厦运作,因此饭店被命名为华懋饭店。

左尔格入住饭店后,第一时间拜访了德国驻上海总领事冯·科伦贝格,并通过总领事的关系结识了南京的德国军事顾问团,为其今后在华行动打通了人脉关系。与此同时,作为左尔格上司、上海组组长的亚历山大·乌拉诺夫斯基因为受到特务组织的重点监视和跟踪,无法开展工作而被迫返回莫斯科,从此总参四部驻上海的情报小组就由左尔格负责。不久后左尔格在出席的外国记者联谊会上,见到了同样住在华懋饭店的史沫特莱,20世纪40年代在左尔格的供词中,他回忆道:"我明白,我可以依靠她……我建立上海小组时,特别在物色中国合作者时,曾请她帮过忙。我尽量会见她的一些中国年轻朋友,特别设法结交那些自愿合作者,自愿为左翼事业与外国人共事的人。"①事实上,在抵达上海之前,左尔格就通过阅读《法兰克福日报》的通讯员史沫特莱的报道,了解中国的社会风貌,并与该报编辑部通上电话,询问其在上海的地址。② 结识史沫特莱是左尔格在上海行动的一个重要转折点,史沫特莱在中国社交面很广,同很多中国、日本的进步人士都有来往,正是有了她的牵线搭桥,才使左尔格后来结交了如尾崎秀实、鲁特·维尔纳、王学文夫妇、陈翰笙夫妇等重要的帮手,在广结人脉这点上,史沫特莱为左尔格小组作出了其他人无可比拟的贡献。根据上海公共租界警务处的档案记载,1930年5月9日左尔格动身前往广州建立情报网,并在那里待了6个月。③ 当时华懋饭店的房价极其昂贵,办公室和房间的租费,是以银子、美金或英镑计算的。一般房间的租金,每天20两至70两不等。④ 因为租金极其昂贵,左尔格在11月中旬从广州回到上海后,便搬出饭店。

二、辣斐德路公寓、青年会大楼、王家沙花园23号

离开华懋饭店后,由于间谍职业的特殊性,左尔格之后又在几个不同地

---

① [美]F. W. 狄金、G. R. 斯多利著,聂崇厚译:《左尔格案件》,群众出版社1983年版,第64页。
② [德]尤里乌斯·马德尔著,钟松青、殷寿征译:《左尔格的一生》,群众出版社1986年版,第38页。
③ [美]F. W. 狄金、G. R. 斯多利著,聂崇厚译:《左尔格案件》,第57页。
④ 上海档案信息网:http://www.archives.sh.cn/shjy/scbq/201205/t20120515_35168.html。

点居住。

1930年年底,左尔格在德国总领事的帮助下,搬入了位于法租界辣斐德路(今复兴中路)的一所公寓里,这是一套舒适而且租金又不贵的住宅,左尔格在中国工作的3年,这里是他的主要居所之一。

位于西藏路上的青年会大楼(今西藏南路123号)也曾是左尔格的住所。这座建筑动工于1929年10月,1931年建成,由中国著名的建筑师李锦沛、范文照、赵深设计。大楼建成后,主要用于基督教青年会活动,左尔格就通过社交活动掩护自己的间谍身份。此外,根据公共租界巡捕房档案记载,左尔格还曾在王家沙公园23号居住过一段时间,巡捕房从1931年7月至1932年1月一直监视着该处寓所,"他(左尔格)与朋友下棋,消磨时光,只偶尔离开寓所。接了不少电话……十分谨慎,所以他的谈话连家里的人也听不到"。[1] 1932年受到牛兰事件影响,国民党特务机构察觉到左尔格小组的存在,左尔格遂根据指令于11月12日离开上海住所,经海参崴返回莫斯科,他的在华任务就此告一段落。

三、昆山路义丰里210号

尾崎秀实是左尔格在上海活动期间不可或缺的得力助手,左尔格后来作了这样的评价:"尾崎是我的第一位,并且也是最尊敬的助手……不管是在工作上还是私人交往上,我们始终保持着密切的关系。他向我提供了有关日本人的最详尽、完整而有意思的情况。我们相识后,便成了莫逆之交。"[2]尾崎秀实于1901年出生在日本东京,1926年他进入大阪《朝日新闻》社工作,并在1928年11月被派往上海任该报常驻上海记者。尾崎和妻子来到上海后,经人介绍,借住在昆山路义丰里210号一家名为"丸屋"的经营旧衣服店家的二楼,房主是日本人小林琴。[3] 因为从小就随父母在台湾生

---

[1] [美]F. W. 狄金、G. R. 斯多利著,聂崇厚译:《左尔格案件》,第85页。
[2] [德]尤里乌斯·马德尔著,钟松青、殷寿征译:《左尔格的一生》,第48页。
[3] 徐静波:《上海和东京:尾崎秀实情报活动的起点和终点》,左尔格与上海情报战国际学术研讨会论文集,2013年9月15日。

活,中文流利,尾崎很快就融入中国社会,他曾在东京帝国大学学习期间,参加过校内的马克思主义学习小组。尾崎来到上海后,经常出入北四川路(今四川北路)上的左翼书店,与创造社的彭康、夏衍、冯乃超、郑伯坚、陶晶孙、郁达夫、田汉和成仿吾等建立了亲密的关系。1930年尾崎一家迁至施高塔路(今山阴路)145弄2号。

四、施高塔路145弄2号

施高塔路(今山阴路)145弄2号是尾崎秀实在上海的常住地址,尾崎一家1930年迁入,一直居住到1932年2月尾崎被报社调回日本大阪办事处为止。

在这两年间,尾崎与住在同街的鲁迅有一段交往,鲁迅称尾崎是"会讲一口流利德语的新闻记者。他不但知识面广,而且为人诚实可靠"[1]。此外,尾崎经人介绍认识了史沫特莱,后者将尾崎和左尔格两人的命运从此联系在一起。史沫特莱认为尾崎"他好学,脑子也灵,为人热情,而且是个乐天派……他德语很好,是经过锤炼的真正的知识分子,我完全被他那我所缺少的东西吸引住了"[2]。经得左尔格同意后,史沫特莱将尾崎秀实介绍给了化名为"约翰逊"的左尔格,因为两人志同道合,很快尾崎就成为了左尔格的得力助手。通过尾崎秀实及其介绍的东亚同文书院,左尔格又相继同《上海新闻周报》的日本记者川合贞吉、《上海每日新闻报》的日本编辑山上正义、日本新闻社"联合通信"的驻华负责人船越寿雄成为朋友,并进行合作。此外还有中共成员、家住施高塔路留青小筑(今山阴路124弄28号)的中西功、美国共产党成员日本人鬼头银一等,也常来施高塔路尾崎寓所聚会。

五、万国储蓄会公寓

万国储蓄会公寓,又称诺曼底公寓(I. S. S Normandy Apartments,今武

---

[1] 转引自尾崎秀树:《左尔格事件》,中央公论社1963年版,第80页。
[2] 转引自石垣绫子:《一代女杰史沫特莱》,光明日报出版社1992年版,第222页。

康大楼，淮海中路1850号），是史沫特莱在上海的主要居所之一，这幢位于霞飞路的公寓，由著名设计师邬达克设计，是上海第一座外廊式公寓大楼；该楼1924年建成，居住的多为外国上层侨民。① 1930年年底左尔格搬出华懋饭店后，史沫特莱也于不久后搬出，并在万国储蓄会公寓居住了一段时间。艾格尼丝·史沫特莱于1890年出生在美国密苏里州的一个贫苦家庭，她先后当过报童、侍女、烟厂工人和报刊推销员等，曾投身到支持印度民族革命的运动中，并著成自传体小说《大地的女儿》。史沫特莱于1929年年初以《法兰克福日报》记者的身份来到中国，结识了鲁迅、郭沫若等文化学者。在入住华懋饭店前，还曾在吕班路（今重庆南路）85号居住过。居住在万国储蓄会公寓期间，史沫特莱依然为配合左尔格的工作而搜集情报，左尔格和尾崎秀实也会来公寓内结交新友，如川合贞吉就是在这里被介绍给左尔格的。

六、马克斯·克劳森寓所

克劳森是左尔格小组的无线电报员，1929年被苏联总参四局派往中国，并在一家汽车修理厂找了工作，以掩护自己无线电报员的身份。左尔格一行人抵达上海后，克劳森奉命与曾经的同事魏加顿联系上，随即便与左尔格见面，自此加入小组。左尔格在中国搜集到的情报，部分是通过哈尔滨取道海参崴，或从广州取道香港转送至莫斯科，也用无线电发报，因此克劳森在小组中的作用颇大。

根据左尔格指示，克劳森在虹口区租借了一栋两层楼的底层，入住后发现不便在屋外架设天线，在与楼上一名叫安娜·华伦尼斯的芬兰女人交涉后，达成了交换房屋的协议，克劳森在阁楼上得以开展工作。而非常戏剧性的是，这位善良的安娜，后来成为克劳森夫人，也投入了这项伟大的事业，一直追随克劳森到最后。

1931年10月，根据莫斯科的指示，左尔格派克劳森前往哈尔滨，接管

---

① 后来，这里住过许多艺术家，如赵丹、王人美、秦怡、孙道临、郑君里、王文娟等。

当地四局小组的无线电通讯工作,1933年8月,克劳森从沈阳被召回莫斯科。

七、汇中饭店

1931年春天,左尔格收到一份莫斯科的来信,通知他有两名新特工加入小组,一个名叫保尔,住在汇中饭店(今和平饭店南楼)。① 此前这个饭店叫中央饭店,属于上海最早建成的旅店之一。这幢建成于1908年的汇中饭店,是当时上海滩最高、也是第一幢安装电梯的大楼。

保尔护照上的名字是克拉斯·塞尔曼,登记的职业是兽医。实际上爱沙尼亚人保尔·里姆是苏联派来的一名军事家,目的是加强左尔格小组的无线电通讯工作,他甚至被上级指定以后将接替左尔格的职位。

此外,保尔在虹口北四川路附近开设了一家西餐馆,通过经营餐馆取得合法身份,以掩护小组行动,左尔格很快也就成了这家餐馆的常客。在左尔格小组撤离上海后,保尔也于1933年返回莫斯科。

八、照相器材商店与格里沙的霞飞路寓所

和保尔一起加入左尔格小组的约翰,小组其他成员还称他为格里沙。

格里沙是一名波兰共产党员,奥托·布劳恩在《左尔格博士东京来电》中提到,他在四川北路一家照相器材商店遇见左尔格和一个德语讲得很好的波兰人,这就是格里沙。② 这家商店是1931年年底、1932年年初开业的,格里沙以此为掩护。根据《上海百业指南》地图的搜索,四川北路上共有"菱花"照相馆、"三民大照相"、"五洲"照相馆、"美影照相"、"吉士照相"等5家,格里沙的照相商店可能就是其中的一家。鲁特·维尔纳后来回忆,其丈夫

---

① [美]F.W.狄金、G.R.斯多利著,聂崇厚译:《左尔格案件》,第72页。
② [德]鲁特·维尔纳著,张黎译:《谍海忆旧》,解放军文艺出版社2000年版,第53页。

罗尔夫还在店里给她买了一台莱卡照相机。格里沙的任务是负责把情报资料制成微缩胶卷、冲洗转交给莫斯科的照片和文件。

格里沙还在霞飞路上租住了一幢洋房,晚上等中国仆人一走,这里便成了左尔格小组开会的主要地点之一。据克劳森回忆,在这类集会上,肯定有包括左尔格、魏加顿、沃依德特①、保尔、史沫特莱和他本人②,之后格里沙便一直为小组工作到左尔格离开上海。

九、霞飞路 1464 号

霞飞路(今淮海中路)1464 号是左尔格小组主要会面场所之一。房屋的主人是鲁特·维尔纳,她 19 岁时加入了德国共产党,真实姓名是乌尔苏拉·毕尔顿,在上海时叫乌尔苏拉·汉堡嘉,维尔纳是其笔名。

1930 年 7 月,维尔纳随同丈夫罗尔夫一起离开德国,经莫斯科后从大连坐船抵达上海。初到上海的维尔纳夫妇借住在朋友瓦尔特的家中,维尔纳在远洋国民电报公司找到了一份半日制工作,结识了许多新闻记者,其中就包括史沫特莱。1930 年 11 月 6 日,两人在震旦饭店的咖啡厅进行了第一次见面,进行了深入的交流,之后就成为亲密朋友,"几乎没有一天不互通电话或见面"③。在经过试探后,史沫特莱把维尔纳推荐给了左尔格。维尔纳回忆道:"他(左尔格)第一次来拜访我,是在 1930 年的 11 月。那时,我们还住在瓦尔特家里",左尔格他"既有魅力又漂亮","他有着一个狭长的脑袋,一头浓密而卷曲的头发,脸上已经有了皱纹,一双深蓝色的眼睛,镶着一圈深色的睫毛,他有着一张轮廓漂亮的嘴"。④

左尔格给维尔纳的任务是借用她在瓦尔特家中的房间,以提供小组成员会面,维尔纳本人则不参与谈话。1931 年 4 月 1 日,维尔纳与丈夫搬到了

---

① 沃依德特·黑尔穆特,此人于 1931 年年底为左尔格所用,代号叫"商人"(引自 A. 科尔帕克基:《左尔格之后苏联在华的侦查活动》)。
② [美] F. W. 狄金、G. R. 斯多利著,聂崇厚译:《左尔格案件》,第 73 页。
③ [德] 鲁特·维尔纳著,张黎译:《谍海忆旧》,第 33 页。
④ [德] 鲁特·维尔纳著,张黎译:《谍海忆旧》,第 38 页。

法租界霞飞路1464号（今淮海中路1676号）的房子里，维尔纳对新宅很满意，"我们从所有四个房间都能看见绿地，看不见别的房屋"，"尤其重要的是，房子有两个出口，整个绿地毗邻着两条或者三条不同的大街"。① 左尔格小组成员每星期在这里聚会一个下午，维尔纳不参与谈话，只负责观察房屋外是否有人监视或跟踪。当时她接触到的成员有：左尔格、克劳森、弗兰茨、保尔、约翰，以及协助左尔格在中国开展工作的中国组。中国组成员有：经济学家王学文及夫人刘静淑、社会学家陈翰笙及夫人顾淑型、翻译家董秋斯（原名董绍明）及夫人蔡步虚（原名蔡咏裳）、吴仙青、蔡叔厚、张文秋、吴照高等。因为维尔纳的保密工作做得极为细致，所以霞飞路寓所从未被特务巡捕察觉。1932年左尔格离开上海时，维尔纳未随小组一同离开，而是一直待到1933年中旬后被召回莫斯科接受进一步培训。

十、福开森路和吕班路的两栋三层洋房

在左尔格的中国组里，还有部分成员是从中共情报处调派的，张文秋就是其中的一位。

张文秋在其回忆录中写道："1931年9月底的一个下午，周恩来同志亲自带着我，乘汽车到法租界一座高级宾馆门前，下车后由一位年轻的外国人把我们迎进了一个房间，房间里走出一位西装革履风度翩翩的外国人，我认出他就是我在董秋斯家见过的那个外国人。"②

之后左尔格让助手吴照高与张文秋分别租下法租界福开森路（今武康路）和吕班路（今重庆南路）的两栋三层洋房，作为机关负责收集中国各方面的情报，再经过左尔格的筛选后发往苏联。左尔格返回莫斯科后，张文秋继续为共产国际远东第四局工作，1935年6月共产国际总部指示所有苏联人员回国，中国人员调回党内，张文秋也就回到了中共南方局下属的中央联络部情报处。

---

① ［德］鲁特·维尔纳著，张黎译：《谍海忆旧》，第42页。
② 张文秋著：《张文秋回忆录》，广东教育出版社2002年版，第136页。

今天的武康路是上海第二条国家级历史名街,保存着数十幢3层西式洋房,目前,笔者还缺少资料,无法确认张文秋的寓所是哪一幢房屋。

十一、张文秋寓所

早在1930年1月,中共党员张文秋就从济南取道青岛抵达上海,借住在丈夫刘谦初挚友董秋斯位于亚尔培路(今陕西南路)的家中。生下女儿刘思齐后,中央安排张文秋担任苏维埃准备委员会,担任办公厅副主任。为张文秋工作方便,董秋斯租下了隔壁的亭子间①,以供思齐和奶妈居住。一次,适逢史沫特莱造访董秋斯,两人从此结识,之后便经常在董家见面。史沫特莱还利用陈翰笙位于福开森路(今武康路)的家,为张文秋作了两个多月的口述记录,并以此为材料,写了《中国的女共产党员羡飞》一书。

左尔格、张文秋、董秋斯、陈翰笙等均曾在福开森路活动过,这是武康路390号原意大利领事馆。

---

① 张文秋著:《张文秋回忆录》,第105页。

张文秋借住在董家期间，左尔格也经常拜访董秋斯，但并没有自我介绍。两人的正式见面是在"九一八"事变后，也就是前文提到经周恩来介绍后，加入了左尔格小组工作。张文秋在左尔格离开上海后仍坚守白区，直到1937年9月被召回延安。

十二、牛兰夫妇居所

牛兰并不是左尔格小组的成员，但左尔格却是因救援牛兰暴露身份而遗憾离开上海的。

牛兰的真名为雅各布·马特耶维奇·鲁德尼克，是俄国十月革命攻打冬宫的指挥官之一。此前共产国际远东局从海参崴迁至上海，牛兰跟随一同来到中国。在中国，牛兰以贸易公司老板的身份掩护，此外他还身兼泛太平洋产业同盟秘书处驻上海代表。1931年6月1日，新加坡的英国警察逮捕了一名共产国际特务，在其文件中发现了一个位于上海的邮箱号码：邮政信箱208号，海伦诺尔。[①] 于是警察顺藤摸瓜，抓捕了正在上海的牛兰夫妇。

牛兰做事谨慎，居无定所，已知的住所地址有：四川路235号、南京路49号C座、愚园路宏业花园74号、赫德路（今常德路）66号、四川路168号15号房间等。巡捕房在南京路49号的公寓里，发现了3个大铁箱，里面装有共产国际远东局1930—1931年度的账目，还有泛太平洋产业同盟秘书处地方组织的账目。1931年8月14日公共租界巡捕把牛兰夫妇交给了南京政府，情况十分紧急，左尔格奉共产国际的命令，随即开展营救活动。左尔格一面请史沫特莱通过自己的社会关系，以侵犯人权为由，积极奔走各方呼吁释放牛兰夫妇。1931年9月，史沫特莱在上海发起建立了牛兰夫妇营救委员会，委员会成员中就有宋庆龄、埃德加·斯诺等知名人士。另一方面，左尔格通过小组成员柳忆遥处得知，牛兰案件的主管正是其同乡、国民党中统总干事张冲，于是左尔格通过这层关系，与张冲达成了以3万美金换牛兰

---

① ［德］鲁特·维尔纳著，张黎译：《谍海忆旧》，第79页。

在狱中字迹的协议。莫斯科方面派遣奥托·布劳恩和赫尔曼·西伯勒尔分两路将钱款交给左尔格。获得了牛兰在狱中手信的真迹后，左尔格通过在上海的报刊，大量报道此事，使得南京政府秘密处决牛兰夫妇的计划破灭。在左尔格小组不懈努力下，南京政府迫于舆论压力，于1932年5月判处牛兰夫妇无期徒刑。1937年，牛兰夫妇获释出狱，并最终在宋庆龄的帮助下返回苏联。

除了以上的寓所及工作场所外，左尔格小组还会充分利用公共场所交换情报。极斯菲尔公园（今中山公园）是小组成员经常光顾的地方，据川合贞吉回忆，1931年"九一八"事变后，左尔格派他前往东北刺探日本的军事行动，行前左尔格、尾崎秀实和史沫特莱曾在公园的草地上为川合布置任务。此外，苏州河边的"时代精神"书店也是共产国际组织驻上海重要的接头点和文件交换地点[①]，女老板伊萨是维尔纳一个很要好的女伴，也是小组成员吴照高的妻子。尽管宋庆龄并不是左尔格小组的成员，但牛兰被捕后，她曾奉命与左尔格会面商议。当时，宋庆龄住在莫里哀路29号，也就是今香山路7号孙中山故居。

从1930年1月抵达上海，至1932年11月返回莫斯科，左尔格在上海工作期间，成功完成了对日本、南京政府的信息搜集工作，并重新建立了一度中断的无线电通讯。1933年，左尔格被派往东京执行任务，在日本与尾崎秀实、克劳森夫妇、陈翰笙等小组成员重逢，而这些在上海相识的战友，最终与他一起创造了一出世界谍报战的传奇。

（胡皓磊　上海师范大学中国近现代史硕士生；苏智良　上海师范大学中国近代社会研究中心教授）

[①] ［美］F. W. 狄金、G. R. 斯多利著，聂崇厚译：《左尔格案件》，第65页。

左尔格与上海犹太人中的地下反法西斯集团

◎ 潘 光

一、"索尼娅"——左尔格上海情报组内的一个核心人物

前苏联侦察员乌尔苏拉·库钦斯基，原名叫路得·厄休拉，代号索尼娅，1907年出生在乌尔苏拉库钦斯基镇。其父是左翼人士，但不是共产党员。母亲是位艺术家，父母都是知识分子、犹太人。在柏林西郊的一个湖畔别墅里，父母把他们兄妹6人拉扯成人。1925年，她加入了德国共产党。1930年夏天，她随同丈夫罗尔夫·汉堡嘉从德国来上海谋生。到上海后，维尔纳夫妇认识了理查德·左尔格博士。他说着一口漂亮的德语，英语、法语和俄语也都讲得很好，当时是共产国际远东局情报工作负责人，也是苏联红军军事情报局格鲁乌四处的一名军官。左尔格向路得讲述了对敌斗争中地下隐蔽工作的责任心、重要性和危险性，并说这一工作稍有不慎就会招来杀身之祸。左尔格对路得说："我不强迫你，你现在回绝我还来得及。"路得考虑了一会儿，同意接受这项危险而光荣的使命。左尔格对路得说，你今后的代号叫索尼娅。此后，索尼娅成为左尔格情报组的联络员。在1931—1932年的整整两年时间内，索尼娅是在左尔格领导下进行工作的。她在维

尔纳夫妇房间内与中外隐蔽战线上的人物进行了无数次的联络、接头和交谈，左尔格的一部装在小皮箱内的备用电台在此放了整整两年，许多中国左翼人士在此躲过了国民党当局和租界巡捕的追捕。1932年12月某日，左尔格向索尼娅告别，说当晚他就要离开上海，去哪里他没有说。打这以后，她再也没有见到过左尔格。直到战争结束，才发现左尔格已被日本军部处以绞刑。在左尔格离开上海后不久，索尼娅被召回莫斯科述职，苏联红军情报部长谢苗·彼得洛维奇·乌里茨基接见了她，并告诉她，左尔格对她的工作能力评价极高。后来，路得·厄休拉以各种代号继续在世界各地做情报工作，屡建奇功，两次获得红旗勋章。

二、汉斯·希伯——与左尔格有交往的职业革命家

汉斯·希伯，犹太作家兼记者，德国共产党员。他于1925年来到中国，1926年赴广东，在北伐军中任国际宣传部的负责人。大革命失败后，他逃到了上海租界，写了一本颇为引人注目的书《从广东到上海　1926—1927》，于1928年在欧洲出版。此后，希伯一直在上海从事写作，为美国的一家杂志《太平洋事务》撰稿。在此期间，他结识了左尔格，并对左尔格的情报工作给予支持。在上海期间，他还组织了一个由外国人参加的研究马克思主义和中共文件的学习小组，讨论政治问题，后来犹太难民中的不少左翼人士都参加了这个小组。1937年抗战全面爆发后，希伯积极投身到中国人民的抗日运动中。他致电自己的私人朋友，蒋介石的政治顾问拉铁摩尔先生，痛陈反共摩擦必须制止，主张民主团结，共同抗日。他还冒着生命危险深入抗日前线采访，向世界人民宣传中国的抗日斗争。1938年秋天，他以记者身份到皖南新四军驻地进行采访，见到了叶挺、项英、周子昆、袁国平等新四军领导人，此后写了大量宣传新四军的文章。1941年10月，希伯到山东根据地考察，受到当地各界人士的热烈欢迎。一个多月后，希伯在山东沂南县的一次战斗中牺牲，战死后手中还紧握钢枪。中国人民为他建立了纪念碑，碑文上铭刻着"为国际主义奔走欧亚，为抗击日寇血染沂蒙"这几个大字。汉斯·希伯的遗孀格图德·罗森伯格（Gertrude Rosenberg）是宋庆龄的亲密

战友,在希伯牺牲后继续为中国的革命和建设事业作出了重要贡献。

三、汉斯·希伯等人在上海建立的地下反法西斯集团

在犹太难民中有不少左翼人士,有的是德国共产党等左翼政党的成员,其中一些人形成了一个小组。据该小组核心人物岗特·诺伯尔(Gunter Nobel)介绍,他们大约有20—30人,具有强烈的反纳粹立场,但并没有与德国的反纳粹地下组织和中国共产党建立联系,也难以开展反对日本当局的活动,只是定期聚会,在一起学习马克思、列宁等人的著作并交流信息。不过,诺伯尔说,该小组的某些成员自己与苏联和中国共产党建立了关系。如该小组的核心人物汉斯·科尼希(Hans Koenig)等人(其中也包括诺贝尔的夫人)与苏联建立了联系,后来为苏联的塔斯社工作;该小组的创建人汉斯·希伯后来直接参加了中国共产党领导的抗日斗争,牺牲在抗日战场;该小组的领导人之一瓦尔特·祖列克(Walter Czollek)也通过参加中国革命的奥地利医生罗生特与中国共产党建立了联系。

四、上海地下反法西斯集团中的几个重要人物: 罗生特、科尼希、祖列克和诺伯尔

罗生特是位奥地利犹太人,1903年1月生于当时属奥匈帝国的莱姆贝格。1922年他考入著名的维也纳大学医学系。1928年5月毕业,获博士学位。毕业后,他在维也纳大学医院当住院医生。1933年希特勒上台后,加紧了对犹太人的迫害,纳粹势力也开始渗透到奥地利。1934年2月,奥国内冲突爆发,身为社会民主党人的罗生特被捕入狱。出狱后,罗生特便离开了维也纳大学医院,自己开了一家泌尿科诊所。1938年3月德国吞并奥地利后,既是犹太人,又是社会民主党员的罗生特自然难逃厄运,再次被捕并被投入集中营。一年后,他被释放,并被限令两周内离境。1939年8月,罗生特来到上海,在法租界开了一家泌尿科和妇产科诊所,生活逐渐安定下

来。随后，他找到了希伯，并参加了政治学习小组。在学习小组中，罗生特了解到中国共产党领导的抗日武装的事迹，为此深为感动，多次向希伯提出要到新四军中去，用自己的医术为抗日军民服务。1941年3月，罗生特来到苏北盐城，加入了新四军，担任新四军卫生部顾问。在新四军中，他除了医治抢救了许多抗日军民外，还为部队培养了大批医护人员，受到大家的爱戴和尊敬。1942年，他加入了中国共产党，成为中共特别党员。1943年4月，为诊治罗荣桓同志严重的肾病，罗生特转赴山东担任了山东军区卫生部顾问。在山东抗日根据地，罗生特一方面为罗荣桓等同志精心医治，另一方面积极培养医药卫生人才。抗战胜利后，他又随军转战东北，担任了东北民主联军第一纵队卫生部长，成为在我军中担任医务职务最高的外国友人。1949年，罗生特回奥地利探亲，后又到以色列探亲，于1952年病逝于以色列。中以建交后，访问以色列的中国代表团都要去位于特拉维夫附近的罗生特墓献花。在奥地利维也纳的中心公园里，也建立了罗生特纪念碑。在其生前战斗过的山东，还建立了以其名字命名的罗生特国际和平医院。

德国犹太人汉斯·科尼希战时担任塔斯社上海分社记者，积极向外界报道中国人民的抗日斗争，后来曾担任民主德国首任驻华大使。

瓦尔特·祖列克在汉斯·希伯之后担任该小组领导人，也通过罗生特等人与中国共产党建立了联系。

岗特·诺伯尔，1933年加入德共，1937年被纳粹逮捕，1939年避难来到上海，是该小组的核心成员之一。1947年，他与犹太难民中300多位左翼人士一起回到柏林。同年，德国统一社会党承认他们的党籍。此后，他在东德担任过诸多重要职务。1988年，应邓小平邀请，他和夫人曾参加东德友好人士代表团重访中国。笔者曾于1997年对他进行了采访。

五、其他几位在上海从事地下反法西斯斗争的外国友人：西夫金、柴田、汉瑟和莫洛契科夫斯基

日本驻上海副领事柴田在得知纳粹德国梅辛格上校向日本方面提出的屠杀上海犹太人的"上海最后解决"计划后，立即通知了上海犹太社区领导

人,使他们有时间采取应对措施。他被逮捕并遭严刑拷打,后来被押送回日本。德国驻上海的海军谍报军官路易斯·西夫金上校暗中进行反希特勒活动,将日德合谋迫害犹太人的计划通报上海犹太社团,还将日本人在犹太人中收买的奸细名单告诉地下组织。战后,他因此受到赞扬和表彰。

上海犹太组织领导人 J. 汉瑟女士冒着被捕的危险,替国民党军队传送抗日情报,为此曾多次遭到日本宪兵队传讯。

俄侨莫洛契科夫斯基将军 1941 年后移居上海辣斐德路(今复兴中路)559 号 D,为中国某重要机关工作,提供了许多有价值的情报。1941 年 10 月 26 日晨,日本宪法队侦知其在法租界内设有的秘密电台,即突袭其寓所,莫氏在危急关头开枪自杀,年仅 45 岁。

六、几点结论

(1) 由于遭受纳粹迫害,来华犹太人中有很多左翼分子,具有强烈的反法西斯情节,这是他们积极参与左尔格情报组和地下反法西斯集团的思想基础。

(2) 由于左尔格本人具有德、俄背景,特别易于结交来自德、俄的犹太朋友,所以他的情报组拥有索尼娅这样的骨干和汉斯·希伯这样的外围友人。

(3) 在沪外国人中的反法西斯活动与苏联、中共、重庆当局、甚至美英均有联系,其中还有日、德政府中的官员,生动地体现出当时上海已形成了不分意识形态、民族、宗教、国籍的反法西斯国际统一战线,这个统一战线的伟大凝聚力在于超越意识形态和价值观念。

(4) 研究左尔格情报组和地下反法西斯集团在上海的活动及其作出的贡献,不仅在中国近代史、上海史、第二次世界大战史、中外关系史、国际关系史等领域具有重要学术价值,而且还具有以史为鉴、温故知新的重要现实意义。

(潘光 上海市世界史学会会长、上海犹太研究中心主任)

作为国际情报战的左尔格事件

◎ ［日］加藤哲郎

一、松本清张《日本的黑雾》中文译本的功过

20世纪后半期有一位活跃在日本的作家，名为松本清张（1909—1992）。他确立了通过推理小说质问社会矛盾的社会派推理小说文学形式，也亲自着手整理了从古代史到现代史的历史文献。松本推理小说的代表作《点与线》（1958），几度被改编为电视剧电影，同时被翻译成了包括中文在内的13种外文。

中文版《点与线》于1977年由香港天地图书有限公司出版以来，曾几度被译成多个版本，其中由南海出版公司2010年出版的林青华中文译本，还以"全球三大推理宗师之一松本清张成名作"即"世界三大推理作家之一的杰作"之名大力宣传。

但是说起松本清张700多部作品的所有中文译本，就有"文革"前1965年由作家出版社出版的《日本的黑雾》。《日本的黑雾》于1980年在外国文学出版社出版，到2012年中国人民文学出版社进行了再版。

《人民网》日文版2012年11月28日页面中，登载了一则名为《台湾作家讲述松本清张〈揭露日本人的罪行〉》的"台湾著名作家杨照"的谈话新闻，

在日本举行的第 5 次左尔格学术研讨会

松本清张的《日本的黑雾》(文艺春秋,1962),作为描写战后日本阴暗面的杰作,有着可以和政治学者丸山真男的天皇制批判相媲美的很高的评价。但是如果带着批判性的眼光去阅读《日本的黑雾》的话,就会发现有许多学术上的问题。松本清张宣称此著作是基于史实的纪实,却随处打着推理小说作家旗号,这样就使得纪实和非纪实的界限变得模糊起来。此著作并非像学术论文那样有着缜密的资料、批判的视角以及典故的出处和注解,而是推理与史实相结合。这也反映出在 1960 年时期松本清张写作的历史学水准以及当时各国档案还未公开导致的资料局限。总的来说,《日本的黑雾》有这样一种倾向,即把 1945—1955 年在日本发生的事件,作为"美国谍报机关的阴谋"来描写。从今天的学术研究来看,它应该被视作"小说"来读。

二、松本清张"背叛革命之徒——伊藤律"之说的瓦解

指出在中国广为流传的松本清张的《日本的黑雾》有历史界限和学术问

题的,是一篇题目为《背叛革命之徒——伊藤律》的文章,该文成为了引人关注文章之一,此文章被社会确认为与最近史实相异。

被松本清张称为"背叛革命之徒"、"间谍"的原日本共产党干部伊藤律,在朝鲜战争期间的日本共产党内部的党内斗争中被认定为间谍,被囚禁于中国的监狱中27年后于1980年回国。根据之后的证词、研究、公开的新资料等证据,很明显地发现,伊藤律并非间谍,而是被冤枉的。因为伊藤律遗族家属的抗议,发行日文版《日本的黑雾》的文艺春秋杂志社在作品后附上了"关于作品"的注释说明,并以此为修改版。

成为问题的小说原本是由日本的特高警察一手虚构的。左尔格事件是从日本共产党员伊藤律的战前治安维持法事件检举时的供述中被发现的,从那事件之后,出现了一种说法(伊藤律发觉开端说),那就是这次事件与宫城与德、尾崎秀实、理查德·左尔格的检举有关系。战后根据由GHQ(联合国军总司令部)、G2(参谋二部)威洛比少将们的说法,美国陆军部发表了一则当时共产党农民部长对已经是德田球一书记亲信的伊藤律进行了政治诬陷的消息(1949年2月)。

那个时候起到重要作用的,是1930—1933年期间在上海与左尔格、史沫特莱、尾崎秀实共同活动的左尔格事件中的被告川合贞吉的证词。G2威洛比少将在占领日本之后便很快地开始收集左尔格事件的资料,准备在对苏联的冷战中作为政治谋略进行使用。在美国国内也出现了诸如美国拉西亚事件,好莱坞"红色恐慌"等所谓的麦卡锡主义。威洛比目标锁定在那些以"非美活动"之名控告对中国革命表示理解的美国新闻工作者。特别是把史沫特莱当成了目标,史沫特莱是一位在上海跟左尔格、尾崎秀实很熟识的美国作家。

在建立于1949年2月威洛比的报告之上的美国陆军部发表当时共产党农民部长对已经是德田球一书记亲信的伊藤律进行了政治诬陷的消息之际,史沫特莱对自己被指名为"苏联的间谍"的行为进行了强烈的抗议,后来华盛顿陆军部以"错误"之由进行了道歉,同时也取消了这个发表。颜面尽失的威洛比为了让川合贞吉向美国议会"非美活动委员会"提供在上海的史沫特莱与左尔格、尾崎秀实很熟识之事的证词,给了他2万日元(当时银行的新人工资3 000日元)的津贴,让他做G2的情报提供者。

原本在美国议会证实川合是"背叛革命之徒"之前，史沫特莱已经病逝了，日本共产党也以苏联共产党、中国共产党引起的"共产党和工人情报局批判日共事件"为由而分裂该党。朝鲜战争开战前，被派去做地下活动，采取极左的战略战术从而导致政治上灭亡的德田球一、野坂参三等干部被转移到了中国，建立了所谓的"北京机关"。伊藤律虽然当初也从属于"北京机关"，但其后台德田球一病逝，野坂参三等便重新认定伊藤律为"间谍"并告发了他，基于此，在开 1955 年第六次全国协议会（六全会）时，野坂等回到了日本并决定将伊藤除名，即便如此，伊藤也被交给了中国共产党，被迫在监狱中生活了 27 年。

松本清张的文章《背叛革命之徒——伊藤律》是以尾崎秀树、川合贞吉的书籍、证词为参考，推理出了伊藤律是战前的特高警察，战后 GHQ 送给日本共产党的"间谍"，对推广伊藤律发觉开端说，战后 GHQ 间谍说起到了不小作用。

三、在日本左尔格事件研究的历史性展开

日本的左尔格事件是从第二次世界大战后 1946 年尾崎秀实《爱情如落下的繁星》的刊行中开始被研究的。在 1945—1949 年期间，在侵略战争的反省，GHQ 的日本的非军事化、民主化，日本国宪法制定与远东军事裁判的战犯追究的洪流中，左尔格谍报团的活动在国际性反战、反法西斯的活动中好评如潮。1944 年因反对战争而被处以死刑的尾崎秀实从狱中写给家里的信《爱情如落下的繁星》，成了畅销书（今井清一编《新编 爱情如落下的繁星》，岩波现代文库，2003）。主人公是尾崎秀实，在信里左尔格也被作为共产主义的斗士。尾崎秀实认为，与其说把近卫内阁、御前会议的决定告知给苏联认为是"卖国"、"背叛"，倒不如说是着眼于日本未来的"爱国"雄心。

但是，1949 年 2 月美国陆军部发布的消息，即威洛比报告，在日本成为一个转机。威洛比报告在以日本警察、司法、宪兵队记录为基础记录的同时，还阐述了包括左尔格、史沫特莱、尾崎秀实、川合贞吉在内的"上海左尔格谍报团"，和以左尔格、尾崎秀实、马克斯·克劳森、布兰科·武凯利奇、宫

城与德等 5 人为中心的"东京左尔格谍报团",双方共同为"苏联首席间谍"左尔格工作的"共产主义阴谋"。日本的报纸、杂志把威洛比报告中认为事件曝光的始作俑者是伊藤律的短文,进行了大张旗鼓的宣传,同时也报道了左尔格、尾崎的活动是"共产主义苏联的间谍"的消息。曾一度被定为"错误"的史沫特莱在上海的活动,也在 1950 年史沫特莱死后,因增补的威洛比报告精本版《上海的阴谋》①的发表,而卷入 20 世纪 50 年代美国的麦卡锡主义的暴风雨中。"苏联的首席间谍"左尔格与其在上海、东京的谍报团的映象,至今都还在世界范围内延续着。受威洛比收买的川合贞吉的《某个革命家的回忆》(1953),以川合为原型的尾崎秀实的堂弟尾崎秀树的《活着的犹太》(八云书店,1959),《左尔格事件》(中公新书,1963),《越境者们——左尔格事件的人士》(文艺春秋,1977),《左尔格事件与中国》(劲草书房,1989),《上海 1930 年》(岩波新书,1989)等文章,除了在松本清张的《日本的黑雾》中写到,在其他的许多书籍也被刊行。在美国,由威洛比带领的担任 G2 美国方面的历史课主任的马里兰州大学戈登·普兰奇教授,研究拟定了一个题为《左尔格瞄准东京》②的文章,并进行了整理总结。史沫特莱和左尔格都是东西冷战型情报站的被害者。

　　20 世纪 60 年代,情况发生了变化,一方面总结了日本基本的警察、司法资料的《现代资料史·左尔格事件》全 4 卷刊行;另一方面,1964 年秋苏联政府公开承认了理查德·左尔格的谍报活动,恢复了他"伟大的卫国战争英雄"的名誉。60 年代同时也是一个为左尔格事件进行学术研究奠定基础的时期。1964 年秋以来,苏联、东德在很多论文书籍里发表了关于左尔格的成长历程、其家族关系,以及第三国际和红色谍报部的英雄等方面的传记和文章。在日本也有如下报道与左尔格有关书籍出版的新闻:イ・デメンチュワ《同志左尔格》(刀江书院,1965)、Mary & Mikhail・Kolesnikov《理查德·左尔格》(朝日新闻社,1973)、Vladimir Ponizovskii《左尔格,改变世界的男人》(太平洋出版社,1980)、J. Mader《左尔格谍报秘录》(朝日新闻社,1967)、《左尔格事件的真相》(朝日新闻出版,1986)等。

---

① *Shanghai Conspiracy*,1952。福田太郎译:《红色谍报团的全貌》,东西南北社 1953 年版。
② *Target Tokyo*,Mcgraw-Hill Book 1984,千草正隆译,原书房 1985 年版。

四、左尔格事件的国际学术研究——
C.约翰逊和迪金及斯托尼

早在20世纪60年代,就有以史料为根据的学术研究。那时,日本的研究者,过于依赖日语官方资料如《现代史资料·左尔格事件》,在对官方资料进行批判性的阅读和利用海外的历史资料进行验证的方面,日本研究者显得有些落后。

真正的对左尔格事件的学术性研究,是从美国的中国研究者乔麦思·约翰逊(当时加利福尼亚大学伯克利学校的副教授)的《尾崎、左尔格事件——其政治学的研究》①开始的。文章发表在1964年7月1日,是在理查德·左尔格在苏联首次被公开承认,并被授予苏联英雄勋章之前。这本学术著作是在熟读日本发表不久的《现代史资料·左尔格事件》1—3卷(筱竹书房,1962)的基础上,尽可能地参考20世纪60年代刚出现的英、日文资料而写成的。

约翰逊的研究,并没有发表像威洛比报告中那些"共产主义阴谋、谋略"等骇人听闻的警告,反而高度评价了尾崎秀实和左尔格对于东亚的预判。约翰逊所注意的并不是"苏联首席间谍"左尔格,而是被看作"第二把交椅"的日本人尾崎秀实以及他的中国革命论。约翰逊谈道,"如果把尾崎和左尔格单纯地当作间谍的话,像他们那样有知识有智慧的间谍在现代史上恐怕没有吧!两人都不是视钱如命的间谍。他们的动机有政治性,从他们两人来看,尾崎比较干练,更大胆一些。尾崎对于日本来说被认为是叛逆者,是因为日本自己鼓吹的东亚命运论(大东亚共荣圈)实现的失败"。此外约翰逊还对在日本广为流传的美军威洛比报告的可信性表示了质疑,对左尔格事件曝光的始作俑者伊藤律开端说法表示保留的态度。他还在松本清张的《背叛革命之徒》的文章里提出一个疑问:"伊藤律是犹太人吗?"尾崎秀树以伊藤律是"活着的犹太人"的说法,首次对松本清张"背叛革命之徒"说法表

---

① *An Instance of Treason: Ozaki Hotsumi and the Sorge Spy Ring*, Stanford University Press, 1964, 荻原实译弘文堂1966年版。

示了质疑。伊藤律于 1980 年活着回到了日本，这个疑问由伊藤律自身的证词得到了解答。这也是为何要在 1990 年进行刊行增补修订版的重要理由（增补版日文版《左尔格事件是什么》，岩波现代文库，2013）。但是约翰逊的说法在威洛比报告和普兰奇的"首席间谍"的说法占支配地位的美国毕竟只是极少数。20 世纪 60 年代左尔格事件的学术研究备受好评，至今也在国际上仍被称为最值得信赖的研究，而被翻译成各国语言的著作是英国历史学者迪金和斯托尼的《左尔格追迹》①。研究欧洲战史的迪金教授和研究日本史的斯托尼教授，他们参考日本的《现代史资料》（约翰逊无法参照），不仅见证了苏联的左尔格名誉的恢复和英雄传说的诞生，还在整个事件的过程中以正统客观的陈述完成了卓越的实证研究。但是目前还没有中文译本。

1996 年刊登的英国的泰晤士报东京支部局长罗伯特·怀曼特的《左尔格：被离间的间谍》②，被评价为用英式实证主义方法写出的迪金故事版的升级修改版。

五、冷战结束、苏联解体——左尔格事件研究的文艺复兴

1989 年冷战结束，东欧诸国的市民革命及民主化、自由化，加上 1991 年苏联的解体为左尔格事件的研究带来了全新的环境。中国也迈出了改革开放的脚步，东西冷战时期的意识形态的情报大战逐渐成为过去。

伴随着苏联解体，查阅大量的苏联秘密文书以及共产国际、苏联共产党和各国共产党间的联络文书等变得可能。直接与左尔格事件相关的是，进入已瓦解的苏联的日本 NHK 采访组，发掘公开了 1939—1941 年期间左尔格送往莫斯科的 90 封机密电文（NHK 采访组、下斗米伸夫《国际间谍左尔格的真实》，角川书店，1992）。

左尔格 1941 年谍报活动被认定有两大成果：苏联保卫战迫切的情报；

---

① F. W. Deakin and G. R. Story, *The Case of Richard Sorge*, Chatto and Windus, London 1966, 河合秀和译《左尔格追迹》，筑摩书房 1967 年版，岩波现代文库 2003 年版。

② *Stalin's Spy: Richard Sorge and the Tokyo Ring*. London：I. B. Tauris Publisher, 1996, 西木正明译《左尔格：被离间的间谍》，新潮社 1996 年版。

日本御前会议南进决定报告里，通过驻日德国大使馆收集的"闪电作战"的情报中写道"有疑点"。左尔格被怀疑是德意志的"双重间谍"。另一方面，通过尾崎秀实得到的日本御前会议的情报的可信性得到了确认。9月6日第二次御前会议的内容以"日本对苏维埃的攻击，到现在已经是没有意义的事了"为由终止了对苏作战，左尔格最终获得了日本南进、对美作战不可避免的宝贵情报，这次斯大林也相信，让远东苏联军队20个师转移投入到对德战争。这就是左尔格1964年被推崇为"伟大的卫国战争胜利的英雄"最大的依据。

在日本，渡部富哉《虚伪的烙印》（五月书房，1993）根据缜密的调查以及对警察、检查、审讯、裁判史料的批判性解读，推翻了认为伊藤律是左尔格小组曝光始作俑者的说法。渡部坚持不懈的研究，更改了日本的一般说法，为2013年松本清张《日本的黑雾》的修订奠定了基础。

1997年4月，以长期领导日本社会主义、共产主义运动史研究的石堂清伦为主任，渡部富哉、白井久也等为中心成员的日俄历史研究中心成立，日本的左尔格事件研究提升到了一个新的阶段。此后召开了东京、莫斯科、德国·奥奇豪森、蒙古国·乌兰巴托、阿塞拜疆·巴库、冲绳·那霸等六次国际研讨会，该中心发行的《左尔格事件关系外国语翻译集》（2003年创刊，既刊37号），收录了大多数世界上最新资料和论文以及日本人研究论文，这对现代左尔格事件研究的国际中心起到重要作用。作为其成果，白井久也、小林峻一编《左尔格为什么会被判死刑》（社会评论社，2000），白井久也编《国际间谍·左尔格的世界战争与革命》（社会评论社，2003）及《美国公文书左尔格事件资料集》（社会评论社，2007）等被相继发表。

冷战结束后，不仅仅是苏联的秘密资料不断公开，从第二次世界大战开始经历了半个世纪以上，美国国立公文馆的纳粹党·日本帝国战争犯罪记录的机密终于被解除，英国国立档案馆、德意志联邦档案馆等与左尔格事件有关的资料第一次被公开。统一后的德国，《毛泽东和周恩来》[①]的作者海德堡大学的托马斯·坎彭教授，把关于20世纪30年代的上海，特别是支持左

---

① *Mao Zedong, Zhou Enlai and the Evolution of the Chinese Communist Leadership*，Nordic Institute of Asian Studies，2002 by Thomas Kampen，衫田米行译：《毛泽东和周恩来》，三和书籍2004年版。

尔格的德国人,留学在德语圈后回国的中国人的深入的研究情况在海德堡大学的主页发布。①

这些"左尔格文艺复兴"的文章中,被认为特别重要的是:第一,白井久也编的《国际间谍·左尔格的世界战争与革命》(社会评论社,2003),被翻译成俄语的安德列·费森《秘录 左尔格事件 被发觉的未公开文书》,左尔格从东京送给红军情报部的186通暗号电报等又被重新公开;第二,据托马斯·坎彭教授等在中国的德国人的研究,提出了左尔格打入上海租界的欧美精英层,通过德语圈子与回国的中国共产党员取得联系,左尔格转移到东京时也保持着联系等,提出新的问题。当时德意志最大的电器公司AEG的上海分社社长赫尔穆特·沃特,担任左尔格助手的索尼娅(鲁特·维尔纳,乌尔苏拉·库钦斯基)与其丈夫同时也是建筑家的罗尔夫·汉堡嘉,建筑家利比阿鲁特·帕里克,帕里克朋友、西门子中国分社社长的约翰·拉贝等人建立了在中国的德意志人的反希特勒战网。汉布鲁卡夫人(乌尔苏拉·库钦斯基)成为辗转到英国的物理学者克劳斯·菲克斯的助手,从菲克斯那边得到英美原子弹的制造(即曼哈顿计划)的消息,也为传递消息给苏联提供了契机。她与经济学者的兄长尤根·库钦斯基一起为东德社会主义建设作出了贡献,并在苏联两度受勋。这个历史性的作用,现在得到了比左尔格更高的评价。汉布鲁卡夫妇的朋友帕里克、伯伊托、拉贝等在中国的德国人社区中被视为重要人物,虽然因为生意的原因加入了纳粹党,但作为1937年12月南京日军屠杀中国人的目击者,成为了证言日军南京大屠杀电影《拉贝日记》(2009年中国上映,在日本非公开)的主人公。"时代精神"书店的女主人伊萨的丈夫,是德国留学归来的中国共产党员吴照高,表明了中国共产党从李立三路线向德国留学归来的王明路线的转换,顾顺章事件、牛兰事件时期,暗示了左尔格跟中国共产党的路线问题、组织问题可能也有关系。

从"左尔格事件文艺复兴"的历史资料和诸多研究中浮现出来的问题,是美国共产党研究的重要性。冷战瓦解后,前苏联的秘密文书大部分被送到美国。这里编撰的苏联、第三国际与美国共产党的关系资料集《美国共产

---

① 网址:http://www.zo.uni-heidelberg.de/sinologie/institute/staff/kampen/。

主义的秘密世界》①、《美国共产主义的苏联世界》②,解读了美国国内的苏联代理人以及与莫斯科的秘密交信记录 Venona③,发动了美国西海岸的日本人、中国人等移民工人的劳动运动、革命运动的约瑟夫·费劳尔的《中日移民运动：美国国际共产主义运动组织,1919—1933》④等,包含了有关左尔格事件的重要的第一手史料。

将宫城与德从美国共产党派往日本的"ロイ"中判断为夏威夷出身的木元传一即杰克·木元的是渡部富哉的功劳。笔者从美国的文件中很明确地知道,在上海把尾崎秀实最初介绍给左尔格的,并不是裁判判决文中说到的史沫特莱,而是尾崎当初供述的美国共产党日本人部的鬼头银一。

六、左尔格事件和中国——21世纪残留的课题

中国是到现在为止对左尔格事件报道研究的主要国家之一,但当时由于第一手史料缺乏,造成研究空白的现象。后来杨国光以《谍海巨星左尔格》(上海学林出版社,2002)、《理查德·左尔格——一个秘密谍报员的功勋和悲剧》(汉语大词典出版社,2005)为基础,亲自用日文把《左尔格潜入上海》介绍给日本。最近又刊行了《功勋与悲剧——红色谍王左尔格》(中国青年出版社,2012)。《左尔格潜入上海》是基于陈翰笙《四个时代的我》(中国文史出版社,1988)阐明左尔格与经济学者陈翰笙的紧密关系,其中提到了周恩来、潘汉年等人及中共谍报机关"中共中央特科"的存在,还披露了周恩来、左尔格秘密会谈等重要内容。受杨国光书籍的启发,日俄历史研究中心收集了方文回忆录《在中国的左尔格事件》(国家安全部办公厅情报史研究处,1988),译出了《左尔格事件关系外国语文献翻译集》第 27 号以下的部分,考证出上海左尔格谍报团中谜一般的中国共产党员"王",既不是王学文

---

① *The Secret World of American Communism*, Yale UP, 1995,《美国共产党与第三国际》,五月书房,2000 年版。
② *The Soviet World of American Communism*, Yale UP, 1998.
③ Venona: *Decoding Soviet Espionage in America*, Yale UP, 1999, PHP 研究所 2010 年版。
④ Josephine Fowler: *Japanese & Chinese Immigrant Activities: Organizing in American International Communist Movements*, 1919-1933, Rutgers University Press, 2007.

左格尔夫人

也不是陈翰笙，而是方文自己。而且，从中还获得了1930—1933年期间上海左尔格谍报团的活动、1941年东京左尔格谍报团检举、中国共产党日本人部的中西功、西里龙夫、尾崎庄太郎等人的抗日活动、"中共谍报团"事件等重要信息，并被具体地联系起来得出许多新认识。中西功等的抗日谍报活动以《中国秘密战——中共情报、保卫工作纪实》（金城出版社，2010）等被接受采纳。

由于日本这个国家涉及很多近代以来的热点问题，如左尔格事件，及贯穿15年战争全程的反法西斯主义战争，反法西斯主义反战运动，日本的侵略与东亚民族和殖民地的解放。围绕这些问题，各国军队、政府、情报机构重新燃起了对国际情报战的研究气象，但是其中很大的困难是，中国的历史档案资料没有公开。例如：（1）左尔格到达上海可以特定为1930年1月10日，但是离开上海的时间为1932年11月12日—1933年1月的诸多说法并不能得到确定；（2）杨国光指出的左尔格和周恩来的会见是否真的存在？（3）周恩来、潘汉年等人及中央特科的组织和活动是怎样的？（4）上海时期的左尔格跟中国共产党内的路线问题及顾顺章事件、牛兰事件有着怎样的关联？（5）陈翰笙、王学文等人的个人资料中有没有留下左尔格时间关系的记录和回忆？（6）中国共产党内在1931年日中战争开始时期及1941年左尔格事件、中共谍报团事件发觉时，已经有"中共日本人部"，这个资料没有被留下吗？（7）中共日本人部与战后的日中共产党关系，"北京机关"等是否有牵连等课题还未解开。我很期待以这次的研讨会为契机，无论如何从基础的学术交流开始，进展到资料的公开。

最后，我阐述一下，推进21世纪左尔格事件研究的共同话题。

第一，左尔格事件，不应该只视为有关于1941年的日苏开战的狭义的谍报战，应该放在20世纪前半期的世界性的战争与和平，帝国主义与殖民地对抗竞争,侵略与民族解放的大的文脉中来研究、评价。如果拿日本的左尔格事件暴露、检举来说,应该将其作为当时日本特高警察、军部宪兵队策划的思想言论弹压,企划院事件,中共谍报团事件,合作者事件,横滨事件等反对战争的和平主义者、自由主义者的镇压的一环来研究。

第二,用狭隘的概念形态来进行"间谍事件"的研究,会导致像美国的麦卡锡主义、苏联的斯大林的肃清、中国的"文化大革命"等事件的大规模发生,很多的生命被剥夺,明明没有证据却给这样或那样的个人和集团贴上"间谍"、"背叛者"、"分派"、"人民的敌人"等标签,甚至波及家属、遗属的人权等问题。一个人的"间谍"被揭发,就会牵连许多冤罪。然而最成功的间谍,毫无疑问,推动着历史发展,而他们往往是无名之士。

第三,在情报战中,根据各个时代的研究状况及环境条件,都不可避免地伴随有民族的色彩。第二次世界大战后各国的左尔格事件报道、研究及评价,反映出各个国家直面的时代课题,以及国内的政府谍报机关、共产党内诸分派间的情报战。即使在网络时代,这样的事在某种程度上是不可避免的,但是我总是期望,能够尊重相互的立场和所处的位置,公开、交流、共享有限的情报,认定共通的事实,做出见解和评价。期待这次的上海国际红色情报战国际研讨会,能够成为这样的研究交流的机会。

([日]加藤哲郎 一桥大学名誉教授、早稻田大学客座教授;陈健行译)

上海和东京：尾崎秀实情报活动的起点和终点

◎ 徐静波

一、共产主义信仰的建立

与左尔格不同,尾崎秀实(1901—1944)并不是一位职业间谍,情报活动也绝不是他人生的全部,他甚至都没有从中获得金钱的利益。他后来之所以会成为左尔格小组的重要成员,除了左尔格的个人魅力之外,主要出自他的共产主义信仰。

与一般日本人不同,尾崎的整个童年和少年时代是在日本本土之外的殖民地中国台湾度过的,这一特殊的经历在他的心灵成长史上烙下了两个明显的印记:对中国的特殊感觉和对民族问题的关注。其父亲曾是当年日本著名的汉学家依田学海(1833—1909)的入门弟子,后来接任过《台湾日日新报》汉文部的主笔,有深湛的汉学修养,1923年就任台湾总督府史料编纂官,著有《台湾四千年史》。尾崎幼年起就受到父亲有关中国文史方面的潜移默化的影响,在台湾的18年岁月,也使他对中国(尽管台湾的殖民地色彩越来越浓厚)相对具有较多实际的感觉。在台湾度过的少年期,还有一个经历对他刺激比较深刻,也酿成了他日后人生道路的一个重要因素。这就是因国家的权力而造成的民族间的不平等。他在被捕入狱后上呈给司法机关的《申述书》中有如下的文字：

> 在我整个少年期只有一点与一般（日本）人相异的经历。由于台湾的地理政治特点，我经常会接触到台湾人（支那血统的人），既有孩童之间的吵架，也有在日常生活中以具体的形态表现出来而让我直接感受到的统治者与被统治者之间的各种关系。这是一直以来唤起我对民族问题异常关切的起因，似乎也成了我对支那问题理解的一个契机。①

尾崎还叙述了一件事。某日在报馆任职的父亲乘坐台湾车夫拉的洋车自外归来，在付了车费后，车夫依然跟了上来，咕咕哝哝地恳望再加几个钱，其父亲就一言不语地挥舞起手杖将车夫赶走，少年的尾崎在一旁看不下去，就与父亲顶撞了起来。父亲在尾崎的眼中，一直是位"温厚的君子"，对待本地人尚且如此，其他可想而知。后来尾崎说："旧时代在殖民地的日本人大都比较飞扬跋扈。对待台湾人相当的趾高气扬。我从孩童的同情心和人道主义出发，对这些现象觉得很反感。"②

1919年9月，尾崎考入了位于东京的第一高等学校文科乙类（以德语为主的外国语专业），1922年3月，尾崎自一高毕业，进入东京帝国大学法学部德国法学科学习，翌年4月转入政治学科。据尾崎自述，1923年"对我而言是人生发生了重大转机的一年"③。这年的夏天，成立不久的日本共产党遭到了第一次大逮捕，猪俣津南雄（1889—1942）等早稻田出身的日共活动家被捕入狱，而其时尾崎正好居住在早稻田附近的户塚町，"印象尤为深

---

① 尾崎秀实：《上申书（一）》，《尾崎秀实著作集》第四卷，东京劲草书房1978年版，第293页。第二次世界大战之前，日本朝野对中国多用"支那"指称，二战后的1946年6月13日，以外务次官的名义和以外务省总务局长的名义分别发布了"有关避免支那称呼的通知"、"有关中华民国称呼的通知"两项文件，根据这两项官方文件，在广播、出版物等中停止使用"支那"一词而改称"中国"，相关机构的名称也做相应变更。本书所引用的原文中的"支那""中華""中国"等汉字表述，一仍其旧，以保持历史原貌。另，本书所引用的日文文献，除特别注明者外，均为笔者译自原文。

② 尾崎秀实：《上申书（一）》，《尾崎秀实著作集》第四卷，东京劲草书房1978年版，第293—294页。

③ 尾崎秀实：《上申书（一）》，《尾崎秀实著作集》第四卷，第294页。

刻"。不久发生了关东大地震,随着发生了迫害朝鲜人的事件,尾崎亲身经历,"痛切感受到了民族问题的严重性及与政治之间的复杂关联"。这时又相继发生了南葛工会组织干部和社会主义者大杉荣父子惨遭杀害的事件,尾崎自己亲眼看见了邻家的农民运动社在夜半突遭军警袭击、全家被强行带走的情景。"以这一年为转机,我开始了对社会问题的认真研究"①。不过,按照当时一般精英青年迈向仕途的程序,尾崎还是在1924年秋天去参加了高等文官的录用考试,结果名落孙山。也就是在这时候,他开始正式接触到马克思主义的文献。美国加州大学教授查尔玛·约翰逊(Chalmers Ashby Johnson)在他的著作《一个叛逆罪的实证研究:尾崎秀实与左尔格间谍案》中有如下的记述:

> 首先将马克思主义的文献介绍给尾崎的是1924年时还是学生、战后成了有名的哲学研究者的山崎谦。1924年的秋天,山崎和尾崎经友人的介绍认识,后来成了好友。山崎借给了尾崎《共产党宣言》和其他德文版的左翼文献。到了第二年,他们就开始广泛讨论哲学和政治的问题,山崎尤其对康德和黑格尔已有颇深的研究,尾崎从中学到不少。②

此外,1925年1月,尾崎在新人会举办的演讲会上聆听了当年森户事件的主角森户辰男的"思想和斗争"的演讲,大受感动。3月大学毕业后留在了研究生院,攻读劳动法专业,同时参加了大学内布哈林《历史唯物论》的研究会,又阅读了马克思的《资本论》、列宁的《国家与革命》和《帝国主义论》。入狱以后他在回答检察官的讯问时说:"我的思想从人道主义转到了共产主义上来,大正十四年(1925)的时候起,我开始信奉共产主义。"③

1926年5月,他考入东京朝日新闻社,翌年10月转入大阪朝日新闻社支那部,希望参与有关中国的报道。在大阪,他遇见了第一高等学校时比他

---

① 尾崎秀实:《上申書(一)》,《尾崎秀実著作集》第四卷,第294—295页。
② C. A. Johnson: *An Instance of Treason: Ozaki Hotsumi and the Sorge Spy Ring*, (Stanford University Press, 1964).
③ 《現代史資料・ゾルゲ事件》,東京みすず書房,1962年。

高一年级的已是日共党员的秋野猛夫,参加了部分《马克思恩格斯全集》的翻译。有一次秋野非正式地请他加入日本共产党,但尾崎没有应允。这一时期,尾崎读到了法兰克福学派的德国社会学家维特福格尔(K. A. Wittfogel)的近著《正在觉醒的中国》,这部叙述和分析中国社会问题的著作正式激起了他对中国问题的强烈关注,自己的兴趣点也逐渐转到了革命运动风起云涌的邻国——中国——上来了。他试图从与中国的关联中来把握日本的命运。这也是他转入支那部的主要动因。1928 年 11 月底,他终于获得了被报社派往上海担任特派记者的机会。他后来在狱中撰写的《申述书》中这样写道:

> 我在这一年(1928 年)的 11 月底,被朝日新闻派往我多年来所向往的中国担任特派记者,我满怀着激情踏上了前往上海的航程。支那问题对我而言,自我在台湾成长以来就一直与我紧紧连接,无法切断。尤其是 1925 年以来的所谓大革命时代,重大的事件接连发生,激起了我浓厚的兴趣。从左翼的视角来把握支那问题,这一点深深地吸引了我。对我而言,不是对马克思主义的研究激起了我对支那问题的兴趣,而是相反,是支那问题的现实展开加深了我对马克思主义理论的关注。①

总之,在去上海之前,尾崎在理念上已经是一个共产主义的信奉者,虽然他从未加入过任何共产主义的政党或组织,也没有参加过革命的实践活动。不过在其内心,对实际的革命运动已经萌发了强烈的关切。在隔海相望的邻邦中国,革命的风云几乎一直没有停息,1926 年 7 月,背后有苏联的推动以及共产党参与的轰轰烈烈的北伐由南向北推进,当初的矛头所指是代表旧势力的旧军阀和帝国主义列强,在此过程中国共两党的政治诉求发生了激烈冲突,尔后蒋介石等悍然发动清党,强力剔除左翼力量,在南京建立新政府,不久武汉也与共产党决裂,几近绝路的共产党揭竿而起,在江西等地建立武装根据地的同时,依旧在上海等地开展各种形式的革命运动。

---

① 尾崎秀实:《上申書(一)》,《尾崎秀実著作集》第四卷,第 296 页。

中国成了一个风起云涌而又波诡云谲的政治大舞台，而上海，则是各种思潮和力量互相交织、冲突、较量的大漩涡。试图在民族运动中寻求东亚新路的尾崎，这样的中国和上海，正是"多年来所向往的"。而事实上，上海确实给他展现了一个实践自己共产主义信念的政治舞台。

二、在上海的情报活动

尾崎携妻子来到人地生疏的上海后，经前任记者森山乔的介绍安排，借住在昆山路义丰里210号（紧靠北四川路）一家名曰"丸屋"的经营旧衣服店家的二楼，房东是日本人小林琴。一开始《朝日新闻》在上海的特派员仅尾崎一人而已。翌年9月，报社在上海设立支局，派来以前曾在上海任特派记者的太田宇之助担任支局长，记者除尾崎之外另增设了一人。支局设在离北四川路不远的赫司克而路（Haskell Road，今虹口区中州路）52号一幢半新旧的二层楼房子，底层辟作事务所，二楼便作为支局长的寓所。支局长太田考虑到尾崎通晓德文和英文，又善于社交，就让他担当与外国媒体及与各界交往方面的事务。1930年春，经《上海日日新闻》社船越寿雄的介绍，尾崎一家迁居到了施高塔路（Scott Road，今山阴路）210弄花园里的一幢公寓里（此公寓现在尚留存），与后来鲁迅在大陆新村的公寓隔街相望。

尾崎在上海的活动，除了新闻采访等外，主要有两个方面：一是积极结识并参与上海的左翼文学运动；二是结识了美国籍女记者史沫特莱（Agnes Smedley，1892—1950）和德国籍的第三国际或是苏联红军情报部的谍报员左尔格（Richard Sorge，1894—1944），并参与该谍报组织的活动，正式成为该谍报系统的重要一员。

尾崎在上海完成了一个主义的信奉者向实践者嬗变的一个更重要的体现，是参加了第三共产国际在远东地区的情报活动并成为该情报体系的重要成员。完成这样一个嬗变的第一个媒介是史沫特莱，第二是左尔格，后者最终将尾崎导入了阶下囚和殉难者的壮烈结局。

艾格尼丝·史沫特莱1892年出生于美国密苏里州的一个贫苦家庭，孩童时代则是在科罗拉多州东南部的矿区里度过，经历了各种生活的磨难，勉强受完了8年的教育(实际上连中学毕业的文凭也没有),并通过考试幸运地当上了一名小学教师,后来又离开居住地到处游走,尝试过杂志推销员等各种工作,1911年9月有幸作为一名特殊生进入了亚利桑那州的坦佩师范学院学习,逐渐崭露头角,当上了校刊《师范生》的主编,后来又参加各种具有社会主义倾向的社会运动,成了左翼的社会党成员,为各种报刊撰稿,充满激情地探讨各种社会问题,1920年年底,她离开了纽约前往欧洲,到过苏联,之后在德国生活,介入印度和孟加拉的民族独立运动,期间还经历了与"革命同志"的失败婚姻而导致的严重精神沮丧。20世纪20年代的大半时期,她的生活舞台主要在德国,她努力学会了德语,并在柏林大学担当英语会话课。1925年6月在著名的学术杂志《地缘政治学》上发表了论文《世界政治舞台上的印度》,展现了她学术研究的能力。1925年年底,她最终完成了她的自传体成名作《大地的女儿》的初稿,在经历了一些曲折之后,该书分别在德国和美国出版。这一时期她开始将关注的目光投向中国。1928年12月下旬,她拿着美国和德国的护照及德国《法兰克福日报》的特派记者证(据现存的史沫特莱在中国印制的名片,其头衔为"德国弗兰福特报记者",中文名字为"斯美特莲")[1],坐火车经过苏联进入了中国,一开始在东北地区活动[2]。

初入中国时,史沫特莱最关注的是中国的妇女和农民问题,写了几篇相关的报道。1929年5月,她来到了上海,开始时居住在法租界吕班路85号的一所房子里,结识了《密勒氏评论报》的记者等几位美国新闻界人士,并与具有左翼倾向的德国人交往。她最初交往的中国人,多为受过西方教育、具有自由主义倾向的知识人如胡适、徐志摩等,但她不久发现在他们身上难以捕捉到中国下层的生活实状,她开始将目光转向左翼方面,与为促进民权保障运动的宋庆龄成了朋友,并在宋的寓所里认识了后来与左尔格、尾崎秀实成为同一阵营的陈翰笙(1897—2004)[3]。陈早年曾在芝加哥大学和柏林大学分别获得硕士和博士学位,后经李大钊等介绍为第三国际工作,此时在上海建立社会科学研究所并任所长,着力于中国农村经济的研究,不久成为左

---

[1] 据尾崎秀树《上海1930年》一书中第60页的照片,东京岩波书店1989年版。
[2] 有关史沫特莱的生平,主要根据珍妮丝·麦金农等著的《史沫特莱——一个美国激进分子的生平和时代》(汪杉等译),中华书局1991年版。
[3] 据陈翰笙《四个时代的我》,中国文史出版社1988年版,第52页。

尔格情报体系的重要一员,活跃在上海和东京等地。与尾崎一样,史沫特莱也努力接近上海的左翼文艺人士,与冯乃超、陶晶孙等的艺术剧社来往密切,数次前往四川路上的上海演艺馆(后改为永安电影院,现已不存)观赏他们根据德国小说家雷马克的《西线无战事》改编的同名戏剧,1930年3月间的一次演出中,因史沫特莱使用镁光灯摄影,其发出的巨大声响和烟雾使得观众误以为发生了爆炸而引起了骚乱,也遭到了当局的干涉。这一时期,史沫特莱与鲁迅也有较为频繁的往来,据鲁迅日记,1929年12月25日初次接到她的来信,27日日记有"史沫特列女士……来……史女士为《弗兰孚德报》通信员,索去照相四枚"①。此后可见彼此的书信往来及应酬交往。

从时间上来说,尾崎先抵达上海,史沫特莱大约晚到半年。尾崎在上海支局内主要担当外联业务,需要与各国的新闻界同行交往切磋,凭借他的德语和英语能力,他结识了不少欧美媒体的记者,同时他也有意地与具有左翼倾向的人士靠近,希望借此为中国革命和世界革命做出若干的贡献。在这样的背景和动机下,他认识了史沫特莱,并迅速建立起了密切甚至是亲密的关系。关于尾崎与她的初次相见,尾崎自己曾有这样两段稍有不同的回忆:

> 在上海的时候,曾有一个人给我介绍说,"有一个非常不同寻常的报社女记者,我来给你介绍吧。她的一张脸长得有点突兀夸张,你要是听到她是一个女记者就对她产生兴趣的话你可要失望的哟。"这个人就是史沫特莱。当我们在上海的位于外滩和南京路街角的汇中饭店(Palace Hotel,今和平饭店南楼)的大堂内等候时,飞快地走出来一个穿着红色休闲服的女士。才刚刚坐下,本想说些初次见面的客套辞,可她全然不顾这些,精神十足地跟我说起了话,不时地从雪茄烟盒里拿出香烟抽了起来,还不时地递给我们……那时我仔细打量了她的相貌。确实她的那张脸与美丽相差甚远。但在以后我与她的数度相见中,我甚至觉得她是长得漂亮的。她的笑容非常的纯真。②

---

① 《鲁迅全集》第14卷,第792页。
② 尾崎秀实:《アグネススメドレー女史の顔》,初载于《社会及国家》杂志1933年12月号,署名白川次郎。《尾崎秀实著作集》第三卷,第381页。

上述的回忆写于 1933 年。

另一段回忆是 1941 年 10 月 26 日在东京目黑警察署第二次讯问时的回答：

> 大概在昭和四年(1929)底或是昭和五年的年初吧，我上次已经说了，记不清是陈翰笙，还是当时在苏州河边开着一家左翼书店①的女店主魏德迈尔女士（据说与国际红色救援会也有些关系）介绍的，总之是他们两个中的一个，给我介绍了当时的《法兰克福日报》的上海特派记者、现在跟随着中共的干部毛泽东和朱德等一起行动的艾格尼丝·史沫特莱女士，第一次见面在上海南京路街角的汇中饭店的大堂，此后也继续交往，与她之间的关系，我此前也有说及，我曾将通过各种途径收集到的有关国民政府的情报，以及我所知道的有关日本的情报传达给了她。②

陈翰笙在自己的回忆录中没有说及自己曾将史沫特莱介绍给尾崎③，很有可能是书店女店主魏德迈尔介绍的。对于初次见面时的谈话内容，尾崎回忆说：

> 具体已经记不清了，记得当时她问我，在支那的农业问题上日本人有些怎样的研究，我的回答有些含糊其辞，不大有自信，这时她就会立即插进话来，弄得我很尴尬。我以前跟初次见面的人，尤其是女性，从未碰到过这样的情况，这不免屡屡使我大为惊愕。④

此后，尾崎与史沫特莱之间的交往就变得非常频繁，这应该是互相欣赏或者说志同道合的结果。尾崎与史沫特莱之间是否有超越同志的关系，似

---

① 据珍妮丝·麦金农等著的《史沫特莱——一个美国激进分子的生平和时代》的记述，该书店名为"时代精神"，第 179 页。
② 《现代史资料·ゾルゲ事件》，第 249 页。
③ 陈翰笙在《四个时代的我》中只是简单提到"尾崎原为《朝日新闻》记者，认识史沫特莱和左尔格，后来为左尔格情报小组成员"，第 60—61 页。
④ 尾崎秀实：《アグネスメドレー女史の顔》，《尾崎秀实著作集》第三卷，第 381 页。

乎不宜轻易作出推测,只是后来在纽约与史沫特莱有亲密交往的日本女子石垣绫子曾这样回忆说:"对于与尾崎之间的交友,她只是将他作为一个思想上有共同志向的同志跟我谈起过,不过从她的表情和口吻来看,我暗自思忖,两人之间是不是存在着更为深切的个人交往呢?"①这姑且聊备一说。不过,尾崎欣赏史沫特莱是确实的,他非常钦佩她特立独行的性格,观察问题的敏锐性,对包括中国人民在内的被压迫民族和被压迫人民的赤诚的爱,对邪恶势力的强烈的憎恨和不屈的抗争。史沫特莱也很看重这位日本同行的坚定的革命信念和对中国问题的独到见解。尾崎回忆说:

囚禁于日本监狱中的左尔格

出于同行的情谊,我就与她亲密地来往了。她身上的特性,与我原先所知晓的女性太过于不同,使我感到非常的惊异。她写的有关支那的经济或者有关国民政府财政问题的论文,有关鸦片公卖问题和国民党白色恐怖问题的文稿,在她的那份报纸上放射着光彩。她最令人感动的,是对于素材收集的执着和文笔的犀利。②

尾崎不仅"在她的脸上看到了超越美丑的斗志的光辉",也感到"她身上的女性的柔情比常人更为丰富"。"她对自然的爱相当强烈,有一年夏天的星期天,我们在极斯菲尔公园(今中山公园)散步的时候,她听着在盛开的白茉莉花上飞舞的蜜蜂的嗡嗡声,向我说起了自己故乡春天的情景,那种感情的细腻程度让人觉得这到底是一位女性呀"。③

1929年史沫特莱的自传体小说《大地的女儿》的德文版和英文版出版

---

① 石垣绫子:《A・スメドレーと尾崎秀実》,载《尾崎秀実全集月報2》,第1页。
② 尾崎秀実:《Chinese Destinies——アグネス・スメドレー女史の新著》,《尾崎秀実著作集》第三卷,第333页。
③ 尾崎秀実:《Chinese Destinies——アグネス・スメドレー女史の新著》,《尾崎秀実著作集》第三卷,第382页。

（两种版本内容有较大的不同）后，在世界上激起了广泛的反响，被翻译成包括中文在内的12种文字出版。史沫特莱非常信任尾崎，她拒绝了其他日本人提出的翻译要求，希望由尾崎来译成日文，尾崎也深为这部著作所感动，同时为这样优秀的作品尚无日文版而感到自责，于是他以英文版为底本，参照德文版，同时请深谙英文的朋友一起帮忙，将这部书译成了日文，1934年8月由当时在日本卓有影响的改造社出版，译者的署名是白川次郎。显然，在当时日本高压的政治气氛下，尾崎不希望以一个左翼人物的形象在日本本土受到关注。在正文前类似于译者序的《艾格尼丝·史沫特莱女士的脸神》一文中，尾崎对此书作出了这样的评价：

>　　首先的一点是，这部书不用任何假借的手法，如此赤裸大胆地将人性的内蕴和社会的罪恶揭露了出来，这在其他书中可说是没有的。容不得丝毫虚假的那种直率和露骨，有时候会令读者感到不快。此外，有时候那把挥舞的手术刀落下的地方也未必准确，也会有偏颇和偏离的地方。还有，其表现出来的世界观，就小说本身的描述而言，尚未脱离那种自然的成长性，这是有些缺憾的。但是，整部作品是如此的充满激情，描写是如此的精细，有时甚至是以仿佛不知羞耻的方式来做出如此彻底的叙述，恐怕是别的作品所没有的吧。作品的形式虽是自传体小说，但由她来展开的叙述，已经不是她一个人的问题了。在书中，她时常使用攻击性的、明晰的、有时显得有些紊乱但总是满含着热情将动荡的时代的各种问题表露了出来。并进而从女性的立场出发，对性和婚姻提出了近乎峻烈的诅咒式的批判，这一定使得那些潜意识中具有男性优越感的男人们感到惊恐和窘迫。我在这部小说中同时听到了美洲旷野上的呼叫和近代资本主义的怒号，也看到了其中有如像杂草那样被吹歪却又顽强地伫立在那里的女性的身姿。①

---

①尾崎秀实：《Chinese Destinies——アグネス・スメドレー女史の新著》，《尾崎秀実著作集》第三卷，第383—384页。

顺便说及，这一译本在战后的 1951 年又被角川书店出版了上下两册的文库本，1979 年被学习研究社出版以《世界文学全集》第四种出版。

在《大地的女儿》日文版出版之前的 1933 年 11 月，史沫特莱向尾崎赠送了自己的近著《中国的命运》。这是她在中国的几年中所见所闻所感的集结，包含了史沫特莱对中国问题的认真思考。尾崎阅读了此书后，立即在《社会及国家》杂志当年的 12 月号上撰文介绍了这部著作，然后选择了其中的一部分翻译了出来，分 9 次连载在 1934 年的《社会与国家》上。尾崎在介绍文中说：

> （与《大地的女儿》风格不同，）这本新著正如其副标题 Sketches of Present-day China 所示，是一本关于今日中国的素描，全书三百余页，由三十篇短篇组成，笔触也极为温润和缓，这一点与方才所述的那本自传体作品的顶真直白的空气非常不同。①

可以说，尾崎是史沫特莱所交往的日本人中关系最为密切的一位。使得两人之间的关系进入一个新阶段的，是史沫特莱将尾崎介绍给了左尔格。美国联邦调查局自 1946 年开始怀疑史沫特莱是苏联间谍网的成员并对此进行了秘密调查，1948—1949 年的美国舆论不断指责她为共产党的情报系统服务，但始终未能公布非常确凿的证据。史沫特莱究竟有否正式加入过共产国际或是苏联的情报系统，至今似乎仍是个有待解开的谜，但她相当程度参与了相关的活动应该是事实。

左尔格的一生，可谓充满了传奇色彩。1895 年 10 月，他出生在阿塞拜疆的巴库，父亲是一位出生于普鲁士萨克森州而被派往巴库的石油钻探工程师，与当地出身富裕的姑娘相爱后结婚。左尔格的祖父是一位曾与马克思、恩格斯有交往的社会主义者，一度担当过第一国际纽约支部的负责人。左尔格在俄国生活一段时期后随家庭迁回德国，在柏林的一所实业学校接

---

① 尾崎秀实：《Chinese Destinies——アグネス・スメドレー女史の新著》，《尾崎秀实著作集》第三卷，第 334 页。

受教育,毕业成绩单表明,他历史、地理和数理化成绩优良,其他成绩平平①。1914年第一次大战爆发时,他连毕业考试也未及参加就应征入伍,在战场上他数次受伤,在寇尼斯堡的医院里自护士和她的父亲那里第一次了解到了德国和俄国的革命运动,同时还收到了左翼团体散发的传单,自此他开始阅读列宁和恩格斯等的著作,并思考战争、民族和国家问题。1918年,他进入柏林的弗里德里希·威廉大学学习,攻读哲学,之后又转入基尔大学,攻读国民经济学和社会学,并加入了左派色彩最浓的独立社会民主党,参加实际的政治运动。1918年年底德国共产党成立,翌年10月左尔格在亚琛加入该党,组织工人罢工,担任工人刊物的编辑等,并在业余大学里担当讲师,1922年在左尔格出版了他第一部著作《卢森堡的玫瑰·资本的积累》。1925年年初,德共中央同意他移居莫斯科,他在3月加入了苏联共产党并取得了苏联国籍。这一时期他出版了好几部有关政治和经济的著作。1928年他参加了在苏联召开的第三国际第四次代表大会,此后他被召入苏联红军情报局,接受系统的谍报训练,他会讲德语、俄语、英语和法语。情报局决定派遣他前往中国工作,经过了一系列准备(包括阅读《法兰克福日报》上刊载的史沫特莱有关中国的文章等)后,1929年11月他前往柏林,与那里的《社会学杂志》社签订了写稿的合同,还担当了《德意志粮食报》的通信记者,然后经由巴黎和马赛,坐船于1930年1月10日抵达了各个国家、各种势力犬牙交错的上海,化名"约翰逊",在这里,他与尾崎秀实发生了命运的相会。

左尔格已经知晓史沫特莱的政治倾向,并从《法兰克福日报》的编辑部那里获悉了她在上海的地址,抵达上海后他就去寻访她,并试图通过她结识各国左倾人士,从而展开相关的情报工作。陈翰笙回忆说:"通过史沫特莱的介绍,我又认识了传奇式的人物里哈尔德(现通常译为理查德·左尔格)……左尔格初到上海时,与史沫特莱住同一家旅馆。他很快发现与史沫特莱来往的进步人士很多,不仅有蔡元培、鲁迅等,也有一些日本进步记者,于是他也参加到这个进步圈子中来,我就是在这里认识他的。"②陈翰笙原本就曾为第三国际服务过,此后就与左尔格一同展开情报工作。尾崎由史沫

---

① 有关左尔格的生平事迹,主要参考了(东德)尤里乌斯·马德尔的《左尔格的一生》(钟松青等译,北京群众出版社1986年版)和尾崎秀树的《ゾルゲ事件——尾崎秀実の理想と挫折》等。

② 陈翰笙:《四个时代的我》,中国文史出版社1988年版,第54页。

特莱介绍的可能性也很大,史沫特莱的传记作者认为:"左尔格是通过史沫特莱找到了在以后的两年里向他提供了重要情报的亚洲联系人的。他们中最重要的,自然是日本新闻工作者尾崎秀实。1931 年史沫特莱介绍两人相识时,他很了解尾崎,他已经把《大地的女儿》译成日文(事实上该书的日译本是 1934 年出版的)。"[①]左尔格本人在日本被捕后向警方供述说:

> 我在上海最早结识的友人是尾崎。然后通过他认识了其他的日本人。现在有些记不清了,我好像是通过史沫特莱的介绍初次见到尾崎的。在此之前,我确实对史沫特莱再三拜托过,请她给我介绍些适当的日本人。[②]

不过,尾崎在被捕后对警方的供述有些不同,他说先是美国共产党日本支部的鬼头银一向他表示,左尔格(当时用的名字是约翰)想要见他,尾崎觉得鬼头的话有些不可靠,就请史沫特莱去了解一下左尔格的身份,然后认识了左尔格。两者何者是事实,现在已难以断明,而且,尾崎的传记作者认为两人相识的时间大概在 1930 年的 10 月或 11 月,地点也许是在史沫特莱的寓所,也许是在南京路上的一家饭馆[③]。

应该说,尾崎是出于对史沫特莱的信任才信任上左尔格的,不过,他很快就被左尔格的人格魅力和渊博的知识所吸引了。对于上海时期尾崎与左尔格的组织关系,目前尚未十分明了,事实上,在 1936 年之前,尾崎都不清楚左尔格的真名和真正的国籍,从其长相他推断左尔格也许是北欧人或是斯拉夫国家的人。左尔格也未必明晰地向尾崎说清楚自己隶属的组织。但凭借尾崎的记者阅历和敏锐的感知力,他应该清楚左尔格受命于哪一方面的指示,从自己的共产主义信仰出发,他对左尔格方面的要求作出了积极的响应。当然,左尔格在上海有一个由若干成员组成的情报网,从现在的文献来看,尾崎应该不是这一网络的核心分子,但他实际做出的贡献是很可观的。据逮捕后的尾崎向警方交代,开始时该情报组织主要希望他提供以国

[①] 珍妮丝·麦金农等著:《史沫特莱——一个美国激进分子的生平和时代》,第 186 页。
[②] 《现代史資料 2·ゾルゲ事件(二)》,第 62 页。
[③] 尾崎秀树:《ゾルゲ事件——尾崎秀実の理想と挫折》,第 86—87 页。

民政府为中心的中国政情分析,而这也是莫斯科给予左尔格的主要任务。这些任务是:逐渐强化的南京政府的社会与政治分析;南京政府的军事力量研究;中国各派阀的社会与政治分析及其军事力量问题;南京政府的内政以及社会政策研究;南京政府对各国特别是日本和苏联的外交政策;美国、英国、日本对南京政府和各派阀的政策研究;在中国的各国军事力量研究;治外法权以及租界问题研究;中国工农业的发展与工人农民的状况研究。① 由此可知,左尔格的情报活动,主要并不是某种特定情报的获知,事实上更像是对当时中国内外政策和社会政治现状的综合研究,因此才需要像左尔格这样具有丰富学养和阅历的人来担当。

根据左尔格的要求,尾崎还向他介绍了他在上海结识的具有强烈左翼倾向的日本人川合贞吉(1901—　)②。出生于岐阜县的川合,早年曾是一个崇拜日俄战争中的日本海军大将乃木希典的军国少年,在东京的明治大学专门部政治经济科读书时,开始热心参与学生社会科学研究会和七日读书会等一些左翼团体的活动,日后又实际参与一些政治活动,与一些右翼大佬也有交往,并开始关注中国问题。大学毕业后进入日本新闻社供职,1928年第一次前往中国,在北京目睹了北伐军的入城,会见过张群。短时回国后又来到了北京,1930年8月经青岛和南京,与自满铁南京事务所转往上海事务所的小松重雄来一同抵达上海,先在吴淞路上日本人开的辰巳屋旅馆下榻,经小松的联系,认识了毕业于山口高等商业学校、从事中国货币制度研究并在北伐时期担任过北伐军政治部秘书处长的田中忠夫和出生于广东、日本留学归来后在上海以翻译左翼著作谋生的温盛光,两日后在温盛光的斡旋下迁居至施高塔路(今山阴路)上一幢房主为白俄音乐家的房屋的三楼,并通过温认识了中共党员王学文(1895—1985)。王早年曾在日本留学15年,毕业于京都帝国大学经济学部,是将《资本论》译成日文的京大教授河上肇的弟子,1928年回国后在上海加入左联,并担任在上海发起成立的社会科学研究会的党团书记,抗战时期在延安担任中共中央马列学院副院长。田中此时在四川路永安里的日文报纸《上海周报》社担任主干,川合也

---

① 左尔格:《狱中手记》,《现代史资料2·ゾルゲ事件(二)》,第289页。
② 中文本《左尔格的一生》中将川合贞吉误译为"川合定吉",将尾崎秀实误译为"尾崎穗吉",应更正。

靠为该报纸写稿谋生。此时以中共党员王学文为核心,组织了社会主义研究会,每周一次在温盛光的家里举行活动,以王和田中为主导,研习马克思主义经济学、辩证唯物论和中国农村问题①。在研究会上,来自台湾的中共党员杨柳青提出除了理论学习之外还应该进行实际的革命活动,获得了王学文等大部分人的同意。根据川合的提议,组织的名称定为"日支斗争同盟",成员有西里龙夫、手岛博俊等,但田中和温表示不参加。该组织的主要任务是针对驻扎在上海的日本海军陆战队进行反战宣传,并且动员一部分具有左翼倾向的上海东亚同文书院的学生一起参与,在11月7日十月革命的纪念日那天,集中散发传单,涂写标语口号等,在当时高压的政治气氛中,一时也产生了些许的轰动效应,但这样的活动不久就告流产了②。

川合与尾崎和左尔格的认识,缘于1931年爆发的"九一八"事变。左尔格被捕后在狱中写道:

> 因1931年秋天发生的满洲事变,日本在远东地区的地位一下子发生了变化。若日本在满洲获得了统治权,日本就会在东亚扮演越来越重要的角色……作为满洲事变所产生的直接影响,此前苏联在国防上比较松懈的广大的边境地带,就一下子变成与日本直接相对了。换言之,对于苏联而言出现了甚为棘手的事态。③

尾崎方面的回忆是这样的:

> 突然间满洲事变爆发了,这让人感到这是日本走向对苏战争的决定性的阶段,我记得人们的注意都集中到了日本的对满政策上。满洲事变发生后,在上海对其具体的情形并不清楚,于是左尔格就对我说,需要安排适当的人选派往满洲,在那里进行实况调查。我与杨柳青(台湾出生的中共党员,其时已与川合认识,后遭

---

① 以上主要依据川合贞吉《遥かなる青年の日々——私の半生記》第五章"赤色革命篇",東京谷沢書房1979年版。
② 以上主要根据川合贞吉《ある革命家の回想》,東京谷沢書房1983年版。
③ 左尔格:《狱中手记》。

到逮捕,死于台湾狱中——引译者注)进行了商量,在上海的共产主义者中选出了年龄也比较合适、能吃苦耐劳的川合。在史沫特莱的万国储蓄会的公寓中将他介绍给了左尔格,经过了周详的商议后,派川合到满洲去了两次,并向左尔格作了报告。①

彼此的正式见面,是在1931年的10月某日时雨时阴的下午,地点在上海四川路桥边邮政局的街角。川合回忆说:

> 不一会儿尾崎出现了。他穿着那时上海流行的皮风衣。汽车、电车和行人不断地在街上来来往往,一片喧杂。就在这喧杂中,一辆黑色的汽车突然停在了我们面前。正在想怎么回事的时候,车门打开了,一个戴着赛璐珞眼镜的面相有点可怕的外国女子向我们招着手。如鹰般锐利的眼光给我印象很深。②

这个女子就是史沫特莱。汽车载着他们驶往四马路上的"杏花楼",川合在那里见到了目光锐利、长着栗色头发的左尔格。"四个人互相握手。一切都已计划好了。如今也已不必询问彼此的姓名,也不必互相道明了。一切都靠直感和信任。只是在这展开着的激烈的世界局势中冒着生命来守护人类而已。当然我不会觉得这两个外国人是英国或美国的走狗。这只可能是共产主义的国际组织,也就是共产国际了,我们只须按照共产国际的命令来行事就可以了。因此,在这里我只须听明白我的任务就可以了,接下来的就是行动了。"③

川合到了东北后,花了将近两个月的时间,利用他的关系网,探清了事变的整个过程、关东军在那里的兵力和今后的动向,然后返回上海向左尔格等作了详细汇报。活动的地点,有时会在极斯菲尔公园。川合本人,自这一年10月认识以来,就与尾崎结下了深厚的革命情谊。此后,他也曾因左尔格事件而在日本被捕入狱,他与尾崎的诀别,是在1943年7月的狱中。他

---

① 《第四回予審訊問調書》,《現代史資料2·ゾルゲ事件(二)》,第106页。
② 川合贞吉:《ある革命家の回想》。
③ 川合贞吉:《ある革命家の回想》。

对尾崎有着很高的评价：

> 他吸引我的，是那种与教条主义式的马克思主义者不同的现实主义精神……他不是一个冷彻的共产主义者，而是一个充满温情的人道主义者。同时他也是一个现实主义者，一个浪漫主义者。现实主义者和浪漫主义者初看起来是矛盾的，但是在尾崎身上并不矛盾。他在努力将这种浪漫变成现实……他常笑着对我说"我们是堂吉诃德"……他对世界形势分析的正确，他的人道主义，他的浪漫主义，还有他的现实主义，都吸引了我。但他最吸引我的，是他对同志的诚实和他丰富的人情味。他爱美酒，他爱珍味佳肴，他有人的爱憎，他爱女人。他的这种人的真情使我倾倒不已。我想起尾崎的时候，就想起了坊间流传的孙中山的人情味。大胆豪放，乐观通达，充满理想，同时也非常现实主义、无欲无求，在这些方面，我觉得尾崎和孙中山十分相像。①

川合在1936年1月遭到警视厅的逮捕，被送到新京警察署审问，有关尾崎和左尔格他没有吐露一个字，最后被判刑10个月，缓刑3年。出狱后为避免牵连他人，他就没有再主动与尾崎等联系。

上海时期的尾崎，除了介绍若干志同道合的日本人之外，他与左尔格的合作主要是向他提供自己对于中国政治经济形势的分析，他凭借自己对中国报刊的深入阅读、与中日各界社会及各国人士的广泛交往和自己敏锐深刻的分析批判力以及良好的德语能力，向左尔格提交了不少富有真知灼见的形势分析报告。这些对于左尔格以及共产国际和苏联来说，无疑是十分宝贵的。

1932年1月28日，在日本驻上海使馆陆军武官辅佐田中隆一等的策动下，以日本僧侣遭到中国人袭击身亡为借口，日本方面挑起了所谓第一次上海事变，尾崎所在的《朝日新闻》上海支局的所在地也受到了炮火的威胁，办公地临时转移到了今长治路闵行路口的日本旅馆"万岁馆"，尾崎经常受命

---

① 川合贞吉：《尾崎秀実を想う》，载《尾崎秀実全集月報1》，东京劲草书房1977年版，第3页。

与同事前往北四川路一带的日本海军陆战队阵地去采访,在硝烟弥漫中目睹了战争的惨象。在战争还在白热化的 2 月初,尾崎受东京总部的命令乘坐当时还在运行的欧洲航线的外国轮船,将前线的报道照片送往神户港,本来他将照片递交以后应该继续返回上海工作的,但总部要求他回日本向各界口头介绍上海战场的实况。尾崎匆忙回到上海后,立即召集川合和左尔格在史沫特莱的寓所会面,商议他返回日本之后在上海的继任者,他一开始向左尔格推荐了新闻联合社的山上正义,尾崎曾将山上介绍给左尔格认识过,但这只是新闻界同行间的见面,彼此并不知晓底里。但尾崎的推荐后来遭到了山上的谢绝,尾崎就改推荐曾经参与上海反战宣传的船越寿雄作为自己的后任者。然后,他携带了家人坐船离开了生活 3 年多的上海,回到了日本。

三、在东京的情报活动以及入狱和就义

尾崎回到日本后,被安排到《大阪朝日新闻》社的外报部,该年 12 月,他接到了史沫特莱的联系,与川合贞吉一起以出差的名义一同前往北平,3 个人在北平的德国饭店相会,研讨日本在华北的动向。

自上海回来后,尾崎在思想上和行动上都已经是一个共产主义者了,但他并未加入任何共产主义的组织,因此,严格而言他并不参与组织的活动,也不受组织的约束。如果不是后来左尔格来到了日本并主动与他取得了联系,他应该不会被卷入到后来的左尔格的间谍案中,更不会入狱殉难。但是历史是不允许假设的。

左尔格于 1933 年 1 月离开上海回到莫斯科,比较悠然地住在一家"新莫斯科旅馆",正在口授著述一本著作,还打算与一位年轻的寡妇结婚,可是在 9 月他又被派往日本工作,此前到柏林待了一段日子,以取得有效的德国证件。他设法与《法兰克福日报》等几家德国新闻机构联系,获得了派驻日本记者的资格,然后经美国于 9 月 6 日在横滨登陆,在东京居住下来后,就立即去拜访了德国驻日本使馆,获得了德国大使福莱次希的信任。翌年 10 月初,他加入了纳粹党的东京小组。他在日本的主要任务,是观察"九一八"

事变以后日本的对苏政策的动向,研究日本的对苏进攻计划,并将相关的情报提供给莫斯科。

1934年的4月或5月的一天①,有一个名曰南龙一的陌生年轻人(后来知晓他乃是美国共产党日本支部的成员宫城与德)突然到尾崎所供职的《大阪朝日新闻》社来访尾崎,说有一个他在上海相识的外国人要见尾崎。当日晚上,尾崎在一家名曰"白兰亭"的中国餐馆请这位年轻人吃饭,才获知这个外国朋友就是左尔格。在下一个星期天,尾崎与左尔格在奈良公园的猿泽池畔见了面,两人从此建立了在日本的联系。

1932年自上海回国后,尾崎就开始陆续撰写有关中国的政治评论,1934年以白川次郎的笔名部分翻译了史沫特莱的《中国的命运》在杂志上连载,并翻译出版了她的《大地的女儿》。这一时期他写的评论主要是中国红军和苏区的动向分析,诸如《支那共产军的问题》、《共产军的西南移动和今后的支那政局》等,逐渐以中国问题专家为人们所熟识。1934年9月东亚问题调查会在东京成立,会长是当时的朝日新闻社副社长、后来曾出任内阁情报局总裁的下村海南(1875—1957),尾崎也积极参与该机构的活动,并因此而调往《东京朝日新闻》。这一年的10月,自美国前往中国途中的史沫特莱坐船在横滨临时逗留,她特意到东京去看望了尾崎,利用这宝贵的半天时间,尾崎带她看了皇宫前的广场、上野的帝室博物馆,并在上野的一家名曰"永藤"的餐馆请她吃了饭。这是两人在日本唯一的一次,也是生平最后的一次相见②。1934年的冬天,陈翰笙因为国内环境的险恶,在左尔格的动员下,与夫人一同来到了日本,"我受左尔格的委托,在东京主要是在满洲株式会社中做日本人的工作,尾崎秀实帮了我的忙。尾崎原为《朝日新闻》记者,认识史沫特莱和左尔格,后来为左尔格情报小组的成员。1937年当了近卫首相的中国问题私人顾问,实际做地下工作。"③

---

① 这里根据尾崎秀树《ゾルゲ事件——尾崎秀実の理想と挫折》中的记述(第98页),马德尔《左尔格的一生》的记述为6月。
② 尾崎秀树编撰的《尾崎秀実年谱》记载为1934年9月,石垣绫子《A·スメドレーと尾崎秀実》记载的是1936年秋天,但麦金农等著的《史沫特莱——一个美国激进分子的生平和时代》明示史沫特莱自横滨抵达上海的日期是1934年10月22日。本文根据后者,由此推算,她会见尾崎的日期大约在10月18日左右。
③ 陈翰笙:《四个时代的我》,第60—61页。

1936年11月正式成立的具有近卫文麿智库性质的"昭和研究会",试图在日本既有的政治框架内于内外两方面打开一条新路,1937年3月在研究会内设立了"支那问题研究部会"(后曾改名"东亚政治部会""民族部会"),经《朝日新闻》论说委员佐佐弘雄(1897—1948)的介绍,尾崎被引进了该研究部会,6月,原负责人风见章(1886—1961)出任近卫内阁的书记官长,尾崎便接替他担当了负责人。这一年他出版了两部评论著作《处于暴风雨中的支那》(9月,亚里书房)和《从国际关系看到的支那》(11月,第二国民出版部)。1938年7月,尾崎离开了朝日新闻社,经已出任近卫文麿首相秘书官的牛场友彦的介绍和风见章的推荐,他被聘为内阁参议,办公地点在首相官邸之内,可自由出入秘书官室和书记官长室。但据风见章的叙述,尾崎在首相官邸相当规矩,从不随便串门①。他与牛场等共同组织了近卫内阁智库性质的早餐会,为近卫内阁的内外政策出谋划策。1939年1月,随着近卫内阁的总辞职,尾崎也被解除了参议一职。同时尾崎在东京大学的成人讲座上开设"现代支那的特质"的系列讲座,5月将讲稿整理后由岩波书店出版了《现代支那论》一书,此书被认为是尾崎研究中国的代表作之一。从6月起,他被满洲铁道株式会社调查部聘为编外研究员,供职于东京支社的调查室。

自1934年5月左右尾崎与左尔格在日本恢复了联系以后,两人一直以某种形式保持着工作联系。左尔格在日本的主要任务是收集有关日苏关系、德苏开战的时期和日美谈判的经过这三个方面的情报并作出研究分析。他在日本组成了一个共有39人参加的"拉姆扎"小组。精明干练、才华出众的左尔格很快就获得了德国驻日本大使馆武官欧根·奥特(后出任德国驻日本大使)的信任,从他那里以及大使馆内获得了许多机密的情报,包括德国可能进攻苏联的日期。尾崎则利用他在日本内阁和满铁调查部工作的背景,收集了不少相关的情报和分析报告提供给左尔格。左尔格的传记作者写道:"左尔格最重要的日本战友是尾崎秀实博士。在上海工作时,左尔格就与他相识了,并且对他有很高的评价。他向左尔格提供了很多有价值的

---

① 風見章:《尾崎秀実評伝——殉教者への挽歌》,初載《改造》1951年第8期,收录于尾崎秀树编《回想の尾崎秀実》,东京劲草书房1979年版,第12页。

报告,还提供了 53 份有关日本政治、经济和军事问题以及日本关于中国的政治策略等相当机密的材料。"①尾崎向左尔格提供的主要情报有日本与汪伪政府之间进行的日华两国国交调整条约文案,有关日美谈判的近卫提案以及在满洲的日军对苏联的动员实况等。情报传递的途径之一是,"拉姆扎"小组成员、最早将尾崎与左尔格在日本接上头的宫城与德充当尾崎女儿扬子的绘画教师,通过扬子之手来交接情报。

1941 年 10 月上旬,宫城与德以及其他一批成员相继被捕。15 日上午,尾崎在东京目黑区佑天寺借住的家(该房子在尾崎入狱后买下)中遭到逮捕,被关押在目黑警察署接受调查。3 天后的 18 日,左尔格也在自己住所被捕。尾崎的被捕,在友朋间引起了极大的震动,对于妻女,更是如同晴天霹雳,他们可谓全然不知尾崎多年来所从事的秘密政治活动,他们也完全没有想到,平素看上去毫无心机、性格乐天和善、喜好美食美酒的尾崎竟会是一桩天大的间谍案的主角。按照警方的逻辑,尾崎之所以会出卖国家机密,当然是以此获得金钱。警方从各个方面讯问了与尾崎有关联的多名被捕者,"可是检察官们讯问的结果,却是指向了相反的方向。被讯问的被捕者在强调尾崎并非是为金钱在工作这一点上,达到了完全的一致。"②曾经推荐尾崎成为近卫内阁参议的当年的内阁书记官长、后在第二次近卫内阁中出任司法大臣的风见章,曾这样记述了当年担任尾崎案件第一审法官的高田正对他说的一番话:

"尾崎也好,他的同志德国人左尔格也好,都是了不起的人物。两个人都是廉洁高尚的人,而且头脑都十分聪慧,为了守护自己所信仰的马克思主义,有着一团烈火般的激越的灵魂,令人想起古代的志士仁人,我虽然作为法官在审问他们,心里却是深深地敬佩他们的。"(他不仅没有收取一点工作经费)反而还从自己并不宽裕的收入中缩减出钱款来充作行动资金,高田法官承认,在金钱上,他没有丝毫的污点。③

---

① [东德]尤里乌斯·马德尔:《左尔格的一生》,中文版第 109 页。
② 松本慎一:《尾崎秀実について》,收录于《愛情は降る星のごとく》(下卷),第 246 页。
③ 風見章:《尾崎秀実評伝——殉教者への挽歌》,尾崎秀树编《回想の尾崎秀実》,第 4 页。

11月7日,尾崎首次被允许给家里写信,以后直至被处死的3年间,他共写了200多封信函(现存的有243封,后被编为书信集《爱情如落下的繁星》出版)。

尾崎在被关押的3年多时间里,接受了检方的数十次讯问,有部分讯问记录被保存了下来。此外,尾崎在狱中向司法机关递交了两次《申述书》。其原本并无书写《申述书》的打算,他觉得自己要表述的意思,在讯问时已经言明。但作为他一生最亲密的挚友松本慎一觉得,最关键的是要延长尾崎的生命,他认为太平洋战争已经打响,军国主义日本的终局已定,如果能设法使尾崎免于一死,是最大的成功。于是他与尾崎的夫人等商议后,决定采用屈服战术。于是尾崎夫人在给尾崎的信函中暗示他向当局递交《申述书》,表明自己政治态度的转变,以向当局屈服的方式来换取量刑的减轻。尾崎在1943年6月8日提出了第一次《申述书》,在开始的部分,他表明了自己原本的立场:

> 回过头来看,与艾格尼丝·史沫特莱和理查德·左尔格的相识,对于我而言,可谓完全是宿命性的。我后来之所以会走上这条狭窄的道路,也是与他们邂逅的结果。这些人都是些对主义忠诚、信仰坚定、工作热情、富有才能的人。如果他们有一丁点的私心,或者只是想利用我们的话,至少我一定会产生反感并与他们分道扬镳的吧。他们,尤其是左尔格,待人亲切热情,作为同志始终如一,于是我对他们也完全信赖,协助他们一起工作。①
>
> 世界资本主义已完全走到了尽头。其归结点必然是世界战争。之后所产生的,当然就是共产主义社会。这极其抽象而且公式化的结论,几乎就是我的信念,也是我的预测。②

但随后他的笔锋一转:"在接受调查的过程中,我不断地听到了大东亚圣战的赫赫战果。这期间被捕当时的紧张、绝望、谛观慢慢地交织在一起,

---

① 尾崎秀实:《上申書(一)》,《尾崎秀实著作集》第四卷,第296页。
② 尾崎秀实:《上申書(一)》,《尾崎秀实著作集》第四卷,第297页。

心情逐渐发生了变化,使得自己能够静下心来多方面地思考问题。"①他表示大东亚战争的辉煌战果击碎了自己"国际主义的迷梦"。"日本强有力地举起了大东亚战争的大旗,现在正在发挥出无可估量的巨大的威力,其目标,即东亚共荣圈的完成或者'万邦各得其所'的政策,就体现在大东亚战争上"②。对于自己所信奉的马克思主义,他也表示了一定程度的忏悔:"马克思的理论是一世纪以前产生的学说,既然它是基于当时的时代环境建立起来的,到了今日已产生了诸多的误差,这也是很明显的常识。已有学者屡屡指出,构成其理论背景的阶级斗争学说与历史事实是相矛盾的。"③

然而,这一番苦心似乎未见效果,经过多次公审后,于1944年9月29日作出一审判决,以违反国防保安法、治安维持法(这些法律在美国占领后不久即遭到了废止)的罪名尾崎和左尔格都被判为死刑。这对尾崎,尤其是他的家人和亲友,是一个相当震惊的结果。于是松本在为尾崎改换律师、提出上诉的同时,鼓动尾崎再次递交申述书,于是便有了尾崎在1944年2月9日提出的第二次《申述书》,在第二份《申述书》中尾崎重点诉说了自己对亲人、家乡和祖国的热爱,对神道的醉心,对"万世一系"的天皇制的拥护,对皇道理念的赞美。但这依然未能换得当局对他的仁慈,4月5日,上诉被驳回,维持死刑。这样的结果令松本感到十分的懊悔和痛苦,早知如此,何必再留下不明不白的"悔过书"呢?不过从尾崎整个的言行来看,几乎没有人觉得尾崎在狱中曾有转向的行为,一般认为这在整个逻辑上是不通的,《申述书》中的"大部分内容是伪装的"④。也有他生前的同志这样解释说:"仔细阅读一下那两份申述书,就会明白尾崎为何会写这样的东西。这是因为他对因自己的入狱给家人、众多的友人,还有'信赖他的人'带来了巨大的连累和痛苦感到愧疚,对他们执拗的好意和请求他无法违逆。"⑤

此后,看守所长特别许可尾崎可以自己书写一些笔记,不作公开的文献,只是自己自由地记录一些心迹。"差不多就像大浪到来之前在沙滩上写

---

① 尾崎秀实:《上申书(一)》,《尾崎秀实著作集》第四卷,第301页。
② 尾崎秀实:《上申书(一)》,《尾崎秀实著作集》第四卷,第308页。
③ 尾崎秀实:《上申书(一)》,《尾崎秀实著作集》第四卷,第311页。
④ 尾崎秀树:《ゾルゲ事件——尾崎秀実の理想と挫折》,第148页。
⑤ 中西功:《尾崎秀実論》,尾崎秀树编《回想の尾崎秀実》,第78—79页。

下的文字。但是我的态度就像平静的湖水一般，会倒映下一些在上面漂浮而去的白云，有时候也会是一些乱云，或是飞鸟的身影，有时也会是树影。内容会有世界观、哲学、宗教观、文艺批评、时评、对世事的感慨、经纶、论策、身边杂感、对过去的追忆，请好好读一下，也许会有些参考价值"。[1] 很可惜，这部被称为《白云录》的自由笔记，连同原本和抄本都在战火中被烧毁了，不然也许可以从中觅取尾崎真正的心迹，拨去留在《申述书》中的迷雾。

1944年11月7日早上，在东京巢鸭拘留所的尾崎吃完早饭后，写完了给家人的一封短信（这封信几天后送到了他夫人手中，也就成了他的绝笔），正翻开一本书准备阅读时，看守所长叫他出来。他一切都明白了。将牢房收拾整理后，换上了早就准备好的干净衣服，然后平心静气地走了出来。所长严肃地告诉他，奉司法大臣之命，今天执行死刑。尾崎神情不改地轻声答道，知道了。教诲师带尾崎走进一个房间，在一角供奉着佛坛，尾崎礼拜之后，教诲师示意他可以取食为死刑犯准备的豆沙面包，尾崎微微一笑回答道："即便像我这样的老饕，今天这面包也就免了吧。"但他接受了递上来的一杯茶，一饮而尽。尾崎对他身后的人说了声"再见"，就稳步走向了绞刑台[2]。就在同一天，左尔格也被处以绞刑。

受此案牵连而被入狱的宫城与德等未及军国日本倒台即死于狱中，而幸存下来的川合贞吉等则在军国日本崩溃后的1945年10月立即得到了释放。

（徐静波　复旦大学日本研究中心教授）

---

[1] 尾崎秀实：《竹内金太郎弁護士宛（遺書）》，《愛情は降る星のごとく》（下卷），第243页。
[2] 这部分内容主要根据風間道太郎《尾崎秀実伝》第26章，东京法政大学出版局1977年版。

艾格尼丝·史沫特莱：20世纪 30年代在上海的情报活动

◎［日］白井久也

艾格尼丝·史沫特莱是一位不仅在其母国，也在全世界都享有盛名的美国女记者。1928年，她作为德国最大的报社《法兰克福日报》的特派员，来到了中国，有13年左右生活在解放前的中国。她曾尝试对被称为"共匪"、受到"围剿"的中国红军进行秘密采访。作为特派员的史沫特莱一方面把革命战争的真实情况加以报道，另一方面接受来自各国对中国红军的医疗援助，对伤病兵的救护活动也作出了很大的贡献。特别是作为记者潜入到革命斗争中的中国，现实主义者史沫特莱的活动成果包括《中国红军在前进》(1936年，英语原书刊行年)、《中国在反击》(1938)、《中国的战歌》(1943)、《伟大的道路——朱德的生平与时代》(1951)等，她创作了多部优秀的作品，从根本上改变了世界对红色中国的认识和理解，史沫特莱的功绩不可磨灭。

但是，作为记者的史沫特莱的工作，不只是如实地报道解放前一直不断革命的中国事实那么简单。作为世界革命的国际共产主义运动的支持者和列入共产国际的真正的共产主义者，她参与各种情报活动的价值不能忽视。关于她这一领域的行动足迹，现在还没有真正成为学术研究的对象。因此，借此次上海的研讨会之际，拟主要围绕已知的艾格尼丝·史沫特莱的20世纪 30 年代在上海的情报活动，来展开我的论文。

在上海师范大学举行的左尔格会议的会场，这是中国首次举行左尔格的学术研讨会。

德国最大报社的中国特派员

　　艾格尼丝·史沫特莱第一次踏上中国大地是在 1928 年 12 月末。从苏联首都莫斯科经西伯利亚铁道越过中苏边界，进入中国境内的满洲里。头衔是德国最大的报社《法兰克福日报》的中国特派员，当时她 36 岁。"没有优秀的情报源，是写不出卓越的报道的"。她把中国取材的据点设在上海，她是个遵守记者取材铁则的聪明人。她打入左派、特别是文学家或是作家当中，胡适、杨铁以外甚至到超级人物的鲁迅，都成为她的情报源。另外，她跟地下活动中的中共的活动家、共产国际上海代表团等建立了密切的关系。她本身是"共产国际的一员，但不是共产党员"。果然如此吗？作为共产国际的研究者，被大家所熟知的一桥大学的名誉教授加藤哲郎在自己的研究成果里面明确指出，"史沫特莱是美国共产党秘密党员"。

因为跟共产国际的关系，史沫特莱在上海的情报活动的据点选在了苏州河畔叫作"时代精神"的书店里。经营这家书店的是一位德国女性伊萨·魏德迈尔以及她的妹妹。共产国际战线的主导者比利·牛森毕尔古组织的共产国际组织的前哨基地之一。伊萨·魏德迈尔和跟比利·牛森毕尔古结婚的年轻的中国学生，1926年到莫斯科时接到了在上海开设书店的指令。一开始，书店只是售卖一些马克思、恩格斯、列宁的社会主义文献和面向知识分子的一般的书籍。但之后成为共产主义者或是左翼活动家们互相接触、交换和保管书信、文件等的秘密指挥所，是在上海的共产国际组织的重要组成部分。当时作为《朝日新闻》上海特派员的尾崎秀实也经常来这里，他通过店主伊萨·魏德迈尔的介绍认识了史沫特莱。

苏联的军事谍报机关，工农红军参谋本部第四部（之后的谍报总局，GRU）所属的军事谍报员左尔格接到第四部长别尔津大将的命令，在中国进行谍报活动。1930年1月经过德国、美国潜入到了中国上海。左尔格做的第一件事，就是找机会拉拢当时作为《法兰克福日报》中国特派员而活跃的史沫特莱，让她参加左尔格谍报团。左尔格的父亲是德国人，母亲是俄国人，他是个德俄混血儿。从3岁开始一直生活在德国，所以母语是德语。在莫斯科工作时，他经常阅读发表在《法兰克福日报》上的史沫特莱的记事文章，时常受到感动。接到别尔津大将派其前往中国的命令时，浮现在他脑海里的是，利用史沫特莱丰富的人脉来组建自己的谍报团，借助她的力量来进行谍报活动。左尔格一到上海，就立刻寻找史沫特莱提议谍报合作。左尔格在第一次世界大战中曾加入德军，先后负伤3次，右脚受伤之后只能拖着一只脚走路了。他住进德军野战医院，主治医生是德国独立社会民主党员和他的护士女儿，在他女儿的推荐下左尔格熟读了左翼文献，越来越憎恶战争希望和平，这迫使他投身共产主义。退伍之后，左尔格先后在德国的好几所大学进行学习，取得了汉堡大学法学和社会学博士学位，成为高级知识分子。加上长得高大英俊，史沫特莱对左尔格是一见钟情。

史沫特莱绝对不是人们眼中的那种美女。可是她社会经验丰富，作为共产主义者有骨气。她这种攻击性的性格，在跟人交流中常使对方感到招架不住，干净利落、滴水不漏。从男人的角度来看，她的这种率直的性格具有一种无法抵抗的魅力。左尔格和史沫特莱一见面就情投意合，很快就发生了关系。他们都接受了这种关系，而且乐在其中。

上海市警察揭发"牛兰事件"

20世纪初，发生了轰动世界的"俄国十月革命"，接下来的"德国革命"却无疾而终，世界革命势力的期待与关注，转向了"中国革命"的进展和它的发展方向。作为国际共产主义运动的总部，共产国际在中国最大的城市上海设立活动据点——远东局，来支援中国革命以及搜集情报。上海市警察暗中侦查的结果，逐渐进入揭发共产国际的谍报活动的领域。1931年6月15日，突然逮捕了远东局代表牛兰夫妇。中国共产党中央特科（谍报机关）科长，在1931年1月党的六届四中全会中跟毛泽东、刘少奇等一起被选为政治局候补委员的顾顺章，被蒋介石的特务机关逮捕，结果叛变，把党内的机密事情全部倒出，这被看作是本次事件的引线。

共产国际上海远东局代表牛兰，拥有大都会贸易公司为首的3个公司董事长的身份，拥有8个私人邮箱、7个电报号、10处住所，从事共产国际的秘密活动。主要工作是时常把从莫斯科共产国际发过来的指令和活动资金，用各种各样的途径，配送到中国为首的亚洲各国共产党手中，另一方面，将中国为首的亚洲各国共产党那儿搜集的关于党的活动和国内形势的情报资料，发回共产国际本部。牛兰一直在从事有利于国际共产主义运动振兴的事情。但是，这个被上海市的警察看作是间谍行为。

牛兰夫妇被移交到蒋介石的南京政府。审判的结果，同年10月宣告丈夫死刑、妻子无期徒刑。非常关注事态变化的共产国际，给左尔格和史沫特莱下达立刻救出牛兰夫妇的命令，同时启动国际组织"保卫牛兰委员会"，全力营救牛兰夫妇。苏联政府也参加了此次营救，给蒋介石政权施加压力。经过这一系列的营救行动之后，1937年牛兰夫妇获释，并在孙中山妻子宋庆龄的援助下安全回到了莫斯科。

因为预见到早晚都会释放牛兰夫妇，左尔格用从共产国际本部寄过来的救援资金3万美金收买了南京政府当局的法官，才这么快有了结果。

史沫特莱在上海时进行的众多的情报活动中，从历史的角度看，最大的成就是给苏联军事谍报员左尔格和《朝日新闻》上海支局记者、后来成为近卫文麿内阁特约人员的尾崎秀实两个人之间结上了牢不可破的纽带。

1930 年 1 月，接到工农红军参谋本部第四部长、陆军大将别尔津的命令潜入中国的左尔格，在上海进行谍报活动时，大家都明知日本人的协助是不可或缺的。随着驻扎在中国东北的日本关东军的军事扩张越发的活跃，有必要弄明白日本真正的政策意图，在这个领域能帮到左尔格的日本人，当时还一个都没有。左尔格把自己的这个烦恼很坦诚地对在上海有广泛人脉的史沫特莱说了，也希望通过她能寻找到有能力的人。听到左尔格的诉述后，史沫特莱说："交给我处理吧。"然后把他带到自己在法租界的家里，介绍认识了尾崎。左尔格自报姓名说是"美国记者约翰逊"。然而在这之后，回国的尾崎出席在东京举行的太平洋问题调查会时，左尔格被蓝印（现在的印度尼西亚）的代表介绍为德国新闻记者左尔格，这时候才发现约翰逊是左尔格的假名。

苏联军事谍报员左尔格，日本横滨码头登陆

1933 年 9 月 6 日，横滨码头出现了一位神情严肃、身材高大的外国人。他就是来日本要完成新的谍报任务的、经过美国从苏联到日本的军事谍报员左尔格。左尔格对于自己来日本的目的，在《狱中手记》中是这样叙述的：

> 满洲事变之后，观察日本对苏联的详细政策，日本是否在计划着攻打苏联，等等，对这些问题应该进行细致周密的研究。
> 这是我跟我的团队的任务当中，不管过了多长时间都是最重要的任务，这个就是把我派到日本的全部目的，这样说一点都不为过。

左尔格到日本的 1933 年，德国希特勒当上首相掌握政权没有多久，当时人们有些不安，但欧洲政治形势还是处在相对安定的时期，离战争的危机还有很远的距离。

相反,远东军事不稳定的形势一直持续着,若是说接下来还有一场战争要爆发,"是不是比起欧洲,远东更有可能呢",苏联有着这种危机意识。事实上,关东军的谋略也就是通过"满洲事变"在中国东北地区建立傀儡国家"满洲国",把该国作为立足点推进他们的大陆侵略政策,跟"满洲国"接壤的苏联远东地区,经过日本的军事膨胀,变得极为不安全。

左尔格谍报活动中再次提供协助的尾崎秀实

时隔两年半之后,1934年(昭和九年)春,左尔格与尾崎在日本奈良公园猿泽池畔再次相见。左尔格对尾崎说:"接下来我在日本工作,希望您能帮助我。"左尔格没有说一句与工作相关的话,尾崎也没有再问具体的事情,因为他很清楚是请求协助谍报活动。尾崎跟左尔格在上海时代时就燃起了向往共产国际的世界革命的共同理想,作为共产国际的同志曾经合作过,两个人的思想上牢固的革命感情把两颗心也紧紧地连接在一起。两年半之后的再次相见,尾崎和左尔格之间的革命友谊瞬间再次苏醒。尾崎非常清楚地告诉左尔格,愿意倾力协助。

尾崎不是真正意义上的日本共产党员,却是共产国际意识形态的忠实信奉者。经第一高等学校从东京帝国大学毕业后,在大学院学习一年,主要研究社会科学。其后加入大森义太郎经济学部副教授的"历史唯物研究会",阅读了马克思的《资本论》、列宁的《帝国主义论》、《国家与革命》等,深受感动,思想上成为真正的共产主义者。尾崎作为共产主义者对自己很自信,1942年7月6日对于回答中村光三预审法官的询问时,他是这样陈述的:

> 我是个共产主义者。我们所考虑的是打破现有的以阶级对立为基础的资本主义体制,实现无阶级的共产主义社会,这是我们所追求的理想。

尾崎对触犯国家法律的左尔格的谍报活动,不顾自己的人身安危、不惜一切代价支援,是对"世界革命"共产国际理念的共鸣,作为一个共产主义者这是理所当然的行动。尾崎从 1936 年到 1941 年的 5 年之间,陆续发表了《暴风中的支那》《现代支那批判》《现代支那论》等,这些是就算到今天也很有价值的优秀著作。尾崎在这些作品当中清楚地写道,在亚洲,中国的存在以及动向,跟日本应前进的道路有着极其密切的关系。换言之,中国和日本同为亚洲国家,有着"命运共同体"的关系,在这件事情上没有比尾崎考虑得更认真的共产主义者。

摸索建立"东亚共同体"的尾崎秀实

1937 年(昭和十二年)7 月 7 日,以北京郊外卢沟桥上的一声炮响为开端,"支那事变"(日本侵华战争)被扩大,日本国内在"中国侵略"的名义下,"东亚新秩序"、"东亚共同体"的呼声空前高涨起来。

日本所提倡的"东亚新秩序"、"东亚共同体"的形态,是在"八纮一宇"(世界成为一个国家,即天皇统治的意思)的名义下,武装侵略中国、朝鲜和中国台湾地区作为它的殖民地,接下来继续扩张到周边诸国,在亚洲确立自己的军事霸权。武汉沦陷之后,近卫内阁发表"东亚新秩序"的建设声明(1938 年 11 月 3 日),恐吓国民政府放弃抗日政策,协助创建"东亚新秩序",国民政府要是持续实行联共抗日政策的话,日本绝不会收手。这个声明反而引起蒋介石的更大反抗,也就是说国民政府军真正加强了抵抗。日本这样的举措,也封死了跟英美妥协的道路,给中日战争进入泥沼化埋下了伏笔。

在这一点上,尾崎是这样陈述的:

"东亚共同体"论能否得到东亚饱受痛苦的解放者的同意,能否得到支那所谓的"先忧后乐"的士兵的协助,来解决民权问题,以及关系到日本国内实行改革,国民是否理解并支持"共同体论"等事实。

尾崎主张的"东亚共同体"内容，说到底是中国民众跳出国内统治阶级和帝国主义列强的侵略压迫，打破半殖民地半封建社会的国家构造，另一方面与通过日本革命完成国内改造的日本民众携手，建立东亚共同体。那时候日本前进的唯一方向就是跟苏联互相合作、接受援助，从根本上改变日本的社会经济，社会主义国家必须要确保日本。他很清楚明了地阐述了"日本革命"的方法论。尾崎在狱中应东京刑事法院检事局思想部的要求完成的"尾崎秀实关于革命展望等的供述"中写道，在"天皇制国家日本"彻底地镇压共产党，因为政党的组织权不在无产阶级手里，没有苏联的援助，"日本革命"的未来是无法描绘的。于是，共产党掌握领导权转向社会主义国家的中国、跳出资本主义制度的日本、社会主义国家苏联互相提携，共同研究东亚共同体。对尾崎来讲，答应协助左尔格的间谍行动，是因为他明白通过"日本革命"在亚洲地域设立"东亚共同体"，是日本不得不走的很重要的一步。

日本新基本国策放弃"北进"选择"南进"

左尔格谍报团在日本的谍报活动中，注入最大精力的就是1941年阶段日本一直犹豫的国策问题，也就是选择"南进"（跟英美开战）还是"北进"（对苏进攻），这需要第一时间获得确切的消息，通报给莫斯科。同年7月2日天皇临时举行的御前会议决定了新基本国策，放弃"北进"而选择"南进"。到12月8日攻击珍珠港只有5个月的时间。在日本国家总动员的体制下，把全部的国力都注入到太平洋战争的准备上。尾崎秀实最早获得了御前会议中决定的新基本国策的内容，并拿给对政府机密情报很熟悉的盟友西园寺公一，请求确认是否属实。西园寺的回答是这样的，"已经决定南进，放弃北进了"。从尾崎这里听到这个消息的左尔格，压制着激动的心情，立刻向莫斯科发出紧急电报，"日本放弃北进准备南进"。

当时，苏联首都莫斯科被闪电般进攻的纳粹德国大军团团包围，已经进入随时都有可能沦陷的危险当中。接到左尔格发来的紧急电报，斯大林从苏满边界预防远东军进攻的远东苏联军中抽出20个团的兵力往西边送去。在莫斯科防卫的苏军一看有大规模的远东军来援助，气势大涨，打破了纳粹德军的包围。莫斯科防卫战以苏联胜利而告终。以这次战役为契机,苏联陆续在列宁格勒战役、斯大林格勒战役中取得胜利,不久,一直追赶纳粹德军到柏林,最后柏林也沦陷了。在这个意义上说,左尔格电报的战略价值相当之高。

但问题是,左尔格这一"日本放弃北进,选择南进"的情报,笔者对于吉河光贞检查官的调查,即左尔格称从尾崎那儿听到的御前会议的决定,并称"我也相信这个情报的真实性,用收音机速报给莫斯科中央部的"(筱竹书房《左尔格事件二》所收"第43回检事询问调书"),并不能说明其中就有证明左尔格证言的客观的历史材料。从当时德苏战争的战况来推算,就算没有左尔格"日本南进"的情报,为了救援在莫斯科苦战的苏军,同时也作为大局军事战略、战术的一环,不得不承认当时的战况已经到了必须从远东军队抽出一部分苏军支援西部的境地。猜疑心比平常人更深的斯大林,对于敌国德国在日本大使馆进行谍报活动的左尔格,曾怀疑是不是"德国的双重间谍",产生一种不信任感,不难想象,他们不会直接就相信左尔格的"日本南进"的情报的心境。

但是,对于吉河检察官的询问,也不是说左尔格在说完全没有的事情。这说到底也只是笔者的推测,斯大林把日本"南进"的左尔格的情报跟当时的战况和其他的军事情报比较、讨论的基础上判断出情报是"可以信任的",然后把远东军的一部分送去西边支援的吧。

因为戈尔巴乔夫的改革,一度解禁了左尔格的相关资料,经过叶利钦时代到普京时代时,机密处理又一次加强,正因为这样,俄罗斯的左尔格事件研究者,也很难直接弄到在国防部保管的左尔格的相关资料。

虽然如此,未来的某一天俄罗斯逐渐公开情报,解禁所有的左尔格的相关资料的话,曾决定德苏战争趋势的左尔格的相关资料,会有更多的新发现。因此,关于这个问题的最终结果,我想有必要站在一个更加长远的视野上关注这个问题。

史沫特莱访问尾崎,享受东京初春的美景

1932年2月尾崎回国之后,史沫特莱第一次说想在北京见面,同年12

月末，尾崎瞒着公司访问中国，作为日本人参加了中国人协商如何设立中国人情报搜集机关的会议。但没有更进一步的发展。后来尾崎收到史沫特莱的邀请，在上海发行的左翼杂志《中国论坛》上，以白川次郎的笔名寄过论文《日本工人运动的形势》的稿子。不久两个人的书信来往就完全中断了。但是次年春天突然接到从美国寄来的史沫特莱的信，说"去中国经过日本，所以希望一定要见一次面"，这使尾崎非常地吃惊。

当时，尾崎是《朝日新闻》东京本社的以一个新的机构发展起来的研究满蒙问题和中国问题的"东亚问题调查会"的委员，刚从大阪调到东京没多久。史沫特莱在这一年因身体不适，在南俄罗斯的疗养院休养了数月。回美国以后再次到上海，途中经过东京。之前写信跟尾崎说好来访的事情，可是她明白日本的宪兵会很难应付，船到横滨之前，她没有打算登陆日本。但是，听了乘坐同一条船的女性朋友说"跟我一起的话就没问题的"，于是史沫特莱下定决心在日本下了船。为了见到尾崎，她直接来到《朝日新闻》社东京本社。在接待室见到史沫特莱的尾崎，虽然事前接到过她的来信，但看到真的来访还是有点惊讶。尾崎非常谨慎，他说"公司人多眼杂，咱们出去聊吧"，带着史沫特莱出去了。两个人先去了皇居前的广场，接下来又去参观了上野公园、博物馆。当时是一个享受东京初春的散步的好时机。不久，短时间的邂逅结束，两个人依依不舍地分开了。但是，这成为永别，尾崎和史沫特莱谁都没有预想到。

特高警察、太平洋战争前夜揭发"左尔格事件"

日本特高警察在太平洋战争前夜的 1941 年 9—10 月，将德国最大新闻社《法兰克福日报》特派员左尔格以及满铁特约评论家尾崎秀实等作为国际红色间谍团"拉姆扎"小组的主要成员逮捕。当时被逮捕的人共计 35 人。其中有"明治元老"西园寺公望的孙子西园寺公一、"5·15"事件被杀害的犬养毅首相之子、作为法相发动战后造船疑狱事件的指挥权的犬养健等人。他们掌握着政府的最高机密和军事、外交情报而且私底下获得在日本的德国大使馆的秘密情报，并且传送给苏联，这些都违反了治安维持法、国家保安法、军事机密保护法、军用资源秘密保护法等国家法律。

左尔格事件被逮捕者35人中，被起诉者有19人，其他没有被起诉。主犯左尔格和尾崎被判死刑，于1944年（昭和19年）11月7日苏联革命纪念日在东京关押所被施行绞刑。另外，画家宫城与德等5人死于狱中。左尔格事件的发生，确实死尸累累。以下是左尔格事件关系者的判决一览。

理查德·左尔格	死刑，1944年11月7日执行
布兰克·德·别利奇	无期徒刑，1945年1月13日病死
马克斯 克劳森	无期徒刑，1945年10月9日释放
安娜·格拉森	徒刑3年，1945年10月释放
尾崎秀实	死刑，1944年11月7日执行
宫城与德	未决拘留中，1943年8月3日病死
小代好信	徒刑15年，1945年10月8日释放
田口右源太	徒刑13年，1945年10月6日释放
水野成	徒刑13年，1945年3月22日病死
山名正实	徒刑12年，1945年10月7日释放
船越寿雄	徒刑10年，1945年2月27日病死
川合贞吉	徒刑10年，1945年10月10日释放
河村好雄	未决拘留中，1942年12月10日病死
九津见房子	徒刑8年，1945年10月8日释放
北林脱墨	徒刑5年，1945年1月，在服役中假释，同年2月9日病死
秋山幸治	徒刑2年，1945年10月10日释放
安田德太郎	徒刑2年，执行缓期2年
西园寺公一	徒刑1年6月，执行缓期5年
犬养健	无罪

太平洋战争开战没多久，司法省向社会公开披露，震惊日本的左尔格事件中把无关的人荒唐地断定为犯罪者，让他们尝尽了地狱之苦。原日本共产党政治局委员伊藤律就是这样的人。为什么会发生这种事情呢？事情的来龙去脉是这样的。

1949年4月10日，美国陆军部发表了关于"远东国际间谍事件的真相"的报告书（威洛比报告），这个报告在次年的11月刊登在日本的各大报纸上，在日本国内造成了很大的骚动。威洛比报告是马克·克拉克元帅幕僚的威洛比中将为首的联合国最高司令官总司令部（GHQ）参谋第二部（G-2）使用旧特高科，重新调查左尔格事件，汇总成超过32 000多字的文章，其中写到事件爆发的端绪，作为"战后日本共产党的领导者中屈指可数的伊藤律",被断定是密告者的震惊内容。

当时正是进行世界规模的"美苏冷战"时期。美国务院从"苏联的威胁"中将保护欧洲作为第一要务全力推进"欧洲第一主义"的外交,相比,美陆军部和 GHQ 为了把日本当作是"反共的据点",将强化远东军势力作为第一要务考虑。特别是日本国内势力增长明显的共产党将成为障碍,所以必须摧毁掉,把左尔格事件当作政治事件彻底地利用起来。

在中国大陆开展的国共内战,在这个时候马上要迎来最终的阶段,毛泽东率领的人民解放军获得了压倒性的胜利,毛泽东为指导的"新中国"的诞生呼之欲出。作为 GHQ 防止共产主义的"多米诺现象",为了不让日本共产主义化,必须根除日本共产党。日本共产党员纷纷站起来反对,指责左尔格事件是"宪兵以及特高警察的邪恶的阴谋",对于这些,GHQ 的回答是:1950 年 6 月由于马克·克拉克元帅将共产党中央委员 24 人开除公职,伊藤律也是在这时候潜伏到地下活动的。之后的 6 月 25 日朝鲜战争开始了,马克·克拉克命令日本政府创办现在日本自卫队的前身警察预备队。日本在美苏冷战的构造下,加强了对美国的从属路线。

之后,日本共产党内部开始转变态度,1953 年 9 月,日本共产党作了恶劣的诽谤,改变以前的想法,承认左尔格事件的实际存在和伊藤律的背叛,发表了对伊藤的开除处分。在 1994 年 5 月刊登的日本共产党的公刊党史《日本共产党的 70 年》中,断定为"他关于北林脱墨的自供,成为左尔格事件的线索",结合别的反党活动,再次确认伊藤律的开除处分是正确的。

证实伊藤律密告的内务省警保局发行的"特高月报"

原来,所谓左尔格事件的暴露者伊藤律"密告"指的是,根据原日本共产党员、左尔格事件研究者渡部富哉氏的调查,内务省警保局发行的《特高月报》(昭和十七年 8 月号)中,有关于左尔格事件的大量报告,以"国际共产党对日谍报机关同时关于治安维持法、国防保安法以及军机保护法等违反被疑事件的调查情况"命名的长达 127 页的收录中,有"搜查的端绪"一节,称"伊藤律面对特高搜查员的严厉的拷问,供述了左尔格事件的揭发的端绪",

这成为最大的根据。把伊藤律确定是密告者的威洛比报告也是以《特高月报》为依据的,现在也就没必要多说了。

秘密出国到北京的伊藤律,被残酷的命运所玩弄

1950年6月,根据联合国最高司令官(SCAP)马克·克拉克元帅的指令开除的日本共产党中央委员会24人中之一的伊藤律潜伏于地下工作,秘密出国到北京,不幸被关押在牢狱长达27年。有一段时间被传出已经"死亡"的消息。犯人一点消息都没有被以为死了是理所当然的事情。但是突然,中国当局释放伊藤律,让他重新回到了故乡。这是1986年9月的事情。伊藤律反抗开除指令转为地下秘密活动,已经是30年前的事情了。

经过了30年的空白,再踏上故乡土地的伊藤律的状态惨不忍睹。两只耳朵完全失去了听力,双目也已经接近失明,不仅如此,内脏特别是肾功能恶化,已是必须要做人工透析的地步。他在中国到底遇到了什么样的遭遇呢?

日本的战败、联合国军对日本的占领和统治、美苏冷战的激化、新中国的成立、朝鲜战争等,使战后的"昭和"持续着动荡的状态。根据马克·克拉克的开除指令,逃去北京的日本共产党干部、组建"北京机关"的伊藤律,开设"自由日本广播",担起推进"日本革命"的宣传工作。书记德田球一因病倒下,后来成为日本共产党议长的野坂参三他们询问伊藤,定罪为"从战前开始就跟特高警察结为一体的间谍",从日本共产党中开除。德田死后,伊藤被关进北京监狱。① 伊藤在狱中自问:"为什么?"他失去了生存的欲望,时常在严密的监视下,想自杀都无法实现。但是,突然伊藤被释放了。日本共产党这么长时期一点联系都没有,中国共产党也没有再让伊藤继续滞留在中国监狱中的理由了。

---

① 此处有删节。——译者注

伊藤律：隔离·查问·除名·投狱的"肃清的图构"

伊藤律的隔离·查问到投狱的"肃清的构图"，被认为是"日本共产党承担当时的国际的、国内的多重复杂的条件下作出的决定"。这是彻底追查"伊藤律问题"真相的渡部富哉的看法。渡部氏在《生还者证言 伊藤律书简集》（伊藤律发案集刊行委员会编，五月书房）的"解题"中，是这样说的：

> 1952年，日本共产党进行主流派和国际派的统一工作，为了解决这一点，牺牲品除了作为国际派的"德田球一的奴才"的伊藤以外，没有更合适的人选了。

根据渡部氏的研究，日本共产党在1955年的第6次全国协议会（6全协）中，一直到现在，作为主流派，国内指导部领先的志田重男和跟他对立的宫本显治联手选出战后一直成为日本共产党政治局员的野坂参三，作为第一书记（书记长）。不久，志田下台，野坂升格为议长，正式确立了"宫本体制"，伊藤成为这个体制的牺牲品。但是，今日的日本共产党，根据渡部氏的调查，以"伊藤律问题是现在的日本共产党完全不知道的事情"回避责任，假装不知道。①

左尔格和尾崎，在东京关押所被执行绞刑

左尔格和尾崎秀实于1944年11月7日，在东京关押所刑场被执行绞刑。处刑的当天正是"苏联十月革命纪念日"，选择这一天绝对不是偶然的。左尔格、尾崎都是共产主义者。曾是左尔格的日本妻子的石井花子在《凡人左尔格》中写道，当时，在场的时任东京地检检事局思想部长的游田多问律师回忆道，"对日本武士道的同情，才特别选择了俄国革命纪念日的11月7

---

① 此处有删节。——译者注

日的"。新闻记者这样引用,这是完全说得通的。

史沫特莱知道尾崎的死讯,是在处刑之后一年三个月后的1946年1月。当时,住在纽约的评论家、石垣绫子氏在读数月之前的旧报纸时看到《日本人的苦恼　左尔格事件尾崎秀实的生涯》的硕大标题,停住了目光。这是作为尾崎的亲友评论家的松本慎一氏在悼念尾崎的讲演会上的演讲内容。

石垣氏是史沫特莱的挚友。看到这个消息后想,"这个尾崎有可能是艾格尼丝在上海时交往很密切的日本的特派员"。史沫特莱说"这位日本人是个屈指可数的有高尚品格的人,对中国的解放抱着深刻的理解,有强大的信念的人"。因此非常尊敬这个人。石垣脑子里闪过一个直感:"艾格尼丝这样富有感情地谈一个日本人,除了尾崎好像没有第二个人。"之后没多久见到史沫特莱时,石垣氏把尾崎在战争中被处死的消息告诉了她。史沫特莱会受多大的打击呢?石垣氏在自己的《回忆史沫特莱》中,这样描述当时的情景:

"啊……死刑!"

艾格尼丝呼地站起来,发出尖锐的声音。一直凝视着我的脸,好像非常恐惧的样子。不能呼吸一样小声呻吟:"真的吗?这是真的吗?这是一件多么野蛮的事情——把一个这么好的人——我……我……啊啊,好痛苦……"

她说的不成句的、挤出全身血液的断断续续的话,终于听明白了。咽喉被锁住,快要吐血的声音。"艾格尼丝!"我看到了突然变成苍白痉挛的脸,软弱无力的身体,正要伸手,她无力地横倒在躺椅上,趴下就大哭起来。没过一会儿不管惊恐的我们,直接跑进隔壁的小屋,软弱无力地摔倒在床上。我从后面追过去"艾格尼丝、艾格尼丝"地喊着,她像死人一样,一句话都不说,沉默着。接下来就一直哭。我在她的旁边放好手巾,小声在她耳边说:"心情稍微好一点叫我。"转身要出去的时候,她紧紧地握住了我的手。

"那个人……那个人是……"

她用非常痛苦的,微弱的声音说。

"那个人是我的……我非常重要的人、我的丈夫……是的,以前是我的丈夫。"

史沫特莱,强烈抗议美陆军省的报告

史沫特莱经由香港从中国回到母国是 1941 年 5 月下旬。34 年在美国生活以后,已经在海外生活了 21 年。从第二次世界大战到战后,她一直在中国取材致力于写作和讲演。战后随着美苏对立的激化,对于走上反苏、反共道路的美国政府来讲,亲华派的史沫特莱被看作是国际共产主义运动的头目,登上联邦调查局(FBI)的监视名单。她的一言一行都成为 FBI 的监视对象。特别是美陆军部 1949 年 2 月 10 日发表的"远东国际间谍事件的真相"(威洛比报告)中《史沫特莱女史作为左尔格谍报团的一员合作过》这篇文章的发表,给史沫特莱致命的一击。第二天美国各大新闻报纸头条都登有她本人的很大的照片,一看确实给人一种跟左尔格事件有关联的大人物——苏联间谍的感觉。

史沫特莱跟左尔格事件的主犯左尔格和尾崎是好朋友,这是事实,但与东京左尔格谍报团没有任何关系。左尔格谍报团的活动舞台在日本,史沫特莱都没有去过,为了跟尾崎见面只不过在日本停留了半天而已。不管怎么样,指名说是苏联的间谍是决不允许的。史沫特莱发出声明严厉指责威洛比报告是没有事实根据的个人攻击。为了证明自己的清白,她把制造虚假报告的威洛比的上司马克·克拉克作为对象,进行坚决的法律斗争。史沫特莱的抗议,使美陆军部很慌张。该部威洛比报告发表 10 天之后,发表了"陆军部情报局说美国作家艾格尼丝·史沫特莱女史是苏联的间谍的发表,确认跟事实不符"的道歉文。在文中说"威洛比报告是根据日本官宪的资料,应该以公开发表文章为基础明确记载才对",承认发表方式上有很大的漏洞。史沫特莱是苏联间谍的嫌疑事件,以美陆军部的道歉落幕了。但是,关于道歉的新闻报道,只作了一小部分的报道,洗不清"苏联间谍"的污名。从那以后,各大报社完全中断了约稿,史沫特莱在经济上进入了一个非常窘迫的境地。

生活在物价飙升的美国的史沫特莱，想移居物价便宜的欧洲。放弃美国、亡命英国的史沫特莱，身体完全被病魔侵蚀。十二指肠溃疡恶化，内出血。医生奉劝她尽快动手术，因为要切掉五分之一的胃，所以一直没能下决心。史沫特莱唯一的愿望是去新中国，想亲眼看到已经独立、解放后的中国人民。但是想一想自己异常的身体状况，又失去了信心。史沫特莱在牛津接受十二指肠溃疡的手术之前，给一位友人寄去了自己的遗书。1950 年 5 月 5 日，胃部切除手术成功了。但是，体力衰竭，肺炎并发，次日 6 时离开了人世，享年 58 岁。史沫特莱在遗书中说："希望把她与为中国革命倒下的人们埋葬在一起"。

史沫特莱的遗骨长眠于北京西郊的八宝山革命公墓

中方答应了史沫特莱在病床上写的这个愿望。次年 1951 年 2 月 15 日，史沫特莱的遗骨从英国运到了北京，骨灰安放在北京西郊的八宝山革命公墓中。墓碑上刻的是"中国人民之友美国革命作家史沫特莱女士之墓"，是由史沫特莱的代表作《伟大的道路》的主人公朱德题词的。

史沫特莱，也可以安息了。

（[日]白井久也　日俄历史研究中心主任；王亚琴译，苏智良校）

尾崎秀实和中共谍报团事件

——他们曾反对侵略战争，为中国革命的胜利而战

◎ [日] 渡部富哉

一、中共谍报团事件与左尔格事件有什么关系？

左尔格事件（1941年10月）发生8个月后的中共谍报团事件（1942年6月16日，中西功、西里龙夫被检举），与以尾崎秀实为轴心的左尔格事件紧密联系、相互关联。以前从未有过关于两者有关系的看法，也没有将两者结合起来进行研究的论文。中共谍报团事件曾隐藏在左尔格事件背后，因此如果将两个事件理解为不同的谍报团事件的话，就不能探明左尔格事件的真相。

与左尔格事件不同，在中共谍报团事件中，被认为是其魁首的中心人物中西功、西里龙夫两人曾在日本战败后的审判中被判死刑，后来"由于战败而免于一死"，被判为无期徒刑，后因GHQ的政治犯释放令最终被释放并参加战后的民主主义运动，其中中西功作为日本共产党员，后来曾成为参议院议员，并作为神奈川县共产党委员会委员长活跃于世，而西里龙夫则当上了日本共产党熊本县委员长。中西功的回忆大多留在《穿越死亡的高墙壁

垒》(岩波新书出版社)和《在中国革命的风暴中》(青木出版社)中,而西里龙夫的证言则大多留在《在革命的上海》(日中出版社)、《风雪之歌》(熊本民报社)及刊登在杂志上的论文当中。

另外有关这一事件的当局方面的资料《特高月报》(内务省警保局保安科编)和《社会运动的状况》(内务省警保局)等也都在战后复刻出版,里面详细记载了所谓"中国共产党对日谍报团以及与之有关的关于外患之罪行和违反治安维持法事件的调查情况",这些都可以作为证据阅览。

但是,有关"中共谍报团事件"本身的具体证言,以及对权力当局所作的情节描述中的"供述"和"捏造"进行反驳的言论,即便存在各种各样的情况所限,也几乎未曾见到。

1996年7月,曾直接审讯中西功的特高警部[①]光永源槌所保存的《中西功审讯记录》由亚纪书房出版社复刻出版(500页),紧接着在1998年东京第一次左尔格事件国际研讨会召开之前,笔者从光永源槌的遗属手中获赠"中西功审讯记录"和附带的"中共对日谍报团主要谍报"等相关资料,使得笔者对左尔格向苏联通报的情报进行研究成为可能。后来关于西里龙夫和被带到日本的中共情报科的李德生以及作为西里龙夫与中国共产党联络员的陈一峰(真名倪兆渔)的警察审讯记录也获取在手(这些都属"机密"未公开),更方便了以后的研究。

要对这一事件进行更全面的研究还需要中国方面的资料和相关人士的证言。但现状是,关于在中国方面曾处于领导地位的王学文、潘汉年等人的评价问题,以及曾和尾崎庄太郎等人处于联络关系的中国共产党情报科华北负责人景若南曾被投狱监禁20余年的状况等问题,至今还受到种种限制。对日本占领下的上海(白区)中国共产党的革命运动的评价问题和资料的公开也都很滞后。

但是,另一方面,依照史实详细描述中西功和西里龙夫们的活动的《太平洋的警号》(方智达、梁燕、陈三百共著)顺利出版;中国新闻社记者杨国光为纪念抗日战争胜利60周年出版发行了《理查德·左尔格》;接着中国共产党机关报《人民日报》于2005年7月26日登载由该记者撰写的题为"反法

[①] 警部,日本警察官职之一,在警视之下、警部补之上。——译者注

西斯谍报英雄"的照片和关于理查德·左尔格活动的论文,而后又由中国的电视台播放了高度评价中西功和西里龙夫们的活动的电视片。

我终于感到,中国也开始冰雪融化,能够自由谈论左尔格事件和中共谍报团事件的日子来到了。

关于这两个事件,当时的权力当局的资料"中共谍报团事件调查审问结果汇报"(《特高月报》)中写道:"于昭和十七年(1942)6月29日在警视厅开始检举的中国对日谍报团,是在支那大陆设置于我作战区域的中国共产党谍报组织,与先前检举的国际谍报事件处于不即不离关系,其活动范围广泛遍及华中、华北、蒙疆。"

另在曾是特高课职员的光永源槌所藏的誊印版《中西功审讯记录》的封面上写有"昭和十七年左尔格事件",封底上写有"左尔格事件中国篇"。从这些看来,很显然当时的权力当局是把这一事件视为与以尾崎秀实为轴心的左尔格事件的国际谍报团相关联的另一个侧面来把握。

所谓"与国际共产党谍报团事件(左尔格事件)处于'不即不离'的关系"具体是指什么样的关系呢?中共谍报团事件日方相关人士几乎全是当时在上海东亚同文书院学习的学生,以及在上海处于尾崎秀实交际范围内的知识分子们。

1928年到朝日新闻社上海分社赴任的尾崎秀实,由于给同文书院的学生安排社会科学研究会的辅导教师的关系,与这些学生和中共特科(情报科)的组织者(王学文等)还有艾格尼丝·史沫特莱等人产生了合作关系。

二、同文书院的学生活动家们飞翔到共产主义者身边

1928年5月,西里龙夫在同文书院组织了最初的社会科学研究会,并在1930年3月在中共党员王学文的领导下,在上海的日本人新闻记者和同文书院的学生中组织了"中国问题研究会"(约30人)。参加这一活动的成员,几乎都是后来与中共谍报团事件及左尔格事件有某种联系的人们。

曾在学生时代研究社会学的马克思主义者尾崎秀实,因读了维特福格尔著《正在觉醒的中国》而感动,志愿到朝日新闻社的上海分社任职,实际到上海赴任是在1928年年末。

美国新闻工作者、国际著名的艾格尼丝·史沫特莱也从莫斯科经由"满洲"①在次年(1929年)6月到达上海,接着1930年1月左尔格也到达上海,同年10月经史沫特莱介绍,尾崎秀实和左尔格实现命运中的相遇。

1930年年初,东亚同文书院的学生安斋库治(战后为日本共产党常任干部会员)等人计划发行校内左翼杂志《图南学报》请求尾崎秀实担任指导,以此为契机,尾崎秀实学生时代学过的布哈林的"历史唯物论"得到运用,并成立了一个研究会,东亚同文书院的左翼学生们和尾崎秀实的关系源流便由此而产生。据后来在左尔格事件中被检举并判12年徒刑最后死于狱中的水野成的警察审讯记录:他们"接受尾崎秀实的指导,于1930年1月前后开始信奉共产主义"。

要说到当时东亚同文书院学生的思想觉醒,无论如何不能不把当时中国革命的状况作为时代背景来进行说明,但这里仅作简略叙述。

1927年4月,蒋介石通过政变开始解除上海工人的武装并逮捕处决共产党员,国共合作崩溃,周恩来、朱德、贺龙他们在南昌发动武装起义,接着在张太雷的领导下广州发动武装起义,毛泽东则坚守在江西井冈山革命根据地,艰难地保住了中国革命的火种。

东亚同文书院的学生们当时就是处在这样一种中国革命形势之下。当时还发生了西里龙夫的一个姓关的中国同学因向军阀孙传芳宅院投掷炸弹而被捕并被判枪毙的事件。最后校方和学生拼命展开请愿等救援运动,最终使该同学获救。

另外,其他中国学生也有的曾向西里龙夫坦白说:"现在在这民族危急存亡之时,我难道可以就此紧握笔杆不放吗?"而后则一头扎进中国民族革命的洪流中,此后再无音讯。(据西里龙夫著《风雪之歌》,熊本民报社)

---

① 即中国东北。——译者注

学生们直面"为什么做学问"、"人为什么而活着"等人生根本问题,同时根据自身的实际境遇,摸索在中国国内严重危机、国外日本侵略日益加重的严重形势下自己应该做什么,基于这一目的,他们纷纷加入到研究会。

上海的共产党组织几次被蒋介石政府镇压,几乎处于毁灭状态,最后仅有与工人运动和群众运动隔绝的情报组织(特科)勉强存留下来,他们同中共中央政治局的特殊通道进行直接联系。当时东亚同文书院的左翼学生就是由这个组织领导的。

三、东亚同文书院的学生们重建了组织并分散到中国各地

东亚同文书院在创立 30 周年时迎来了近卫文麿校长举办的盛大纪念仪式。学生们趁机开展校内斗争,提出"成立学生消费监督会"等"四大要求",该运动猛烈冲击了校方财务会计的不透明性,导致 20 名学生在这次斗争中受到退学处分,对此学生们于 1930 年 12 月以罢课形式对抗,最终他们的要求被采纳。另外,当时正逢日本海军练习舰队的士官候补生登陆上海来参观东亚同文书院,这时刚成立不久的"日华斗争同盟"则趁机散发反战传单,宣传中日和平,不料该事早就在日本宪兵队和日本领事馆警察的监视之下,最后 30 多名学生受到检举,被强行遣返日本(1930 年 12 月 27 日"上海日本人共产党事件")。

这次斗争的主体"日华斗争同盟"成立仅 4 个月,就在这次事件中解体,主谋者被遣返日本,幸免检举的人则逃亡中国各地,同志四散,牺牲巨大。中西功和西里龙夫严厉批评这次斗争,说这是一次极左反弹的极其不利的斗争。

在这次斗争中水野成受到停学处分(后因左尔格事件被判 13 年徒刑,在宫城刑务所狱中死亡),之后他与上海中共情报科杨柳青建立联系,在校外指导左翼运动。尽管由于镇压导致流血冲突很多,失败之后的日本人团体还是马上重建了组织,东亚同文书院的共产主义青年团组织最后发展到

拥有 28 名成员。作为学生运动来说,这在当时是令人瞠目的奇迹。

四、中共对日本共产主义者的方针,即 对特殊任务的指令和组织体制

中西功这时通过王学文向上级申明意见说:"日本共产主义者的任务第一是谍报活动。第二是对日本士兵的策反工作。第三是对中国共产主义者的理论启蒙活动。"事实上后来西里龙夫等日本共产主义者的确参加过对日本士兵散发宣传单的工作。

日本关东军于 1931 年 9 月 18 日在柳条湖附近炸毁满洲铁路的一段路轨,借口发动"满洲事变"①,日本帝国主义的侵华行为不久即发展为全面侵华战争。在这种形势下,从前东亚同文书院的共产主义者纷纷进入到满铁和中国各地的日军附属机构里,担任各种重要职位。

1931 年 8 月中共中央发出指令:在华日本共产主义者要组织谍报活动。据日本警察特高科的"中共谍报团事件调查状况记录"称:依照这项指令,"中共江苏省委员王学文和反帝同盟的负责人杨柳青,选拔了川合贞吉、手岛博俊、水野成、中西功、坂卷隆(东亚同文书院最初的支部书记,战后日本共产党长野县委员)、日高为雄(1931—1932 年谍报组织成员变迁图上记录为与王学文有联系的人物,但后来转向右翼)等,形成'对日谍报员训练组织'",但具体事实如何,至今尚不明确。

更重要的是,在这一时期中共情报科已经对中共谍报团及后来尾崎秀实他们的国际谍报团(左尔格)成员,进行选拔并严格区分。

除了尾崎他们的组织和充当该组织联系管道的中西功以外,关于曾是他们同学的其他同志在其后的双方的活动,警察审讯调查记录里没有写到。

接受了中共的谍报训练的水野成、川合贞吉,由尾崎秀实引见,还和左尔格、史沫特莱有过会过面。

---

① 即"九一八"事变。——译者注

五、尾崎回国后和史沫特莱联系
继续做对中国的谍报工作

以前的有关左尔格事件的文献中似乎写的都是尾崎在上海与左尔格分手回到日本后，尾崎的情报活动由船越接手继承，他和史沫特莱的关系也因此中断，与中国的情报科的关系也断绝，尾崎回到了短暂的平稳的生活。由于左尔格被派遣到日本，两个人的关系又重新开始。其实真相完全不是如此。尾崎始终执着积极地投入到与中国革命前途息息相关的工作中。

由于共产国际远东局组织部长牛兰的被捕，曾多次与史沫特莱密会的尾崎被当局的监视网察觉，并被领事馆警察审问，他无法辩解，不得不从上海撤退，1932年3月回到日本。这时同船的还有因上海事变而回日本的中西功（据中西功著《在中国革命的风暴中》）。当然这不是偶然的。两个人在这艘无人知晓的航船舱室内就以后的以中国大陆为中心的活动坦诚交谈，取得了一致意见。

他和史沫特莱及左尔格的联系就这样断绝了。尾崎利用1932年年末休假的机会，在北京与史沫特莱会合，在左尔格1932年11月12日经由符拉迪沃斯托克回到莫斯科之后，作为左尔格的后任和尾崎的后继人，在和细川嘉六（在横滨事件中被检举）商量之后，把堀江邑一（战后，任临时中央指导部员、日俄亲善协会会长）送到上海做东亚同文书院的教授。

六、尾崎秀实所领导的西里龙夫、
中西功等中共谍报团组织

中西功1933年2月会见了尾崎秀实。尾崎秀实向中西功介绍了以后要去上海的人物堀江邑一，中西功被安排担任堀江邑一和尾崎秀实之间的联络人。在左尔格事件的资料中，一般认为接手尾崎秀实工作的船越寿雄和左尔格的后任人保罗取得联系并继续他们的活动。这实际是依据川合贞吉供述所作的虚构。

1933年春，由于组织在革命和反革命的激烈斗争中受到镇压和破坏，史沫特莱和尾崎秀实的联络一度被中断。1933年史沫特莱写了《中国的命运》一书，在1934年又写了《中国红军在前进》，从这些情况来看，当时史沫特莱大概是进入了中共的革命根据地。

当时，由于中西功在上海应该会见的对方人士堀江邑一，其与高松高商的校内斗争有关联，因此不久即被检举，尾崎秀实与史沫特莱相关的联系网短时间内崩溃，尾崎秀实的工作一时受挫。

因此，中西功1933年秋受尾崎指示要在"南满洲铁道株式会社"（满铁）就职以建立满洲和日本的联络网，1934年5月在尾崎的介绍下中西功在大连满铁总部资料科就职。这一行动成为中共谍报团事件最初的契机。

尾崎本人后来也当上了满铁调查部的特邀高级调查员，通过这个满铁调查部掌握的信息，结合尾崎自己的实地调查，他得到了有关诺门罕事变和关东军特别演习、日本的石油储备情况、苏满边境的兵员装备情况等重要情报。尾崎把自己在东亚同文书院研究会中培养的中西功安排到了这个日本最大的调查机构。

经尾崎介绍进入满铁的中西功不断把东亚同文书院时代的同志安排在满铁调查部工作，不断把在新闻社工作的过去的同志们组织起来。那个时期正是蒋介石的军队开始对中华苏维埃实行第五次"围剿"的时期（1933年3月），是中国革命是否能存活下来的紧要关头，也是毛泽东坚守井冈山，并于不久进行长征的中国共产党历史的转折时期。

那也是左尔格被派往日本登陆横滨港（1933年9月6日）的时期。

由此可以得知尾崎秀实的活动比起以前所传说的要远远积极，他坚持开展与中国革命息息相关的活动，而且与中国的关系一直持续不断。

正如我们看到的那样，如尾崎秀树"和左尔格在上海分手后尾崎秀实回到日本过了一段安逸平稳的日子"之类的叙述和主张，只不过是一种编造出来的假话。

中国共产党进行"万里长征"大转移是在1934年10月。在蒋介石统治之下的上海共产党组织处于毁坏状态，仅有情报科的组织好不容易存留下来并与中共中央保持着联系。

当时中西功与中共的上海情报科负责人王学文见面，恢复了与中国共产党的联系。在与困难做斗争的同时，王学文领导的情报活动组织在西里龙夫和中西功两个人的帮助下逐渐成熟。

据日本特高资料中称："1935年以西里参加中共谍报团为标志组织成为了团。"还写道：次年1936年由于中西的参加，谍报团"活跃起来"。（依据"中共谍报团事件调查情况记录"）

毛泽东宣布中国红军长征结束是在1935年11月7日，那一年8月1日中共发表了有名的"抗日民族统一战线宣言"即所谓的"八一宣言"，中国历史向前迈了关键性的一步。

1935年12月9日，北京的学生1万多人举行了大规模示威游行，要求"打倒日本帝国主义，停止内战，一致抗日"，这一运动迅速扩大，上海、杭州、天津、南京的学生相继发动起来。

日本帝国主义的全面战争开始后，情报活动变得更加重要，中西功他们的组织工作和谍报活动则是越发紧急起来。日本特高资料将这一阶段的情况如下写道：

"1937年12月，中共谍报团北京支部成立"，"1938年5月，这时名副其实地成立该谍报团上海支部，1938年10月成立南京支部"。（依据"中共谍报团事件调查情况记录"）

七、中西功和尾崎秀实曾交换情报

正如前面我们讲的，中西功和尾崎秀实之间的关系无论从历史上还是从个人角度上来说都有较长的历史。中西功开始从事中共方面的情报活动的直接经过，亦如前面所说，是与尾崎关系很深的。

1939年夏，刚刚"视察满洲"归来的尾崎秀实紧接着在1940年3月参加了在上海举办的"支那抗战力量调查委员会"的第1次报告会，1940年9月出席了"满洲协和会"大会之后，马上又在当年12月参加了"支那抗战力量调查报告会"。

据中西功的回忆说："在上海进行了支那抗战力量调查委员会的第 3 次报告会,那次尾崎也从东京赶来参加。这时我和尾崎进行了很长时间的谈话。'你已经不能来东京了。警视厅已经盯上你了。而且我身边最近也很异常。也许我们不能再见面了呀。因此,我们还是先把相互联系的方法确定好吧。我要是有事通知你时……'确定了用电报联系的暗号之后,尾崎这样说:'但是我们已经做了很伟大的事啊。天下大势已定了。以后只要我们还活着就只有干工作了。'说完两人用老酒干了杯。"

有一点要补充,据中国前几年出版的《太平洋战争的警号》(方智达、梁燕、陈三百共著)写道:"1941 年 11 月中西功处收到一封'向西跑'的电报。'西'是指延安,那是他和尾崎为防备万一定下的暗号,意思是'危险,快逃!'"

那封电报到达中西功处是在左尔格事件被揭发之后,所以中西功自己也不知道是谁给他发的这封电报,据说到现在此事还被认为是个谜(中西功自己在他的《在中国革命的风暴中》也是这样写的)。

鲁尔纳曾租赁的在霞飞路上的洋房已拆除,该地址应为淮海中路 1676 号,这是该建筑的全景。(苏智良 2013 年摄)

但是实际上这是1941年11月即尾崎秀实被逮捕的2—3周之后,中西功从自己很有交情的同盟通讯社的菅沼不二夫那里获得的'尾崎秀实被捕'的一条情报。(依据"中共谍报团事件调查情况记录")

中西功向上级报告尾崎被捕之后,中共情报科的领导部门向中西功发出"去东京调查"的指令。中西功到达东京后,已经是左尔格事件刚刚被揭发的时候,他确认左尔格—尾崎谍报团已经被一网打尽。

据中西功回忆说:"看到1941年10月26日的朝日新闻上有'东条英机首相和岛田繁太郎海军大臣参拜了伊势神宫'的消息,察觉到日美马上就要开战。"(依据《在中国革命的风暴中》)他从因"支那抗战力量调查"等而认识的参谋本部的军官们那里得到"1941年12月8日日本袭击珍珠港"的情报,迅速将这些机密情报递送给了中共情报科。

毛泽东下达指令要竭尽全力获取这些情报,他认为:"如果日本要北进,中国的抗日战争将更加困难。因为可能是英国和美国向日本妥协。"

毛泽东高度评价说"这个谍报团的功劳极大",他以"据我方的情报说……"的形式告诉了蒋介石。(依据《太平洋战争的警号》)

据"中共对日间谍团主要提报"(昭和十七年9月特高一科编)记载:"1941年11月前后,由中西功参考所得情报及其他,估计日本即将对英美开战,就此情报提交给李德生、陈一峰。"提报内容是:"日本见解认为美国的军舰建造计划于1946年完成,军舰的建造速度极快。因此如不在其之前开战日本绝无胜算,所以现在正是开战的好时机。"

另外,西里龙夫在前述谍报书中反对中共方面过低地估价日本的战斗力并认为"如果日美开战日本将立刻在美国强大的军备和经济力量面前屈服"的主张,他解释说:"过低估价日本的军备特别是海军的力量是危险的","开战之初在绪战中日本胜利,科学上是理所当然的。注意,从日本的石油储藏量看速战速决是不可避免的"。①

关于中西功是否提交日本袭击珍珠港的情报,在中西功的弟弟中西三洋的著作中也得到确认。

---

① 此句逻辑上似有问题,但原文只能这样理解。——译者注

八、事件的结局　他们为中国革命的成功而战斗并且倒下——相关人士的悲剧性命运　死尸累累的墓碑铭

以下就是在中共谍报团事件中第一次被检举的人们,及其后所走过的人生命运,兹概略记述。

西里龙夫　38岁,同盟通讯社记者,中央电讯社南京总社,求刑死刑,日本战败后释放(战后为日本共产党熊本县委员长);

中西功　34岁,满铁上海事务所调查室,求刑死刑,日本战败后无期徒刑,后释放(战后日本共产党参议院议员,神奈川县委员长);

尾崎庄太郎　38岁,满铁北支经济调查所(战后释放,中国研究所研究员);

白井行幸　34岁,满铁北支经济调查所,1944年3月27日病危,停止执行,保释后即死去;

新庄宪光　32岁,满铁张家口经济调查所,狱中死亡;

浜津良胜　33岁,锦州市公署行政股长,战后释放(战后加入日本共产党);

津金常知　37岁,满铁上海事务所调查室(战后日本社会党长野县议会议员)。

以上人员中只有津金常知不是上海同文书院的毕业生。检举继续还有第2次,目前知道的也有近20名被检举,但完整的记录现在还没有找到。

据笔者调查,曾是东亚同文书院支部书记的坂卷隆也被检举,战后他是日本共产党长野县委员,由于曾被拷打留下后遗症,与浜津良胜先后去世。曾让西里龙夫加入中国共产党的手岛博俊,在"中共谍报团事件情况调查记录"中只有一行记录:死亡。其死亡因为是当局自己做的报告,不可能由当局自己记录为"由于拷打死亡",但不能否认其可能性。

尾崎秀实在上海培育的研究者和学生中除此之外,与左尔格事件有关的还有:

水野成　坂本记念会馆资料编纂员,徒刑13年,1945年3月22日,狱

中死亡；

　　船越寿雄　联合通讯社汉口天津局局长，徒刑10年，1945年2月27日狱中死亡；

　　河村好雄　满洲日日新闻上海分社社长，1942年12月22日，因受拷打精神失常死亡；

　　川合贞吉　徒刑10年，因战败被释放；

　　安斋库治　满铁张家口（包头）分社，被检举后释放（被合并为满铁事件相关案件后释放，战后为日本共产党常任干部会员）。

　　除以上人外再加上像尾崎秀实、左尔格那样被执行死刑的人以及布凯利治（1945年1月13日）、北林朋（1945年2月7日因病危停止执行保释之后即死）、宫城与德（1943年8月2日狱中死亡）等人，这个事件中狱中死亡的人数简直可以说死尸累累，结果悲惨。

　　在中国方面的被检举人中，现存有关于中共谍报团负责人李德生的警察审讯记录。

　　中共谍报团事件和左尔格事件都出了许多牺牲者。他们都为中国革命的胜利贡献出自己的青春，并付出了自己的宝贵生命。中西功和尾崎秀实他们之间的所谓"为了共同的目的"就在于打倒日本帝国主义、阻止日本与苏联的战争、结束对中国的侵略战争。①

（[日]渡部富哉　日本社会运动资料中心主任；王军彦译）

---

① 本论文应上海师范大学的要求，将十三章中的五章削减，压缩成了三分之一篇幅。——作者

从尾崎秀实看谍报概念的革新

◎ [日] 铃木规夫

在主权国家、多种国际组织林立,各种国家利益、意识形态交错的世界政治中,在"即使国家、民族的区别消失也依然不会出现信息化"的21世纪的现在,准确定义谍报概念,是我们维持自身知性的不可或缺的尝试。

10年前,2003年3月20日,美国布什政权对伊拉克的萨达姆政权进行武装干涉时,列举出的第一个理由就是伊拉克政府持有大规模杀伤性武器。但是,到了现在,众所周知,不仅在伊拉克并没有发现大规模杀伤性武器,而且英美情报机关在当时就知道这些是"不存在的事实"[1]。

10年后的今天[2],美国奥巴马政权再次对叙利亚进行军事干涉。虽然美国军事干涉首要理由也是巴沙尔政权使用了化学武器,但欧美的情报机关则反复声称并不能确定这一事实[3]。在这种情况下,2013年9月,再次回

---

[1] 关于这一点有很多报道,例如BBC或者国际文传电讯社都反复报道。(http://japanese.ruvr.ru/2013_03_18/108300333/)。2010年还制作了以此为主题的电影(http://www.universalstudiosentertainment.com/green-zone/),在美国社会引起巨大反响。

[2] "在中东地区以10年为周期发生的美国或以色列发动的大规模军事行动,与美军需要废弃处理多余武器是周期一致,所以中东的灾难实际上是卷入军工业再生产过程中的一个结果"。中东知识分子这样的常识,也不能说完全没有根据。

[3] 参看2013年9月2日 *HuffPost World* 日语版。http://www.huffingtonpost.jp/2013/08/31/syria-strike-chemical-weapons_n_3849570.html?ir=Japan&utm_campaign=090113&utm_medium=email&utm_source=Alert-japan&utm_content=FullStory。

避了联合国的裁决的美国奥巴马政权,在取得美国国会的承认之后,依然表现出要强行对叙利亚进行军事干涉的姿态。此后随着俄罗斯的介入调停,叙利亚局势依旧处在一个奇妙的内战状态之中(2013年11月)。

当然,在现实政治中,虽然说人类集团决定政策的过程中,谍报带来的分析和判断不一定会反映在政治判断中这种事态并不合理,却时常出现。

例如,70多年前,满铁调查部的《支那抗战力调查》(1939—1940年,具岛兼三郎、伊藤武雄、中西功、尾崎秀实等参与调查,共五篇,《总篇》、《政治篇》、《战时经济政策篇》、《内地经济篇》、《外援篇》)也得出了在中日战争中日本不可能对蒋介石取得压倒性胜利的结论,但结果是大家都知道的。

在政治社会中要对谍报形成常识,是有各个阶段的,同时也存在怎样才能把情报融入政策决定过程中这个问题。而且,即便作为智囊团的满铁调查部发挥了谍报的诸多能力,如果调查结果不能在政府组织内发挥有效作用,那就没有实际意义。非常具有讽刺意味的事实是,即便是现代的美国拥有极高水平的谍报机关,在政权决定政策的性质上,也和70年前的日本没有多大出入。可以说这是很难把谍报理论化的一个重要原因。

验证政治权力在拿到理查德·左尔格和尾崎秀实小组收集到的情报以及他们的分析结果之后,如何将这些东西运用到政策决定过程中是一个极具深刻意义的历史研究[①]。而且,更为重要的是能够尝试着揭开他们谍报工作的实际状态。

在这样历史验证的前提下,本文想论证一下左尔格—尾崎,特别是尾崎秀实,在谍报研究理论上具有怎样的地位。也就是说,在1940年代,谍报概念在其机能和作用上发生了急剧变化,而且这一变化在左尔格—尾崎小组的"状况分析"式的情报收集工作中得以体现。所以在这里本文要强调他们和"情报活动""间谍谍报活动"是有明显区别的。

与谍报相伴的政治文化上的差异常常被视为问题,查莫斯·约翰逊曾说过:"如果从一个共产主义者的角度来看"尾崎秀实,"不能单纯地说在那个年代的日本,他是典型的共产主义者"。所以,将尾崎秀实的谍报概念的

---

① 参见加藤哲郎《国际情报战中的左尔格=尾崎秀实小组——柳斯科夫逃亡、诺门罕事件、西洛特金(音译)证言》。http://homepage3.nifty.com/katote/mongol.html。

性格定义为"日本式"是有些牵强的。那么我们应该怎么来理解尾崎秀实谍报概念的性质呢①?

一、谍报概念的转变及其革新

英国在 1909 年 10 月创建了军情六处(Secret Intelligence Service,SIS,通称 M16)。而从现在典型的美国谍报教科书——马克·M.洛文塔尔的《谍报》——中可以窥见,美国竟然出乎意料地在 20 世纪 40 年代才开始着手组建国家规模的谍报机关。

"20 世纪 40 年代,谍报工作开始了新的尝试。行政与立法双方的政策决定者,都认为谍报是国家安全保障领域当中的新生成员,即便是在谍报发展相对落后的陆军和海军之中。谍报经过了 20 世纪相当长的一段时间,终于得以确立起来。正因如此,谍报在政府内并没有传统的支持和后援。军队和 FBI 对于共有情报源是很消极的,而且由于谍报并没有一贯的传统或者作战方式,所以在二战和冷战等非寻常时期就必须构建这些东西。"(Lowenthal 2012:12-13)

更具有讽刺意味的是,促进美国谍报机关组织化的原因是日本偷袭珍珠港。直到今天,那都成为谍报工作失败的老例子了。因为错过了各种信息,而且各个部门、机关之间也没有互通重要情报,加上政策决定者按照"镜像效应"(mirror imaging,即根据自己的样子来想定对方)而没有能够察觉东京的实际状况(cf. Lowenthal 2012:19)。

也有意见指出"没有预见到日本偷袭珍珠港的失败"在"9·11 事件"再次上演。不过,姑且不谈"谍报的成功与否",美国以"9·11 事件"与"珍珠港事件"为导火索发动的战争,在性质上都与以往的战争有很大不同。这提示我们,"谍报的失败"既可以成为战争性质的反证,同时也可以成为促进谍报自我革新的一个契机。

---

① 对尾崎—左尔格的审判,从这个角度来看是极有意思的。谍报人员的层次原本就各不相同,所以就存在该怎样审判的问题。

例如,在美国得到的各种"情报"中,应该也有"中共谍报团事件"中中西功等人从尾崎渠道获得的东西。但是,至少在当时的美国政府机构内没能够预测出日本将偷袭珍珠港。因此不得不承认这是美国谍报工作的"失败"。即便如此,就像威廉·多诺万(William J. Donovan)所带领的情报协调局和战略谍报局主要关心的是欧洲战线那样,从战略角度来讲,也有可能是罗斯福利用日本的对英美开战,把欧洲大陆上美国对德的开战正当化。在政策决定过程中,与其说对亚洲太平洋方面的情报活动不够关心,倒不如说更重要的是如何运用情报进行综合分析的问题。这不单单是指对军事情报的把握,还包括了附加到谍报机能上的更高使命。

对于这一点,当时的尾崎秀实又是如何分析美国的情况的呢?

"美国的经济已经通过急剧扩充军备生产,人为制造出了景气,军需企业家获得了充分利益。对他们来说,如果不进入战争就无法维持这种不自然的良好发展。而且,如果德国取得最后胜利的话,可以预见到在欧洲市场和南美市场美国的地位都将变得十分困难。当然,美国政治指导部对于现在的形势产生了深刻的恐惧和迷茫也是不能否定的事实"(尾崎 2004:362-363)。与此同时,"一直与日本对抗的支那会成为英美国际战线的一翼","支那问题"也应放在"美国将与英国共同对抗德国的战争扩展为世界规模的战争"这样的"世界政策的视角当中来理解"(尾崎 2004:374-375)。

而且尾崎秀实认为:"这样的战争具有直到其中一方完全投降才会终结的特性。在旧世界的转换期中的矛盾是极为深刻的。"(尾崎 2004:386)已经可以"看到"美国"得出了进行长期作战才是有效方式的结论"(尾崎 2004:401)。而且,尾崎秀实作出了"英美列强在等待日本库存的石油和铁用完的时刻,从那时起将会为了终结在中国的战争而攻击日本"(Johnson 1990:161)的预测,并对日本的政治决策者进言,建议保留对苏联的入侵,转而"南进"。

这就意味着,尾崎秀实已经迈出了谍报的范畴,对于其他各种情况进行分析后有意识地影响政策决定过程。围绕着左尔格和尾崎秀实,在谍报的自身与对政策决定过程的参与这一复杂问题上,即便是在现在也有诸多意见。

一般来说,在这种盎格鲁-撒克逊(anglo-saxon,英国)式的谍报机关形成中，共通的谍报概念是：第一，收集、分析对国家安全保障重要的特定类型的情报，并提供给政策决定者的一系列行为；第二，在这一系列行为中所衍生出来的东西或事情；第三，通过反情报秘密活动（counterintelligence，出于保护人、物资、设施等目的使敌对势力的破坏等谋略活动、谍报活动失效）来保护情报或这一系列的活动；第四，在合乎法律权限的基础上实施上级布置下来的作战（cf. Lowenthal 2012：9）。

在这里洛文塔尔所总结的谍报概念，毫无疑问是从美国积累了半个多世纪的经验当中抽象出来的东西。可以说和尾崎秀实在实际行动中的自我认识相比，有很大的重合部分。

尾崎秀实经常被认为是有表里双重面孔，其人格也是分裂的。但如果和他在军事方面上的思考保持一定距离，研究他的政策取向的话，就会发现尾崎秀实的谍报概念和1940年以后不断复杂、精致化（sophisticated）的谍报机关的常识有相通的地方。

尾崎秀实在审讯记录（1942年4月1日）中曾说，各种情报并不因为它们属于重要机密就有决定性意义和价值，首先自己应该有一定的见解，然后再参考各种情报来勾画出整体的事实或者倾向。他甚至断言说，他自己自身的综合判断就可以称为一个情报来源。这种情报源的主体化，在政治权利内部也经常意识到自己的位置，就不能认为是单纯的"间谍"了。

如上所述，如果说谍报就是为了搜集、分析对安全保障来说重要而且特定类型的情报，并提供给政策决定者的一系列的行动的话，那么尾崎秀实通过他自己的能力，对情报进行综合分析，并对该时代进行了一个正确的判断，就这点而言，尾崎秀实是表里如一的。

尾崎秀实的问题，在于对接受分析结果的"政策决定者"的界定。这个"政策决定者"到底是指谁，或者在哪里呢？并没有迹象表明作为近卫文麿智囊团的尾崎秀实，进行了妨碍近卫文麿作出政策决定的反秘密行动[①]。同

[①] 在探寻是否准备对苏开战这个情报的过程中，不仅仅是客观分析，其实各种情报都表明没有对苏开战的可能性。对于近卫文麿的智囊团是否也是批评"北进论"，并为了实现"南进"而做了各种政治工作这个问题还需要讨论。所以尾崎秀实发表的最后的时事评论《大战を最後まで戰ひ抜くために》(《改造》1941年11月号)中以"我相信第二次世界大战是'世界最后的战争'，领导国民在这场最后的战争中战斗到最后是今后政治家们必须承担的任务"作为结尾。对尾崎秀实的这个话该如何解释也就变得重要起来。

时,考虑到当时的审查状况和限制言论空间等,也不能说作为近卫文麿的智囊团的谍报人员提供左尔格的情报有什么显著的问题。虽然是为了避免蒙受意外的镇压而进行的加工,但是这和身处"阶级敌对势力"的"帝国主义国家"之中,"一边在这样的权力构造中生存、思考、行动,一边坚持自身的理想,出于对他所生存的时代的重大事件的自身判断,来寻找行动的原理"(Johnson1990:198),并没有什么不同。

对于左尔格,有一种评价说他是双重间谍。但是尾崎秀实所界定的"政策决定者"是能够做出合理政治判断的"想象中的人民"的话,那就有可能理解支持尾崎秀实从事谍报活动的动机。可以说对于现实主义者的尾崎秀实来说,支撑他的是一种伴随着理想型谍报工作而生成的姿态。高田法官对尾崎秀实的评价,"尾崎是一个献身理想的高洁之士,是典型的爱国者",可以说是对尾崎秀实的一个高度概括。

当然,对于当时的共产主义运动为什么能那样强有力地唤起人们的想象力,还需要进行讨论。但尾崎秀实的存在,则表明了并不是所有的政治决定都依存于谍报。如果把这当作是谍报的一个弱点来看的话,那么洛文塔尔所说的"政治化了的谍报"也就成为一个可以令人思考的问题。

政策的决定者可以对情报随便拒绝或者无视。虽然在CIA本部原来的入口处有"你们必晓得真理,真理必叫你们得以自由"(约翰福音书第8章第32节)的字样,但现实是权力关系不会发生逆转。谍报工作者不能根据自己掌握的情报对政策提供建议。而且,谍报工作者还有可能为了支持政策决策者的喜好和选择,故意修改原本该是客观的情报。这一系列的现象,被称为"政治化了的谍报"。

尾崎秀实作为近卫文麿的智囊团在从事谍报的时候,是基于自身的情报工作来对政策提出意见的,所以明显会陷入"政治化了的谍报"当中。而且在对共产国际提供的分析判断中,也会有损情报自身的客观性,这样跟他自己所说的"我自己自身的综合判断也是一个情报来源"就会有所矛盾。尾崎秀实自己是没有考虑到这个弱点的。

在此之外,洛文塔尔也提出了以下三个弱点(cf. Lowenthal 2012:7-9)。第一,在面对分析对象的时候,谍报人员可能只具有常识性的知识;第二,分析过度依赖情报,而忽略情报中体现不出来的部分;第三,就是前面提到过的"镜像效应"。如果认为别的国家或别的国家的个人,会跟自己国家或自己采取同样的行动,就有可能降低分析的正确性。因为有关人士总是认为对方会和自己一样作出"合理"判断,但现实未必如此。所以对于缺乏合理性的主体以及合理性的基准不同的主体的分析就会比较困难。

关于上面的三个弱点,有必要重新讨论尾崎的谍报工作到底是怎样一个情况。为此我们可以在这里进一步了解尾崎秀实到底有怎样一个设想。

二、尾崎秀实的设想——民族主义与国际主义的对立与统一

在考虑尾崎秀实的谍报特征时,值得参考的是高田法官对尾崎的评价:"尾崎是一个献身理想的高洁之士,是典型的爱国者。"

我们应该注意到,作为现实性的革命者的尾崎秀实,从来不说要立刻打倒"天皇制"。1942年4月14日的审讯记录中,记录了尾崎秀实"对国体的想法"。

"以我个人之见,我对规定了现在日本政治体制本质的'天皇制'这个词是否正确表示怀疑。我认为现阶段日本资本主义的特征,与其说是发展的后进性倒不如说是内部的不平衡。而且封建势力直接原封不动地变成了强有力的资本主义势力……在现阶段日本政治体制中,'天皇'在宪法上的地位所拥有的意义,也不过是拟定的罢了……更进一步作为共产主义者从战术上来看,我认为将打倒'天皇制'当作口号是不恰当的。因为在日本从历史上来看,'天皇'并不是民众的直接压迫者,而且很明显,即便是现在,对民众而言他们也不觉得皇室的财产是直接从他们身上剥削来的……我们是世界主义者,所以我们的目标就是实现理想中的世界大同,消除国家的对立,实现全世界的共产主义……当世界共产主义大同得以实现之时,国家及民族将作为一个地域的,或者一个政治集合体将继续存在下去,这就是我认为的将来的国家。在这种情况下,'天皇制'作为一种制度当然会被否定乃至消失,但是在日本民族内作为历史最为久远的'天皇家'会以什么形式保留下来也是不可确定的事"(尾崎 2004:417-420)。

尾崎秀实对"天皇制"理解的现实性,跟他将中日战争作为世界战争的一环来解决的时代认识是相通的。

他说:"东亚共荣圈确立的前提不仅仅是将英美资本主义势力从东洋驱逐出去,还要消灭那种民族统治的旧的秩序方式。支那问题和南方问题所包含的基本意义是民族问题。这些地方的在殖民统治之下呻吟的各个民族的自我解放,是建立东亚新秩序不可或缺的要素。我相信通过支那民族的解放和自立,日本和支那两个民族正确合作,将成为建立东亚共荣圈的基础的第一前提。"(尾崎 2004:330)所以在尾崎秀实看来,民族问题和产业革命问题有紧密关系,这种关系同时也关系到日本的自我革新问题。

尾崎秀实认为"世界新秩序应该解决的最为重要的课题之一"就是"受压迫的民族国家和殖民地民族问题"(尾崎 2004:380),所以对尾崎来说"日本和支那两个民族的高层次的结合,将逐渐成为当今世界史中的事实,这也是只有在建设世界新秩序当中才能完成的事情"(尾崎 2004:326)。

从尾崎秀实的谍报概念所得出的"日支两个民族高层次的结合"这个设想,是以国际主义来克服民族主义为基础的。而其前提有一个显著特征,就是通过中日两国的对抗和相互作用,不仅是在抵抗一方的中国,也在作为侵略者的日本,寻找社会变革的可能性。

继承了"中国统一化"理论的尾崎秀实认为,即便中国作为一个国家在中日战争中失败了,中国社会的抵抗也会有所强化,日本也许能够战胜中国的正规军,但是对抗不了中国社会的抗日运动,中日战争将长期进行下去,并且在这长期的战争中中国得以统一,国民党没有能力将政权维持下去,所以中国共产党会取而代之成为新中国的主人。事实证明他的判断是正确的。

但是,我们现在并不确定尾崎秀实是怎样分析"中国统一化"的过程与帝国主义日本的民族主义过程之间的差距的。至少他向往一种"东亚革命",试图在东亚地区的民族主义构造解体之后,建立起社会主义秩序这点是明确的。为了建立"东亚新的社会秩序",尾崎秀实认为"苏联"、"脱离了资本主义的日本"以及"中国共产党完全掌握政权的支那",这三者必须要有紧密的提携援助,所以他所要建立的东亚诸民族共同体是以这三者的紧密结合为核心的。

而且尾崎秀实认为："这个世界,在资本主义社会崩溃的过程中,有重要意义的就是实现东亚新的社会秩序。我从最初就深信不疑地认为'七七'事变是实现东亚新的社会秩序的决定性的契机,再加上这个时期有幸能够和苏联相互提携援助,通过我十多年来与左尔格进行的谍报活动,能和共产国际甚至苏联的相关部门取得密切接触等事实,我认为建立东亚新的社会秩序并不困难。而且我也充分相信能够取得支那的提携与帮助。"(尾崎 2004：413—415)

尾崎秀实的这种想法能不能说是一种单纯的"幻视"(米谷匡史),还需要进一步的议论。

但是从展望脱离盎格鲁-撒克逊式的金融资本主义机构、建立新的世界秩序这个角度来说,就像现在出现的金砖四国一样,可以说尾崎秀实给我们展现出的东西当中,说不定有一种卓越的逻辑。

小结：脱离盎格鲁-撒克逊式谍报概念的意义

很多时候都会提到的是,历史研究和理论研究在社会科学研究当中,存在某种相悖的关系。

1990年代末,国际关系专业的历史学家和政治学家会聚一堂,试图讨论两者的相似与不同。最后得出的结论是："政治学家不是历史学家,也不应该成为历史学家。这两个领域之间,不管是在认识论还是方法论上都存在不可逾越的沟壑。"(阿勒曼 & 阿勒曼 2003：32)

另一方面,就像"历史学家的任务就是,甄别种类繁多且可疑的史料,然后将自己慎重而且专业的结论告诉他人。人民可以信赖历史学者所写的东西,但没必要指责社会学者"(Marshall 1964：35)这个结论那样,特别是对于预先不可察觉的间谍活动而言,把这样的间谍活动作为历史研究对象的时候,该如何处理史料、再现事实呢？单是确认事实都是一件繁重的工作。

"根本不可能在发生什么事情之前就回忆起那件事情","只对过去发生作用的记忆,是多么贫弱的记忆啊",这些在《镜子国中的爱丽丝》一书中爱丽丝和女王的对话,恰恰说明了在研究谍报时有必要事先设想时间上的排列组合。

1942年司法省公布的所谓"国际谍报团事件",毫无疑问是和"企划院事件"、"中国共产党谍报团事件"等结合起来说的。而且,第二次世界大战结束后的冷战时期,由查尔斯·安德鲁·威洛比重新打造了"左尔格事件",并为日后美苏两大阵营所利用。鉴于这样的史实,时间的排列组合问题就变得更为复杂。

所谓的"左尔格事件"已经经过了多重反复变奏,其中尾崎秀实的地位和作用也随着版本的不同而发生变化。尾崎秀实、左尔格等人活动的性质和意义也正是在再次考证谍报历史的现代,才能从更高的层面上得以重新认识。确认他们的谍报概念自身拥有根本性的革新这件事也是为了重新认识他们。而且,这个认识也会波及由检察人员构筑起的"左尔格事件"中可能被隐藏起来的问题。

关于这一点,石堂清伦的下列观点可以说正中要点(石堂,1999)。"在这里尾崎秀实和左尔格都是一样的,我认为与其说他们遵循的是传统的共产主义理论,倒不如说他们拥有另一个结局社会问题的新设想。政府最为害怕的,已经不是奄奄一息的共产党。而是将来当日本战败的时候,国民们要求变革时,能够明确说出这里有变革之路的势力。对政府而言,这样的势力必须立刻消灭掉。这包括企划院团体的各种想法,满铁调查部的主张,尾崎·左尔格团体的理论方向,细川嘉六所提出的新民族理论。可能政府认为当日本战败后,社会陷入混乱之中的时候,这些人将成为强有力的新的变革的主体。所以必须要把这些人和思想消灭在萌芽时期。这就是发生了企划院事件、横滨事件等诸多事件的原因。这里存在的不正是最为接近今天所说的后共产主义的思想吗?统治阶级出于阶级本能敏感地察觉到了这些思想的危险性。所以要趁现在不择手段地消灭掉它们。在某个地方制定了这样的计划"。

石堂所说的"某个地方"到底是指哪里呢?将这一点作为"左尔格事件"的核心来研究这件事应该是非常重要的。同时这是否是特殊的"日本的"现象,也需要进一步进行论证。

近些年来,把谍报研究当作是一种盎格鲁-撒克逊式的政治文化,甚至出现了使用解释人类学的方法,在政治文化领域研究谍报的情况(Davies and Gustafson，2013）。本文不过是论证了在盎格鲁-撒克逊式的政治文化中已经形成了制度化的这种谍报概念，和尾崎秀实的思考方法是有相通的地方，同时进一步来看，尾崎秀实的实践与理想，倒不如说是成为从盎格鲁-撒克逊式的束缚中解放了谍报概念的一个契机。

虽然和尾崎秀实当时的预想不同，第二次世界大战后，经历了半个世纪的冷战，民族问题、农业问题依然没有得到解决，盎格鲁-撒克逊式的金融资本主义为所欲为，战事不断。但这也意味着，通过再次思考"中日战争"所遗留下来的诸多问题，说明我们现在活在一个能够确认尾崎秀实所说的"中日战争将作为世界战争的一环得以解决的时代认识"是否有效的时代。

参考文献：

［1］Byron, John and Pack, Robert, 1992, *The Claws of the Dragon: Kang Sheng, the Evil Genius behind Mao and His Legacy of Terror in People's China*, Simon & Schuster.（田畑曉生訳 2011『龍のかぎ爪　康生』上・下　岩波現代文庫）

［2］Davies, Philip H. J. and Gustafson, Kristian C. eds., 2013, *Intelligence Elsewhere: Spies and Espionage outside the Anglosphere*, Georgetown University Press.

［3］Jeffery, Keith 2010, *MI6: The History of the Secret Intelligence Service 1909 - 1949*, Bloomsbury.

［4］Johnson, Chalmers, 1990, *An Instance of Treason: Ozaki Hotsumi and The Sorge Spy Ring, Expanded edition*, Stanford University Press.（篠崎務訳 2013『ゾルゲ事件とは何か』岩波書店）

［5］Lowenthal Mark M., 2012, *Intelligence: From Secrets to Policy*, fifth edition, SAGE.（茂田宏監訳 2011『インテリジェンス―機密から政策へ―』慶応義塾大学出版会）

［6］Marshall, Thomas. H., 1964, *Class, Citizenship, and Social Development*, Doubleday & Co.

［7］Wirtz, James J, 2002, 'Déjà vu? Comparing Pearl Harbor and September11', *Harvard International Review* 24/3, pp. 73 - 77.

［8］石井知章・小林英夫・米谷匡史編著 2010,『一九三〇年代のアジア社会論―「東亜協同体」論を中心とする言説空間の諸相』社会評論社.

［9］石堂清倫 1999、「歴史の中の尾崎・ゾルゲ事件」『国家機密法に反対する懇談会だより』No. 6 1991 年 8 月 24 日土曜日。
［10］http：//homepage2. nifty. com/ikariwoutae/starthp/isidou. htm
［11］今井清一・藤井昇三 1983、『尾崎秀実の中国研究』アジア経済研究所。
［12］エルマン、コリン＆エルマン、ミリアム F. 編（渡辺昭夫監訳）『国際関係研究へのアプローチ：歴史学と政治学の対話』東京大学出版会。
［13］尾崎秀実 2004、米谷匡史編『尾崎秀実時評集—日中戦争期の東アジア—』平凡社。
［14］丸山昇 2004、『上海物語　国際都市上海と日中文化人』講談社学術文庫。
［15］三谷太一郎 2013、『学問は現実にいかに関わるか』東京大学出版会。
［16］原田泉・山内康英編著 2005、『ネット社会の自由と安全保障　サイバーウォーの脅威』NTT 出版。

（［日］鈴木規夫　愛知大学教授）

宋庆龄与牛兰夫妇案

◎ 邵 雍

1931年年初,鲁德尼克(化名希莱雷·努伦斯、鲁埃格、保罗、牛兰)前来上海接替共产国际执委会国际联络部上海站代表阿尔布列赫特的职务,同时兼任泛太平洋产业同盟(即国际红色工会远东分会)上海办事处秘书。

6月15日,由于原中共中央政治局候补委员顾顺章的叛变出卖,鲁德尼克和他的妻子薇丽卡娅在上海公共租界被巡捕逮捕,共产国际和泛太平洋职工书记处上海支会的600余件档案文件被抄。宋庆龄设法给他俩送去了打印在一张小纸上的莫斯科指示,要他们分别自称是瑞士公民帕威尔与鲁埃格。

8月初,租界当局将牛兰夫妇移交国民党当局。14日上海警备司令部将牛兰夫妇移解南京。牛兰夫妇被捕后,中国共产党"再也没有收到任何材料。党根本不知道共产国际和红色国际的决定和决议等,这给中央同志们的工作造成了极大困难"[①]。

为了营救牛兰夫妇,共产国际准备发动一场全世界范围的抗议国民党政府任意侵犯人权的法西斯统治运动。从8月18日至9月7日,美国作家

---

① 《共产国际、联共(布)与中国革命档案资料丛书》第十三卷,中共党史出版社2007年版,第93页。

德莱塞等 31 人、德国妇女领袖克拉拉·蔡特金、德国教授罗弗莱特赫尔和卓越艺术家十余人，法国作家罗曼·罗兰等先后致电宋庆龄，请求援救牛兰夫妇。① 由于宋庆龄对牛兰夫妇与邓演达的案件均十分关注，国民党特务在一些刊物上多方造谣，大肆散播流言蜚语，有的还给宋庆龄寄去许多卑鄙的信件，进行威胁恐吓。

11 月，牛兰夫妇由南京卫戍司令部交给法院监押，当月宋庆龄前往南京首次探视了关在监狱中的牛兰夫妇。

1937 年，身陷监狱中的牛兰夫妇。

12 月 14 日，宋庆龄还与蒋介石当面商谈释放牛兰夫妇的问题，"因为蒋曾答应过她在他可能引退时要做这件事"。但是蒋在与宋庆龄见面时变卦了，宣称"要把这两个人移交军事法庭，他没有别的办法"。当晚宋庆龄与苏联红军参谋部第四局在上海的侦察员左尔格密商，"要求派 100 名优秀共产党员去南京，在那里她想为他们弄来一些武器，并想用政府汽车把牛兰（夫妇）从监狱里营救出来"。② 共产国际执行委员会国际联络部人员莱谢后来汇报说：宋庆龄的计划"是在对邓演达被枪杀事件极其气愤和愤怒的情况下产生的"，"计划可能是不错的，自然，这件事不可能很快组织实施，因为我怎么也未与共产党联系上"。③ 12 月 19 日，宋庆龄在发表论目前政治局势的宣言后病倒了，未能如期接见共产国际方面的费舍尔。后来他俩在对牛兰案件的下一步行动问题上出现了意见分歧。宋庆龄给费舍尔写了两封信，陈述自己的意见，但对方均没有回信。据说宋庆龄已经跟南京最高法院院长谈妥，"让费舍尔去南京找他，但

---

① 《文艺新闻》1931 年 9 月 7 日。
② 《共产国际、联共（布）与中国革命档案资料丛书》第十三卷，中共党史出版社 2007 年版，第 96 页。
③ 《共产国际、联共（布）与中国革命档案资料丛书》第十三卷，中共党史出版社 2007 年版，第 96 页。

费舍尔要等将牛兰(夫妇)移交民事法庭的正式证书。此外,他想先再与汪精卫取得联系"。①

1932年5月27日,宋庆龄在收到"国际非战及反对日本对中国侵略大会"电邀后明确表示,同意担任该会的筹备委员会和执行委员会的委员,至于能否如期前往日内瓦赴会,当视牛兰一案的情况而定。② 后来因营救牛兰难度极大,费时耗力,宋庆龄没有亲自出席该会。

7月11日,宋庆龄与史沫特莱、鲁迅、杨杏佛、埃德加·斯诺、伊罗生(即罗伯特·艾萨克斯)等32人成立了"牛兰夫妇上海营救委员会",宋庆龄自任主席,以美国记者史沫特莱为书记,办事处设于上海四川路216号302室。该委员会成立后发表宣言称:"为人道正义及不可侵犯之政治自由权,而请求应准牛兰夫妇之请求,将案移沪,或将其全部释放……我侪欣然与世界营救总会合作,以达成功。"③

当天宋庆龄离开上海北上南京探视牛兰夫妇。次日宋庆龄亲自找汪精卫和南京政府司法行政部长罗文干交涉营救牛兰夫妇问题。当晚乘车回上海。7月17日,宋庆龄、蔡元培、杨杏佛为正在进行绝食斗争的牛兰夫妇具保,迫使国民党司法当局同意牛兰夫妇到鼓楼医院就医。8月19日,江苏高等法院判处牛兰夫妇死刑,援照大赦条例,各处无期徒刑。8月25日,宋庆龄、蔡元培、杨杏佛等致电国民政府"请求特赦牛兰夫妇"④。在营救牛兰夫妇的过程中,宋庆龄于1932年12月发起组织"中国民权保障同盟",作为进行合法斗争的凭借。在此之后,宋庆龄还通过前国际农民运动研究所研究人员陈翰笙"为她与一个从瑞士请来的律师之间传递信札"⑤。

1933年4月5日,宋庆龄与杨杏佛、沈钧儒等从上海抵达南京,在争取营救共产党员罗登贤、陈赓等四人的同时,去江苏第一监狱探视了牛兰夫妇。⑥

---

① 《共产国际、联共(布)与中国革命档案资料丛书》第十三卷,中共党史出版社2007年版,第96页。
② 《申报》1932年5月28日。
③ 《孙夫人领导下之营救牛兰会发表英文宣言》,《申报》1932年7月12日。
④ 《申报》1932年8月26日。
⑤ 陈翰笙:《谈谈孙夫人的高尚品格》,《回忆宋庆龄》第54页,东方出版中心2013年版。
⑥ 《申报》1933年4月14日。

1934年1月13日出版的《中国论坛》第三卷第4期报道《牛兰夫妇在南京狱中绝食》,说"《中国论坛》记者伊罗生代表国际保卫牛兰委员会,在牛兰夫妻这次绝食的期间中,到了南京监中探望了他们几次。一月十日牛兰夫人接见他的时候,嘱托他在监内替他起草遗嘱,将他们两人六岁的小孩交托孙夫人抚养"①。第4期同时刊登了牛兰夫人自江苏第一监狱致宋庆龄的信以及1933年12月30日、1934年1月12日宋庆龄要求南京当局释放牛兰夫妇的两封电报。《中国论坛》英文版是宋庆龄好友伊罗生于1932年1月13日在上海创刊的。按照在《共产国际》杂志编委会工作的波波夫1932年8月1日的报告,《中国论坛》是"在孙逸仙夫人和美国编辑罗伯特·艾萨克斯领导下"在上海出版的,其"倾向于反对在华的帝国主义,从道义上支持苏维埃中国并开展为释放鲁埃格及其妻子的运动"。②

牛兰夫人在自江苏第一监狱致宋庆龄的信说:"我们的案件仅是腐败的国民党政府制造出来罗织出来以遂其某种政治的企图的……我们使尽了一切方法。我们无法可想了。今日是保罗③绝食的第二十二天,我绝食的第十四天。现在我们前面已经没有什么希望。"④

宋庆龄在1933年12月30日致汪精卫、居正、罗文干等人电中说:"前此政府人员所期许之正式手续等等诺言,今日已经证明完全为谎骗之辞。君等如不能完全对牛兰夫妇生命负责,请即时正式传令将之恢复自由,否则亦须即时释放牛兰夫人。"⑤1934年1月12日宋庆龄再次致电汪精卫、居正:"君等若始终不欲牛兰夫妇复食,不应允渠等之要求,则全世界公民舆论、自由主义舆论皆将指牛兰夫妇之死为国民党所预谋杀害,皆将此种谋杀仅与德国希特勒式之野蛮残酷可比拟。""君等如欲成全渠二人之性命,请迅即为之,因完全责任均在君等之掌握中也。"⑥

可以说,宋庆龄为了营救牛兰夫妇殚精竭虑,千方百计,多方奔走,全力

---

① 《牛兰夫妇在南京狱中绝食》,《中国论坛》第三卷,第4期(1934年1月13日)。
② 《联共(布)、共产国际与中国苏维埃运动(1931—1937)》第十三卷,中共党史出版社2007年版,第192—193页。
③ 即牛兰。——引者注
④ 《中国论坛》第三卷第4期(1934年1月13日出版)。
⑤ 《中国论坛》第三卷第4期(1934年1月13日出版)。
⑥ 《中国论坛》第三卷第4期(1934年1月13日出版)。

以赴,但国民党当局顽固坚持所谓的判决,决不松动。牛兰夫妇在南京一直被关押到 1937 年,才得以出狱。他俩秘密前来上海后,宋庆龄帮助他们租了一所房子,并给予资助一直到 1938 年。1939 年 7 月 25 日牛兰夫妇回国。

由于宋庆龄在营救牛兰夫妇等活动中的杰出表现,她最终获得了共产国际方面的高度认可,1933 年被共产国际吸收入党。

(邵雍　上海师范大学教授、博士生导师、上海市委党史研究室特邀研究员)

牛兰事件细节问题的再研究

◎ 张姚俊

在中国现代史上,牛兰事件无疑是一桩轰动中外的重要政治性案件。其对于中国乃至远东地区的革命运动而言,意义非同一般,因为"牛兰的被捕导致发现了相当数量有关中国共产主义运动的重要文件,在相当长的时期内破坏了远东共产国际的联络机构"。① 也正因如此,共产国际方面"下大力气动用了中国当时的著名人士宋庆龄、蔡元培、鲁迅、林语堂等,以及国际著名人士爱因斯坦、杜威、罗曼·罗兰、德莱塞等,以各种方式要求南京国民政府释放牛兰"②。

迄今为止,不少有关民国史的著作及文章都对牛兰事件有过比较全面的阐述。但遗憾的是,以牛兰事件为研究对象的单一论题的论文却十分鲜见,至少是近十数年间,相关的学术性文章屈指可数。③ 且抛开此事不提,单

---

① 上海法租界档案,237/S,第147页。转引自[美]魏斐德著,章红等译,周育民校:《上海警察,1927—1937》,上海古籍出版社2004年版,第155—156页。
② 杨奎松:《民国人物过眼录》,广东人民出版社2009年版,第78页。
③ 综合中国知网的数据,目前所能查询到的主要是刊载于文史类杂志上的文章。例如,赛赛,《"牛兰事件"始末》,《湖南文史》2002年第2期;杨智友,《宋庆龄与"营救牛兰运动"》,《档案春秋》2006年第12期;徐世强,《轰动中外的"牛兰事件"》,《文史天地》2010年第4期。发表在史学刊物或著作中的文章有,彤旗,《营救牛兰夫妇——30年代的一场保护人权运动》,《历史教学》1992年第3期。杨奎松,《牛兰案件及其共产国际在华秘密组织》,刊于杨奎松著《民国人物过眼录》,广东人民出版社2009年版。此外,陈策的《上海公共租界法权变迁问题研究》(复旦大学2009年 （转下页）

就已有的与牛兰事件相关的论著而言,若仔细阅读之后,仍不难发现些许问题,特别是在某些细枝末节处,各家的说法或囫囵吞枣、含糊其辞,或大相径庭,令人莫衷一是。这自然是由于牛兰案事涉共产国际的驻外情报网络,具有较高的机密性和敏感性所致,因此当年所披露的案件细节相当有限,以至于后来的研究者大多依据亲历者的回忆文字等二手资料来还原事件的整个过程。当然,也有少数学者是利用诸如法租界警务处档案之类的第一手史料对牛兰事件加以分析和诠释。加州大学伯克利分校的魏斐德教授便是其中之一。在他的名著《上海警察,1927—1937》的第九章"赤色分子"中就专辟"牛兰事件"一节详述之。不过,令人疑惑的是,同样是第九章的组成部分,"牛兰事件"一节的前后数个篇目均使用了公共租界警务处档案,唯独这节使用的全部是法租界警务处档案。须知,牛兰夫妇是在公共租界被捕并首次受审的,所以公共租界警务处的档案理应最接近事实真相。据魏斐德教授在第九章的篇后注中称,公共租界警务处的相关档案为目前藏在美国国家档案馆军事参考部第 D 箱内的第 2510 号文件。但魏斐德教授为何没有使用这些珍档?其中的缘故或许正如他自己所说,"公共租界警务处所存有关牛兰案的文件中有大量没有制成缩微胶卷"①。没有缩微胶卷就无法利用这些档案?这恐怕也只有到美国国家档案馆走一遭才能知晓答案。

牛兰事件是一起主要涉及公共租界、南京国民政府、共产国际和以宋庆龄为代表的中外和平人士等多方力量相互角力的复杂案件。要厘清事件的本末,单凭某一方面的资料显然是存在一定片面性的。综合以往所有的研究成果来看,在档案资料的运用方面,还是相对比较薄弱的,共产国际和公共租界警务处的档案资料成为主要的关注目标。然而,最先审理牛兰案件的是江苏高等法院第二分院,因此该院的庭审记录理应也是研究牛兰事件的重要史料。

(接上页)中国近现代史博士论文)和姚远的《上海公共租界特区法院研究》(华东政法大学 2010 年法律史博士论文)中都将牛兰事件作为法权关系的典型案例加以评析。值得注意的是,《百年潮》2013 年第 6 期刊登了周进、丁伟的文章《牛兰事件的政治波澜》。作者大量利用日本及中国台湾的解密档案和口述资料,对牛兰夫妇被捕及引渡的详细经过进行阐述,尤其是对牛兰夫妇在沪受审的情况叙述得较为详细,这在其他相关论著中是不多见的,具有相当高的实证价值,为近年来"牛兰事件"研究的一篇力作。该文作者周进是北京市委党史研究室干部,丁伟乃旅日学者,其资料来源的可信度较高。

① 魏斐德:《上海警察,1927—1937》,第 169 页。

近来，笔者翻阅到少量牛兰夫妇在江苏高等法院第二分院受审的庭审记录，其中既有参与抓捕牛兰夫妇的西捕出庭作证的情况，也有国民政府代表与牛兰的代理律师关于移提（即引渡）问题的争辩。本文将利用这部分披露牛兰事件细节的史料，对这一重要的事件再作进一步探讨。拙文的标题谓之"牛兰事件细节问题的再研究"，与其说是"再研究"，不如说是对史料的再挖掘、再整理，文中亦不乏一家之言。笔者不揣粗陋，以浅薄管见，求教于方家。

一、牛兰案在沪庭审概况

众所周知，牛兰夫妇在被引渡给南京当局之前，首先是在公共租界内的中国法庭受审。这与租界的审判制度不无关系。英租界设立之初，实行"华洋分居"原则，除了受雇于外侨的华人之外，其他华籍居民一概不准在租界内居住。后因太平天国革命运动逐渐向长江流域扩展，开始有大量华人避居租界。尤其是1853年9月7日小刀会攻占上海县城后，大批难民涌入租界。1854年通过的《上海英美法租界章程》中，原先禁止为华人建造房屋、禁止华人之间相互租赁等相关规定已被删除，表明租界当局对华洋杂居的现象予以认同。是年7月成立的工部局为增加收入来源，更是在第二次董事会会议上决议向租界内的华人征收捐税。这无疑从法律层面承认了"华洋杂居"的既成事实。

随着租界里华人居民数量的增加，这一群体的犯罪现象也陡然上升。公共租界对此专门设有一混合司法机构，由上海道台委派同知一人与英国领事组成，专审租界内发生的以英、美等国侨民为原告，华人为被告的民刑案件。这个混合司法机构最早是洋泾浜北首理事衙门，1869年后改为公共租界会审公廨。1926年，淞沪商埠督办公署总办丁文江、外交部特派江苏驻沪交涉员许沅代表江苏省政府同外国驻沪领事团签订《收回上海公共租界会审公廨暂行章程》。翌年元旦，公共租界会审公廨被收回，改组设立公共租界临时法院，专门审理租界内发生的属领事裁判权案件之外的各种民事刑事案件及违禁案件。

按照《收回上海公共租界会审公廨暂行章程》的规定,公共租界临时法院于1929年12月31日有效期满。1930年2月,国民政府外交部代表与英国、美国、荷兰、挪威、巴西五国代表在南京签订《关于上海公共租界内中国法院之协定》,法国代表随后补行签字。4月1日,江苏上海第一特区地方法院改组成立,负责审理公共租界范围内发生的刑事民事案件及违禁案件。

在设立江苏上海第一特区地方法院的同时,租界内设置了江苏高等法院第二分院。该院是江苏上海第一特区地方法院的上诉法院,隶属于中华民国最高法院,主要审理公共租界范围内一般民刑上诉案件和"内乱"、"外患"、"妨碍国家"等第一审政治性案件。牛兰夫妇是以"危害民国"的罪名被捕,属于重大政治性案件,第一审放在江苏高等法院第二分院自然是顺理成章的。

关于牛兰夫妇在江苏高等法院第二分院受审的情况,很多论著都有所提及,可惜均一笔带过,且不同的论著给出了不同的描述。如魏斐德教授在《上海警察,1927—1937》写道:"1931年6月19日,牛兰夫妇在公共租界的中国法庭被指控。"[1]陈策在其博士论文中称:"公共租界巡捕房逮捕牛兰夫妇后,将他们关押两个多月,多次进行审讯,牛兰夫妇就实质性的问题丝毫不作吐露,因此捕房的审讯没有取得什么突破……1932年8月10日,江苏高等法院刑事一庭正式开审牛兰夫妇案。"[2]还有学者称:"8月9日,上海高等法院第二分院开庭审讯牛兰夫妇,并押解至南京监狱。"[3]显而易见,此三者既未将牛兰夫妇在沪初审的状况叙述清楚,也存在相互矛盾之处。

那么,牛兰夫妇到底在江苏高等法院第二分院出庭受审几次?每次的审理情况究竟如何呢?根据笔者所见的江苏高等法院第二分院的庭审记录,1931年6月29日上午9时,牛兰夫妇由总巡捕房被押解到该院刑事第一法庭进行庭讯。按照当时的规定,在江苏高等法院第二分院虽设有检察官,但检察官只能出庭陈述意见,无权起诉。该院审理的政治性案件由关系人提出自诉或工部局法律部派律师代表到庭起诉,行使相当于检察官的职责。故而,当日并没有检察官出庭,仅有一名推事堵福曜出席。工部局委派

---

[1] 魏斐德:《上海警察,1927—1937》,第169页。
[2] 陈策:《上海公共租界法权变迁问题研究》,复旦大学2009年中国近现代史博士论文。
[3] 彤旗:《营救牛兰夫妇——30年代的一场保护人权运动》,《历史教学》1992年第3期。

律师甘镜先为代表,对牛兰夫妇进行法庭讯问。是日出庭作证的有警务处西探目哥特、总巡捕房西副探长爱佛斯脱等。① 根据周进、丁伟所撰《牛兰事件的政治波澜》一文(以下简称"周文")所述:工部局警务处"以国籍不明等理由将被捕者牛兰起诉送往江苏省特区第二法院,并在7月29日进行第一次审判"②。由于6月29日开庭的性质属于法庭调查,所以不将此次视为正式开庭审判,也情有可原,但在6月29日的庭审记录上已将案由写得十分清楚——"危害民国",因此,"周文"将工部局警务处的起诉理由写作"国籍不明等",值得商榷。另外,"周文"提及的"江苏省特区第二法院"的正式名称应为"江苏上海第二特区地方法院",但该院隶属于江苏高等法院第三分院,负责接管原法租界会审公廨未结民刑案件,主要管辖受理法租界内发生的华人案件及华人为被告的华洋诉讼(该华人必须居住在法租界或案件涉及位于法租界的不动产,以法国人为原告、非居住在法租界内的华人或外人为被告的案件必须向公共租界或中国地界的中国法院提出诉讼),因而"周文"所称工部局警务处将牛兰起诉至江苏省特区第二法院的说法,与史实不符。

8月3日上午9时,江苏高等法院第二分院再次公开审理牛兰夫妇"危害民国"案。是日庭审,有3名推事(宋沅、叶在畴、高君湘)出庭,宋沅为审判长,该院首席检察官郑钺充任本案检察官。陆聪祖、魏律担任牛兰夫妇的指定辩护律师。庭上,国民政府代表、国民党中央组织部调查科("中统"前身)总干事张冲与甘镜先及牛兰夫妇的辩护律师就是否应将被告两人移提南京方面展开争论,但是日庭审并未就此作出裁定。③

8月8日,江苏高等法院第二分院又一次开庭审理牛兰案件。因牛兰此前改口称其为瑞士国籍,瑞士驻沪总领事馆代表当日到庭,向法院提出申请延期审判,等到弄清被捕者身份后再开庭判决。可是,淞沪警备司令部按照南京方面的命令,强烈要求工部局将牛兰夫妇引渡给中方。主审法官故而决定先将两名被告拘留于设在龙华的淞沪警备司令部内,并裁定:如果瑞士总领事馆确定此两人是瑞士国籍,即将他们引渡给瑞士当局;若非瑞士

---

① 江苏高等法院第二分院法庭调查记录(1931年6月29日),上海市档案馆藏档。
② 周进、丁伟:《牛兰事件的政治波澜》,《百年潮》2013年第6期。
③ 江苏高等法院第二分院法庭审判记录(1931年8月3日),上海市档案馆藏档。

国籍,则将正式引渡给中方。于是,两人在8月12日由租界工部局监狱移押至淞沪警备司令部拘留。8月13日,瑞士总领事馆向法院通报,根据该国调查结果证实牛兰非瑞士国籍。于是,8月14日晨,牛兰夫妇由中国军警押解,乘坐火车去往南京。①

由此可以基本判断,牛兰夫妇在江苏高等法院第二分院受审的次数至少是4次。但是,7月29日和8月8日的两次庭审的具体经过因未见相关记录,目前尚不得而知。

二、牛兰夫妇被捕前后的一些细节探究

不少文章在谈到牛兰夫妇被捕一节时都写明:牛兰夫妇是于1931年6月15日在四川路(今四川中路)235号4号房间其住处被捕的,同时牛兰在南京路49号30室的秘密活动场所也被查获。可是,查阅江苏高等法院第二分院的庭审记录便可获知,这种说法并不完全准确。根据工部局警务处西探目哥特的法庭证词,大致可以还原当时抓捕牛兰夫妇的概貌。哥特称:"捕房接政治部②报告,知有人在四川路一六八号密为共产党远东方面之事务,故于六月廿二日请钧院之搜查票,后于二十五日去抄查的。先是侦知第一被告③在南京路四川路转角三〇号房间内,因于十五日前往将其抓住。在他身上抄出一可以开四川路一六八号一五号房间的锁匙。这就是充分的证据……六月十五日那天抄查至下午两点钟,第二被告④用锁匙开门进来了。"⑤之后,她也被带回了巡捕房。

从哥特的这段证言里,我们至少能够肯定6月15日当天牛兰夫妇是在南京路(今南京东路)四川路转角一桩建筑的30号房间里被捕的。那么,这栋建筑的门牌是南京路49号吗?按照牛兰在法庭上的陈述,应当不是。牛

---

① 周进、丁伟:《牛兰事件的政治波澜》,《百年潮》2013年第6期。
② 即警务处特务股,下设情报组、华人组、联络组、外侨组、印度人事务组和电影检查组,负责搜集政治情报和处理政治案件等。
③ 即牛兰,下同。
④ 即牛兰妻子,下同。
⑤ 江苏高等法院第二分院法庭调查记录(1931年6月29日),上海市档案馆藏档。

兰在法庭上称"6月15日在四川路235号被捕",而他的妻子只记得是在"南京路四川路角房子内"遭逮捕,却不记得具体号码了。① 把牛兰的供述与哥特的证词相对照,应该能够确定牛兰夫妇是在四川路235号30号房间被巡捕抓获的。查询现如今的上海地图,四川中路235号距离南京东路尚有几分钟的路程,但旧时上海的门牌号码编排与现在不同,因此,不能排除当年的四川路235号就在四川路与南京路交汇处的可能。

关于捕获牛兰妻子时的详细过程,哥特作证说:"问他(她)是那(哪)一国人,他(她)初说是法兰西人。法国领事馆说他(她)不是该国人民。因又改称是比利时人。从第二被告身上又抄出一地址单。因又赴西花园抄查。西花(园)七四号就是他们住的地方。"②在法庭调查笔录的后文中还出现了"花园路74号"这一地址。那么,牛兰妻子为何自投罗网?"西花园74号"与"花园路74号"究竟是不是同一处地方?单凭哥特的证词尚无法解答上述问题。

不过,"周文"的描述倒是可以与哥特的证供互为补充。该文称,巡捕因在南京路49号30号房间屋内发现一张法文便条:"今天下午2时半再会。"所以,巡捕在屋内守候,逮捕了一名如约而至的外籍女士。此人见状自称"走错了房间"。当询问她为何会有此房的钥匙,该女士含糊其辞,并称自己是法国人。巡捕随即用车将此人带到法国领事馆进行确认。这时,该女士又称自己是比利时人。巡捕在检查她的手提包时,发现一张写有"MRS Motte,74,Westend Garden"字样的某洋服店的收据票根。巡捕随即搜查该处所,确认此处为该女士的住处。③

暂且不论牛兰夫妇被捕的地点,仅就牛兰妻子何以被抓捕以及牛兰夫妇的常住地址这两个问题,通过不同史料的相互印证,大抵能得出比较明确的结论,即6月15日这天牛兰与妻子相约下午两点半会面,但牛兰在是日上午就被巡捕逮捕,而他的妻子并不知情。所以,当巡捕们还在他们约定的房间内继续搜查时,提前到达的牛兰妻子竟然都没有发觉房间内有任何异常,还是拿出钥匙打开了房门,结果落入租界当局的手中。以牛兰夫妇的谍

---

① 江苏高等法院第二分院法庭调查记录(1931年6月29日),上海市档案馆藏档。
② 江苏高等法院第二分院法庭调查记录(1931年6月29日),上海市档案馆藏档。
③ 周进、丁伟:《牛兰事件的政治波澜》,《百年潮》2013年第6期。

报职业本质而言,这不能不说是他们工作上的一次重大失误。牛兰夫妇自从到达上海以后,各项情报工作进行得相当顺利,未受到任何大的阻碍,这或许使他们产生麻痹心理,事先并未察觉自身的一举一动已在巡捕房的控制之中,从而导致身陷囹圄的结局。

至于哥特所说的"西花园 74 号"正是"周文"提到的"74, Westend Garden"。"周文"在叙述中进而说明该地址所对应的中文名即为愚园路宏业花园 74 号。可见,庭审笔录里所写的"花园路 74 号"当属笔误。

牛兰夫妇在被捕后,都向巡捕表明了自己的国籍。牛兰自称是比利时人,哥特等即把牛兰"带到比领事馆去过,因他们[①]不曾注册,所以比国领事馆不接受"[②]。牛兰妻子先称是法国人,同样被法领馆识破,遂改称是比利时人。巡捕在宏业花园 74 号里搜出 3 本比利时护照。"一张有万得可生[③]的名字及照片,大概就是万得可生与其夫人的。又一张也有第二被告及其小孩的照片,惟第一被告在该处所用的名字叫马法马斯。另外又有一张是第三张了,上面的名字是美国人大内"。[④] 在这 3 本护照里,第一、第三本应该是牛兰的,第二本归属其妻子。由于 3 本护照上牛兰使用了 3 个名字,这让巡捕房很是疑惑。当被问及此事时,牛兰称大内不是他。由此似可推断,第 3 本护照上面没有贴照片,因而很容易否认,脱开干系。那么前两本护照的真实程度是否可信呢?警务处方面专门询问了比利时领事馆。"比国领事馆电讯比国外交部。当得回音谓,第二被告的护照是伪造的。第一被告的护照是从前签给他与另一妇人的。惟比国警厅又查悉该妇人之护照已失去。第一被告是一八九八年生于比国骇比地方的。比国领事馆以护照有疑问,所以不愿接受此事了"。[⑤] 比利时领事馆的回复很明确地告诉了警务处,牛兰夫妇的护照存在伪造与冒用之嫌,而比方一直以此为借口,拒绝插手此事,其不愿被牵涉到这件棘手的案件中的用意也是显而易见的。

为了便于开展地下工作,迷惑敌人,牛兰夫妇租借了多处活动场所,四

---

① 疑为笔误,应作"他"。
② 江苏高等法院第二分院法庭调查记录(1931 年 6 月 29 日),上海市档案馆藏档。
③ 牛兰在江苏高等法院第二分院庭审中坚称自己名叫"万得可生"。
④ 江苏高等法院第二分院法庭调查记录(1931 年 6 月 29 日),上海市档案馆藏档。
⑤ 江苏高等法院第二分院法庭调查记录(1931 年 6 月 29 日),上海市档案馆藏档。

川路 168 号 15 号房间就是其中之一。可是，就此处房屋究竟是何人租下的这一问题，证人之间的证词互有出入。6 月 25 日，总巡捕房西副探长爱佛斯脱奉命前往四川路 168 号 15 号房间搜查。通过查抄，他获知 15 号房间是由一个名为陶而生的人租赁，而据房东汪诚斋称，这个陶而生已离开两周，不见踪影，还拖欠了他的房租。6 月 29 日，汪诚斋也到庭作证。他说他是二房东，15 号房间是他转租给陶而生的。当被问及是否见过牛兰夫妇到过 15 号房间，汪诚斋给出了否定的回答。由于 15 号房间的钥匙是从牛兰身上搜获的，法官又问牛兰这是怎么回事。牛兰禀称这把钥匙是爱利生的，因为这间房子"先是陶而生租的，后来由爱利生租了"。工部局代理律师甘镜先并不认同牛兰的这一解释。他起身谓，经捕房调查所知爱利生就是牛兰。面对甘镜先的指认，牛兰似乎并不感意外，他辩解道："西探叫经租房的刚白度①及一西崽来认。刚白度说我不是爱利生，因爱利生签约时，他看到的。西崽说我是爱利生，因我代爱利生付过两月房租。"②法庭后并未对此问题进一步辩论，29 日的庭审也就此结束。

从牛兰的这番话里，大抵可以作出两种判断。第一种判断是 15 号房间的确是牛兰从爱利生那里转租下来的。但无论是陶而生还是爱利生，都没有在捕房调查和法庭审讯时现身，他们仅仅存在于证人的证词之中。以牛兰的职业特质而言，为了隐匿自己的真实身份，他这样做的可能性甚微。第二种判断是，牛兰确实是 15 号房间的真正承租人，但为避人耳目，他或请人冒名陶而生、爱利生，或找来名为陶而生和爱利生的人替他租下此房。因此，汪诚斋和那个刚白度都不曾认识牛兰。

1937 年，监狱中的牛兰。

---

① Comprador 的译音，即买办。
② 江苏高等法院第二分院法庭调查记录(1931 年 6 月 29 日)，上海市档案馆藏档。

三、牛兰夫妇的移提问题

　　由于牛兰夫妇是在公共租界被捕的,按照当时的法律,国民政府并无权直接审判他们。若要将牛兰夫妇治罪,南京方面必须首先将他们从租界引渡过来。基于这个目的,1931年8月3日上午9时,江苏高等法院第二分院正式开庭审理牛兰夫妇"危害民国"一案时,庭审的焦点就集中在是否应将牛兰夫妇移提中国当局。当时到庭的国民政府代表、国民党中央组织部总干事张冲称,"本案起始系中央调查股查得牛兰所布文件六百余种,内容完全为共产党重要计略。当即呈请中央常务委员核办的。又总司令部于五月廿八日在汉口拘获共产党中委顾永年[①]一名。据供两被告为第三国际驻中国首领。在中国各地共党红军悉听指挥等情。又中央调查股复查得六月十日,牛兰所作报告总计分为五种:(一)与顾永年有呼应关系;(二)向忠发受其指挥,渠为在中国第一领袖;(三)一九三〇年至一九三一年四月间,由牛兰派共产党徒三次,第一次一百七十三人、第二次一百余人、第三次七十余人赴江西扰乱;(四)指使工人农民联络破坏现政府;(五)供给各地共党金钱以为扰乱根本。此项证据业经中央定检,与工部局所搜获全相符。现本人受中央委派来沪移提,请将两被告交本人提回。"[②]淞沪警备司令部代表、律师詹纪凤也表达了相同的意见。

　　然而,对于张冲和詹纪凤意欲将牛兰夫妇解往南京,由国民政府最高当局审判的要求,工部局方面则有不同意见。工部局的代理律师甘镜先起称:"工部局已依危害民国治罪法第二条之罪对被告提起公诉,且被告犯罪地点系在租界,所犯又系危害民国紧急治罪法之罪,其管辖权均属钧院。故工部局认为本案应由钧院受理。"[③]

　　牛兰夫妇的代理律师自然也是站在甘镜先的一边。魏律律师言道:"顷捕房律师认(为)本案应由钧院受理甚为合理。因钧院固系中国正式法院也。现在要求引渡之官厅系军事机关,其引渡希望无非欲以军法才(裁)判

---

　　① 即顾顺章。
　　② 江苏高等法院第二分院法庭审判记录(1931年8月3日),上海市档案馆藏档。
　　③ 江苏高等法院第二分院法庭审判记录(1931年8月3日),上海市档案馆藏档。

耳。此种情形显背中国约法。譬如约法第九条载人民除现役军人不受军法审判。在约法未颁布以前,钧院亦尝有同等之案件,为公平之才(裁)判,即依新协定第六条第二款亦应证明犯罪事实方得处分。今中央代表、警备司令代表所陈告者全系空言,主张特无根据。顾本案发生在钧院管辖区,应由钧院受理,万无使被告受军法制才(裁)之可能。至两代表所称被告与向忠发、顾永年有关,并无相当证明,且搜获六百余件文件亦应证明确为被告所有,及与被告关系。敝律师对移提一节极为反对,并请求对第一被告询以真实名字。"①

魏律的辩护词顺理成章,一气呵成,可是戏剧性的一幕出现在他辩护发言的末尾。魏律竟然要求法庭再次对牛兰的姓名加以甄别,难道作为牛兰辩护律师,他也搞不清楚牛兰的真实姓名？在没有进一步史料佐证的情况下,很难对这个问题给出肯定或否定的回答。但毋庸置疑的是,一方面,弄清牛兰的真实姓名有助于确认牛兰的真实国籍,从而为牛兰减轻刑罚提供可能；另一方面,此举也有助于撇清牛兰与那些已被查获的文件之间的关系。律师出于职业本能,千方百计协助当事人摆脱法律制裁亦是情理之中的事情。

因此,法官应魏律请求,再次询问牛兰:"你究属何名字？"牛兰答曰:"我实名万得克辣生。"②由于审判笔录上没有标明英语原文,所以不知道这"万得克辣生"与笔录中一直出现的、牛兰的另一个"姓名"——"万得可生"——在英语单词拼写上有何区别,但从中文译音上来判定,几乎是区别不大的。那为什么同一书记官在做笔录的时候,要写得前后不一致呢？真的是读音上有差异？弗知其详。莫非这是牛兰抛出的一个"烟雾弹"？

魏律的慷慨陈词引起了张冲的不满,他进一步阐述道:"本案证据在钧院保存者乃极小部分,而审查内容,以此部分为最重要。其中有一类文件上刊人名俱系中国人姓名。最初在汉口发现计英文一份、中文一份,显然的证明被告支配在中国各地共产党徒,作种种不利我国政府之举动,即指湘鄂赣各地共有红军二十万余人,悉听从被告领导。于此可见其声势之盛,殊骇听

---

① 江苏高等法院第二分院法庭审判记录(1931年8月3日),上海市档案馆藏档。
② 江苏高等法院第二分院法庭审判记录(1931年8月3日),上海市档案馆藏档。

闻,故被告须受戒严法制裁。顷弁护人所指宪法不能引用。因宪法并不能限制戒严法令。据此被告实施侵害中国治安、阴谋颠覆中国政府确凿有据,应请准予移提。"①

张冲在法庭上称 20 多万红军悉听牛兰调遣,这未免言过其实了。但他这种耸人听闻的说法无非是要把事实讲得严重些,以便达到引渡牛兰夫妇的目的。对此,魏律最后只说了一句话:"本案被告应受中国一切正式法令制裁。"②这样的反驳多少还是有些牵强。

在控辩双方的争论声中,8月3日的庭审落下帷幕。可是,牛兰案远未就此终结。此后发展、演变的过程,早有详述与定论,拙文不再赘述。但后来牛兰夫妇之所以能被"成功"地引渡给中国政府,这与公共租界当局态度的转变有密切的关系。正如有研究者所指出的那样,公共租界当局在牛兰案中最为关注的是该案件涉及的情报和租界的安全,"租界当局在达到了自身目的之后,对于界外当局作出的移提申请予以配合,这样既保障了租界的安全问题,又顾及南京政府的要求,因此也就乐而为之了。"③

从目前获知的牛兰夫妇在江苏高等法院第二分院法庭调查及审判记录来看,在牛兰案发初期,工部局对牛兰夫妇秘密活动事实的掌握并不全面、充分,至少在仅见的两次法庭庭审资料中原告方未有出具任何物证,证人的证词也有不少地方语焉不详,藉此还难以对案情有一清晰明了的认识;而且必须承认的是,探讨上述细节问题对牛兰事件研究的整体价值或许并不大,因为它们并不能改变对于该案件的历史定论。然而,庭审记录却为我们提供了一个观察牛兰事件的新视角,它不仅能帮助还原历史本来的面目,避免以讹传讹,也有助于推动对牛兰事件的深入研究,对于全面掌握 20 世纪 30 年代共产国际情报组织在上海的活动情况亦将大有裨益。

(张姚俊　上海市档案馆馆员)

---

① 江苏高等法院第二分院法庭审判记录(1931年8月3日),上海市档案馆藏档。
② 江苏高等法院第二分院法庭审判记录(1931年8月3日),上海市档案馆藏档。
③ 陈策:《上海公共租界法权变迁问题研究》。

左尔格小组与宋庆龄 30 年代初政治活动关系之初探

◎ 朱玖琳

左尔格于 1930 年 1 月奉命来华,1932 年年底告别上海返回苏联。他在上海建立的情报网成员组成成分复杂,并且各司其职,互相之间所知甚少,有的根本就互不来往。[①] 他们甚至并不知道自己是在为苏联红军总参谋部第四局工作,还以为一直在为共产国际服务。

关于左尔格在上海的情报活动,散见在当年的左尔格中国小组成员的回忆录中,他们就自己的领域,对小组活动的回忆或略或详,或浅或深。比较集中的有情报员方文的《左尔格在中国》和德籍联络员 Hamburger 夫人(笔名鲁特·维尔纳)的《谍海忆旧》,零散的还有情报员陈翰笙的《四个时代

[①] 这一特点是情报组织的常态,左尔格小组亦如此。比如,情报员方文称:"史沫特莱还介绍当时中国科学院农村经济研究所所长陈翰笙和他的爱人顾淑型与左尔格相识。这两位同志曾是我党早期的革命家,给史沫特莱和左尔格许多帮助。但由于陈的国民党科学院的身份,不便被吸收为正式情报骨干,但他们利用他们的官员身份作了许多别人做不到的工作。"(方文著:《左尔格在中国》,北京时事出版社 1988 年版,第 33 页)方文认为陈翰笙只是从事了外围工作,并非正式情报骨干,因而以为自己的重要性远在陈翰笙之上,左尔格供词中的"王"指的就是他本人。百岁老人陈翰笙带着一身的秘密离开了人世,他生前的回忆录涉及情报工作部分的,不是闪烁其词就是蜻蜓点水。倒是当年的联络员 Hamburger 夫人和张文秋均指出,左尔格在上海接触最多的中国人是陈翰笙,他是左尔格小组的二号人物。张文秋还根据陈翰笙当时的化名"王如秋"指出,左尔格供词中的"王"是陈翰笙(见江枫:《陈翰笙与史沫特莱和左尔格》注释②,刊于张椿年、陆国俊主编:《陈翰笙百岁华诞集》,中国社会科学出版社 1998 年版,第 215 页)。

的我》、《地下工作二十年》和联络员张文秋的《毛泽东亲家张文秋回忆录》等。美国 F. W. 狄金、G. R. 斯多利合著的《左尔格案件》运用了大量第一手资料，但对左尔格在中国的活动所涉不深。中共中央党史研究室第一研究部翻译出版的《联共(布)、共产国际与中国苏维埃运动(1931—1937)》，披露了部分左尔格在上海情报活动的未知史实，也印证了当事人的一些回忆。

宋庆龄于 1931 年 7 月 31 日由德国柏林启程归国，回国后即忙于营救邓演达、牛兰夫妇，组建中国民权保障同盟、国民御侮自救会，筹办远东反战反法西斯大会，组织中国民族武装自卫委员会等。这种种活动与共产国际和中国共产党有何关系，近年来已不断有文披露①，但左尔格及其情报小组在其中有何作用还未见有专文论述。笔者试以上述公开出版物为基础，并结合宋庆龄研究成果，对此未知领域作一初步探索。

一、宋庆龄与左尔格小组关系的建立
——史沫特莱和反帝大同盟

左尔格之所以能在上海发展情报小组，基本上依靠艾格尼丝·史沫特莱的帮助，这已是众所周知，本文不再赘述。那么左尔格与宋庆龄建立来往的中介人是谁，从已有史料来判断，亦非史沫特莱莫属。而史沫特莱与宋庆龄建立联系所凭借的机缘，则与当时的政治背景密切相关。

据说宋庆龄与史沫特莱 1928 年 11 月在莫斯科初次接触。② 但是，1928 年 11 月，宋庆龄身在德国，史沫特莱不可能在莫斯科见到宋庆龄。从宋庆

---

① 杨奎松：《宋庆龄何时加入共产党？》，《孙中山宋庆龄研究动态》2003 年第 4 期。邵雍：《宋庆龄与苏联关系新探(1927—1929)》，《上海师范大学学报》2005 年 5 月第 34 卷第 3 期。朱玖琳：《论宋庆龄抗战思想之演变》，《上海市社会科学界第五届学术年会文集(2007 年度)哲学·历史·人文学科卷》。邵雍：《伊罗生、〈中国论坛〉与中国民权保障同盟》，《上海市社会科学界第六届学术年会文集(2008 年度)哲学·历史·文学学科卷》。邵雍：《1933 年上海反战大会始末》，《孙中山宋庆龄研究动态》2008 年第 4 期。邵雍：《中国民族武装自卫委员会述略》，《党史研究与教学》2008 年第 3 期。陈锦驿：《伊罗生与中国民权保障同盟》，《近代史研究》2011 年第 1 期。

② [美] 简尼丝·麦金农著，江枫、郑德鑫译：《史沫特莱传》，辽宁人民出版社 1991 年版，第 182 页。

1932年，宋庆龄与杨杏佛及来华为牛兰夫妇辩护的瑞士律师琼·文森特夫妇在上海的合影。

龄和史沫特莱各自的活动轨迹来判断，她俩的第一次会晤应该与反帝大同盟的成立有关，而这一因素也是宋庆龄日后会与左尔格小组合作的主要原因。

反帝大同盟（League Against Imperialism，宋庆龄称之为 Anti Imperialist League），其前身为共产国际宣传家、青年共产国际创始者、德国共产党员维利·缪岑贝格（Willi Münzenberg）1926 年在柏林成立的反殖民压迫大同盟（League Against Colonial Oppression），原名世界反帝、争取民族独立大同盟（League Against Imperialism and For National Independence）。[①] 1927 年 2 月 10—15 日，反帝大同盟在比利时首都布鲁塞尔召开正式成立大会，参加会议的各民族及各国团体代表共计有 174 人，"当时讨论之议题，注重政治方面，议决各民族互相联络，反抗帝国主义侵略之种种计划"。随后于 12 月 10 日在布鲁塞尔举行总评议会，"专门讨论其

---

① 参见英国赫尔大学档案馆（Hull University Archives）"反帝大同盟档案"（Papers of the League against Imperialism）藏档说明，http://archiveshub.ac.uk/features/hullhistory-leagueagainstimperialism.html；http://www.open.ac.uk/researchprojects/makingbritain/content/league-against-imperialism（英国开放大学 The Open University 网站）。

内部组织问题,结果新设民族部、国际部等,使内部组织更加完备"。① 作为一个国际性组织,反帝大同盟的成立宗旨"在于对亚洲、非洲和南美洲的民族主义运动采取统一的支持立场,以对抗国际联盟对殖民主义的维持现状政策,计划把全世界的注意力都集中到使用印度士兵保护英国在中国通商口岸的利益之类的帝国主义行动上"。反帝大同盟的创办经费由共产国际提供,"后来共产国际有意识地不对这个组织实行直接控制,以避免它被说成是莫斯科操纵的"。② 反帝大同盟成立初期有很多遭受殖民压迫、反对殖民统治的非共产主义成员参加,国民党中央党部初准备派胡汉民和国民党驻德支部的廖焕星(第一次国共合作时加入国民党的共产党员)与会,后国民政府指派廖焕星与会。③ 蒋介石也曾在1927年2月13日从广州致电大会,称:"闻贵会已正式开幕,予谨以满腔热忱致电。"④1928年,共产国际复直接插手反帝大同盟,实行极左的阶级斗争路线,遭到许多非共产主义成员的反对,结果1929年英国独立工党的James Maxton被除名,随后绝大多数非共产主义成员亦被开除。⑤

1927年,在反帝大同盟第一次大会闭幕式上,宋庆龄与尼赫鲁(Jawaharlal Nehru)、罗曼·罗兰(Romain Roland)、罗素(Bertrand Russell)、爱因斯坦(Albert Einstein)、巴比塞(Henri Barbusse)等被推选为执行理事会成员。⑥ 宋庆龄受邀参加12月10日的总评议会。不久,"四一二"蒋介石上海清共,"七一五"汪精卫武汉分共,宋庆龄愤而出走莫斯科。12月1日,"广州起义"遭镇压,参与起义的苏联驻广州十余名外交人员被杀,蒋介石宣布与苏俄断交。12月10日,宋庆龄在莫斯科致电布鲁塞尔反帝大同盟总评议会,对因故未能参加会议表示十分遗憾,并强烈呼吁会议支持中国革命。该电全文译文如下:

---

① 《申报》1929年6月22日。
② 麦金农著:《史沫特莱传》,第162—163页。
③ 《申报》1926年4月17日、8月1日。
④ 《申报》1927年3月6日。
⑤ 参见荷兰社会历史国际研究所(International Institute of Social History)反帝大同盟档案(League against Imperialism Archives)藏档说明,http://www.iisg.nl/archives/en/files/l/ARCH00804.php。
⑥ 麦金农著:《史沫特莱传》,第163—164页。

反帝大同盟

布鲁塞尔

万分抱歉因形势所碍不能与会，强烈呼吁大会加强对中国在英日帝国主义的帮助和怂恿下的白色恐怖和军事独裁政权作斗争。中国革命工农的英勇斗争值得全世界受压迫阶级和全世界人民的积极援助，因为中国革命是推翻世界帝国主义堡垒的关键，所以全世界受压迫阶级和全世界人民应该把他们的注意力集中投到中国革命上来，视中国的革命斗争为世界反对帝国主义斗争的前线，尽一切可能来保卫中国的革命斗争。

大会应该立即采取的第一个最实际的步骤是将世界人民组织起来，呼吁帝国主义国家从中国撤出所有军队和炮舰。没有这些军队和炮舰做依靠，反动政府会很容易就被中国人民推翻掉；第二步是要求废除强加于中国的不平等条约，帝国主义列强通过这些不平等条约掠夺了中国的财政大权，从而使中国还不如殖民地国家；第三步是撕去中国反动政府标榜革命从而误导其他国家人民的假面具，向全世界揭露中国反动政府的血腥暴行和帝国主义走狗的本质。

宋庆龄
1927年12月10日[①]

宋庆龄随后于17日致电蒋介石，严斥其与苏联绝交是"自杀行为"；18日蒋回电，暗示宋庆龄不是一个忠诚的国民党员；23日宋再电蒋，指斥蒋是帝国主义的同谋。23日当日联共（布）中央政治局召开会议，决定"同意外交人民委员部关于发表宋庆龄和蒋介石之间来往信件的建议"。[②]

宋庆龄同高尔基、尼赫鲁、罗曼罗兰、巴比塞等非共产主义的知名人士

[①] 笔者译，该电英文原件藏上海宋庆龄故居纪念馆。几乎所有宋庆龄传记及相关文章均因该电而误以1927年12月10日为反帝大同盟的正式成立日，并误以为宋庆龄是创始人之一，其实是将反帝大同盟的总评议会误会为成立大会了。

[②]《联共（布）中央政治局会议第2号记录》(1927年12月23日)，《联共（布）、共产国际与中国苏维埃运动(1927—1931)》第7卷，中央文献出版社2002年版，第175页。

是反帝大同盟执行理事会成员,而反帝大同盟的执行书记则由两名共产党员联合担任,一人是维利·缪岑贝格,另一人就是史沫特莱曾经的伴侣、加入德国共产党的印度人维伦德拉纳什·恰托帕迪雅亚(Virendranath Chattopadhyaya)[①]。此时,史沫特莱已与恰托分手,但她仍然拥护他的观点,并且密切地关注着反帝大同盟。反帝大同盟成立不久,她就开始致力于让中国的消息进入印度的报刊。她利用国民党在柏林新闻处的消息来源,撰写了一系列文章,报道印度民族主义团体在中国的活动。[②]

1928年,史沫特莱决定前往中国。她于10月27日离开法兰克福前往柏林,从柏林启程经苏联赴中国,途中在莫斯科下车观光一周,11月底登上开往中国的列车。而1928年11月,宋庆龄身在德国,她在12月下旬才秘密赴苏联,准备经苏联回国,参加原定1929年元旦在南京举行的孙中山奉安大典,因奉安大典改期,她后来又返回了柏林。宋庆龄12月抵达莫斯科时,史沫特莱的列车即将或者已经到了中国,她俩不可能在莫斯科会晤。

反帝大同盟的本部设在柏林(1933年纳粹上台后移往伦敦)[③],宋庆龄是反帝大同盟的执行理事,又身在柏林,史沫特莱离开柏林之前,势必要去拜访她。史沫特莱传记的作者麦金农很有可能误读了史沫特莱这一时期的来往书信,把史沫特莱赴中国途中与宋庆龄的会晤从柏林误植到莫斯科。

1929年5月,宋庆龄回国参加奉安大典,史沫特莱随即拜访了她。左尔格小组的二号人物陈翰笙1929年与史沫特莱相识,正是在宋庆龄的住处。[④]陈翰笙说时间"大约是1929年2月"。但是,1929年2月宋庆龄还没有回国,她是在1929年5月回国参加孙中山奉安大典的,6月2日到沪,居住3月余,9月21日再度出国。陈翰笙是在1929年6—9月间在上海宋庆龄处结识史沫特莱的。

在这一段时间中,反帝大同盟于7月20日在法兰克福召开了第二次大

[①] 参见荷兰社会历史国际研究所(International Institute of Social History)"反帝大同盟档案"(League against Imperialism Archives)藏档说明,http://www.iisg.nl/archives/en/files/l/ARCH00804.php。

[②] 麦金农著:《史沫特莱传》,第171页。

[③] 参见英国赫尔大学档案馆(Hull University Archives)"反帝大同盟档案"(Papers of the League against Imperialism)藏档说明,http://archiveshub.ac.uk/features/hullhistory-leagueagainstimperialism.html。

[④] 陈翰笙著:《四个时代的我》,中国文史出版社1988年版,第52页。

会,宋庆龄原允到会演说,但因故未能成行,她同萧伯纳等当选为名誉主席。① 7月10日,"中东路事件"发生。8月1日,宋庆龄在国际反战日致电反帝大同盟柏林本部,抨击南京政府谓:"反动的南京政府正在勾结帝国主义分子势力,残酷镇压中国人民大众。反革命的国民党领导人背信弃义的本质,从来没有像今天这样无耻地暴露于世人面前。在背叛国民革命后,他们已不可免地堕落为帝国主义的工具,企图挑起对俄国的战争。"②这一天,上海反帝大同盟成立,但是这样的组织已被国民政府宣布为非法。6月29日,上海特别市执行委员会召开第32次常会,临时动议的其中一条谓:"查有反帝大同盟者,态度暧昧,分子复杂,显系反动派假借名义,阴谋捣乱之反动团体,应请钧会设法查禁,以遏乱萌案。"③

鉴于陈翰笙共产国际情报人员的身份,以及史沫特莱与反帝大同盟的特殊关系,他们三个人在这一阶段相遇绝非偶然。麦金农《史沫特莱传》称:"1929年,这两位女性在上海重逢,有一年的时间,史沫特莱在帮助孙夫人处理来往信件和撰写演讲词,特别是有关反帝大同盟的部分(孙夫人是大同盟执行官员之一,而史沫特莱则和同盟的领导人如尼赫鲁和罗杰·鲍德温等人有私交)。"④据此,宋庆龄1929年8月1日致反帝大同盟电极有可能是由史沫特莱起草的。

1931年6月牛兰夫妇在上海被捕。牛兰的公开身份是泛太平洋产业同盟秘书(即红色工会国际分支机构),其真实身份是共产国际执行委员会国际联络部组织科负责人,但在当时甚至以后很长一段时间内一直被误认为是共产国际远东局负责人。⑤ 共产国际随即通过国际工人救济会和国际革命战士救济会领导之一、反帝大同盟执行书记缪岑贝格发起保卫无罪的工会秘书运动,在全球发动强大的舆论攻势,指责中国政府为了铲除工会而迫害牛兰夫妇。⑥

---

① 《申报》1929年7月22日、1933年2月18日。
② [美]兰德尔·古尔德著,王丽娜译:《孙逸仙夫人忠于信仰》,《文献》1981年第10期。
③ 《申报》1929年6月30日。
④ 麦金农著:《史沫特莱传》,第210页。
⑤ 详见杨奎松:《牛兰事件及其共产国际在华秘密组织》,《民国人物过眼录》,广东人民出版社2009年版。
⑥ [美]魏斐德著,章红等译:《上海警察1927~1937》,人民出版社2011年版,第197页。

如此大张旗鼓地营救一名情报人员,笔者认为,其中原因除了牛兰肩负重要秘密任务之外,也与共产国际当时对中国的政治意图有关。左尔格告诉方文:"共产国际准备发动一个全世界范围的抗议蒋介石政府法西斯统治运动,抗议它任意侵犯人权。""牛兰案正好作为发动这次运动的具体根据"。① 对此鲁迅认识得很清楚,他认为营救牛兰夫妇的运动"从形式上看,是对牛兰夫妇的援救,实质上是对中国人民反对蒋介石统治的支持"②。1932年11月15日,共产国际执委会政治书记处政治委员会会议再次明确决定:"要求组织抗议中国白色恐怖的运动,并把它同鲁埃格审判案联系起来。"③

左尔格奉命组织营救,他告诉方文:"在国外的工作由共产国际安排,中国国内工作由史沫特莱联系宋庆龄、鲁迅等进行。"④

以反帝大同盟为号召,以史沫特莱为中介,左尔格小组为营救牛兰夫妇与当时尚非共产党员的宋庆龄建立起合作关系。

二、宋庆龄与左尔格小组的合作——牛兰事件

1931年8月13日,宋庆龄为奔母丧回国抵达上海,自回国后,宋庆龄就不断收到要求她帮助营救泛太平洋产业同盟秘书牛兰及其夫人的电报,主要是德国百余名教授、文学家和艺术家,其中最重要的是18日德国31位最著名的作家、19日德国十余位最著名的艺术家、20日德国著名版画家珂勒惠支等十余位德国妇女联名打来的德文电报,此外还有身为国际红色救济会主席的德国妇女领袖、共产党员克拉拉·蔡特金的个人来电,以及同为反帝大同盟执行理事会成员的法国著名作家罗曼·罗兰等的个人来电。⑤

---

① 方文著:《左尔格在上海》,第75页。
② 方文著:《左尔格在上海》,第89页。
③ 《共产国际执行委员会政治书记处政治委员会会议第282(B)号记录》(1932年11月15日),《联共(布)、共产国际与中国苏维埃运动(1931—1937)》第13卷,中共党史出版社2007年版,第229页。
④ 方文著:《左尔格在上海》,第87页。
⑤ 《文艺新闻》1931年9月7日,转引自《中国民权保障同盟》,中国社会科学出版社1979年版,第43—44页。

在左尔格的布置下,史沫特莱很快找上刚刚回国的宋庆龄。① 她给宋庆龄写信,大意是为救一个人的生命,要求宋庆龄在百忙中给予5分钟谈话。宋庆龄看过后把信拿在手上对陪伴她回国的胡兰畦扬了扬说:"这封信的英文写得很好,这信的英文基础很高深,话没有多少句,语言和用字都很美的。"史沫特莱要宋庆龄救的就是牛兰。宋庆龄立即复信,约在寓所会见史沫特莱。② 不久,宋庆龄便会见了史沫特莱。8月24日,史沫特莱在《字林西报》上发表经宋庆龄修改的采访稿,③向外界公布宋庆龄的政治态度:不参与宁粤调停,不是第三党成员,政治见解仍然和1927年在武汉所陈述的相同。④

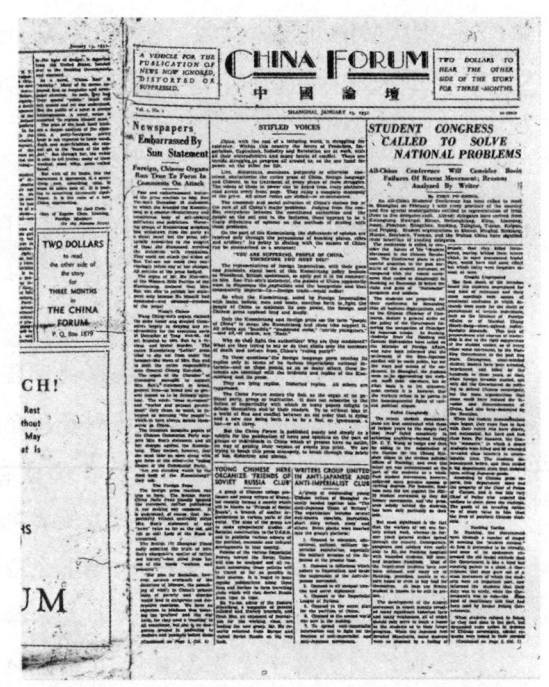

1932年1月,在中共地下党和宋庆龄的帮助下,伊罗生和史沫特莱等在上海创办英文刊物《中国论坛》。这是宋庆龄保存的《中国论坛》杂志。

宋庆龄此时要营救的还有她的亲密战友邓演达。⑤ 在宋庆龄回到上海的第五天,8月17日,第三党领导人邓演达在上海因叛徒告密被捕,旋被押

---

① 据方文回忆,左尔格在1932年初才向他布置营救牛兰夫妇的工作(见方文著:《左尔格在上海》,第74页),但是按照史沫特莱见宋庆龄的时间可知,左尔格在牛兰夫妇被捕后不久就迅速介入营救工作。
② 胡兰畦:《难忘的回忆》,未刊稿,转引自唐宝林著:《深谷幽兰——战时"国母"风采》,广西师范大学出版社1992年版,第172—173页。
③ 1931年8月21日,宋庆龄致函杨杏佛,要求他转告史沫特莱"勿将外文稿发表",因她要亲自重写。(《宋庆龄1931年8月21日致杨杏佛函》,宋庆龄陵园管理处编:《啼痕——杨杏佛遗迹录》,上海辞书出版社2008年版。)
④ 《字林西报》1931年8月24日;《与史沫特莱的谈话》,载《宋庆龄选集》上卷,人民出版社1992年版,第81—82页。宋庆龄1927年在武汉的陈述即她在汪精卫分共之后发表的《为抗议违反孙中山的革命原则和政策的声明》(见《宋庆龄选集》上卷,第43—48页)。
⑤ 详见朱玖琳:《大革命失败后的宋庆龄与邓演达》,《孙中山宋庆龄文献与研究》第1辑,上海书店出版社2009年版。

解南京,宋庆龄随即投入营救。9月,她给杨杏佛写信说:"由于我对邓和牛兰夫妇案的关注,已收到许多卑鄙的信件(可是这些信并不能阻止我为争取释放他们而努力)。"①

12月14日,宋庆龄在南京面见蒋介石。关于当日的情况,共产国际执行委员会国际联络部驻华人员莱谢在给共产国际执行委员会国际联络部的工作报告中汇报道:

> 宋夫人从南京回来了,她去探视了监狱里的牛兰夫妇,并向他们转交了防寒物品。此外,她还到了蒋介石那里,与他商谈释放牛兰夫妇的事,因为蒋曾答应过她在他可能引退时要做这件事。当然,他现在拒绝这样做,他对她说,他要把这两个人移交民事法庭,他没有别的办法。就在这一天,他下令枪毙邓演达,而广州人曾要求释放他。晚上,宋(庆龄)夫人与左尔格进行了一次谈话,并要求派100名优秀共产党员去南京,在那里她想为他们弄来一些武器,并想用政府汽车把牛兰(夫妇)从监狱里营救出来。计划可能是不错的,但我无法判断,她本人有多大勇气和毅力来实现这个计划,因为我不认识宋(庆龄)夫人,也不知道,她对南京形势的估计是否正确。自然,这件事不可能很快组织实施,因为我怎么也未与共产党联系上……第二天②,蒋介石解除了自己的职权。依我看,宋(庆龄)夫人的计划是在对邓演达被枪杀事件极其气愤和愤怒的情况下产生的,因为她与邓演达关系十分密切,但没有认真地实施这个计划。宋(庆龄)夫人发表了一份声明③就病倒了。格尔曼离开后,夫人与费舍尔建立了联系。左尔格带一包邮件去了哈尔滨,而夫人因病未能接见费舍尔。后来,夫人和费舍尔之间对牛兰(夫妇)案件的下一步行动问题上出现了意见分歧。她给他写了两封信,

---

① 《宋庆龄1931年9月致杨杏佛函》,载宋庆龄陵园管理处编:《啼痕——杨杏佛遗迹录》,第227页。
② 指1931年12月15日。
③ 指宋庆龄1931年12月19日撰写的《宋庆龄之宣言》,宋庆龄在宣言中怒陈:"当作一个政治力量来说,国民党已经不复存在了。"(见《宋庆龄选集》上卷,第83—86页。)

但他没有回信。费舍尔给纳乌曼医生打电话,想跟人聊一聊,这以后我就到费舍尔那里去了。夫人已跟南京民事法庭的最高法官谈妥,让费舍尔去南京找他,但费舍尔要等将牛兰(夫妇)移交民事法庭的正式证书。此外,他想先再与汪精卫取得联系。①

宋庆龄此次南京之行没有大张旗鼓,故未见诸报端。之所以选择12月14日见蒋,主要是因为宋庆龄从何应钦的部下处得到传闻说邓演达已遇害(邓演达已于11月29日被秘密杀害于南京麒麟门外沙子岗),遂赴南京见蒋。宋庆龄对蒋介石说:"现在国难当头,你与邓演达的矛盾,我来给你作调解。你把邓叫来,我们三人当面谈谈。"蒋默然不语。宋又追问:"如果你觉得在这里谈不方便,就派人陪我去见邓演达,我先同他谈谈,然后再三人一起谈。"蒋仍默然。最后,宋表示一定要见邓演达,蒋才不得不说:"你已经见不到他了。"宋闻后悲愤难耐,一手把茶几掀翻,蒋急急逃上了楼。②

结合莱谢的陈述可以判断,当日,宋庆龄先去监狱探视了牛兰夫妇,随后去找了蒋。见蒋后,宋庆龄先谈的应该是用蒋经国交换牛兰夫妇的事,随后谈的才是邓事。

但是蒋介石在日记中只记了牛兰事,只字未提邓事。

12月14日晚,蒋介石日记云:"夜梦昏沉,对母痛哭二次。醒后更悔不孝罪大。国乱人孤,但有痛楚而已。"

12月15日,蒋日记云:"呜呼!于国为不义,于党为不忠,于母为不孝,于子为不慈,能不愧怍!未知以后如何自反以报答亲恩与党国也。"

12月16日,蒋终于憋不住,在日记中透露了宋来见他告以蒋经国换牛兰事:

孙夫人欲释放苏俄共党东方部长,其罪状已甚彰明,而强余释放,又以经国交还相诱。余宁使经国不还,或任苏俄残杀,而决不

---

① 《莱谢给共产国际执行委员会国际联络部关于在华工作的报告》(1932年1月14日),《联共(布)、共产国际与中国苏维埃运动(1931—1937)》第13卷,第95—97页。
② 史夫:《浩气冲霄》,载中国农工民主党中央委员会编:《邓演达》,文史资料出版社1985年版,第143页。

愿以害国之罪犯以换亲子也。绝种亡国,乃数也。余何能希冀幸免! 但求法不由我犯,国不由我而卖,以保全我父母之令名,使无忝所生则几矣。区区后嗣,岂余所怀耶!①

蒋介石为宋庆龄"以经国交还相诱"而怨恨宋,而宋庆龄则以蒋介石杀害邓演达而痛恨蒋。她当晚即面见左尔格,要求左尔格组织武装营救牛兰夫妇。但正如莱谢的分析,她的计划"是在对邓演达被枪杀事件极其气愤和愤怒的情况下产生的",所以没有认真实施。

气愤至极的宋庆龄病倒了,她在9月刚因肾病复发而赴南洋疗养,未及3月再次病倒,病势当不轻,可她在病中还在惦记营救牛兰夫妇,联系费舍尔商讨营救计划。

从莱谢报告中的费舍尔能够自由面见南京民事法庭的最高法官来判断,这个费舍尔就是牛兰的西人律师,报纸时称其"费斯"、"费区"。此人亦是宋庆龄后来组建的牛兰夫妇营救委员会委员。牛兰夫妇开始绝食后,宋庆龄曾偕此人赴南京探监,并劝牛兰夫妇进食,联系保外就医,等等。② 此人参与创办的威贺姆律师事务所经常出庭为苏联的利益辩护。牛兰夫妇被捕后不久,7月3日,此人曾由上海前往苏联,请示共产国际,"在牛兰案中他和他的同事应该采取的方针,安排法律诉讼的费用,寻找证明牛兰瑞士国籍的证据,在欧洲为推动他们的获释组织一场运动"。③ 费舍尔此行获得成功,"保卫牛兰委员会"随即在欧洲宣布成立。

国际行动由共产国际全盘操纵,国内营救的总指挥则是左尔格。左尔格定的营救计划分两步同时进行:左尔格负责秘密调查工作,史沫特莱负责公开援救工作。④

在他们的安排下,宋庆龄于1932年1月13日,和美国记者伊罗生、史沫特莱等一起,接受共产国际的资助,在上海创办英文刊物《中国论坛》,以之为喉舌,"反对在华的帝国主义,从道义上支持苏维埃中国并开展为释放

---

① 杨天石:《找寻真实的蒋介石——蒋介石日记解读》II,华文出版社2010年版,第366页。
② 《申报》1932年7月12、16日。
③ [美]魏斐德著,章红等译:《上海警察1927—1937》,第197页。
④ 方文著:《左尔格在上海》,第90页。

鲁埃格及其妻子的运动"。1932年8月,共产国际鉴于牛兰夫妇案审理在即,特别加拨资金给《中国论坛》。①

同牛兰夫妇同时"被捕"的,还有他们年仅3岁的儿子吉米。吉米的生计受到各方关注,史沫特莱还因为Hamburger夫人对吉米表现出的冷漠而疏远了她。② 经史沫特莱安排,伊罗生出面从监狱里把孩子领了出来,并交给宋庆龄。宋庆龄多年后曾回忆说:"他们的儿子吉米(Jimmy Noulens)是伊罗生(Harold Isaacs)带他来上海交我抚养,直到苏联大使馆派人来送吉米、牛兰到苏联去的。"事实上,宋庆龄先是委托牛兰夫妇的律师、瑞士共产党员文森特(Jean Vincent)夫妇照顾吉米,之后宋庆龄又将孩子安排给一位德国妇女霍尔茨夫人(Frau Holz)抚养,并为孩子争取到探监的权力。伊罗生夫人维奥拉(Viola)曾在大约一年的时间里至少每月一次和霍尔茨夫人一起,带吉米去南京探监。③

宋庆龄偕杨杏佛、宋子安等同游闵行(朱玖琳提供)

---

① 《共产国际执行委员会政治书记处政治委员会会议第264(B)号记录》(1932年8月3日),《联共(布)、共产国际与中国苏维埃运动(1931—1937)》第13卷,第192—193页。
② 《谍海忆旧》,第84页。
③ 方文著:《左尔格在上海》,第88—89页。张珏:《"老人年"回忆宋庆龄》,中国青年出版社编:《红旗飘飘》27,中国青年出版社1988年版。罗威:《"牛兰事件"始末》,《中华读书报》1998年2月25日。Harold Robert Isaacs, RE-ENCOUNTERS IN CHINA: Notes of a Journey in a Time Capsule, Armonk NY: M. E. Sharpe, 1985, p. 20.

因为"一二八"淞沪抗战爆发,南京政府暂时搁置牛兰案,宋庆龄也将注意力转向开办"国民伤兵医院"支援抗战。战事告一段落后,4月4日,宋庆龄偕杨杏佛、宋子安等同游闵行,她还带上了小吉米,吉米依偎在子安的怀里,和大家一起合影。①

随后,南京政府重启牛兰案的审理,宋庆龄于是继续开展营救牛兰夫妇的行动。4月26日,宋庆龄、蔡元培、杨杏佛联名致电国民政府主席林森、行政院长汪精卫、司法院长居正,要求公开审判,许其自聘律师辩护等。5月3日,蔡元培单独致电汪精卫,大意与联名电同。② 7月11日,宋庆龄从上海到达南京,偕牛兰二位辩护律师③及一位亲属④前往江宁地方法院看守所探视牛兰夫妇,劝告他们停止绝食。⑤ 同日,由宋庆龄任主席、史沫特莱任书记的牛兰夫妇上海营救委员会发表成立宣言。⑥ 7月12日,宋庆龄为营救牛兰夫妇,亲自找汪精卫及国民党司法行政部长罗文干等进行交涉。⑦ 7月15日,宋庆龄在上海与蔡元培、杨杏佛拟就保状,保牛兰夫妇外出就医。⑧ 7月17日,宋庆龄和杨杏佛再赴南京,为牛兰夫妇一案再次与国民党司法当局交涉,结果由宋庆龄、蔡元培、杨杏佛三人具保让牛兰夫妇到南京鼓楼医院就医。牛兰夫妇亦同意停止绝食。⑨ 8月25日,宋庆龄、蔡元培在牛兰夫妇无期徒刑后,请求特赦牛兰夫妇。⑩

牛兰夫妇被援引大赦条例而从死刑改判无期徒刑⑪,左尔格小组的营救行动可谓成功落幕。但是左尔格小组也因而暴露,左尔格本人就一直处在

---

① 一般文章均称吉米是在1934年1月10日牛兰夫妇嘱托伊罗生将6岁的吉米交宋庆龄抚养后,由伊罗生带出监狱。牛兰夫人1934年1月10日从狱中致宋庆龄函称:"十二月二十七日有人带着我们的小孩来看我们,他看见了他的父亲睡在床上已经绝食八天了。他的绝食消息这时才传出去。"据此可知,吉米早就不在监狱中了。《中国论坛》第3卷第4期,1934年1月13日,转引自《中国民权保障同盟》,第52页。此照为吉米早就被伊罗生接出监狱交给宋庆龄提供了明证。
② 高平叔撰著:《蔡元培年谱长编》第3册,人民教育出版社1996年版,第605页;《申报》1932年5月4日。
③ 即文森特夫妇。——笔者注
④ 即吉米。——笔者注
⑤ 《申报》1932年7月12日。
⑥ 《申报》1932年7月12日。
⑦ 《申报》1932年7月13日。
⑧ 《申报》1932年7月16日。
⑨ 《申报》1932年7月18日。
⑩ 《申报》1932年8月26日。
⑪ 《申报》1932年8月20日。

监视之下。① 1932 年年底,左尔格返回莫斯科,左尔格小组参与营救的大部分成员亦撤离上海。

多年后,宋庆龄在读了战后出版的一本关于左尔格的书后,对友人爱泼斯坦说,她认识和敬重左尔格,认为他是一位反法西斯英雄,并称他是"一个了不起的人"。②

左尔格走了,而宋庆龄则依旧在反对帝国主义的旗帜下,继续执着于她心目中的正义事业。她一直关注着狱中的牛兰夫妇以及他们的孩子吉米。吉米在霍尔茨夫人 1936 年回国后被接到宋庆龄家中住了几个月,直到苏联来人将他接回苏联。而牛兰夫妇则在 1937 年南京陷落之前,狱卒打开牢门放人后溜出监狱,来到上海。宋庆龄把他们安顿在一个空闲的公寓中,还从自己家里搬去一些家具。在宋庆龄的资助和帮助下,他们坚持下来,1939 年最终将一封求援信辗转万里送到了共产国际总书记季米特洛夫手中,也因此而顺利地返回苏联。③

三、历史的谜团

(一) 宋庆龄是否为左尔格传递军事情报?

1932 年夏,左尔格得到了一份重要情报——蒋介石的德国军事顾问魏策尔等人制定的对中共鄂豫皖根据地发动第四次"围剿"的战略计划,左尔格向莫斯科中央总部做了报告。中国红军得到情报后,立即转移到了安全地区,这完全出乎国民党军事战略家们的意料,使他们企图一举消灭中国工农红军的阴谋彻底破产。④

---

① [美] F. W. 狄金、G. R. 斯多利著,聂崇厚译:《左尔格案件》,群众出版社 1983 年版,第 85 页。
② 伊斯雷尔·爱泼斯坦著,沈苏儒译:《宋庆龄——二十世纪的伟大女性》,人民出版社 2008 年版,第 293 页。
③ 伊斯雷尔·爱泼斯坦著,沈苏儒译:《宋庆龄——二十世纪的伟大女性》,人民出版社 2008 年版,第 301 页。罗威:《"牛兰事件"始末》,《中华读书报》1998 年 2 月 25 日。张珏:《"老人年"回忆宋庆龄》,中国青年出版社编:《红旗飘飘》(27 集),中国青年出版社 1983 年版。
④ [德] 尤利乌斯·马德尔著,钟松青、殷寿征译:《左尔格的一生》,群众出版社 1986 年版,第 71 页。

《左尔格的一生》作者在书中披露这一史实后，援引了德共党员格哈德·艾斯勒教授的陈述，认为左尔格是通过该教授将情报带给了中共。但该教授陈述中表示他在中国工作的时间是1929—1931年，他代为传递的情报显然是前三次"围剿"的情报而不是第四次的。

那么第四次的传递人是谁？杨国光在所著《谍海巨星左尔格》一书中称："左尔格把这一情报也交给了陈翰笙。陈翰笙则通过宋庆龄及时地把它送到了苏区，使红军在国民党'围剿'苏区前作好了准备。"①

杨先生未注明出处，但是这一说法却得以传播。笔者认为，这一可能性不大，左尔格小组的成员各司其职。一生严守机密的陈翰笙从未说过他是左尔格小组的重要成员，更别提他的任务。陈翰笙是共产国际的情报人员，他从1928年到1934年利用中央研究院社会科学研究所所长的身份，组织农村社会调查，足迹遍及大半个中国。他利用自己的调查研究成果，公开地从理论上支持中共的土地革命。他是在1936年在莫斯科时才由王明、康生介绍转入中国共产党，成为一名中共地下党员的。按照左尔格的规矩，情报员为共产国际（其实是红军总参第四局）工作的时候，要切断与中共的一切关系。②共产国际情报人员陈翰笙不应该以任何形式与中共建立联络，哪怕是间接通过宋庆龄。况且那时宋庆龄要与中共建立联系也不是一件容易的事情，她后来因此要求冯雪峰给她派一个联络员，中共地下党员李云来到宋庆龄身边那已是1936年的事情了。③

再则，左尔格本人可以与中共地下党直接联系，这么重要的情报无须冒险辗转送出。左尔格能够直接见到周恩来，周恩来1931年12月离开后，与左尔格联系的极有可能是代替周恩来到上海领导中共特科的潘汉年（当时中共方面负责组织营救牛兰活动的就是潘汉年，而潘汉年当年也的确经常出入史沫特莱的住所④），但是绝不可能是辗转通过陈翰笙与中共地下党联系，那么所谓左尔格通过陈翰笙、宋庆龄传递情报给中共地下党的说法是不

---

① 杨国光著：《谍海巨星左尔格》，学林出版社2002年版，第31页。
② 张文秋著：《踏遍青山：毛泽东的亲家张文秋回忆录》，广东教育出版社1993年版，第234页。
③ 李云：《党派我给宋庆龄当秘书》，《炎黄春秋》2001年第6期。
④ 陈翰笙著：《四个时代的我》，第63页。

能成立的。

（二）宋庆龄究竟何时加入共产党？

关于宋庆龄入党的情况，共产国际执委会国际联络部派往远东的一位代表，在1935年5月与联络部负责人有一份谈话备忘录，特别提到了宋庆龄与共产国际远东局的关系。报告人说："关于孙新林（孙夫人）的问题。她是个好同志，可以留在党内，但是，把她吸收入党是个很大的错误。是代表（指共产国际此前派驻中国的政治代表）提出接受她入党的。她愿意献出一切。她对秘密工作有着很深刻的理解。她在极其困难的情况下出色地召开了反帝大会。而她一旦成为党员，她就会失去其特有的价值了。"①报告人还提到吸收宋庆龄入党的那位共产国际代表在1933年年底以前已经奉召回国。那么宋庆龄究竟何时入党？是不是在左尔格时代就已入党？有学者认为是在1933年5月之前，还有学者甚至认为应该在1929—1931年之间，②对此笔者不敢苟同。

按照报告人的语境，宋庆龄显然是由共产国际代表在离开中国之前介绍入党的，但查这一时期，在中国的共产国际代表没有一个是在1933年年底以前回国的。

当时被直呼为"代表"的是共产国际执委会东方书记处副主任、远东局书记、驻华代表埃韦特。他于1932年3月被委派来华，1934年8月回莫斯科，他走后，共产国际驻华政治代表曾一度空缺，中共上海临时中央局代理书记黄文杰为此要求共产国际再派代表来上海。③

埃韦特是德国人，1927年至1928年为德国共产党中央委员，也许宋庆龄在德国期间就与他有过接触。埃韦特在华期间，于1933年2月7日在给共产国际执委会的第3号报告中第一次提到宋庆龄："我们已着手筹备在上海召开反帝代表大会。在北平也将组织这样的代表大会。将尽量尝试半合法地举行这次会议（因此，我认为有必要让缪岑贝格组织的合法组织者来进

---

① 杨奎松：《宋庆龄何时加入共产党？》，《孙中山宋庆龄研究动态》2003年第4期。
② 杨奎松：《宋庆龄何时加入共产党？》，《孙中山宋庆龄研究动态》2003年第4期；程新国著：《晚年蔡元培》，上海文化出版社2011年版，第218页。
③《中共上海中央局给王明和康生的信》(1934年12月29日)，《联共（布）、共产国际与中国苏维埃运动(1931—1937)》第14卷，中共党史出版社2007年版，第338页。

行由缪岑贝格、巴比塞、宋庆龄等人筹备的上海反帝大会。我们在电报中已提出了这个要求)。"①他所说的反帝代表大会是指1933年9月30日在上海举行的世界反对帝国主义战争委员会远东会议(又称远东反战反法西斯大会,简称远东反战会议)。1932年8月,荷兰阿姆斯特丹举行"国际非战及反对日本对中国之侵略大会"(又称"世界反对帝国主义战争大会",以反帝大同盟为基础而召开),世界反对帝国主义战争委员会即成立于该大会上,因忙于牛兰案未与会的宋庆龄当选为反战委员会唯一的中国代表②。自从共产国际着手筹备远东反战会议后,埃韦特便经常与宋庆龄接触。埃韦特在1933年7月28日的第6号报告中说:"大会的前景很渺茫,因为民权保障同盟总干事被杀和威胁要处罚其他积极分子之后,所有动摇的自由派分子都表现得惊慌失措,大部分人拒绝参加任何工作而一部分人退出了组织。宋庆龄表现得很好,仍与我们合作。"③在组织中国民族武装自卫委员会时,1934年年初,王明和康生曾表示必须把宋庆龄排除在外,因为她好像太"红"了,不利于在形式上建立广泛统一战线这个目标,应该尽量吸引宋子文这样的人参加,但是遭到了埃韦特及其搭档赖安的拒绝。④

1933年至1934年间,共产国际远东局在华诸代表之间内部矛盾激烈,埃韦特与搭档赖安和任中共中央总军事顾问的弗雷德之间均存在矛盾。弗雷德于1934年3月被召回国,而埃韦特则在赖安于1934年7月3日向共产国际执委会东方书记处发出带有控告内容的信之后不久,被召回国。1934年10月,盛忠亮被捕后,赖安、共产国际执行委员会国际联络部驻上海代表格伯特、赤色工会驻华代表贝克相继奉召回国。这些代表们回国后均就其在华工作情况做了报告,从他们在华时及回莫斯科后的报告中,关于宋庆龄部分可以理出这样一些头绪:埃韦特和赖安负责反帝大同盟工作,他们俩为了营救牛兰夫妇、筹备远东反战会议、组织中国民族武装自卫委员

---

① 《埃韦特给皮亚特尼茨基的第3号报告》(1933年2月7日),《联共(布)、共产国际与中国苏维埃运动(1931—1937)》第14卷,第308页。
② 《申报》1932年4月28日、8月29日。
③ 《埃韦特给皮亚特尼茨基的第6号报告》(1933年7月28日),《联共(布)、共产国际与中国苏维埃运动(1931—1937)》第13卷,第466页。
④ 《埃韦特给皮亚特尼茨基的第1号报告》(1934年1月27日),《联共(布)、共产国际与中国苏维埃运动(1931—1937)》第14卷,第36页。

会等工作与宋庆龄接触频繁,尤其埃韦特,还经常在自己的寓所招待宋庆龄和史沫特莱。1933年11月7日和1934年元旦,宋庆龄在寓所举行庆祝会,除了国际联络部的代表之外,埃韦特夫妇、赖安、弗雷德及红军总参第四局的二人均莅临参加。赖安也在弗雷德的寓所见到过宋庆龄。在意识到与宋庆龄的频频接触对秘密工作不利时,他们才于1934年3月以后停止同她的密切联系(不是完全断绝来往)。①

从共产国际诸代表的地位以及他们与宋庆龄之间往来的密切度来判断,介绍宋庆龄入党的非埃韦特莫属。埃韦特是于1934年8月回国的,而那位共产国际执委会国际联络部派往远东的代表与他的负责人谈话备忘录所说共产国际驻华政治代表1933年年底回国其实是误记。此人名格伯特,于1932年春天来到中国,恢复因牛兰被捕而与中共中央、苏区和朝鲜中断的联系,1934年10月盛忠亮被捕后撤回莫斯科。他在1936年9月29日就上海工作所做的报告里,对埃韦特何时回国表述得含混不清,而且明显不清楚埃韦特被召回的真实原因。②

那么埃韦特是何时介绍宋庆龄入党的呢？笔者认为不能以1933年5月她代表共产国际去探视廖承志来说明她当时已经是共产党员。共产国际一直在借助她的特殊身份,利用她为共产国际工作。1933年4月,她在杨杏佛的陪同下,为共产国际去试探黄平是否已叛变,她对押送黄平来的人表示她并不是共产党员,押送者则对宋庆龄冷嘲热讽地说:"因为您是国母,我们将为您做一切。我们甚至可以将所有背叛自己党的共产党员都带到您这里来,而他们很多,可给您带来与他们见面的快乐……"③此语惹恼了宋庆龄,但此人的发泄正说明了共产国际找宋庆龄来执行这种任务的意图。反

---

① 详见《在共产国际执行委员会与赖安的谈话记录》(1934年11月20日),《联共(布)、共产国际与中国苏维埃运动(1931—1937)》第14卷,第296、297页;《赖安在共产国际执行委员会国际联络部关于上海形势的谈话速记记录》(1934年12月22日),《联共(布)、共产国际与中国苏维埃运动(1931—1937)》第14卷,第322页;《共产国际执行委员会国际联络部格伯特关于上海工作的报告》(1936年9月29日),《联共(布)、共产国际与中国苏维埃运动(1931—1937)》第15卷,中共党史出版社2007年版,第260页。

② 见《共产国际执行委员会国际联络部格伯特关于上海工作的报告》(1936年9月29日),《联共(布)、共产国际与中国苏维埃运动(1931—1937)》第15卷,第260页。

③ 《艾萨克斯关于宋庆龄同黄平1933年4月6日谈话情况的报告》(1933年4月7日),《联共(布)、共产国际与中国苏维埃运动(1931—1937)》第13卷,第379页。

帝大同盟的成员大多是一些国际名流,道理也与这个押送者说的差不多。他们不一定是共产党员,但他们同情苏联,支持反帝事业,他们出面的效果远胜于共产党员。在这个过程中,也不排除他们加入共产党或者走上完全相反的道路。

宋庆龄在上海的故居

宋庆龄一直支持共产国际的反帝事业,但起初并不完全支持共产党的一些做法。在牛兰夫妇事告一段落后,宋庆龄曾准备赴欧,并向共产国际执委会国际联络部在华人员表示要在赴欧途中在莫斯科停留庆祝十月革命15周年。[①] 不过她终未成行,1932年12月,她在上海成立中国民权保障同盟,以法律手段公开救援被捕共产党人和进步人士,"第一次打破了完全消极和听天由命地面对逮捕、拷打和枪杀的可恶制度"[②]。次年3月8日,国民御侮自救会在上海成立,宋庆龄被推选为主席,并在会上发表讲话。但是,

---

[①]《关于孙逸仙夫人请求允许她在赴欧途中在莫斯科停留以庆祝十月革命十五周年》(1932年10月15日),《联共(布)、共产国际与中国苏维埃运动(1931—1937)》第13卷,第149页。

[②]《埃韦特给共产国际执行委员会的报告》(1933年4月8日),《联共(布)、共产国际与中国苏维埃运动(1931—1937)》第13卷,第398页。

这一组织主要是中共地下党在操纵,行为过激,连共产国际都认为"在组织方面,这件事不应给以过高评价"①。4月23日,宋庆龄与副主席吴迈律师均向该会提出辞职,而吴迈继因强烈反对该会各种过激行为于4月26日被该会除名。②

1933年6月18日,杨杏佛遇害身亡,埃韦特赞扬宋庆龄在杨杏佛遇害后,大多数人都退缩的情况下,"表现得很好,仍与我们合作"。这种表述上的你我之别只能说明此时的宋庆龄还不是"同志"。

从格伯特1935年5月的这份谈话备忘录语境来看,备忘录特别强调:"她在极其困难的情况下出色地召开了反帝大会。而她一旦成为党员,她就会失去其特有的价值了。"笔者判断宋庆龄应该是在远东反战会议成功召开之后被吸收入党的。这也许与她的助手杨杏佛在筹备远东反战会议的关键时候遇害有关。邓演达遇害时,她愤然宣布国民党不再是一个政治力量,杨杏佛遇害则自然会使她对国民党彻底失望,成为她加入共产党的催化剂。

1933年年末,王明在共产国际执行委员会政治书记处政治委员会会议上,对远东反战会议作总结和评价时说:"我们应该加强我们在上海的反战委员会,除了吸引地下的和诸如宋庆龄等半地下的人士参加外,还要吸引广大公开的人士、新闻记者、教授、教师、学生等参加,以便使我们的委员会以后在行动中有更多合法的或半合法的机会。"③他用了"半地下"这个词来说明宋庆龄的身份,这说明,宋庆龄此时已是一名利用自己的特殊身份公开活动的"半地下"特殊党员。

1934年王明和康生在组织中国民族武装自卫委员会时要排除宋庆龄,无非是害怕她的红色身份万一暴露,会对该活动不利。

所以,笔者的结论是,宋庆龄是在1933年9月远东反战会议成功召开之后不久加入了共产党。

历史的谜团还有很多,比如左尔格小组与第三党有何联系?在陈翰笙

---

① 《埃韦特给皮亚特尼茨基的第4号报告》(1933年3月11日),《联共(布)、共产国际与中国苏维埃运动(1931—1937)》第13卷,第344页。
② 《中国民权保障同盟与国民御侮自救会——上海公共租界工部局警务处情报选》,《档案与历史》1988年第2期。
③ 《王明在共产国际执行委员会政治书记处政治委员会会议上的发言》(1933年11月3日),《联共(布)、共产国际与中国苏维埃运动(1931—1937)》第13卷,第588页。

闪烁其词的讲述中,我们可以知道他那个时候经常为营救牛兰夫妇,为民权保障同盟给报社送材料,为宋庆龄与律师之间传递信件,而同时送信、送材料的还有谢树英。① 谢树英是邓演达的朋友,第三党成员,他并非民权保障同盟的成员,为什么他会成为送信、送材料的人?

另外,胡兰畦与左尔格小组有什么瓜葛?胡兰畦1931年在"九一八"事变一个月后返回德国,是史沫特莱神秘莫测地安排陈翰笙护送她上船的,陈翰笙为此也一头雾水。② 胡兰畦经历丰富,身份复杂,她1925年加入国民党,1929年成为"第三党"江西省委委员和南昌市委组织部长,1930年10月在德国加入"德国共产党中国语言组"。陈翰笙多年后还在向宋庆龄打探胡兰畦的身份,同样不明真相的宋庆龄却告诉他胡兰畦"从不属于我们的组织"③。

历史留给我们的谜团太多了,身为史学工作者,我们的责任是寻找历史本真,正如杨奎松教授《历史研究中的人性取向问题》一文所述,我们应该跳出旧范式的"概念、模式、框架"的理论假设,从人性的视角来还原历史真相。

(朱玖琳　上海市孙中山宋庆龄文物管理委员会研究室研究员)

---

① 陈翰笙著:《四个时代的我》,第52页。
② 陈翰笙著:《四个时代的我》,第53页。
③ 中国福利会编:《宋庆龄致陈翰笙书信(1971—1981)》,东方出版中心2013年版,第165页。陈翰笙知道宋庆龄的身份,他晚年告诉照顾他起居的外甥女童瑜琼,宋庆龄是第三国际的党员。

得不偿失的大营救
——牛兰、宋庆龄与左尔格

◎ 吴基民

一

顾顺章被捕,给在上海的中共地下党中央带来了灭顶之灾,他在供词中提到了牛兰,提到了牛兰和他的洋人俱乐部。那么牛兰究竟是怎样的一个人?

1931年是中共历史上非常关键的一年。

这一年的4月25日,负责中共政治保卫工作,政治局候补委员、中央特委三巨头之一的顾顺章(中央特委另两人为向忠发、周恩来)在武汉被捕,随即叛变,使得在上海的中共地下党陷入了灭顶之灾!包括周恩来在内的不少中共负责人都称这一时期是"中共在历史上最危险最艰难的时刻"(引自《周恩来传》)。顾顺章的叛变,使中共即刻损失了几位最优秀的领导人,像恽代英、蔡和森;直接造成了中共中央总书记向忠发的被捕与叛变;同时损失了一大批优秀的地下工作者,暴露了许多地下党的机关。最直接的后果是使中共地下党中央再也无法在上海立足。包括周恩来在内的党的领袖,包括聂荣臻、陈赓等在内的老资格地下工作者放弃了上海的阵地，开始向地处偏僻的乡村山区的中央根据地转移……

自然顾顺章也供出了共产国际在上海的领导机关。据《牛兰案始末》一文中披露，顾顺章在南京交代："共产国际派遣代表九人来上海，即系国际远东局，大多数是俄人，也有波兰人、德国人，姓名住址不太知道。远东局主任，名叫牛兰，我们都叫他老毛子。他有一个妻子，非常厉害。"

作为中共地下党方面最高级别的特务头子顾顺章，所说的话真真假假、闪烁其词。其实他是和牛兰打过交道的……

1931年年初，共产国际派遣了2名德国籍的军事人员到上海，准备派遣他们去江西中央苏区做军事顾问。牛兰和顾顺章曾联手参与此事。牛兰将他俩打扮成传教士，顾顺章安排秘密交通护送他俩去瑞金，但未能成功。两人返回上海，牛兰迅速将他们送上外轮离境。

几乎在同时，中共六届四中全会在上海召开，共产国际派遣了国际东方部的负责人米夫来上海协助指导，顾顺章负责全程保卫。他自以为是地认为：共产国际在上海至少还有一个与米夫地位不相上下，甚至还要重要的领导人叫牛兰。他在供词中还有一段话：共产国际在上海有一个"洋人俱乐部"，其负责人是德国人，绰号叫"牛轧糖"（Nougat）。

那么牛兰是怎么一个人？他的厉害的夫人又是怎样的一个人？

牛兰原名雅各布·马特耶维奇·鲁德尼克。1894年3月他出生在乌克兰，第一次世界大战期间被送到圣彼得堡军事学校学习，1917年2月加入布尔什维克担任芬兰团的政委，十月革命时曾率队攻打冬宫。1918年被推选参加"契卡"，成为一位执行秘密任务的地下工作者。1927年中国大革命失败后他被共产国际选定作为派遣到中国的最佳人选，随后让他携带大量现金以经商为由到欧洲"漂白"身份，其间来过上海经商探路，一直到1929年才在上海落下根来。公开身份是泛太平洋产业同盟上海办事处的秘书，秘密身份是共产国际远东局的联络员。共产国际给他的最高指示是：在任何情况下都不允许与苏联在华的机构联系。

牛兰的夫人原名达吉亚娜·尼克莱维亚·玛依仙柯，出生在圣彼得堡一个显赫的贵族世家，接受过良好的教育，是一位数理逻辑的教师。但她极富语言天赋，精通法、德、英、意等国语言，1917年加入布尔什维克。1925年她与牛兰在维也纳结婚，两年后生下了一个儿子叫吉米。由于隐蔽工作的需要，牛兰夫妻从不在吉米面前讲俄语，而只说德语。吉米的国籍是德国人，说一口纯正的德语。一直到1930年牛兰全面负责上共产国际在上海联络站的工作，牛兰夫人才带着吉米来到上海，化名汪德利曾，协助丈夫工作。

牛兰夫妇作为共产国际远东局在上海的联络员，权力非常之大。他们一方面要协助共产国际和远东局保持和中国共产党以及亚洲各国共产党的联系，为去苏联的各国共产党重要领导人办理手续；同时还掌控着共产国际从柏林转来的巨额资金，分发给包括中共在内的亚洲各国共产党使用，其中1930年8月—1931年1月，平均每个月给中共的经费为2.5万美金。

牛兰夫妇秘密工作经验非常丰富，他俩化身德国人，拥有德国国籍与护照，但同时还有比利时、瑞士等其他各国护照。他们使用多个化名，登记了8个信箱、7个电报号码，租用了10个住所，在各大银行开办了几十个账户，同时还开办了几家店铺，经营了几个贸易公司，其中"大都会贸易公司"规模最大，持续时间最久，在上海的贸易界颇有声望。他们基本上不和中共地下党员接触，唯一知道他俩真实身份的是周恩来以及总书记向忠发，也许还有向忠发的政治秘书余昌生。周恩来就曾说过：牛兰——交通系统，他的顶头上司是共产国际联络部交通处主任阿尔拉莫夫；"管秘密电台、交通及秘密党的经费"。由于牛兰负责向国际转送中国党的秘密文件，"结果牛兰破坏，《申报》（疑应为《大公报》——笔者注）登过两个月的秘密文件"（见杨奎松《民国人物过眼录》一书）。1931年年初，他负责安排共产国际派遣的两位军事顾问进中央苏区，与顾顺章联系，是非常罕见的一个例外。

那么，这么一个隐藏得极深、地下斗争经验又非常丰富的牛兰，他是怎么被捕的呢？

二

海外一个普通交通员的被捕，造成了多米诺骨牌的崩塌。牛兰被捕，在上海滩掀起了轩然大波。

前面说过，1931年1月牛兰与顾顺章刚见过面。但牛兰对于顾顺章的被捕与叛变，似乎并不十分恐慌。4月末，他从周恩来那里获悉了顾顺章叛变的消息后，毫不迟疑地即刻将手下的三位持有苏联护照的工作人员送出境外，然后坐在家里静候国民党特务与英国巡捕的到来。然而，一个多月过去了，似乎一点动静都没有。

左尔格在东京的墓地

6月10日，共产国际远东局在给共产国际的报告中写道："我们在南京秘密工作的同志向莫斯克湿（即周恩来）报告，在4月26日有一共产党在汉口被捕，旋即证明系中共政治局委员，并负责特务工作者。他愿意见蒋介石及南京国民党秘密工作负责者，并告诉一切，并准备为南京政府工作……起初我们不相信此人有反叛之可能，其后又以为顾某不致全盘托出，所以整个星期是在谈话与谣言之中，而不能决此事之确否。此种反叛极为可能，因顾某不但知道所有中国同志之住所，而且还知道克兰莫及坡托歇夫斯基之住宅（坡氏即牛兰——笔者注）。几天以内，我们望着警察们到这些地方来，同时做着必要的防备。直至现在，还是未见警察巡捕来到……"

但是，国际远东局的领导和牛兰绝不会想到，至少有一个人已经从顾顺章含糊其词地交代"共产国际派遣代表九人来上海，即系国际远东局，大多数是俄人,也有波兰人、德国人,姓名住址不太知道。远东局主任,名叫牛兰……"里,嗅到了极为重要的信息,他准备出手了。他就是国民党中统的第二把手、国民党组织部中央调查科的总干事张冲。

张冲是国民党中统极为重要的负责人,他为人正直,工作能力很强,富有正义感与民族意识。早期他是中共最危险的对手。他主导顾顺章案,在无法抓到周恩来的情况下,与他的部下黄侃伪造了《伍豪等脱离共党启事》,并公开刊登在上海各家报刊上,造成了周恩来一生的困惑与苦恼。但在抗战期间,他又最热忱地与中共合作,是周恩来很好的朋友。1941年8月逝世,年仅37岁。

1931年6月1日,共产国际派出的一个信使,法国人约瑟夫在新加坡被英国殖民当局警察逮捕,并从他随身携带的文件中发现了一个在上海的信箱号"邮政信箱208号,海伦诺尔"。新加坡当局即把这一情报通告了上海公共租界的英国警方。于是一块牌抽掉了,引起了整个多米诺骨牌的崩塌,在上海掀起了一场轩然大波!

20世纪八九十年代,笔者认识了上海文史研究馆的馆员薛畊莘先生,并成了很要好的朋友。这位有着比利时血统的中国人,曾担任过法租界巡捕房的特级督察长,是华人巡捕的最高职务。他曾几次和我谈及了二三十年代中世界警探们在上海的两次"统一行动",都是和共产国际有关,主要信息都是从海外传来的。

其一是中共一大马林案。

受列宁委托,共产国际中央执委荷兰人马林从莫斯科赴上海出席中共一大。他离开莫斯科转道维也纳,就被巡警们盯上了。他在维也纳被当局关押了6天,然后驱逐出境。马林从维也纳到意大利威尼斯,1921年4月21日,坐意大利游轮去上海,一路上英国警方就通知斯里兰卡、新加坡、香港、上海的警察当局要关注此人。荷兰驻印尼总督府3次致函荷兰驻沪总领事,并寄来马林的照片,称他为"荷兰最危险的革命宣传鼓动者",理由是1913年马林曾在荷属印度尼西亚从事过革命活动,组织罢工,鼓吹暴动。1918年,马林被荷兰当局驱逐,从此上了西方警察当局的黑名单。6月3日,马林抵沪,住进永安公司大东旅社32号,就有警察"照顾"。7月14日,他搬到麦根路32号公寓,他自己也忘了这个住址,但警方有详细记录。7

月23日晚,他在法租界望志路李书城寓所出席了中共一大开幕式,法租界巡捕密切关注着。7月30日晚,马林又到李书城寓所,由于马林在里面时间待得太久了,而且室内众人说话的声音又太大了,因而租界当面决定派华捕头目程子卿前去探视。

由于共产党当时在法国是合法的,法租界当局执行的又是法国法律,即使是共产党开成立大会或是什么讨论会,都是合法的,不会受到干扰。但马林一来就把事情搞复杂了。之所以让程子卿来看一看,就是怕马林这个"外国赤佬攒炸弹"(薛畊莘语——笔者注)。薛畊莘认为法国巡捕房是去保护,而不是去迫害,巡捕们涌进去,没有带走一个人,没有拿走一张纸,就是明证。

其二就是牛兰案。

自从新加坡英国警局从约瑟夫那里获悉了一个邮箱地址以后,英国巡捕对208信箱进行了监控调查,很快查明其租用者名叫牛兰。经过仔细调查,发现牛兰还用不同假名,在上海英、法租界借用了8个信箱。同时他们发现了牛兰在上海的两个住所,即四川路235号和南京路49号C座30号。牛兰的公开身份是泛太平洋产业联盟驻上海办事机构的代表。

泛太平洋产业同盟是一个公开的左翼工会组织。但此刻顾顺章的供词也已通过秘密渠道被巡捕房获悉:"共产国际派遣代表九人来上海,即系国际远东局……远东局主任,名叫牛兰。"这份供词促使了租界当局对牛兰采取行动。

6月15日上午,租界当局突然搜查了牛兰在四川路的寓所,当场捕获牛兰,并从他身上搜到了一大串钥匙和一批信件。警方将牛兰秘密押到南京路49号寓所,内有多个保险箱,从3个保险箱内搜出600多份文件,其中最为重要的有76件,包括共产国际给远东局以及给中国和印度支那共产党、马来亚共产党等的秘密指示;还有远东局和中共给共产国际的报告。尤为重要的是发现了"中共方面的几乎一切重要文件,包括政治局会议记录,都要通过这个机构报送给莫斯科"。

非常不幸的是警探们在书桌上发现了一张法文写的纸条:"我今天下午2时半再来。"于是警探们带走了牛兰和文件,留下一些人在此守候。下午2点半,有人开门进来。来者是一个手提皮包的中年女人,她发现情况有变,正想退出,但警探们一拥而上,将她逮捕,她就是牛兰的夫人汪德利曾。警方从她的皮包里发现了一张纸条,上面写着一个地址:愚园路宏业花园74号。

警探们立即押着牛兰夫人到愚园路宏业花园,经搜查,惊讶地发现她还有一个住所:赫德路66号。警探们追踪搜查,在赫德路寓所的保险箱里搜查到了共产国际远东局1930—1931年的账册,以及上海各大银行的数十本存折,存款总额为47 000多美元,这都是共产国际准备通过远东局提供给中国及远东地区其他共产党的活动经费。同时被带走的还有牛兰夫妇的儿子吉米,以及他们的保姆赵杨氏。

这便是轰动一时的牛兰案。

顺便说一下,根据从牛兰处查获的文件,警方证实了不久前国际远东局在香港成立了一个分支机构"南方局",又称香港分局。就在牛兰被捕前几天,英国警察也在那里抓获了一名印度支那共产党的领导人阮爱国,他也是南方局的负责人。阮爱国就是已故领导人之一、越南劳动党和共和国的创始人胡志明。

就在牛兰被捕不过一个星期,6月22日早晨中共中央总书记向忠发在静安寺附近被法国巡捕逮捕,随即叛变,当晚就被引渡到淞沪警备司令部。在问及共产国际的问题时,这位向忠发故意闪烁其词地回答:"共产国际东方局的负责人,前为米夫,现已回国。此刻由一波兰人负责,但自称是比国人,现已被捕,押在英租界捕房中。"(见经盛鸿文《牛兰案始末》)联想到顾顺章的供词,以及从牛兰住所查获的如此众多的高级别的文件,以及大量的资金,几乎所有的人都确信,牛兰就是共产国际远东局的最高负责人了。

三

作为共产国际在上海被捕的第一人,牛兰奇货可居。莫斯科当局决心全力营救,甚至不惜让宋庆龄赴南京面见蒋介石,不料弄巧成拙,反加深了营救的困难。

1931年6月15日，牛兰夫妇被捕，租界对他俩进行了多次审讯，但牛兰坚不吐实，只承认自己是泛太平洋产业同盟驻上海办事机构的秘书，其他的一概拒绝回答，同时指定了德国籍的费舍尔博士担任他的律师出面与警方交涉。警方为了坐实牛兰是共产国际的委员，决定从他俩手执的护照入手，查明他俩的来历。从现今还保存在上海市公安局的原公共租界牛兰案审讯笔录来看，比利时领馆否认牛兰夫妇比利时护照的真实性，瑞士领馆对牛兰夫妇的瑞士籍不置可否，德国领馆对他俩的德国国籍确认无疑，真是一头雾水。再说他俩年幼的孩子吉米，除了德语，不会说其他任何语言。已经被释放的牛兰家保姆赵杨氏通过律师几次发表声明，说是她在牛兰家里受到充分的尊重，表示愿意将小吉米从狱中接出来抚养，等待牛兰夫妇的无罪释放。

更令租界警方想不到的是，法国工会联盟从巴黎拍来电报，抗议警方逮捕工会秘书牛兰夫妇；国际反帝同盟主席缪岑贝格在全球发起"保卫无罪的工会秘书运动"。时间拖得越久，抗议的声浪越高……

薛畊莘曾说过，当时公共租界的英国警方非常恼火，提起牛兰便对他抱怨：这个老毛子太厉害了，软硬不吃，又没有直接犯罪证据，再拖下去只好放人。当时薛畊莘还对他的英国同行深表同情（见薛畊莘著《沧桑五十年》）。警方官员甚至私下对他们聘用的律师威廉姆斯说："这个案子很棘手，越拖对（租界）当局越是不利，你要有放人的准备。"哪里晓得峰回路转，这一年的8月10日，牛兰夫妇突然被引渡给淞沪警备司令部；8月14日深夜，他们俩被全副武装的军警秘密押解到南京。

1931年1月至4月，国民党先后颁布了《危害民国紧急治罪法》、《危害民国紧急治罪法施行条例》等法案，在镇压共产党方面，国民党当局与租界的勾结就日趋紧密。1931年4月，中统抓获了顾顺章；6月中统又抓获了向忠发，两人闪烁其词，又把并非是共产国际远东局领导人的牛兰说成了远东局的主任，令中统特务们欣喜万分，他们就想趁此机会，彻底切断共产国际与中国共产党的联系，一举消灭中国共产党。而顾顺章案的直接操盘手张冲就此浮出了台面。他在牛兰被捕以后，就不断地给公共租界的英国当局和警探们施加压力，要将牛兰夫妇引渡到华界，由国民党方面处理。而英国人正好将这一烫手山芋扔给中国人，于是牛兰案变得更加扑朔迷离，牛兰夫妇的生命直接受到威胁!

由于牛兰夫妇是被国民党政府逮捕的第一位苏联人,苏联政府决定动用一切力量,尽全力营救他们出狱,其中最重要的,最引人关注的是宋庆龄。

1931年7月23日,宋氏六兄妹的母亲倪桂贞老太太因病在上海逝世,宋庆龄7月末回国奔丧。她回国途经莫斯科,就有人请她出面营救牛兰夫妇,这所谓的"有人"指的就是共产国际和苏联政府(见爱泼斯坦《宋庆龄——二十世纪的伟大女性》)。

现在有人撰文指出宋庆龄20世纪二三十年代在海外就加入了共产党,是直接受共产国际领导的秘密党员。最直接的证据是廖承志的回忆录。30年代初,他从国民党监狱里被营救出来,曾在自己的母亲何香凝的寓所见到过宋庆龄。宋庆龄明确告诉他自己是奉"国际"的指示来了解廖承志在狱中的情况的。如果这还不能成为宋已加入中共的证据,但至少说明她和共产国际的关系是非常密切的。

宋庆龄回到上海,与自己的兄妹忙完了母亲的丧事。1931年8月20日,便和爱因斯坦、高尔基、蔡特金、史沫特莱等国际知名人士发起成立了设在欧洲的"保卫牛兰委员会",使营救牛兰的行动演变成为一次世界性的运动。

1931年12月,宋庆龄专程前往南京,拜会蒋介石,直截了当地向蒋介石提出了释放牛兰夫妇的请求。这已是宋庆龄在一个月内第二次求见蒋介石了。不久前,为了拯救爱国将领、自己的密友邓演达的生命,她曾来过南京,向蒋介石提出过要他释放邓演达的请求,她说:"现在国难当头,你和邓演达的矛盾,我来给你们调解。"但遭到了蒋介石的拒绝。宋庆龄曾发誓不会再见蒋介石,这次为了救人又赴南京见蒋,内心所受的折磨与煎熬可以想象。

关于这一次会面,以及具体的内容的与细节,很少被人披露,倒是新近解密的《蒋介石日记》有较为详细的记录。

1931年12月16日,蒋介石在日记中写道:"孙夫人欲释放苏俄共党东方部长,其罪状已甚彰明,而强余释放,又以经国交还相诱。余宁使经国不还,或任苏俄残杀,而决不愿以害国之罪犯以换亲子也。绝种亡国,乃数也。余何能希冀幸免!但求法不由我犯,国不由我而卖,以保全我父母之令名,

使无忝所生则几矣。区区后嗣,岂余所怀耶!"(见杨天石《找寻真实的蒋介石:蒋介石日记解读II》)

需要说明的是:宋庆龄提出释放牛兰夫妇的要求,并开出条件允许蒋经国从苏联回来,若说这没有苏联政府的授权,甚至没有斯大林本人的同意,是根本不可能的。但被蒋介石断然拒绝,让宋庆龄大丢面子!介石,介石,这完全符合蒋介石的个性。同样的事情,10多年以后也发生在斯大林身上:希特勒曾要求斯大林释放在斯大林格勒被俘的德国元帅保卢斯,条件是希特勒拿关在德军战俘营的斯大林大儿子去交换,斯大林断然拒绝!钢铁,钢铁(斯大林俄语词意——笔者注),斯大林说:他不会拿一个元帅去换一个士兵!

这实在是一桩得不偿失的事情!首先它暴露了宋庆龄的秘密身份,据最新解密的戴笠日记,蒋介石就以宋庆龄与苏联有秘密联系为由,让戴笠派人日夜监视宋庆龄的住所。其次暴露了苏联当局万分焦虑的心情。奇货可居!张冲更坚定了将牛兰夫妇秘密关押起来,对外封锁一切消息,想以此为诱饵钓到更大的鱼!

四

牛兰生死未卜、音信全无,王牌间谍左尔格出场,冒着暴露的危险,花了2万美金巨款,只为得到一张小纸条。

8月10日,自从牛兰夫妇被引渡到国民党手里,他们俩就失去了一切信息,从公众的视线里消失了。不管国内外的舆论发起怎样的攻势,不管国际红色救济会代表73个国家1300万会员提出怎么样的抗议,国民党有关部门一问三不知。牛兰夫妇生死未卜,一点消息也没有,这正是中统第二把手、具体负责牛兰案的总干事张冲期望的那种状况。他静下心来放下了鱼饵,一心一意想钓一条更大的鱼。

于是第二次世界大战期间,苏联最传奇的王牌间谍左尔格出场了。

对于派左尔格出面营救牛兰,有关方面存在着很大的疑虑。据说克格勃的头目叶诺夫就曾问过左尔格的上司苏军总参谋部情报部第四局局长别尔津大将"是否值得"。别尔津回答：据可靠消息，牛兰并未暴露自己的身份，他是一个掌握着苏联重大机密的人，只要有可能总还是要尽力去营救的。

左尔格比牛兰小1岁，他1895年10月出生在阿塞拜疆的巴库，父亲是德国人，母亲是俄罗斯人。他3岁随父母迁往德国。1919年10月，他加入了德国共产党，1924年在德共九大期间加入了苏军情报局，成了一名职业间谍，第二年他加入苏联国籍，并参加了苏联共产党。

左尔格极有间谍天赋，他职业生涯中最伟大的功绩是在1941年的春天，就获悉了德国法西斯准备在6月向苏联发动全面的攻击，具体的时间是22日星期天。但斯大林并不相信，他从其他方面的情报中得知：德军并未准备冬衣。而德军向苏联大规模进攻是一定要准备冬衣的。但斯大林忘了，希特勒不仅是个赌徒，也是个臆想狂，他认为德国军队只需要3个月的时间就能攻下莫斯科，全部解决苏联军队，这样根本就不需要准备冬衣。因此斯大林在德国的突然袭击中吃了大亏！

1941年10月末，德军兵临莫斯科城下，苏军兵力捉襟见肘时，苏维埃政权正处在最危急的时刻！但此时苏联方面还在远东地区屯兵百万，准备应付日本远东军的进攻。那么当时日本法西斯的进攻目标是往北（向苏联远东地区）还是向南（进攻美英太平洋地区）？虽然1941年10月18日左尔格已经在日本东京被捕，但是他领导的左尔格小组已经获悉，日军把进攻的目标定在了向南。中西功、尾崎秀实等经过实习勘察与分析，将日军南下发动太平洋战争的时间定在了12月8日星期天！而斯大林就是从1941年11月左尔格小组反复发出的情报中作出了重大决策，从西伯利亚源源不断地抽调虎狼之师涌向莫斯科，并于12月6日在莫斯科近郊发起了大反攻，一举歼灭了德军50万人，在危亡中挽救了苏联！左尔格在1944年11月7日苏联十月革命纪念日，被日本法西斯杀害。而20年以后，在1964年的十月革命纪念日，他被追授"苏联英雄"的最高荣誉称号！他当之无愧。

让我们还是回到30年代初的上海。1930年年初，左尔格受苏军总参谋部情报部别尔津将军的直接委派，以德国记者的身份来到上海。其目的是重建因中东路事件而中苏断交后遭破坏的情报网，利用上海租界这个特殊环境下的情报中心,收集德、日两国的情报,为苏联决策提供依据。

左尔格以其天才的间谍才能,很快建起了一个情报网。同时他也得到了中共方面的大力支持。中央特委三巨头中的灵魂周恩来亲自为他挑选助手,比如张放(又名方文)、张文秋(当时名叫张一萍)、蔡叔厚等。而这些人一旦与左尔格建立了联系,根据周恩来的指示,立即切断了与中共地下党组织的一切关系。

左尔格的努力很快就取得了成效,由于他德国记者的身份以及杰出的交际能力,他很快与德国驻华外交官以及蒋介石身边的德国顾问团建立起了联系。从1930年至1932年,他的谍报小组给苏军情报局发出了597份电报,通过苏军情报局转给中共中央有335份,尤其是德国顾问团制定的对中央苏区四次大"围剿"的情报,为中国革命作出了重大贡献。

1932年年初,在宋庆龄北上面见蒋介石失败以后,左尔格奉别尔津大将亲自给他下达的命令,在上海开展营救牛兰的活动。作为苏军总参谋部最高级别的间谍,左尔格自然知道牛兰夫妇的真实身份和他们确切承担的工作。共产党国际远东局1931年年初在上海的正式代表是德国人罗伯特;1931年2月罗伯特离开上海,远东局的工作就由秘书任斯基主持。无论是顾顺章叛变,向忠发被捕,一直到牛兰被捕,始终没有变化过。1931年9月,任斯基一直到布置完周恩来、王明等原党中央的领导人撤离工作后(周恩来实际离开上海是1931年11月末,但他在9月以后已基本上不参加工作),任斯基才离开上海。远东局的工作实际上为两个独立的部门,一个为"政治部",负责传达共产国际的各项政策指示,帮助中共及其他远东共产党制定政策文件,转达中共等共产党指出的各项要求和建议等;而另一部门为"组织部",负责给各共产党发放经费,为共产国际人员与中共中央领导人举行重要会议寻找场地,保证莫斯科与中共之间人员的秘密往来,双方文件与书信的传送,无线电通讯,等等。它同时也受到权力很大的共产国际国际交通处主任阿尔拉莫夫的直接领导。牛兰就是组织部的负责人,这也难怪从他的10个住所会搜出这么多的文件与4.7万美金的经费!

牛兰夫妇音讯全无,生死未卜,左尔格确定自己的第一项工作是明确牛兰的生与死。他问左尔格小组的其他成员:有什么方法建立起与国民党中统特务的接触与联系,以确定牛兰的生死?他的中国同志方文(又名张放)

说,他的学生柳忆遥,现在浙江乐清老家,与同为乐清人的中统特务头子张冲可能有些关系。于是左尔格便指示方文通过这个关系与张冲接触一下,试探试探。几天以后,柳忆遥向方文汇报:张冲不仅知道牛兰的下落,而且正是国民党当局负责牛兰案的主管。

其实方文和柳忆遥走的是张冲同学郑空性的关系。郑空性1919年与张冲在温州市十中读书,是同班同桌的好友。1924年他加入中国共产党,还曾担任过中共潮汕地委的宣传部长,"四一二政变"后因病回家,与组织失去联系。郑一听要打探牛兰的消息,立马答应,即刻从乐清赶到了南京。(以上见马雨农著《张冲传》)

张冲见到兴冲冲地从乐清赶来的老同学郑空性,来打探牛兰夫妇的消息,他表面上不露声色,心中却欣喜万分,他明白,鱼上钩了!

很快郑空性与张冲会面的信息通过方文,传到了左尔格耳里:牛兰夫妇活着,就关在南京。

但左尔格并不相信,他一定要拿到牛兰还活着的真凭实据,才能依此作出下一步的行动。于是他要求方文告诉郑空性,从监狱里拿到一张牛兰亲笔写的纸条。

于是信息又传给了张冲,张冲一口答应,但开出了一个条件:要想拿到此货,必须支付2万美金。

2万美金,这在当时是一个天价!共产国际支付给中共一个月的全部开销也只有2.5万美金。张冲之所以开价2万美金,其目的就是为了探明:与他打交道的是谁?是中共中央,还是共产国际首脑机关?因为其他人根本拿不出这笔钱!如果与他打交道的人,真的愿意掏出2万美金,那么也从反面证实那位关在牢里、严刑拷打也始终承认自己只是泛太平洋产业同盟驻上海的一个小秘书的牛兰,肯定是一个大角色!他所交代的一切都是一派胡言!

用2万美金换一张牛兰写的小纸条的事,在左尔格小组里引起了激烈的争论。方文在他晚年的回忆录《左尔格在中国》与《红色国际特工》一书中是这样写的:"两万美元,是多么大的一笔钱,能为革命做多少事呀!而现在毫不痛惜地用这么大一笔钱买一张小小的纸条,未免太不爱惜革命财产了!"

左尔格则认为:"张冲在中统内有一定地位,他没有拒绝我们的要求,说明他有意和共产党保持一定的关系。如果这笔交易成功,既有了牛兰的纸条,又等于我们已经收买张冲为我方的情报员。"左尔格又提醒方文:"究竟是金钱重要,还是牛兰的生命重要?舍不得钱,就得不到证据。你必须认清,政治交易不能用金钱计算。"

在花钱买纸条这件事情上,左尔格赢了,他说服了方文。但是在评估张冲这件事上,他输了。他一开始就有利用国民党的腐败,花钱收买国民党高官的设想。但他低估了张冲的人品与道德,同样他也低估了正处在创始不久,上升阶段的整个中统组织那么一种生机勃勃的朝气与力量。

左尔格向莫斯科别尔津大将汇报了他的想法,别尔津将军一口答应。他回复左尔格讲,通过银行汇这么大的一笔款子已经不保险,他决定派两位德国老共产党员作为交通员,每人携带2万美金,从西伯利亚越境到哈尔滨,然后从大连坐日本人的船到上海,只要有一个人成功,就能救出牛兰!这两个交通员一个叫赫尔曼·西伯勒尔,另一个叫奥托·布劳恩。

两个德国交通员先后到上海,见到了左尔格。赫尔曼在晚年他的回忆录上讲:在一所颇为奢华的公寓里,他见到了左尔格。他紧紧拥抱了自己心目中伟大的英雄,交了钱,第二天便启程返回莫斯科。而奥托·布劳恩借口要和他在莫斯科的老熟人、现已担任中共中央负责人的博古见见面,而耽搁了下来。关于他,在本文的末尾还有一段小小的说明。

钱拿到了,左尔格通过中间人对张冲讲:要先验货再给钱。张冲倒也爽快,一口答应了左尔格的要求。于是几天以后,一张宽两厘米、长六七厘米的纸条放在了左尔格的手里,纸条只有非常短的一句话,写些什么未见披露。左尔格迅速拿去给熟悉牛兰笔迹的人检查,确认无疑。3天后把2万美金托中间人给了张冲。这真是间谍史上最昂贵的一笔交易。

获悉牛兰夫妇确实还活着的信息,全世界掀起了营救牛兰夫妇的运动。最大的理由是:一个外国人被秘密关押在监狱里将近一年,完全违反了中国的法律。在强大的压力下,国民党军事法庭不得不在1932年的5月对牛兰夫妇进行了公开审问;8月19日,国民党军事法庭以触犯"危害民国紧急治罪法"的罪名,判处牛兰夫妇死刑;同时援引大赦条例,减判无期徒刑。

从左尔格一出手就是2万美金换一张纸条,张冲断定是钓上了一条大鱼。1932年5月,左尔格在给别尔津大将的报告中,不无担忧地讲:"我们现在的处境已不允许我们再从事这方面的联络活动。我的身份已经受到怀疑。"(见杨国光文《左尔格———一段鲜为人知的历史》)

10月16日,别尔津将军收到一份上海的密电:"我们从中国线人那里得知,南京方面似乎已发现一名军事间谍的踪迹。据说此人是一名德国犹太人。根据从当地德国人那里听到的消息,我们认为,各方怀疑线索正在向拉姆扎(指左尔格———笔者注)身上靠拢。请指示:拉姆扎是否一定要等到接替人选来了以后才能离开?还是可以提前撤离?"(引文同上)

别尔津将军批示:"尽快撤离,不必等候接替人员,否则会出事。"于是左尔格只能尽快撤离上海回到莫斯科。同时撤离的还有方文等。而其他中国同志返回自己原来岗位。由于中共地下党中央在那几年经历了顾顺章案、向忠发案、牛兰案这三大案,再加上周恩来也离开上海去了中央苏区,一些重要骨干从绝密的左尔格小组撤岗后,就找不到原来的组织了,一直到抗战爆发才总算回到自己的队伍。

相比牛兰案,左尔格小组在上海苦心经营3年以后的瓦解,损失更大,中共中央在蒋介石身边德军顾问团的情报网损失殆尽,这在随后进行的第五次大"围剿"中立马显示了出来!

不 是 尾 声

关于本文涉及的几个人物的命运,最后还要交代一下。

其一,关于牛兰夫妇

1932年8月19日,牛兰夫妇被国民党当局判处无期徒刑,为了抗议不公平的判决,以及在监牢里非人道的待遇,牛兰夫妇几次进行绝食。而同时,以宋庆龄为首的"牛兰夫妇营救委员会"也不间断地进行抗议与营救。中央苏维埃政府还发表声明,要求释放牛兰,并愿意拿扣押在各根据地的外国传教士来交换,但国民党当局丝毫不为所动。牛兰夫妇早已对自己的生死置之度外,唯独牵挂的是与他们一起坐牢的儿子吉米。宋庆龄见状,请国民党众多元老帮助,总算将吉米带了出来,寄养在牛兰夫妇也熟悉的一个德国人霍尔茨家里。

在吉米晚年的回忆录中写道:"我的童年是在中国度过的,记得那时我有两个家,一个在上海,霍尔茨夫妇照顾我供我读书;另一个在南京的监狱里关押着我的生身父母。每年我都去探望他们,而且总是在我生日时去南京探狱,据我母亲说,我探狱的权利和日期都是宋庆龄争取到的和有意安排的。1936年,霍尔茨夫妇回德国前,到南京监狱征求我父母的意见。那年我已9岁了,记得当时父母很焦急地说,吉米不能去德国……后来宋庆龄把我接到她的家里,住了几个月,还让我戴着中国小帽子穿着长袍照相,相片送给狱中的父母。1936年年底,宋庆龄又将我送上了去海参崴的'北方号'轮船。"

吉米回到苏联,在苏联国际儿童院里待了8年,与他同班的有毛岸青,刘少奇的儿子刘允斌,赵世炎的儿子赵施格等。

1937年7月,全面抗战爆发。8月27日,日本侵略者对南京城狂轰滥炸,监狱也中了炸弹,一片混乱。牛兰夫妇趁乱逃了出来。其间中苏虽然恢复了邦交,但按照牛兰当特工派遣到上海时领导的指示,牛兰夫妇在任何情况下都不能与苏联驻华机构发生联系,牛兰谨遵誓言,没有和任何苏联机构联系过。他们俩颠沛流离,没有身份证明,没有生活来源,生活极度困难。无奈之中,他们找到了宋庆龄。在宋庆龄的帮助下,他们一直坚持到1939年,终于将一封求援信通过秘密渠道送到了共产国际总书记季米特洛夫手中。季米特洛夫同意他们回国。1939年年底,牛兰夫妇经新疆迪化,终于回到了苏联。1943—1948年,牛兰曾担任苏联红十字会对外联络部长,退休后到大学研究所里搞汉语研究,一直到1963年病故。

其二,关于奥托·布劳恩

本来奥托·布劳恩对于牛兰案无足轻重。他只是苏联在哈尔滨情报部的一个普通情报员,奉命从苏联运送2万美金到上海给左尔格。本来他完成任务后就应该返回哈尔滨,但是他没走,而是在上海找到了中共临时中央的负责人博古。他们俩相谈甚欢,布劳恩原本在德国军队里当过军官,他渊博的军事技术与夸夸其谈的作风很合年仅24岁博古的胃口,用现在的话来讲便是博古被布劳恩忽悠了,成了他的粉丝。博古知道他早晚是要到中央苏区去的,他不懂军事,便想让布劳恩留下来当他的军事顾问。尽管博古几次拍电报要求国际委派布劳恩为中共中央的军事顾问,但共产国际就是不答应。一直到布劳恩逗留在上海将近一年时,才勉强答应布劳恩为军事顾问。电文是这么写的:"应中共中央的请求,委派奥托·布劳恩为军事顾问。布劳恩所提出的任何意见,只能作为你们在决策中的参考。共产国际不承担任何责任。"(引文见《共产国际军事顾问的"乌龙"史——李德身份之谜》)用一句更明确的话就是:奥托·布劳恩是你们自己硬要过去的,他是好是坏,是对是错均与我无关。

博古与奥托·布劳恩进入中央苏区以后,在向苏区的同仁们介绍布劳恩时,截头截尾,就介绍他为共产国际委派的军事顾问,自说自话,授予他极大的权力。同时还为他起了个中国名字叫李德。

这完全是牛兰案牵带出来的意外收获。如果蒋介石知道这么一件事情,说不定还要给张冲颁一枚几顿重的大勋章!

(吴基民　上海东方明珠移动电视副总编辑)

抗战时期上海特科对日本的情报工作

◎ 钱　明

我是 1937 年 1 月参加特科的。由于保密和单线的限制,虽然工作时间较长,可我了解的情况是有限度的。

在抗日战争时期,在中国的日本人民所进行的反战斗争共有三条线:其一是以延安为中心,由野坂参三领导的"解放同盟";二是在蒋管区,以鹿地亘为中心的"反帝同盟";三是在上海、北平、东北等日本占领区,以中共地下组织为中心的日本人民反战斗争。现在我要说明的是这第三类型,它是以在华的日本人民为对象,从地下秘密斗争中发展起来,在战前已具有长期的发展历史了。

我们党早在 20 世纪 20 年代后期就开始在日本留学生中发展党团工作了。追溯上去,远在 20 世纪初,日本在上海建立一所东亚同文书院,中日学生兼收,但分别授课。日本的目的,并非要提高中国的教育,而是要在上海培养一批日本的中国通,作为侵略中国的爪牙和工具。但是如意算盘从来不会完全如意的。哪里有侵略、有不义战争,哪里就有反抗。何况日本人民中也有严重的阶级矛盾呢!中国共产党要把中国通变为日本通是完全有条件的。到了 20 年代,中国的革命运动汹涌澎湃,青年学生更是首先卷入洪流,日本学生也不例外,从 1928 年中共在校内日本学生中领导了学生运动,

1930年校内组织了中国问题研究会,由党的理论家王学文同志主讲,使很多日本学生对马列主义基础理论有了认识,很快走上革命道路,参加了中国共青团。

后来日本南满铁路总公司成立了,它的调查组织成为世界性的情报机构,也派了学生来同文书院学习,该院的毕业生也有不少人到满铁研究所工作,因此这两个单位便成为在华日本人民中培养马列主义者的发源地了。尤其后期成立的"满铁总公司"成为进步力量的聚合据点。

随着日本帝国主义侵略中国的步伐,满铁情报机关也由东北而华北、华东,深入中国内地来了。其中参加过共青团的日本同志又积极地找到了我党的组织关系。由于王学文同志同江苏省委和特科都有关系,便把这些有重要情报关系的日本同志介绍给特科了。由于他们打入得深,提供的战略情报又极为重要,周总理对这一情报工作称为国宝,可见其重要性非同一般。

一、参加特科的日本同志

现在把几位主要日本同志及其贡献简介如下。

西里龙夫同志　　1907年生于日本熊本市,1926年来上海东亚同文书院就学,1930年经尾崎秀实(左尔格案中的主要成员)介绍认识中国左联,并在中共江苏省委王学文同志领导下组织过"社会科学研究会",后来又组织了"中日斗争同盟"。1931年在东京被捕,1932年被释放,1933年再来上海任记者,1934年经王学文同志介绍加入中国共产党,1936年由特科联系担任情报工作。开始在上海任《读卖新闻》特派记者,从1938年起接受日本军部委托,在南京任伪中央联合通讯社指导员,以及华中派遣军司令部报导部的顾问,至40年初,特科在南京成立情报组,西里是这个组织的主要成员。1942年6月16日被东京警视厅逮捕。

西里同志是日本在沪进步学生中的老同学,从1928年起研究马列主义基础理论,从1930年起就在我党领导下工作,是参加中共时间最长的日本同志。所以从抗日战争爆发后,陆续来沪的日本同志都是经过他的介绍参加特科情报工作的。在抗日战争爆发前，西里同志利用日本记者身份，出入各国使馆、日本驻华部队及武官府等处，搜集了大量政治、军事情报和内幕消息。另外，通过满铁公司的同文书院同学获得该公司大量的国内外政治形势资料，这为我党分析国内外政治局势作出了贡献。

在抗日战争爆发后，西里龙夫对日寇每次出击的作战计划，例如攻击目标、部队配备、师团编号，多数能够取得。从1938年起在南京期间，他利用军部报导部顾问及伪中央通讯社身份，向组织提供了伪政府的政治、军事、外交和敌伪间的摩擦情报，价值很高；至于日本国内的重大政情，例如御前会议的内容，有时也能获得，贡献是很大的。

中西功同志　　1910年生于日本三全县。1929—1932年来上海同文书院读书，1930年参加中国共青团，1932年回日本参加工会运动，不久被捕。1934年参加大连的满铁总公司，秘密联系满铁内部同文书院的进步学生，有时秘密集会，分析当时的政治形势并决定由中西功找中国共产党关系，愿意在中共领导下参加反战斗争。中西功于1936年调天津满铁事务所后马上来到上海，通过西里龙夫找到王学文。王把他介绍给特科，并说明情报工作的重要意义，由老赵（即高原同志）出面联系后，又回到天津。1938年5月正式调来上海，任上海满铁事务所负责人之一。中西功与特科联系上不久，便请示组织与大连和东京的同文书院同学联系，当时组织上因干部力量不足，决定先巩固上海、南京两处阵地后再向华北发展。不久中西功对联系他的程和生同志（原名郑文道）说，他已对大连和东京的日本同志说，他已找到中共关系，问他们怎么办。对方回答，他们也找到苏联方面的关系了。我们即向中西功建议，同大连、东京的日本同志断绝组织联系。后来晓得，这个关系即左尔格领导下的苏联情报组织。它的成员也是来源于同文书院，在1930年，他们和西里、中西等人都在同一个集团里，这些同志有时见了面虽然不说各人的组织，但是互通情报却不是秘密的事。

西里和中西与华北的尾崎庄太郎（满铁北京研究所经济组长）、白井行幸（前满铁调查部资料科；后冈村宁茨司令部情报科长）、新庄宪光（满铁成员）等几位同志保持联系。自中西功调沪后，便以中西为主，联系在华的日本同志。上述几个人也参加了特科情报工作。他们有时来沪，都经中西上报组织（有时西里也参加），必要时中国同志也同他们见面。中西能写一手好文章,活动能力也强,是当时的政论家,才华出众,在日本同志中威信很高。但由于历史的原因,日本同志之间都有横向的联系,这是一个严重的缺点。只有中国同志是保持单线联系的原则。可是由于工作的调动,日子久了,认识面也越来越广了。中西自 1938 年来沪以后,提供了许多有价值的重要战略情报,使特科情报工作的广度和深度又提高了一步,这是因为中西身兼满铁和华中军特务部两个组织的要职,又通过出差经常和分布在华北、东京各地的同文书院同学联系、收集情报。此外,满铁还有个特点,他们兼做本国政府的情报,作为内部参考,这对我们的情报工作非常有利。因此五年来,提供了许多有价值的重要战略情报。如:一、日本政府对汪伪和"兴亚院"的指示;二、满铁公司每月的月报;三、日军对我八路军、新四军每次举行"大扫荡"的重要军事行动,都能在一个月之前获悉,而且非常具体,如师团番号、兵员数量、从何处调来、部队长姓名、作战计划、扫荡路线,坦克、大炮、卡车有多少,等等;四、日本大本营会议和御前会议的机密内容,也能及时获悉,如关于日本陆海两军争论北上、南下问题,在 1940 年年底就获悉大本营决定:如德苏发生战争,日本将不北上攻取乌拉尔,而是南下夺取英美在西南太平洋的广大资源地区,先把这块肥肉抢到手,然后再伺机行动;五、根据中西的情报,我党制止了日军对我重要干部由山西去河北途中的袭击阴谋。

以上两位日本同志,尤其中西同志提供的情报,对于保卫我党领导的抗日根据地、打击日寇侵略军、配合当时苏联保卫斯大林格勒战役、击退德国法西斯进攻(苏联得以从西伯利亚调动几十万部队保卫斯大林格勒并取得了胜利),都起了重要作用。

尾崎庄太郎 1906 年生于日本德岛县,上海东亚同文书院 1926 届学生,与西里龙夫同班。1930 年参加了中国问题研究会,毕业后回到日本,参加了无产阶级科学研究所的活动和工会运动,1932 年与中西同时被捕,1935 年释放后来到上海,独自研究中国社会性质问题,后来参加了满铁北京研究所,任经济组组长,在华北和白井行幸、新庄宪光等保持秘密联系。1941 年与特科刚发生联系不久,受左尔格案被破获的影响,工作没有开展,就遭受逮捕了。

白井行幸 我对他的情况知道很少,和他还未直接见过面。只知道他是上海东亚同文书院1927届学生。1930年参加中国共青团、中国问题研究会、日支斗争同盟。不久被捕,押回日本。释放后,又从日本到大连,进入满洲评论社编辑部,多次来沪与西里联系,以后又与中西联系。据中西说,他很有才能。1940年任岗村宁茨司令部情报科长,获得重要情报时,设法报告中西转给特科。1941年就改由尾崎庄太郎转交景若南了。

二、当年联系日本党员的中国同志

联络日本党员的中国同志简介如下。

高原　　他是联系日本籍党员最早的中国同志,化名老赵、老马。当年王学文同志第一个介绍西里龙夫给特科时就是徐强派高原出面联系的。见面谈话之后就交给陈一峰联系了。同样,以后的中西功和白井行幸相继来沪时,也是由高原和陈一峰联系的。高原是1923年的老党员,30年代在特科负责重要工作,作风稳重老练。从1939年起,刘少文来沪整顿特科时,因受纪纲的挑拨,于1939年下半年调到新四军工作了。因而1942年特科遭受破坏时,没有受到牵连。

陈一峰　　原名倪兆渔,解放后化名陈汝周,任公安局预审科长。原籍江苏青浦人,1912年生,1936年入党。他于1936年联系西里龙夫,1937年联系汪锦元,1938年年初联系中西功。1938年西里龙夫去南京工作,1939年2月陈也调南京了。他联系的汪锦元和中西功同志,于1938年9月间移交给郑文道同志了。

汪锦元　　日名大桥俊男,江苏吴县人。1909年生。母亲是日本人。他在日本读中学,回沪在日报馆任记者。因受西里龙夫的影响,于1936年被介绍入党。1940年打入汪伪政府,任汪精卫的译员。

李德生　　原名李贵德,最后化名纪纲。山东沂水人。1903年生,自称1926年党员,被捕后的口供是1931年。地主出身,作风不够正派,在党内为了抢工作、争地位,不择手段。从1940年起,负责南京情报组。1939年中,上海特科要改组时,纪纲要我写报告给刘少文,拥护他为特科负责人,我未同意,并劝他说,让刘少文选一个较为理想的人吧。这样,他就要我把我的工作统统交出来,整整一年多我没做什么工作。1940年初纪纲刚调南京不久,就回到上海,发动我签名,到香港潘汉年处告吴成方,被我拒绝了。我说吴初来联系我一个月,我对他还不了解,难以苟同。

郑文道 化名程和生。1914年生,广东中山人。由钱明介绍参加特科,1938年3月入党。1938年9月起,联系中西功和汪锦元两同志。为人谦虚谨慎,对党忠诚,对同志诚恳。当我们讨论到中西功同志对革命的重要贡献时,他曾保证要以生命来保护中西功的安全,以便使中西功继续为党作出贡献。他1942年被捕时,实现了他的诺言,是所有被捕同志中表现最好的。中西功在他的回忆录中称赞郑文道同志是中共党员的典型。1982年1月中组部通知我,追认他为烈士。

倪之璞 化名倪天骥。1921年生,江苏无锡人,1940年由钱明介绍入党。参加满铁调查班(这是吴成方指示中西在满铁上海事务所内成立的这个班,由郑文道负责,共有十几个党员和群众),帮助郑文道领导这个班的工作。这个班的作用,名义上是掩护,实际上是解决经济问题。参加调查班的同志,每人除生活费之外,多余的上交,此外还留有空额。解放后,倪任市公安局侦察科副科长。

张鸣先 化名张敏,无锡人。1912年生,1939年与纪纲结婚,任内勤工作。

张明达 以后化名方知达。1916年生,原共青团员,1938年在特科重新入党。1938年秋担任上海、南京间的情报交通。

金若望 化名程维德。他与日本同志没有关系,为了住郑文道的房子(这个地方是满铁登记的),伪装郑文道的弟弟,因而被捕。这种做法也是不符合地下工作原则的。1939年吴成方负责后,这些原则都不考虑了。

陈三百 在南京,由张明达联系,本来与日本同志毫无关系,仅因纪纲招出他,被捕。

吴成方 化名吴戟光、刘国光、吴泰宇,湖南新化人。1903年生,1926年党员,1933年由华北调上海特科,1934年被捕,1937年释放,1939年夏来特科工作。1939年年底刘少文去延安,由吴代替刘领导特科工作。吴作风不够正派。

钱明 原名景智德、景德、景慧基,化名景若南、钱友渔、钱明。山东蓬莱人。1915年生，1937年毕业于同济大学技师科。与郑文道、翁福锦都是同班同学。我对日本同志的联系开始是间接的，到1941年后，直接联系尾崎庄太郎。与中西功只有几次直接联系。

当年的组织关系，用以下两个表格来说明，只能表示一个概况，不能说明详细的调动情况（注：1937—1938年两年内的组织情况及1939—1942年特科组织情况，涉及机密，材料省略）。

三、1938年后的人事和工作情况

1938年5月，西里龙夫去南京开展工作，组织上计划把陈一峰也调南京，同年四五月间，要他把中西功和汪锦元交我联系。徐强命我离开李德生，单独租房子接这件工作，后被李德生的阴谋阻止了。徐强又改派翁福锦接替，又被李德生的阴谋停止了工作。郑文道同志于9月由江阴（协助何克希搞武装工作）回上海，徐强又派郑文道同志接陈一峰的工作，这次李德生未达目的。郑文道开始联系中西功和汪锦元。这时西里龙夫在南京获得的情报，每一两个月来沪汇报一次，很不及时，组织决定派张明达担任沪宁交通。

1938年年底，刘少文同志在沪，根据李德生对徐强的"揭发材料"上报中社部，调徐强夫妇去延安审查，刘少文改组整顿了上海特科。改组前，刘少文命我联系郑文道，要保证这份工作不受损失。至1939年夏，要我把郑文道交吴成方领导。

至1939年年底成立南京情报组，把李德生、陈一峰都调往南京，由李德生负责。到1940年南京汪伪政府成立，汪锦元打入汪伪政府，任汪精卫的译员，也调南京工作组了。

李德生没有取得特科的总负责人地位，不甘心去南京，为了要和吴成方争夺领导权，1940年曾派人去香港向潘汉年告状。

1939年年底，吴成方直接领导我的工作。

刘少文于1939年年底去内地，把上海特科交给吴成方代理。至1940年中社部又通知吴成方，遇有重要问题，就近请示潘汉年决定。可能是告状的结果。

1940年年底,中西功又建议组织派人去北平,联系华北的几个日本同志。吴成方请示潘汉年,同意派我去,先联系尾崎庄太郎,等稳定后,再联系白井行幸和新庄宪光等人。

我于1941年7月6日去北平(日伪改名北京),化名景若南,到8月才和尾崎通了电话,到9月初左右才联系上。

1939年,据说中央致电询问特科,中西功等日本同志政治上是否可靠。刘少文同志要郑文道与我研究,回答这一问题。我们认为中西功送来的战略情报质量很高,只此一条,足够说明政治上的可靠性了。其次,情报是单方面的,有来无往。再其次,中西功一贯对党忠实、对同志热情、生活简朴、作风正派,他每月的工资剩下多少,全部作为党费上缴组织。有一次,满铁发给他700元奖金,他也全部上交组织,他的表现和真正的国际主义精神,也给中国同志做了榜样。

到1940年,据说中央又来问日本同志是否可靠,郑文道同志又来问我。我开始很不理解,为什么1939年问了这一问题,今年又来问呢?我忽然想起中西功曾告诉我们,大连、东京的同文书院的同志们找上苏联这一事实,很可能是苏联的情报领导人怕中共领导不慎,会影响他们的安全,因而一再问我们中央,这些日本同志是否可靠。老郑同意我的看法,我们决定把这个特殊情况报告中央。从此不再问这一问题了。

我到北平联系上尾崎庄太郎后,不过一个多月,日本警视厅就破获了左尔格—尾崎秀实案(日本特高称为"苏联间谍集团案"),上海组织没有告诉我,尾崎庄太郎也没有告诉我。我在1941年11月底,从新民日报上看到一条极为简单的消息,我怀疑是否苏联方面的同志遭到破坏。我去问尾崎,他说东京、大连一共捕了32人,只有二三人是我们的,估计是一般性逮捕,还未牵连到他处。到1942年4月,北京宪兵队传讯了尾崎。事后尾崎和我研究,他决定以出差山东为名,暂时离开3个月,约我7月10日在东单商场附近见面。如果他不来,就是被捕了。尾崎走后,再未见过面。

左尔格案发,给尾崎庄太郎一定的影响,他的情绪是不安的。我到京半年来只给白井行幸转过一件重要情报,他本人没有给我任何东西。事后获悉,在1941年12月,东京忽然给上海中西功拍来一个报警电(说明这个案子没有破坏干净)。据吴成方说,中西功报告他后,他拟了两个方案:一是撤退到新四军,这是立即可以做到的;二是撤退到大后方,打入国民党特务机关,搞反战工作。这两个方案议而不决(中间的种种打算不细说了),拖到1942年6月16日,东京警视厅把上海的中西功、南京的西里龙夫在同一个早晨逮捕了,不久即解往东京受审。

1942年7月7日,尾崎庄太郎在山东柳泉煤矿被捕了,同时在华北白井行幸、新庄宪光和安斋库治也被逮捕(与本案无关)。

1942年7月15日,日本警视厅通过北京的宪兵队要逮捕我,由于我的住址没有告诉尾崎庄太郎,只好要求我的工作单位"华北建设总署"把我交出来。因而泄露了消息,被我走掉了。我于16—18日写了三封报警信给上海组织,上海仍没有作出撤退措施。

我在户口上报了郑梅是我的家属(准备结婚,不然租不到房屋),因而7月23日左右,日本宪兵到青岛扣押了郑梅,她否认了和我的婚姻关系,一个星期后释放了。

日本同志被捕后,南京的同志来沪请示撤退,吴成方坚决不同意(解放后陈一峰告诉我的),还说,谁自动离开岗位,就开除党籍。现在吴成方改变了调子,反说叫南京撤退,他们不肯撤退。我问过上海的倪之璞同志,也说吴成方没叫郑文道和他撤退。他两人的住址,都在满铁登记的。不准撤退是违反地下纪律和原则的。

7月29日凌晨,上海的郑文道(程和生)、倪之璞(倪天骥)、金若望(程维德)同时被捕了。南京的李德生、陈一峰、汪锦元也于同日早晨被捕了。张明达到李德生住处,也被扣,由于应付得好,他谎称是来看病的(李德生的职业是中医),同其他病人一起释放了。南京被捕的三位同志即日押解来沪,和上海被捕的三位同志一起关在上海宪兵队。

郑文道同志在29日晨的押解途中,跳车自杀未成,约一星期后又跳楼自杀,壮烈牺牲了。未招任何口供,实践了生前的诺言。

和日本同志联系的中国同志基本上被捕了。

案发一星期后,日本宪兵又逮捕了南京的张鸣先(李德生的妻子),由于其他被捕同志掩护她,都说她是家庭妇女,不久释放了。

由于李德生的口供,日本宪兵又逮捕了南京的陈三百同志。

由于陈一峰的口供，翁福锦同志差点遭逮捕但未成，他从天窗走掉了。此时翁已调江苏省委3年，正巧来沪养病，遇到一场虚惊。

联系日本同志的中国同志，除钱明、张明达（现名方知达，前统战部副部长）外，都被逮捕了。另外，金若望、陈三百也受到株连。吴成方仅以身免，特科遭受的损失是严重的。从当时已经掌握的情况看，这次的损失，本来是可以避免的。领导上3次不撤退，令人不可理解。日本警视厅称此案为"中共对日谍报集团案"。

四、敌特是怎样发现这一案件的

特高科破坏左尔格案后，发现被捕的日本同志中，许多是上海东亚同文书院的毕业生，而且在学生时期都"犯过案"，因而对同文书院毕业生产生了注意。从互相关系来研究，开始怀疑中西功是左尔格案中人，后来虽然否定了这一嫌疑，但是狡猾的特高人员，发现左尔格案成员中水野成和中西功关系最为密切，又是同班同学，同时参加共青团，因而从水野成身上打开了缺口，招出了中西功、西里龙夫和中共的关系。此两人被捕后，挺了21天，北京的3个日本同志被捕了，挺到43天，上海、南京的中国同志被捕了。尾崎庄太郎在回忆录中说，他挺了好几天见到特高人员拿出景若南的照片，因为他没有景的照片，可能是其他人招了口供，他就只好招供了。现在中西功、西里龙夫、尾崎庄太郎的回忆录都出版了，都谈到这一案件的前后情况。中西功在回忆录中说，我们坚持了3个月（实际上是43天），以为中国同志都撤退了，为了减轻严重的刑审，才招了口供。

现在我提出另一个问题：吴成方为什么3次不许撤退呢？联系日本同志的中国同志，都知道日本同志被捕后，不能坚持很久的。历史上日本同志间存在的横向关系，西里龙夫和中西功都向组织反映过，吴成方更不会不知道，当东京打来报警电报，就应该及时撤退日本同志，结果他犹豫不决，恋栈不撤，以致日本同志被捕了，失了一招。东京报警这件事知道面不广，没有很好研究，郑文道又是唯吴成方是从的人，还可以理解。可是等到日本同志被捕，问题已经证实由东京的左尔格—尾崎秀实牵到上海的中西功—西里龙夫了，南京的同志又纷纷要求撤退，再坚持不准撤退，既讲不通，而且毫无意义。情报对象都被捕了，还留恋什么呢？连搬个家都不可以吗？等于要这些特科的骨干同志等候敌人的逮捕，这是又失一招。在这一问题上，如果还可以犹豫不决，那么到 7 月 16 日，景若南由北京发出两封报警信，上海组织都收到了，说明日本警视厅已经根据日本同志的口供，开始逮捕中国同志了，不应该再有任何犹豫了，为什么还不撤退呢？这是又失一招。我 7 月 18 日晨逃到石家庄，从石家庄又发一信给我父亲，目的是安定我母亲的心，让她知道我已脱离虎口了。这一封信，郑文道也取走了，说明他接到两封报警信后，还常到我家。我听妹妹说，父亲曾问过郑文道，景若南已出事，很可能追到上海我家，你还到我这里来，难道不怕受牵连吗？不料郑文道回答说："我同景若南不是一条线，不要紧。"怎么会产生这种糊涂看法呢？而且这一看法绝不会是郑文道一个人的，必然来自吴成方。真是一误再误，直到三误。到 7 月 29 日，上海、南京的中国同志又是同日同时被捕了。事后吴成方还沾沾自喜地大谈其警惕性很高，他说在 29 日晨，已经到达郑文道的家

中央特科成员钱明（景智德）携妻儿拜访日本战友中西功老家，
前排三位男士是中西笃、中西的大哥和中西五州。

门口了,二房东的娘姨直向他摆手,暗示这里已经出事,不要他进去,他才警惕万分地走掉了。我 1944 年 1 月,乍听吴成方的说明,简直不相信这是真实的。我想不通的时候,流着泪水问自己,这可能是真实的吗?容许怀疑吗?为什么眼睁睁把同志们送到虎口里去呢?正因为这样,我把遭到破坏的各种原因一直研究到现在。

我在 1944 年 1 月,刚回到上海,就问过吴成方,我的 3 封报警信既然都收到了,为什么还不撤退呢?他说请示过潘汉年,潘汉年的回答模棱两可,不明说撤退还是不撤退,而是说撤退有什么好处,不撤退有什么好处,使他无所适从,只好不撤退了。这就是他宁愿眼睁睁看着这么多同志被捕,也不要自己承担责任。我当时听了身上发冷,这么多好同志竟毁在这么一个庸人手里。本来可以使全部党员同志安全撤出来,继续为党工作,结果却把前人多年辛勤经营的事业,就如此轻易地葬送了。连搬个家都不可以,这能叫人相信吗?

吴成方还告诉我,潘汉年晓得我回来了,可能要调我到他处工作,又说自从组织遭到破坏,中社部有指示,要吴成方把剩下的全部干部交给潘汉年领导,只留下他一个人不交(事实上他未照办),他有情报交潘汉年的交通。我考虑在我可能调到潘汉年处的情况下,吴对我解释不撤退的原因,其真实性较大。

解放后,被捕判刑的中国同志都回来了。连徐强、李云、高原也都在上海。只有纪纲(李德生)、季明在济南。我曾请示过扬帆,把这一案件总结一下,找出几条得失的经验教训也好。扬帆为难地说,前一段不属于他领导,应请刘少文同志出面召集才好。我又向刘少文提出,他说多数人在公安局,还是由扬帆出面召集为好。事情就这样推掉了。拖到 1955 年,潘、扬冤案发生,我们特科的人,多数又重新被关起来了。到了 23 年后的今天,许多同志去世了,活着的也是七十几、八十几了。现在吴成方的交代改变了:一、我的 3 封报警信,他说根本没有收到过;二、关于撤退问题,先变为潘汉年不准撤退,后改为他要纪纲撤退,纪纲不撤退。在平反复查时,我请求查清原因(还有人可以证实),但没有人愿意多此一举了。

现在我和汪锦元想方设法,把当年被捕人员在日本的审讯笔录弄回来了,但是还没有翻译出来。我以上的叙述,不完整是肯定的,甚至还会有某些出入,不过大致说来事实的经过,不会有多大出入了。

五、美日对这两个案件的估计和反应

美国中央情报局人员,随美国占领军到达了东京,马上接管了日本警视厅的档案。不久他们出版了一部书名为《二次世界大战中最有战略价值的两件情报工作》。书分两部:第一部是苏联之部,即左尔格—尾崎秀实案,1946年已经出版;第二部是中国共产党之部,即中西功—西里龙夫案,1946年尚未出版,原因是资料不齐,推迟了出版,至于以后出版了没有,尚未听到消息。

近年来见到苏联出版的《国际间谍——左尔格》和美国出版的《左尔格案件》的译本。这一案件可以说是世界闻名了。苏联政府给左尔格以英雄称号,只有我们中国默默无闻。十一届三中全会以前,只追究这一案件被捕同志招供的罪行;三中全会以后,虽然平反了,但落实政策还是十分迟缓,不够彻底,更说不上正确评价这一案件了。

美国则相反,他们1945年一到东京,就研究这两个案件,并且从中吸取了他们需要的经验教训。(1)他们看到这些日本籍的中共党员,在法庭上侃侃而谈,认为把国家的重要机密无代价地送给中共和苏联,完全是应尽的义务,面无愧色,这一马列主义真正国际主义精神,吓坏了日美的特工人员,也吓坏了他们的统治阶层。(2)此案不久,美国发起了麦卡锡主义,连反法西斯的电影明星卓别林也被赶出美国,同时对相信共产主义的公民不准其在政府内工作,还在日本搞起了整肃运动,要一网打尽日共的负责同志,因而许多人被赶到中国来了。他们一面称赞这是第二次世界大战中最有战略价值的两件情报工作,一面在他们本国掀起这么高的反共浪潮。虽然不能说这两个案件是促成反共高潮的主要原因,但从种种反共措施看来,这两个案件至少引起了他们高度的警惕,因此表现在反共政策里了。

日本特高科人员对中西功等日本同志提供的情报价值和作用,也给予了评价,他们说,对日本侵略战争的破坏作用,远远超过了左尔格案。

在日本特高科对中西功的审讯笔录中这样写着:

由于被告的利敌行为，造成了我国政治、经济、军事上不可估量的损失……似应采取极刑为宜。

最近，我和汪锦元一起在接见中西功的弟弟时，中西功的弟媳讲起当年她去监狱看望中西功的情况。她说，我去看中西功，中西功对我说，现在是反法西斯战争与法西斯战争在竞赛，如果反法西斯战争早一天胜利的话，即在他们的判决日前胜利，他们3人的死刑就可以免了。结果，战争果然在判决日之前胜利了，他们虽然判了无期徒刑，但不久就被盟军特赦，成为反法西斯英雄。

（此稿为原中央特科干部钱明先生在1985年7月13、14日"抗日战争时期上海情报史座谈会"上的发言，并已参照录音补充。）

情报战线上的战士

——我们的父辈

◎ 景 虹 景 云

我们的父亲钱明,原名景智德、景德,化名景若南、钱友渔、钱明等。

他1915年3月10日出生于山东蓬莱马格庄乡上村。6岁入乡村小学,9岁时随全家搬往青岛,一年后又随父母迁往烟台,饱尝了生活的颠沛艰难,目睹了社会的黑暗,胞弟也在逃难中死亡。在上初中时,他便开始阅读苏联革命文学书籍,有目的地寻找社会主义书籍看,并关注社会问题。17岁毕业于山东省立烟台第八中学,随即来上海。先就读于大夏大学附属高中,为了便于与工人接触,半年后又考入上海同济大学附设高级工业职业学校。

在校四年期间,他组织了"学生读书会",介绍进步书籍给同学看,并组织大家讨论,谈读书心得,宣传共产主义思想。他先联系郑香山、郑文道(都是同班同学),组织了共产主义小组,以后又发展了李道一、翁福锦(翁迪民)、孙德聪等;他利用业余时间开办了工人夜校,组织60多名艺徒学习扫盲,并向他们普及马列主义的基本理论,讲述资本论,等等,并发展了张鸿树等三名艺徒为骨干,带动其他工人读革命书籍。一些进步的艺徒向他提出入党申请,他说我自己还没有找到党呢。1935年冬,上海爆发了"一二九"学生运动。他动员全校学生积极响应,并带领他们参加了去南京请愿抗日的举动,结果他们去的人数是全体请愿人数的一半。由于火车司机逃跑,他和郑香山一起开动了火车。上海的教育局局长潘公展被蒋介石痛斥一顿,要他一定得把学生拦下,于是国民党派军队在学生必经的路上拆掉了铁轨,使火车滞留在昆山。同学们派我父亲为代表,与国民党派来的教育局局长潘公展谈判。

父亲的举动引起了学校里特务的注意,特务学生经常与同学们唱反调,有意挑衅、制造事端,与他闹矛盾。1936 年 12 月 12 日学校的反动势力以共产党嫌疑为借口,勾结国民党当局将我父亲逮捕。后由爷爷找人,托关系、花钱,才于 1937 年 1 月 15 日将父亲保释出狱。

出狱后,共产党人纪纲来给他看病,并介绍他进入了上海特科组织,他的公开身份是齐鲁学校的老师。同年徐强、纪纲介绍父亲加入了中国共产党,他在学校里又发展了几个党员。

父亲所在的上海特科组织,早在 1936 年就与中共党员日本记者西里龙夫建立了联系,1938 年,满铁总公司负责调查组的中共党员日本人中西功又来到上海的满铁事务所,经王学文、西里的介绍,与上海特科建立了密切的联系。

自中西功来到上海特科后,上海特科收到的情报数量一下子增多,而且质量很高。为了便于抄写情报,我父亲手下的两位震旦大学的女生(郑梅、郑英,是郑文道的侄女)搬出学校,在外租了房子。1940 年 4 月,中西功根据上海特科的指示,先后成立了"时事研究室"和"特别调查班",作为满铁的附属单位,实际上是我党开展情报活动的掩护机构。同年郑文道也进入了该机构,并担任了负责人,另外还安排了倪之璞等十余人先后进了该机构。中西利用他的特殊身份,在 4 年中收集到有关于日、伪的重要情报 300 多个。父亲他们为中共中央传递过日本御前会议的决议案、日本大本营会议的内容、日本准备南进的战略部署、日本发动太平洋战争的时间、日本军队对解放区举行扫荡的具体部署等重要的战略情报,被周恩来称为"国宝"。

父亲说,那时他和郑文道谈起中西功时,都认为中西功是伟大的国际主义战士。中西功对中国抗日战争的贡献很大。他给我们的情报价值非常高,可他从来不要钱,也不要用我们的情报去交换,他还每月向组织交钱。当 1939 年、1940 年延安两次来电询问中西功此人是否可靠时,刘少文要父亲和郑文道拿出个说法回答延安。父亲说1939年已经回答过延安，为什么1940年又来问同样的问题呢？父亲说当时同文书院的一批日本的进步青年都在找共产党，要为抗日战争出力，便要中西功去找，中西功在上海找到中共党组织后，去询问他们是否也参加，他们说他们也找到了苏联党组织，父亲猜想这批日本人虽说在不同的战线上工作，但他们过去毕竟是同学，又互相来往，苏联是否怕我们这边的同志出事会影响到他们，所以几次来询问延安。父亲就向刘少文汇报了这个情况，他们以后就没有再来问。为了保证中西功能为党做更多的工作，郑文道对中西功表示："如果你被抓去，也许我也一起被抓去好，这样我可以为了保卫你，我将为你辩明到底，而如果这个目的不能达到，那么为了保卫组织我将一死了之。"不料郑文道果真实现了自己的诺言。中西功在他的著作中写道："我直到今天只要周围无人，我就会浮想起他那一副亲切、热情的双目；这是一对为了革命不惜牺牲一切的眼睛；是一双永远慷慨含笑就义的明珠。"

　　中西功在来上海前，就有个计划，要把他的组织遍布到大陆的东南西北，1938年西里龙夫调任南京，上海特科就派纪纲、陈汝周（陈一峰）、汪锦元去南京，开辟了南京情报组，上海由中西功联系郑文道联系我父亲联系吴成方（刘国光）。1939年，中西功提出要派人去北京，当时特科人手不够，1941年，中西功再次提议派人去北京，上海特科派请示了潘汉年，决定派我父亲（时名景若南）前往北京，开辟新的情报组。父亲联系的日本人是尾崎庄太郎，尾崎庄太郎又与山西的白井行幸有联系。这次北京行是父亲第一次远离组织，一个人独立思考、独立工作、独立处理复杂的事情。父亲说他那时为了熟悉环境，经常逛小马路、串胡同，哪些胡同是死胡同，哪些胡同有几个出口，哪些胡同可以串通，到一个地方有几种走法，一路上的商铺，哪些是有后门的，他都了解得清清楚楚。这为他以后逃脱日本宪兵队的追捕起了很大的作用。当时上海特科的经费有限，父亲在北京要靠自己的力量来生存，来工作。经过努力，他在北京与尾崎的联系有了一个合法的掩护，后来又在北京建设总署谋到了一个职务。在父亲还未谋到职务前，一次中西功来北京看他，给了父亲200元钱，说是组织上给的。父亲说，他知道这钱其实是中西功自己掏出来的，中西知道我不肯接受，故意这么说的。在北京父亲转过一个由白井行幸转来的情报。

1941年10月,日本特高科破获了左尔格案。由于左尔格案中的日本人与中西功他们都是东亚同文书院的同学,由此牵扯到上海特科中的3名日本同志于6月16日也被逮捕,相隔一个多月,于1942年的7月29日上海特科的中国同志也遭到逮捕。

其实在7月15日时,我父亲在北京逃出日本宪兵队的追捕前,即向上海组织发出了3封报警信,其中一封是给家里报信的,郑文道也前来取走交给组织了。不知为何原因上海的同志仍没有采取措施,以致遭到敌人的严重破坏。后来父亲知道郑文道为此献出了自己的生命,他非常痛苦,痛苦了一辈子,他说这个生命的代价原来是可以避免的。

父亲逃离北京后,一路向西行,想去延安。可当时国共关系紧张,去延安的路被封锁,西安的八路军办事处也遭国民党特务的严密监视,处境危险,无法帮助他去延安。于是他一面在宝鸡谋到了一个职务维持生存,一面打算伺机去延安。正在踌躇时,接到上海特科吴成方(刘国光)的指示,要他去重庆,继续收集情报,直至1944年1月才回到上海。

1945年,我父亲的组织关系转到华中地区新四军政治部的锄奸部,后又转联络部,受扬帆领导。1946年扬帆命他打入敌内,利用敌人的组织名义,掩护工作,收集情报。1947年1月,父亲(时名钱明)收集到"国民党破译了我随军的新华社密码"的重要情报,当时由于与联络部暂时中断了联系,不知联络部的具体地址,只能派交通送到解放区,交给烟台市长转联络部扬帆收,结果此情报又经过曾山之手,辗转到了扬帆手中,扬帆就向李克农汇报了此事。

1947年11月起,先后由四条山东石岛解放区来沪的渔船被国民党警备司令部扣押,党员船老大被关押。父亲钱明以山东同乡会理事作掩护,想尽办法,花钱、花力,自己也为此事被关押两次,经过周旋,前后一共保释了8名党员船老大和4名党员船主,事后还采购了物资运回解放区。1947年年底,还以山东同乡会的名义,花了一两金子保释了我们的同志胡善镜,他是与卢志英一起被捕的,在监狱中受了各种酷刑,始终没有屈服,保释他是要冒着生命危险的。

1948年开始,父亲策反了国民党军官王绳武;1949年3月,为配合百万雄狮过大江,策反了南京沿江国民党部队第二十军军长赵霞;4月策反了京、沪、杭警备总司令通讯处处长、国民党上校崔传法,崔传法又策反了交通处长聂方中。蒋介石要汤恩伯炸毁钱塘江大桥,崔传法和聂方中两人合计,巧妙地保护了钱塘江大桥;5月,汤恩伯又下令炸毁真如国际电台,崔传法又配合共产党领导下的职工,将真如电台的重要机器迁往市内保护起来,免遭破坏;崔传法又将江湾救济物资仓库内的物资运出交我父亲保管,解放后上交给了有关部门;父亲还与另一同志一起作了当时上海市的代理市长赵祖康的工作,让他留下来,维持上海的秩序,防止破坏。

1949年8月,父亲参加了上海市的公安工作。当时蒋介石在上海留下很多潜伏特务、潜伏电台,还派遣特务进来破坏……父亲带领500名青年干警破了许多敌特案件,如自救救国会案、陆杏生案、金阿三案、段云鹏案、3811部队案、朱山猿案、罗炳乾案、常赐如案、D.R.P案,等等,经过他手的千把案件,没有办过一件错案、假案,同志们说他是特务的克星。

1955年11月18日,受潘汉年、杨帆案的牵连,父亲被捕入狱,被栽赃诬陷长达24年。在监狱中,我父亲受尽种种折磨,差点死于狱中。但他始终有一个信念:我没有做过一件对不起党和人民的事,相信党一定会弄清楚;为了证明自己,一定要活着出去。

三中全会后,父亲得到平反,回到岗位后,又捡起了他的老本行,为党做了几件出色的实事,受到国家安全部表彰。1985年离休后,国家安全部还聘请他为国家安全部咨询委员会委员。

2006年4月15日,因病逝世。

一世忠贞 蒲剑斩邪 智勇垂青史 水畔山前长驻千古正气
廿年困顿 斑竹留节 德范肃高风 柏翠松明堪慰九秩英灵

(景虹、景云 两人为中央特科干部钱明之女)

钱明、肖心正等口述、回忆中的日本中西功及"中共谍报团案"

◎ 陈正卿

中西功(1910—1973)，日本三重县人，1929年到上海日本东亚同文书院求学，次年便因参加学生运动被捕，1931年加入中国共产主义青年团。后返回日本从事社会主义研究和农民工作，第二次在日本被捕。1934年为组织日本人共产主义团体到中国东北，由尾崎秀实介绍到满铁调查部工作。1936年5月来上海见到东亚同文书院老师、曾任中共江苏文委负责人的经济学家王学文并建立了联系。1938年5月，他由大连满铁调查部调到上海事务所，正式转为中共党员，并在中共中央社会部上海情报科任情报员，和他的战友西里龙夫等一起，获取了包括日本发动太平洋战争日期在内的许多战略情报，为中国抗日和世界反法西斯战争胜利作出了贡献，其后也同"共产国际谍报团案"一样，成为日本具有震撼性的"中共谍报团案"的主角之一。

关于这两大"谍报团案"，战后出版、发表的著作、文章等已难于精确统计。笔者曾于1990年代期间，为搜集抗战史料对原中共潘汉年情报系统10多位老人进行过口述采访，现就他们之中与中西功等有过直接联系的钱明、肖心正等所谈情况，结合其他资料作一陈述与简析，以供仍对此关注的中日研究者参考。

一、钱明概况和他所谈与中西功等人的交往

钱明(1915—2006),山东蓬莱人,原姓景,名智德,曾用名尤迁等。抗战前夕,于上海同济大学高级工业职业学校毕业,与郑文道(即程和生)同学。上海"一二九"学生运动中,他曾为上海学生南京请愿代表之一。1937年3月,由中共上海情报工作负责人纪纲介绍加入中共组织。后抗战全面爆发,钱又介绍了同济同学中学运骨干郑文道、郑香山、翁迪民等参加中共。① 从此,钱和郑等人便由纪纲、徐强领导,利用钱父在上海山东会馆任事务主任的有利条件,在租界内做转送情报的联络点。1940年年初,钱接到上级指示,调到由日本同志中西功、西里龙夫等参加的一条情报线工作。当时在这条线上发生联系的有高原、陈一峰(即陈汝舟,又叫倪兆渔)、郑文道(即程和生)、刘国光(即吴成方,又叫吴纪光)等人。

据钱明自述:"我的具体任务是担任北线交通,联络点设在北平,要随时和担任上海、南京两地交通的郑文道接头,由郑直接和中西功联系,再转经我手送往华北根据地。所以,当年我和中西功直接接触并不多,有些情况是听郑文道说的。"②

但是,还是有一些事情给钱明留下了深刻印象。钱说:"1941年冬天,我在北平等待接头,中西功路过北平,约我见了一面,他见我身上只穿了夹袍子,问我为什么?我告诉他,中国火车不能办理货物托运,因在途中会被全部偷光。因而至今不能把棉袍寄来。中西功一听,连忙把他的大衣披到我身上。我说穿不上,他不听,用力把袖子拉上去,扣子又扣不拢。他只好叹息地摇摇头,对我说,等他回上海后,以他的名义给我寄一件来。同时,还带给我两百元伪币,说是组织上交给我的生活费。我知道这是他自己拿出来的,当时组织上没有什么经费。"

由于钱明直接联系人是郑文道,他们又是老同学;郑文道和中西功接触

---

① 钱明口述,陈正卿采访整理:《我的片段人生与我所知道的中西功》,载《都会遗踪》2009年第1期,第160页,上海书画出版社2009年12月出版。
② 钱明口述,陈正卿采访整理:《我的片段人生与我所知道的中西功》,载《都会遗踪》2009年第1期,第161页,上海书画出版社2009年12月出版。

很多,郑文道便告诉钱明一些情况。钱说:"我还记得这样两件事,一次我们一位同志被七十六号特务机关抓了,组织上让郑来寻中西功,中西功认真思考了一会儿,就提笔给七十六号写了一封信,说那位被捕的中国人是日本机关的人员,并派人直接去领,那里就把人放了。还有一次,中西功从华北日军特务机关得到情报,说有我八路军重要干部,要从山西到河北去,信息已被日军知道了,准备派兵袭击。中西功连夜来找郑文道,让他火速报告,电告延安。"[1]

除以上钱直接接触和郑转告的情况外,中西功给他和其他中国同志的总体印象,钱说:"中西功平日的生活作风之俭朴令人感动。他刚到上海不久,听说党的经济十分困难,他每月都交四五十元党费。有一次拿到满铁给的七百元奖金,他全部都缴了党费。中西功平时经常穿的是一件旧西服,夫人中西方子把自己省下的钱交给中西功,让他买一套比较好的衣服,结果买回来一包很差的衣料。方子问他原因,他说郑文道的大衣太破了,他想用差的、便宜的衣料一次做两套。他和郑各人一套。中西功对同志和组织就是这样忠诚,他的高尚品德是感染了每一位同志。我和郑文道曾相约,如果中西功和日本同志发生危险,我就将要用生命来保卫。"

对于中西功等日本中共同志的历史情况,钱也回忆说:"在 1938 年、1939 年我刚参加情报活动时就听说了一些。他们在日本东亚同文书院里,这一批反战同学就组织了秘密的社会科学研究会,学习马克思主义理论,中共江苏省委宣传部派王学文去讲课,便发展了一批中国共青团员。不少人回国在日本取得了相当职务,自动寻找中共地下关系,提供战略情报。中西功是觉悟、能力都十分突出的一位。他到上海担任日本满铁上海事务所调查室负责人,兼任日本华中派遣军特务部特别嘱托。他的老同学,也是反战人士的西里龙夫在南京担任华中军报道部顾问兼日伪中华联合社负责人。此外,其他的在北平、天津的尾崎庄太郎、白井行幸、新庄宪光等,都有一些日本军政机构职务;这些人基本我都见过。加上中共派出的配合同志:上海郑文道、倪之璞(即倪天翼)、金若望(即程维德);南京纪纲、陈一峰(倪兆

---

[1] 钱明口述,陈正卿采访整理:《我的片段人生与我所知道的中西功》,载《都会遗踪》2009 年第 1 期,第 161 页,上海书画出版社 2009 年 12 月出版。

渔)、汪锦元(又称大桥利夫、汪晓秋)、方知达;北平钱明等,这就形成了一个情报网络。由于这一情报网络直接连通前苏联侦察英雄左尔格,以及打入日本内阁首相身边的尾崎秀实,所以它获得了关于德苏战争、日军决定南进等重大战略情报,并得到了毛泽东的表扬。"①

至于日本警察对中西功等"中共谍报团案"的发现和大搜捕,钱明是这样说的:"据我所知,1941年10月,东京日本警视厅破获了轰动世界的前苏联左尔格案,从这个案子里发现了原上海同文书院的学生,他们同尾崎秀实相识,尾崎当了近卫内阁首相秘书,把情报除供给以德国驻日使馆官员身份掩护的左尔格外,还供给了与中共有联系的同文书院同学。这就查到了中西功,并发现了有日本人参加的中共情报机构。左尔格被捕时,有日本同志从东京给中西功发来报警电,他从徐州、蚌埠一线返回上海时,也发现有人在跟踪他,按常理他应该撤退了,但他又估计敌人还不至于抓他,贸然撤退只会危及周围同志,并放弃多年经营的基础,令人惋惜。不料,在1942年6月16日,在上海、南京两地的中西功和西里龙夫同一天被捕了。接着,在7月初,在北京、天津两地的尾崎庄太郎、白井行幸、新庄宪光等也相继被捕。"

令笔者感到惊奇的,既然是这批日本同志都被捕了,接着一批中国同志也被抓,为何你钱明却脱逃? 对此,钱如此作答:"我逃脱真是很侥幸。那天我在北平,敌人来抓我时,我正好在厕所里,因厕所并不在室内,听到有人敲我房间的门,很急,感觉不对,当机立断,就从厕所爬窗外出,先跑到一亲戚家隐蔽,并向上海用暗语发了两封报警信,然后出逃到西安。"

就此,笔者又发生新的疑问,既然你钱明给上海发了报警信,那么上海的中国同志为什么还继遭大逮捕了呢? 钱明回答:"报警信据后来讲是收着的,但是因案子先抓的全是日本同志,所以上级指示,中国同志全不要动,以免暴露日本同志更多案情。结果在7月29日,上海、南京两地又发生了逮捕事件。南京有纪纲、陈一峰、汪锦元被捕,方知达逃走;上海郑文道、倪之璞、金若望被捕,其中郑文道牺牲得十分壮烈。他于7月29日在寓所被捕时,日本宪兵就地刑讯,逼他供出上级吴成方的住址。为掩护中西功,他决

---

① 钱明口述,陈正卿采访整理:《我的片段人生与我所知道的中西功》,载《都会遗踪》2009年第1期,第162页,上海书画出版社2009年12月出版。

定实践自己的诺言,将一死了之。因为在以前我和郑文道就曾相约,如果中西功和日本同志发生危险,我就将要用生命来保卫。于是在宪兵队第二次受审时,他乘敌人疏忽,找机会从窗口跳楼而牺牲。"[1]

据钱明告知,1987年10月,他还应中西功夫人方子和兄弟中西笃之邀访问了日本。而在这之前的1982年,西里龙夫就曾来华访问,他先找到了汪锦元,后通过汪找到了钱明,询问了分别后的情况,并告诉中西功已于1973年逝世。在上海,他们一同去了虹口山阴路留青小筑28号中西功原住所,还去汉口路凭吊了郑文道跳楼的大楼,大家都知道,中西功对郑文道感情极深,西里龙夫转告说:"中西直到晚年,还说只要周围无人,他就会浮想起郑那双亲切热情的眼睛。"西里回到日本东京,他又将情况告诉了尾崎庄太郎等人。

这样,便又有了1984年的中西功兄弟中西笃和夫人政子来沪之行。他们秉承其兄的遗愿,带来两封各附4万元人民币的慰问信,一封是给受到不公正对待的诸老友(被婉谢),一封是中西功夫人方子托他们带给"程和生(即郑文道)未亡人"。信中表示这是微薄的心意,望务必收下。钱明的眼泪夺眶而出。郑哪有未亡人呀?牺牲时仅28岁。中西笃曾问:"他有女友吗?"钱告诉他:"有的。但都分别了20多年,不知到哪去寻了。"中日友人都流泪了。

所以,1987年10月钱明到日本不仅会见了仍健在的尾崎庄太郎和夫人华子;还见到了中西功夫人中西方子和兄弟中西笃、侄子中西四七生(笃之子);去世不久的西里龙夫的儿女西里精、西里龙、西里战子。钱明等还去祭扫了镰仓的中西功墓,碑文是他的回忆录《在中国革命的风暴中》手稿里选出来的:"为全人类的解放事业,献出最后一滴血。"给他印象深刻。[2]

钱明的回忆口述,虽然已时隔多年,但他毕竟是和中西功等是同一情报工作的同志,所具有的第一手价值是值得重视的。

---

[1] 钱明口述,陈正卿采访整理:《我的片段人生与我所知道的中西功》,载《都会遗踪》2009年第1期,第162页,上海书画出版社2009年12月出版。
[2] 钱明口述,陈正卿采访整理:《我的片段人生与我所知道的中西功》,载《都会遗踪》2009年第1期,第163页,上海书画出版社2009年12月出版。

二、肖心正回忆、口述中的"中共谍报团案"点滴情况

肖心正(1917—1998),江苏吴江黎里镇人。曾用名肖厉等。少年时毕业于柳亚子等创办的黎里小学。后在吴江盛泽民生织绸厂等处当学徒。1937年"八一三"淞沪抗战爆发,参加共产党组织的吴江民众抗敌后援会歌咏队和"一知读书会",传阅鲁迅著作和革命书刊。1938年2月,吴江沦陷。他的姐夫沈立群任吴江抗日政府县长,他任县府财税科科员兼会计。1939年9月,肖心正由沈月箴等介绍加入中共外围组织华东人民武装抗日义勇军(简称武抗)。按组织指示,搜集国民党情报。1941年9月到上海正式加入中共,在吴成方等领导下,参加了中西功情报线的工作。[①] 1993年四五月间,笔者采访他时谈了相关情况,还将1968—1969年时写的100余页文字

近代上海西桥的一次隆重的葬礼

[①] 肖心正口述,陈正卿整理:《刀光剑影中的上海情报生涯十年》,载《都市遗踪·上海往事探寻》,第179页。上海书画出版社2010年12月出版。

材料提供给笔者参考。他说,他在吴江县府当科员兼会计时,上海的共产党也派来了干部,要在吴江等地建根据地。当时到黎里、严墓一带的,有丁秉成、沈月箴等人。他们到这里来,是和曾在中共特科工作过的同乡前辈王绍鏊(即王却尘)有关。

1939年春天,沈让肖帮她做一项工作,把吴江境内国民党政府、党团,还有各类杂牌武装情况调查清楚。因肖是县府会计,掌握全县经费开支情况,又能随意出入县长住处,所以做得很顺手。当时她拿一本《采访指南》作调查参考,这本指南完全是用钢笔抄在小笔记本上的。她整理了一份《国民党吴江县政府政治军事经济概况》送到上海中共组织,上级很满意。以后,她就给肖看了一本叫《华东人民武装抗日义勇军政治纲领》的小册子,并说,"武抗"的政治纲领,就是共产党、八路军的抗日救国十大纲领,你接受不接受?她像共产党一样,要缴纳组织费的,你愿意吗?肖表示接受、愿意。接着,肖即填表签名,由她和另一人做介绍人,加入了"武抗"。

至于"武抗"的性质,肖说:"它是党的外围组织,是由上海的情报系统发起的,这是肯定的。这是我后来领导人吴成方亲口对我说的,他说他也是领导成员之一。"并还说:"当时和我在吴江同时参加'武抗'的人,还有金若望(当时叫金大鹏,后改名叫程维德),也是县府人员。后来吴江党组织撤退,通知我们两人坚持在当地,由上海情报组织直接领导。同时,还把一张撤消'武抗'的书面通知交给我,说上海那边会通知我们的。"①

对于上海情报组织通知他们的经过,肖说:"1940年二三月间,上海果然来信,让金若望代表我们两个人,去上海接关系。他去后,就由吴成方接待了他。吴当时叫老刘,是上海情报组织的一个负责人。他向我们布置了任务,规定了联络的时间和方法。任务还是搜集国民党和日伪情报,方法是利用我每月去上海,为沈立群给我姐姐、外甥往四川江津汇寄生活费的机会,把搜集来的情报交给他。平时采用秘密通信的办法。这样,我们就把重庆国民党中央、第三战区司令部、江苏省府、江南行署等发给吴江县府,有关反共、限共的文件、电报、动态报告等,送到了党的手中。"

这一段时期,肖和金若望几乎每个月,有时一个人去,有时两个人一同

---

① 肖心正:《我参加党的外围组织华东人民抗日义勇军经过》,1968年12月24日(未刊)。

去,到吴成方那里汇报情况。同时,他们还编了刊物《义旗》,揭露汪精卫的卖国罪行,介绍毛泽东的《论持久战》、《论新阶段》等著作。但这前后,国民党"反共"越来越严重,在吴江制造了几起血案,对肖和金若望也有怀疑。他们于1941年6月间,到上海见吴成方汇报,他指示他们写一吴江国民党反共情况的报告。第三天,他即指示,金不回吴江留上海工作。肖原则上也调上海,暂时回去处理各种关系。这样,肖又很快回到上海,吴成方又约他和金若望去谈话。他指示把国民党在吴江的反共活动及个人工作情况写成书面报告给上级。

不久,吴便又约谈话,安排金若望到伪上海市民协会编会刊《市声》,肖说:"实际是到打入日本南满铁道株式会社(简称满铁)调查课的,由日籍中共党员中西功为核心的情报组工作。协助郑文道(当时叫程和生)做交通工作,因中西功情报量大,郑文道忙不过来。让金若望协助,金也化名程维德,以程和生兄弟的名义与他同住,汪伪时是有户籍登记制度的。住的地方是辣斐德路(今复兴中路)辣斐坊一家私人诊所的二楼搁楼上,实际这只是上海人所讲的'假三层'搁楼,要从一家私人诊所后门进去到楼上。但那时纪律不很严,所以我去过的,次数不少。在那里我不仅认识了郑文道,还认得了化名尤迁的钱明,他和郑文道很熟。不过中西功本人没见来过。他们都是搞交通的。那时地下工作很苦,苦到饱一顿,饿一顿的。我去看金,有钱买了来就一道吃。"对这次工作安排肖印象深刻,是因为涉及了他们党籍问题,吴说:"今天就是一次组织生活。你们在有职业前,不要缴党费了。"因此他清晰记得是1941年9月。①

随即,吴也给肖安排了工作,那就是到康悌路(今建国东路)郭曼果家里,协助做情报分类综合的编辑工作。据肖说:"郭是南洋归侨,抗战前的老党员,广东口音很重,建国后当过广东省公安厅副厅长。到了那里,才知道那是一个情报汇集点,他拿出一个一尺多长的小皮箱,内有各种各样薄纸片,大大小小的,都是各情报点上冒着风险搞来的。他让我把它们分类汇编好,印象中内也有满铁关系来的,交给老郭就走人。至于下一次来的时间,

---

① 肖心正:《1941年9月—1944年2月在上海吴成方领导下工作的经过》,1968年4月16日(未刊)。

离开时由老郭关照。但刚开始做,任务就有了变化。老郭说日军要进租界,他的这个点上级指示转移,让我协助把他家里的党内文件资料和毛泽东著作等进步书籍,分别清理捆扎好,做好伪装,进行疏散。疏散的过程,是由交通倪之璞等来做的。但有20卷的《鲁迅全集》因体积较大,先搬到我姐姐家,再搬到别处的。"①

左尔格的遗骸

太平洋战争爆发,日军进入租界,肖心正才正式参加了中西功的情报小组工作。据他说:"情况是这样的。1942年一二月,吴成方领我去拉都路(襄阳南路)一个朋友家,搬来一台大收音机,到福理履路(今建国西路)一间弄堂房子我姐姐家,让我自己花钱配了天线设备,每天晚上八点到九点收听重庆中央台的广播,收听的内容有国内、国际新闻,国内有浙江、江西、湖北、河南等地国民党军队抵御日军进犯,在某地击退日军进攻,激战多少时间,歼敌多少,缴获武器多少;还有日军进攻共产党军队的,如在山西某地共军被包围等。记录后整理成文送给日本人,但整理好的文本一式两份,一份留给我们自己。传送的方法,则由吴成方指定的交通倪之璞(当时叫倪天骥)

---

① 肖心正口述,陈正卿整理:《刀光剑影中的上海情报生涯十年》,载《都市遗踪·上海往事探寻》,第180页。上海书画出版社2010年12月出版。

来取,有一次是倪和郑文道一同来的。在安排这项工作时,吴先介绍我在日伪办的杂志《先导》(后来知道杂志负责人李时雨也是中共地下党员)编辑部当编辑,随后又给我一个派司,即身份证件,证明我是日本南满铁道株式会社嘱托,名字叫肖厉,上面写明:'肖厉,为我社收听重庆新闻广播,希上海现地军警人员不予阻挠。'上面还有收听的地点及开出的时间,并贴照片加盖钢印。这样万一遇到伪警察来找麻烦,这张派司能管点用。"据他说,金若望及钱明跑八路军驻西安办事处交通都有这种"派司"。①

不过,肖本人对这种收听重庆广播派何用处,心里始终很疑惑。而上级却很重视,他说:"倪之璞取走第一份资料后,第二次来时十分严肃地对我说,一式两份不能用复写纸,复写纸背面要透过来,日本人看了要生疑心。这样,我就每次必须手抄两份。当时组织还规定,尽量不要和邻里及房东多搭话。"

据肖说,大约由于这些措施和侥幸,他逃脱了那次"中共谍报团案"大破坏。

在这之前,他亲戚沈鼎吾因有国民党地下组织关系,收听重庆秘密电台,被日本宪兵队逮捕了。他怕牵连到自己,报告吴成方,就搬家到福煦路(今延安中路)福煦坊,外人不知晓。

幸运脱险是在7月底金若望被捕的第二天,他说:"我到他和郑文道住的辣斐德路辣斐坊那家私人诊所的二楼搁楼上,从后门刚要进去时,在后门口洗衣被的两个看护妇问我:'找谁?'我说找程维德。她们立即说不在,又朝我摇摇手,努努嘴。我发觉不对,扭头走了。几个月后,金若望的姐姐去那里取东西,才知道日本特务守候了好几天。那天后来我去《先导》编辑部,碰到一个曹编辑,他也示意我,不要找金。直到隔天我去郭曼果那里,接头别的事,郭正式说:'老金他们都被捕了,尤迁跑了。'让我也隐蔽起来。不久,吴也让人把收音机搬走,给了我40元钱,算还我装天线钱和意思意思的津贴。这个工作我断断续续做了半年。不过,我从没去过满铁,也没见过中西功。"②

---

① 肖心正:《在上海吴成方领导下打入满铁收听重庆广播的经过》,1968年10月23日(未刊)。
② 肖心正:《关于吴成方领导的一部分同志被日本宪兵队逮捕的经过》,1968年2月24日(未刊)。

肖心正知道"中共谍报团案"的基本案情,是在几个月后的 1942 年 12 月,他说:"这个案子日本人很快就判了。倪之璞和在小组的南京人员汪锦元、李德生等都判了刑,关在无锡等地。金若望判了 7 年,移送到上海南市监狱执行。日伪时期坐监牢,家人要接济生活费的。他们是为革命坐牢,组织上指定我冒充亲友,负责金在狱中生活。由于他在日宪兵队受过重刑,腿几乎打残,吴成方让我到倪幼斋那里去取药品,倪也是党内同志,是倪之璞兄长。那时是党组织千方百计弄来的,至于生活费也是组织给的,因为要沟通一些监狱内外的联系,所以吴告诉一些情况。"①

据吴告诉他:"中西功这些日本同志,对党忠诚,搞到很多重要情报。南京汪精卫日文秘书汪锦元、伪中央新闻社记者陈汝舟等,上海的郑文道、倪之璞、金若望、钱明等都是这个情报小组成员。郑担任中西的直接交通,金协助郑做工作,倪负责上海、南京之间交通,钱负责上海、北平、西安之间交通。钱因为跑西安,吴和我讲,他也有张满铁的派司,名字叫尤迁,关键时逃脱也起了作用。"

至于这样多同志被捕,肖也说:"中西功是受左尔格案牵连,在 6 月间就被捕了,7 月初又有日本同志被捕。当时,党组织包括吴成方已掌握这一情况,为了掩护日本同志法庭斗争有利,所以中国同志坚持没撤,几乎是在等抓。郑文道等人已做好了必死的准备。这一点,20 世纪 50 年代审查时,我还有看法,为什么不让这些同志撤退呢?"②

肖心正负责联系狱中金若望后,对中西功的情况又有所了解。他说:"金对他说,中西功的确是个好同志,和中国同志感情很深。郑和他都已预感到中西出事了,但全不愿意单独逃生,他们估计中西落到日宪警手里必死。所以,郑文道死得那么壮烈。日本人本来准备把程和生、程维德(即郑和他),押送到东京去审讯的。因郑牺牲了,才未去。而老金是和郑文道住在一起,是一个联络点,日本宪兵就在那里逮捕了他,他在狱中受尽酷刑,腿几乎打残。他说敌人反复刑讯他:'尤迁、肖厉逃到哪里去了?'1943 年,金

---

① 肖心正口述,陈正卿整理:《刀光剑影中的上海情报生涯十年》,载《都市遗踪·上海往事探寻》,第 181 页。上海书画出版社 2010 年 12 月出版。
② 肖心正:《关于吴成方领导的一部分同志被日本宪兵队逮捕的经过》,1968 年 2 月 24 日(未刊)。

转押到杭州监狱,吴成方指示仍由我负责联系。组织上曾给我100元转寄他。1944年年底,经组织同意,由我通过朋友贿赂伪司法官员,以重病保外就医名义,将他营救出狱,组织上送他到淮南根据地"。[①]

而在这之后,肖的领导关系发生了变化。1944年年初,上级改派刘人寿来领导。问题是吴成方还找他。直到王绍鏊直接找肖谈话,明确领导关系,吴成方调回淮南,这个问题才解决。抗战胜利后,金若望从淮南回上海继续做情报工作。还由肖介绍他到军统忠义救国军某部情报室当秘书。肖由刘人寿安排到中国纺建公司上海17棉纺厂去做地下工作,仍由倪之璞来联系,并一直保持到上海解放。1949年8月,倪通知他到中共上海市委组织部去转关系,组织介绍信上写"肖心正在中情部工作,是中共正式党员。潘汉年",肖才知道自己一直在潘领导下的情报系统工作。潘案发生后,肖也受到审查,但处理是保留党籍。令他困惑不解的,是钱明、金若望、倪之璞等都还开除党籍,并长期关押审查。[②]

肖心正虽未与中西功等日本中共党员直接交往,但他作为这一情报工作的参加者,并也在日本宪警的搜捕范围之内,所忆述的情况自然也属第一手资料,具有重要的印证、参考价值。

三、就以上口述、回忆所作的几点探讨

对钱明、肖心正等亲历者口述、回忆结合其他资料,笔者有以下几点思考提出和与会专家探讨。

(1) 满铁调查部及上海事务所为何在中国日战区有如此大的权威?满铁即全称的南满铁道株式会社,是于1916年11月根据日本政府特定法令设立的特殊会社,[③]但它毕竟仅是一家在中国东北专营铁路事业的会社,而

[①] 肖心正:《关于吴成方领导的一部分同志被日本宪兵队逮捕的经过》,1968年2月24日(未刊)。

[②] 肖心正口述,陈正卿整理:《刀光剑影中的上海情报生涯十年》,载《都市遗踪·上海往事探寻》,第184页。上海书画出版社2010年12月出版。

[③] 解学诗:《隔世遗思——评满铁调查部》,人民出版社2003年12月第1版,第1页。

其调查部及上海事务所在上海以至华北等地都有相当大的能量。仅就肖心正所忆他曾使用的满铁证件用日文所写"肖厉……为我社收听重庆新闻广播,希上海现地军警机关勿予干挠",并贴上本人照片,加盖钢印。同时,他还回忆,钱明"担任上海和西安八路军办事处交通工作,沿途所用也是满铁证件"。这说明满铁调查部和上海事务所在中国日战区确实有一定的影响力。对此,前已有学者曾指出,满铁的调查活动"虽抹上了学术的色彩……而在战争时期从行动作战到高等政治,已广泛地协助日军,是在同日本的强行侵略的历史同步并紧密结合中发展的"。① 笔者认为这是符合真实情形的。就满铁上海事务所来说,它于1927年设立,1932年12月在"一·二八"中日淞沪之战后,提升为由总裁直属的独立机关,不但可"保持与大使馆、军部、总领馆的直接联系",还特别注重于军事、政治情报的搜集和中国境内情报网络的建立。② 正是如此,满铁上海事务所调查室在1937年上海"八一三"战后,参与并承担了日军特务机关的华中占领区的所谓"宣抚工作",制定了一系列计划、纲要;③对重庆诱降等活动,满铁调查部上海负责人西义显等也是积极策划者;它甚至还参加了日军对上海周边青浦、崇明抗日军民"讨伐"的策划,1940年10月间,日登部队即第13军参谋长樱井少将、渡边大佐邀请满铁上海事务所所长伊藤武雄、调查课长德冈照前往该部:"会商协助策划该部队讨伐长江三角洲内共产党及共产系军队对策,以实行作战计划。"④这样,满铁调查人员自然在日侵华军、政机构内身价百倍。尤其是1939年5月由中西功起担纲作用的《中国抗战力量调查报告》,曾得到日军部和兴亚院的高度重视,在东京、长春、上海、南京、北平都做过专题报告,日陆军省、参谋总部、关东军、中国派遣军、中国派遣舰队等都派要员出席,满铁中西功等调查人员可谓"红极一时",便也神通广大,处处奉若上宾,这就为他们利用满铁调查员这种特殊地位,开展搜集情报活动创造了良机,这也是能够获得日本最高核心情报、掩护一批中共人员打入其中的根源之一。

---

① [日]原觉天:《现代亚洲研究成立史论》,劲草书房(东京)1984年出版,第328页。
② 可详见解学诗:《隔世遗思——评满铁调查部》一书第二部《经调与日本侵华经济决策》第9章《东亚最大间谍网》之三《对华特务活动》,人民出版社2003年12月第1版,第319—331页。
③ [日]井上久士编:《华中宣抚工作资料》(十五年战争极秘资料集之13),不二出版,1989年12月发行。
④ 上海市档案馆藏日文资料:满铁零散文件。

可以说,是日本战争政策的急切需要,提供了它给敌手的可乘之机。

(2) 中共为获取抗击日本侵略的战略情报,也为中西功等人在日本军、政机关调查工作的"成功"给予协助。即以他最受"青睐"的《中国抗战力量调查报告》来说,当时满铁集中了一批相当有实力的研究人员,组织了专门的调查委员会,包括尾崎秀石、具岛兼三郎等人,这份报告共分10册,其中第1分册总篇、第2分册政治篇(之一),是由中西功本人撰写的,其中第2分册(上)据尾崎秀石评论,"这部分是全报告书最高水平之所在"。其中它明确指出:"中国的民众动员存在着性质不同的两条道路:一是国民党的方向,另一是中国共产党指导的方向。"第2分册政治篇(之二)由也在"中共谍报团案"中被捕的津金常知和另一调查员小仓音次郎撰写,主要内容为八路军及新四军。对该报告政治篇之一、之二两分册,日本著名学者原觉天评价说:"政治篇的两项调查,也受到资料方面的制约,因为采用了以毛泽东为首的许多中共领导人的论文,决不能说是经过实地验证的东西。然而,从经过长期日中战争中国最后所得到结果来看,从毛泽东指导的游击战略来看,不能否认,是相当有效的。"① 对于这些中共资料的来源,中西功等曾称:"关于获取资料,已经采取并正在采取种种办法,但在此不便说明。"② 而就肖心正的回忆,中共上海情报组织就藏有包括毛泽东著作和党内文件等资料,其来源完全可能就来自那里。同时,中共组织还派肖心正为他们以满铁名义秘密收听、记录整理重庆广播,那自然也是为调查工作所用。当然,对于以上资料的提供,中共组织肯定是有充分的考虑,也是经过审查的。对中共来说,协助中西功等取得"成功"越大,他们能获得的日军政情报也越多,从反对日本法西斯来说,这完全是一致的,中西功的确做到了这一点。

(3) 共产主义运动在日本的发展和中西功等人的独特贡献。日本基本和中国同时,在1917年苏联十月革命之后,接受了马克思主义,成立了共产党。日本早期的马克思主义理论家片山潜、河上肇等人,在中国也很有影响。日本共产党在法西斯统治下,长期处于"非法"状态,但为社会进步和民主,进行了顽强的斗争。对中国的抗日战争中,许多日共党员和反战人士,

---

① [日]原觉天:《现代亚洲研究成立史论》,劲草书房(东京)1984年出版,第878页。
② 上海市档案馆藏:满铁调查部:《中国抗战力调查报告》第1分册总篇,第168页。

也表示了同情和支持。但正如日本著名学者石堂清伦所说："日本乃至日本社会主义者存在着民族主义倾向,直至今天。"①这样,中西功等人为了促使本国军国主义即法西斯军人统治彻底的战败、垮台,出生入死,不惜自我牺牲地获取最核心情报,而提供给战争的另一方——反法西斯阵营中的中共和中国人民——尽管这也是谋求日本民族的解放道路,但在日本这样一个民族情绪十分强烈的国家,这的确是极其难能可贵,值得中国人民尊敬的,并也是中国人民永远难忘的。

笔者谨以上述粗浅的思考提供给与会各位专家,不当之处尚望赐正、指教。

（陈正卿　上海市档案馆研究馆员）

---

① 解学诗:《隔世遗思——评满铁调查部》,人民出版社(北京)2003年12月第1版"前言"第3页。

帝国主义与上海警察的反共活动[*]

◎[美]魏斐德 著　周育民 译

一、打击英法殖民地在上海活动的共产党人

对于革命民族主义组织的颠覆活动——无论是印度支那的革命者反对法国殖民主义,还是印度民族主义者反对英国统治的活动,法租界警方的担忧和公共租界警务处的关注都是不足为奇的。但是1930年11月地下党组织可能煽动印度支那叛乱者的情况,促使法国政治情报机构与国民政府合作,对长江流域中共及其外围组织的结构和现状共同进行了一项权威性的研究[①]。同时,公共租界警务处的特务股(所谓的政治警察)开始寻求与国民政府公安局的合作,打击那些想在生活在上海的成千印度人中进行挑动的共产党[②]。

---

[*] 本文是魏斐德《上海警察》第九章的一部分,收入本书时,编者根据内容拟了分节标题。
[①] "这项研究是在法国政治情报机构的帮助下,通过从中共及其外围组织招募人员的中介情报机构而开展的。我们不能不说,这些不同组织间的内部斗争一方面极大地便利了中介情报机构对这类人员的招收,这些来自对立'派系'的人员经常会提供有关对手活动的珍贵情报。"上海法租界档案,237/S,第26—27页。
[②] 《上海泰晤士报》,1937年2月27日;高德:《不可接近的警察》,第178页。当时据说有3千名印度人生活在上海,包括商人、保安和警察。其中大部分人是工部局招募来的巡捕(一些人还有随从),他们在其聘用期满之后继续逗留在上海。《密勒氏评论报》,1929年7月6日,第233页;1931年1月10日,第212页。

由于工部局警务处和法租界警方是帝国主义控制的世界殖民体系的组成部分,这种臭味相投也是不足为奇的①。工部局长官经常在英帝国的其他地区如印度或新加坡看到这类机构,在来上海前,许多官员原先都有从英格兰或苏格兰征募到东非或香港当警察的经历②。这些人在当警察之前,履历平平,或是工厂的学徒,或当过兵,之所以来上海,是因为"上海看上去比香港更值得冒险和能够实现野心"③。尤其在大英帝国走向衰落的年代里,他们同样也是被认可适于承担安全工作的那类人。那么很自然,特务股的一组和二组与在德里的刑事调查部、在新加坡的中央警察局会有着密切的联系④。前者经常指示巡捕房在上海搜捕印度的民族主义者⑤。后者的功能则像一种距离预警系统,通报经由马六甲海峡坐汽船来华的革命民族主义者和其他"激进分子"的行踪⑥。

1926—1927年间的冬天,工部局警务处特务股成立了一个特别的"印度组",目的是"收集有关印度叛乱分子活动的情报等,这种活动随着中国民族主义运动的成功而加强了"⑦。情报组的工作是绝密的,对外仅称第4组

---

① 高斯泰德:《非洲和印度的殖民地警察》,第12—13页。在国际刑警组织建立之前,一个重要的信息媒介是《刑事警察时报》,它是一份由德国的警察机构用法文、英文和德文出版的报纸。又见《北华捷报和南华及中国快报》,1909年12月31日,第781页;古易:《帝国警察》,第187页;克明:《帝国的警察机构》,第538—545页;伍兹:《警务人员训练的一些问题》,第365页;爱德华:《孟买城市警察》,第72页。

② 1841年,香港第一支警察队伍成立,由11名原是水手和士兵的欧洲人和21名当地中国人组成。1869年香港总督招募了苏格兰巡捕,因为他们被认为不易受腐蚀。但是,到1897年,几乎所有的香港警察——欧洲人、中国人和印度人——都从中国赌场非法接受贿赂。莱斯布雷奇:《香港》,第193页。李:《中国警察的发展》,第31页。相反的观点,见安德鲁:《一个前香港警察的日记》,第59页。20世纪20年代后期,上海工部局驻伦敦办事处在英国本土招募英国人,然后送到上海,在警察训练站集训。布鲁斯:《上海公共租界及警务处》,第133页。

③ 莱斯布雷奇:《香港》,第193页。安德鲁:《一个前香港警察的日记》,第2—20页。

④ 罪案侦查部的正探长对督察长直接负责。这种情况在其他警务部门中不存在,因为警务处是由领事官员支配的,后者希望通过合法程序行使他的权力。同样,罪案侦查部也是"沟通公共租界和法租界警方的主要媒介"。有权监督工部局警务处所有的华洋探员。《北华捷报和南华及中国快报》,1909年12月31日,第780页。有关特务股的组织和工作,见上海公共租界警务处档案,D-8.文件封面标有1942年4月11日,其中内容按1929年到1941年排序。

⑤ 见题为"对在华印度民族主义者的迫害(一个对有正义感的人们的请求)"的公开信,署名国大党,日期为1929年6月3日于南京,载于《密勒氏评论报》,1929年6月8日,第16页。从印度来的有关被怀疑的共产党或印度民族主义者的情报发自C.M.H.哈兰德,他是上海英国总领事馆的军事情报官。哈兰德经常将他的报告送给美国军事情报机构。上海公共租界警务处档案,D-2313,1931年9月11日。

⑥《工部局公报》第20卷,1926年2月11日。

⑦ 上海公共租界警务处档案,D-8/8,1936年2月11日。

(S.4),与英国领事馆关系很密切①。起初该组在沙利文的领导下,有4名锡克族成员,主要任务是刺探"冈加·辛格、依沙·辛格和哈里·辛格等著名人物",在极斯菲尔公园或虹口公园举办的"叛乱分子秘密集会"②。

第4组第一次获得成功是于1927年7月证实了叛乱罪,在1928年4月将"三名狂热分子"驱逐回印度,他们是上面提到过的冈加·辛格,还有两名锡克族领导人甘达·辛格和达苏哈·辛格。据说这对当地印度人社会产生了"巨大的精神影响",但实际效果却适得其反。锡克社区不顾英国总领事的禁令和军警的阻挠,仍然在1928年4月27日重开了宝兴路的锡克教谒师所。此后,两名第4组锡克族便衣参加并报告了印度民族主义者在谒师所内组织的所有会议,其中5人被判监禁,并于1929年5月被驱逐。同时,在英国副领事白克本的命令下,第4组收集了2 000张照片和有关上海印度人社区1 000名成员的履历,同时准备"造访"所有来上海的船只上的印度旅客。成功促使该组的扩充:到1929年末,"印度组"共有1名副探长、2名探目、5名印度探员、2名华人探员和1名华人便衣③。

二、租界警察与华界警察联合"剿共"

在这些帝国主义控制系统中服务的官员,往往都有在殖民地效力的经历。例如,1928年负责罪案侦查总部的副处长克拉克上校,在成为工部局警务处印度组负责人之前,曾经在印度警务部门中服务④。法租界警务处头子——往往是科西嘉人——通常都有在北非和印度支那殖民军队中服役的经历⑤。

---

① 成立第4组"主要为了收集英籍印度人中政治颠覆活动的情报"。上海公共租界警务处档案,D-8/8,1936年12月19日。
② 上海公共租界警务处档案,D-8,1929年6月18日。
③ 上海公共租界警务处档案,D8/8,1936年2月11日。第4组保存了丰富的记录。到1936年,它的文件记录中包括了250名活动分子和280名同情者的详细个人资料;3 500人的简要资料。
④ 《密勒氏评论报》,1928年11月17日,1928年11月24日,第460页。有关锡克组及其巡捕、巡官和印度警官的工作情况,见《北华捷报、南华及中国快报》,1909年12月31日,第801页。
⑤ "科西嘉人到处占据着重要职位。他们是硬汉,爱嘲弄人;有着记者的猜疑、辨事团的蔑视。"冯特诺:《秘密的上海》,第120页。对于法租界警方的入木三分的讽刺,见钱钟书:《围城》,第132页。由总领事直辖的法租界治安处,几乎全由法国人和在法军中服役的越南人组成。《上海市年鉴》(1935年),第L-30页。马丁:《与魔鬼订约》,第6—7页。上海通社编:《上海研究资料》,第96页。例如,政治组组长萨尔礼少校是一个有摩洛哥母亲的巴黎人,一战期间曾经在非洲服务。薛耕莘:《我与旧上海法租界》,第150—152页。

身材高大、文雅幽默的费沃利在1919—1932年间是警务处总监,曾是摩洛哥预备役的炮兵上尉,他是法国情报部门的"荣誉成员"①。费沃利在薛华立路(今建国中路)的办公室里,为收集有关国际共产主义运动的政治情报作出了相当大的贡献,他的办公室与河内的保安局总部保持了密切的联系②。

工部局警务处和法租界警务处定期交换每日和每周的情况通报,这些报告有时也送往英国、法国和美国领事及在南京的军事联络部③。这些报告的情报来源是罪案侦查总部一科的华人探长花钱雇用的地下特务网④。罗伯森督察长在1931年写的有关提升第1组副探长施则良(音)和顾宝华(音)为探长的备忘录提到:

> 两名警官的职责非常艰巨,包括根据情报人员所提供的政治等情报草拟报告,编纂有关陆军、海军、劳工、政治和半政治以及租界食品供应的统计资料。此外,还要协助搜查中共据点、审讯被捕人员、翻译搜获文件,还有奉命进行临时特别调查。⑤

这些华人探长本身是工部局警务处高级领导人政治情报的唯一的最重要的来源,他们领导着工部局警务处所谓的"情报办公室",在这个秘密单位里,有一大批工作人员,进行着外勤报告的起草及文件翻译工作⑥。

华人探长"掌握"的外勤人员,一般是20多岁的年轻人,在市内划定的地区(包括华界)值勤,监视如码头、火车站等,报告有关政治集会和民间集

---

① 马丁:《与魔鬼订约》,第6页。
② 范里高和考福:《康生》,第96页。
③ 例如,1931年9月11日特务股给美国海军司令部W.C.鲍伍少校的报告,见上海公共租界警务处档案,D-2313,1931年9月11日。上海英国领事馆情报官要求工部局警务处监视在马来亚警方突袭共产党组织时得到的名单中所列的人名。这就是他受到工部局警务处注意的原因。上海公共租界警务处档案,D-3564,1932年4月26日。法国警方也与工部局巡捕房分享这些情报——包括有关劳工运动的定期报告。例如上海公共租界警务处档案,D-8,1929年1月29日。
④ "情报官"的头衔表面上停止使用,但在1927年年末还在使用。上海公共租界警务处档案,CS-183,1931年3月7日。有关1932年使用一个愿意做"暗探"的中共党员,并为此每月支付200元的情况,见上海公共租界警务处档案,D-3381,1932年3月16日。
⑤ 上海公共租界警务处档案,CS-183,1931年3月7日。
⑥ 上海公共租界警务处档案,CS-183,1931年3月7日。

会的情况。他们经常伪装成记者,在不管是华界还是租界的熟人中建立关系网,也就是说,在这个危险的行当中,公共租界、法租界和华界警务机构乃至警备司令部的中国外勤特务要互相照应、互通情报。尽管这些外勤特务感到完全没有必要,但为了防备他们的身份暴露,作为他们上级的华人探长还是努力试图通过他们自己与其他警务部门和情报机构的非正式关系来保护他们①。

那个时代上海的英文读者对工部局警务处收集情报的工作并非一无所知。《密勒氏评论报》告诉它的读者:

> 对那些不知道"CID"为何物的读者,我们要告诉他们,这指的是上海工部局罪案侦查总部。虽然这个部门花的是此地不同国籍包括中国籍的纳税人的钱,但事实上,它只是英国政治情报和宣传机构的非正式的分部。②

担任罪案侦察总部主任的副处长克拉克,被许多见识广博的上海人视为英国在华秘密情报机构的领导人③。

警务处政治股的官员当时认为,国民党北伐军中暗藏着"从事颠覆活动的外国人,他们 10 多年来在中国人中宣传共产主义,去年他们在中国的印度人社区中大肆活动,煽动不满情绪"④。1927 年 4 月,一个名叫哈邦·辛格的印度人,"他无疑在叛乱分子中进行了煽动",在中央巡捕房门口枪杀了高级印度捕头沙达·沙西·布达·辛格。工部局巡捕房认为这是锡克警察罢工运动的先兆,这场罢工是由一个在苏联格伯乌人员陪同下从汉口派来的印度煽动分子领导的⑤。

在遭到蒋介石清洗前,汉口还是联合战线政府所在地,被视为共产

---

① 有关这一职业的危险性以及关系网完全暴露的记载,见公共租界警务处有关毛国宝[音]案的文件,D-3427。
② 《密勒氏评论报》,1928 年 12 月 29 日,第 188—189 页。
③ 《密勒氏评论报》,1928 年 10 月 13 日,第 205 页。
④ 《密勒氏评论报》,1929 年 11 月 5 日,第 48 页。
⑤ 《工部局公报》,第 20 卷(1927 年),第 216 页。1907 年印度巡捕得知他们的报酬只及当时在美国充当巡捕的 20%—30%时,举行过一次大罢工。《上海研究资料》,第 100—101 页。

国际的前哨阵地，同时也是亚洲民族反帝革命的策源地。即使在国民政府建立后，负责工部局警务处的英国当局仍然十分警惕国民党通过诸如在南京的东方被压迫人民协会这样的组织支持印度民族主义者的危险①。

工部局警务处逮捕印度民族主义者，判以"破坏公共治安"罪后，即被驱逐回印度，在殖民监狱监禁，可以理解，华界警察不太愿意与警务处进行这样的合作②。1930年12月6日，公安局开会决定释放在押的印度民族主义者，只要他们不涉嫌参与共产党活动③。然而，在此期间，公安局也日益需要公共租界和法租界警方协助打击"反革命分子"以及在上海外国租界里的共产党机构。这种期望既是出于对警备司令部和警方管辖区的安全考虑④，也符合国民党上海市党部的要求。1929年，上海市党部通过上海临时法院向工部局警务处提出要求，共同镇压江苏省国民党左派。这些要求标志着公安局和上海其他警察力量之间关系的重要转折，开始了旨在铲除上海中共组织的正式合作的政策⑤。确实，国民党特务头子徐恩曾后来谈道，"正是由于我们与租界当局充分的、有力的合作，才使我们能破坏如此之多（的上海中共地下组织）。"⑥

国民党在上海最初几年的统治，正值所谓的"大间谍"的全盛时期：像西奥多·马勒、理查德·左尔格、德奇、"奥托"、亚历山大·拉多、里奥那多·区帕、伊格纳斯、伊利莎白·波斯基、索尼亚（罗斯·瓦那）、皮克斯和瓦特·克利乌斯基——其中许多人是作为红军情报部门格伯乌的海外组

---

① 工部局警务处的情报组也对"东方共产主义学校"进行监视，该校有20名学生，对外称"自权妇女职业学校"；从1928年9月17日起，该校曾经由一个名为"李新"的河南人经营，估计每月从苏俄接受458元的津贴，用于训练亚洲人。正规班每周仅有4小时。上海公共租界警务处档案，D-123,1929年3月28日。
② 位于闸北宝兴路241号的印度青年同盟成员在华界警方的辖区。公共租界警务处和公共租界就派中国人假扮的"无赖"对印度年轻人寻衅打架，当他们以酗酒、行为不轨或挟带无照武器等罪名被捕后，便引渡到公共租界，英国最高法院会以煽动叛乱罪将其定罪。
③《上海市公安局业务报告》，第4卷，《会议》，第28页。
④ 由于第五区第3所发生的一些共产党案件的细节披露给了公众，1930年公安局对上海警察的保密工作给予了极大关注。同上，第30页。
⑤ 有关对江苏省左翼力量的打击，见：傅斯密《回应易劳逸》，第19—27页；基瑟《探究国民党统治》，第28—39页。
⑥ 徐恩曾：《我和共党斗争的回忆》，第256页。

(INO)成员在上海工作或经过上海,或是共产国际联络部(OMS)的成员①。1928年全俄合作协会在伦敦遭搜查后,军事情报五局(反谍报机构)粉碎了在英国的苏联大使馆掌握的大部分谍报组织,莫斯科因此认为苏联的国外外交机构不再是控制谍报组织的安全地方了②。此后,苏联谍报组织的活动由各种身份为记者、经纪人、教师等人员担任③。这些秘密组织中最出色的所谓"大间谍",他们通常持有苏联国籍,但自认为是国际共产主义组织和共产国际的代表④。

他们从事地下工作,有时认为自己是托洛斯基分子,在全世界编织了一系列高级的间谍网:瑞士的罗塔·德勒组、英国的五环组、德国的罗特·坎贝勒组、上海和东京的理查德·左尔格组。尽管最后在1938年,他们中的许多人被先后召回莫斯科,被斯大林处决,他们是俄国人前所未有的最优秀的情报人员和领导人,从1928年到1933年间上海是他们的重要交通站之一⑤。上海的共产国际远东局由第三国际执行委员会领导,指导中国、日本、台湾、印度尼西亚、菲律宾和马来亚共产党的工作。该局的部分任务是支付每年所收到的德国马克、金元、墨西哥银元和中国银元,总数达1 375 000法郎(相当于55 000金元)⑥。与共产国际间的联系由经常往来于莫斯科、柏林和上海之间的交通员承担,也通过远东局利用不同名字在上海的中华邮政局租用邮箱,与柏林间递送编号信件⑦。

---

① 普罗斯基:《我们的人民》,第53页。克利乌斯基:《斯大林时代的秘密组织》,第51—53页。戴津和斯托里:《理查德·左尔格案》,第63页。卫劳伯:《上海阴谋》,第27—28页。约翰森:《叛逆的例子》。等等。

② 即使不是共产国际,也是苏联情报部门决定苏联情报组织和当地共产党组织之间须完全分离开来——在中国驱逐了鲍罗廷和加伦后尤其如此。这次分离部分完成于理查德·左尔格1929年返回苏联,被推荐到第四局奉命去上海领导一个在华情报网之前的时期内。卫劳伯:《上海阴谋》,第29—30页。

③ 例如,在上海,苏联情报人员利用苏联茶叶总公司作为一个谍报站。美军战略情报办公室,第XL24029,1945年10月16日。

④ 共产国际的国际秘密组织由红军情报部门负责人J.K.本兹将军领导,1930年1月10日左尔格来到上海接管了该组织。

⑤ 怀特与格林加斯:《间谍捕捉者》,第287—288页。平奇:《极长的机密》。麦金农夫妇:《史沫特莱》,第367页。

⑥ 这相当于每月受到125 000法郎(5 000金元)——从1930年7月到1931年6月间年年如此。同期,泛太平洋工会上海分会每月也将近花费125 000法郎,因此,共产国际和职工国际每年在远东花费17 000 000法郎(80 000金元)。上海法租界档案,237/S,第134—135页。

⑦ 显然,由于日本情报部门提供的报告,法国人得以追踪来往于上海和大连间的交通员。上海法租界档案,237/S,第138—139、142—144页。

三、牛兰事件：扑灭共产国际情报组织

1931年，运作共产国际远东局组织部交通网的核心人物，是一位在上海活动的名为哈莱·牛兰的人，其掩护身份是泛太平洋工会总书记①。上海的组织部就像一个庞大的发动机，为上海和全亚洲输送资金和人员，利用秘密据点和隔离机制保证安全。作为上海共产国际代表，牛兰又化名为保罗·鲁格，他年纪35岁以上，工作非常紧张，"不停地到处活动，不动声色地用三种语言与人接头"。②他来上海时，用的是一张偷来的比利时护照，名字是芬丁那·凡德库森，他有许多化名，包括在4种护照中使用的名字如查理斯·艾利森、唐纳·鲍兰格、塞缪尔·赫森和W. O.尼尔博士③。在上海，他用不同名字租下7所不同的房子，有8只不同的邮政信箱、4个电报地址和10个不同的银行户头，每月共付租金1 300元，银行户头存款达5万元④。

法租界巡捕房发现共产国际远东局在上海活动迹象是在1931年4月，当时对在法租界破获的安南共产小组进行审讯时，发现在上海有一个"东方局"的机构负责印度尼西亚共产党和第三国际间的联系。法租界巡捕房立刻奉命寻找这个机构，但一无所获。然而，1931年6月6日，他们从被捕的安南共产党间谍乐全达(Le Quang Dat)的文件中找到一封密信，里面是莫斯科的指示。这就印证了在上海的确存在一个"东方局"⑤。

就在此前5天，英国在新加坡的特务部门也逮捕了一个名叫约瑟夫·

---

① 这个机构与格哈特·艾斯勒领导下的政治部平行，负责中国苏区之外的亚洲共产党的活动。泛太平洋工会秘书处是共产国际控制下的国际赤色工会(Profinterm)的远东支部，总部最初设在符拉迪沃斯托克。戴津和斯托里：《理查德·左尔格案》，第86—87页。
② 普罗斯基：《我们人民》，第62—63页。又见伊罗生编：《国民党反动的五年》，第21页。伊罗生坚持认为鲁格"名副其实的头衔"是泛太平洋工会秘书处书记。伊罗生：《我与中国斯大林分子的决裂》，第76—78页。
③ 他的化名包括"亨利"（列在远东局雇用人员的名单中）、"科蒂"（从柏林寄给共产国际信封内使用的名字）、"威尔斯"（他给柏林的信中的签名）。其他化名包括W. 艾尔马斯、H. C. 史密斯。哈莱·牛兰的名字是他的一本真护照（♯102573,1931年6月10日签发于渥太华）上借用的一个加拿大共产党员的名字。上海法租界档案,237/S,第141页。
④ 上海法租界档案,237/S,第136—137页。又见冯齐：《上海与外界》，第317页。这些资金主要来自共产国际在柏林的西欧局。1931年远东局一年花费了120 000—150 000元，其中95 000花在中国。戴津和斯托里：《理查德·左尔格案》，第87页。
⑤ 上海法租界档案,237/S,第127页。

杜克鲁的法国共产国际代表兼交通员,他化名塞哥·拉芳卡①。当警察追查拉芳卡时,发现两份文件:一份包含上海电报数码地址——"西努罗,上海";另一个为"上海第208号信箱"②。借助这个情报,工部局巡捕房特务股、法租界巡捕房联合采取行动,追查租用这个信箱的人,监视这个自称"法国和德国教授"的名叫哈莱·牛兰的人,他住在公共租界四川路235号。进一步监视后又发现了另一个地址:中央商场30C(南京路49号)。1931年6月15日,工部局巡捕房在牛兰教授四川路235号的住处逮捕了他,并缴获了中央商场办公室内的东西。他们发现有3只铁箱装着远东局和泛太平洋工会的档案③。

牛兰文件暴露了他所租用的其他秘密地点,这些地方很快遭到了搜查。他们不仅逮捕了牛兰太太,而且还发现了大量用不同语言写成的有关远东共产党活动的重要文件。公共租界和法租界以前曾经截获过共产国际的情报,但他们无法破译。原因是密码含有两套密码系统,一套密码用于亚洲的共产国际工作人员,另一套用于共产国际在莫斯科和欧洲的领导人④。现在,找到了问题的症结,法国情报部门破译了密码,明确了该地区共产国际交通员和间谍的姓名。他们和英国人发现每个间谍都有几个化名,往往有两三本护照,根据内容和通信需要,使用不同的化名。比如,他们向柏林的共产国际支部报告后,再报告莫斯科时,却使用"亚历山大"这样的化名,而不用机构的名称。从牛兰那里发现的账单上,有不少在不同政府部门工作的人员姓名,其中有的在情报机构,有的在工部局巡捕房⑤。

法租界巡捕房认为哈莱·牛兰的"真实"姓名是保罗·鲁埃格或鲁格,

---

① 杜克鲁1904年出生在法国的贝维勒-萨-索内,是约瑟夫和克劳黛·索悌的儿子。1923年他成为一个富有战斗精神的共产党人,1926年,他作为杰姆斯·H.道森的秘书来到中国,杰姆斯是一个激进的美国记者,《觉醒的中国》的作者。(道森也许是一个化名"里奥"的共产国际代表,在上海负责泛太平洋工会的创办和工作,直至1931年2月。道森或"里奥"也帮助组织了1931年3月菲律宾共产党大会)。上海法租界档案,237/S,第144—146页。

② 上海法租界档案,237/S,第128页。戴津和斯托里写道,有一份文件上有"西努罗,第208号信箱"的字样。戴津和斯托里:《理查德·左尔格案》,第85页。

③ 上海法租界档案,237/S,第128页。公共租界警务处所存有关牛兰案的文件中有大量没有制成缩微胶卷。可以在美国国家档案馆军事参考部第D箱,第2510号文件看到。

④ 使用标准密码本,并附有用作钥匙的某些句子。被密码学家发现的两本书是《圣经》和孙中山的《三民主义》。冯齐:《上海与外界》,第318页。

⑤ 上海法租界档案,237/S,第128、137—142页。

掌控上海公共租界的工部局,董事会及其他部门,就在这幢巨型的大楼里办公。

1898年3月30日出生于苏黎世。根据情报机构的记录,他第一次露面是1922年,作为瑞士共产党中央委员会成员出现在巴塞尔。两年后他离开了瑞士,前往苏联,以后5年的行踪不详。1929年12月,"鲁埃格"重新在布鲁塞尔出现,在那里他设法获得比利时护照,使他能够经过柏林、莫斯科和满洲里到中国去。1930年3月19日,他到达上海。法国情报部门不知道牛兰太太的"真实"身份,她在被捕时有两本比利时护照,名字分别为索菲·露易丝·贺波特和马利亚·凡德库森[①]。

事实上,他们的身份对大多数共产国际成员来说也是个谜,人们只知道他们是泛太平洋工会总书记和夫人,都是瑞士人,在上海被捕。维利·缪岑贝格(德国议会共产党团的议员、反帝和殖民地独立协会的秘书长),他最后发动国际赤色援助社会运动使牛兰夫妇得以获释,连他也不知道牛兰或"鲁埃格"实际上是乌克兰内务部间谍,名叫鲁夫,1925—1929年间在苏联驻越南大使馆中以巴尔干工会专员的身份工作。鲁夫与他的妻子"牛兰太太"在罗马相识,她在圣彼得堡贵族女子精修学校毕业后,曾在苏联驻罗马大使馆

[①] 1930年5月7日牛兰太太离开布鲁塞尔,经过柏林和苏联去上海。当时她的别的化名有格泰德·牛兰、M. 蒙特和弗洛·科悌。

里担任秘书①。

在被捕后,牛兰声称他名叫凡德库森,要求被带到比利时领事法庭。但比利时领事却说这是一个假声明。此后,1931年6月19日,牛兰夫妇在公共租界的中国法庭被指控,他们的律师卡尔·威贺姆宣称牛兰的真名是沙威·艾奥斯·伯瑞特,夫妇均是瑞士公民。瑞士代办也予以否认。8月12日牛兰夫妇送交中国当局,中国当局命令由军事法庭审理此案。两天后他们被押送南京,关在首都模范监狱,等待军事法庭于10月开庭②。

牛兰的律师威贺姆的律师事务所(穆苏、费舍尔和威贺姆合办),经法国情报部门调查,发现它经常出庭为苏联的利益辩护。1931年7月3日,费舍尔在一个持有美国护照的波兰人,名叫"斯图亚特"的陪同下,由上海前往莫斯科。费舍尔此行目的是请示第三国际,在牛兰案中他和他的同事应该采取的方针,安排法律诉讼的费用,寻找证明牛兰瑞士国籍的证据,在欧洲为推动他们的获释组织一场运动③。

费舍尔此行获得成功。8月20日,一个"保卫牛兰委员会"在欧洲宣布成立,由亨利·巴布斯、维克多·马格利特和杰奎斯·沙德尔领导;接着便发起了一场国际运动④。伊利莎白·帕勒斯基,这个斯大林清洗后少数幸存者之一,认识鲁夫,将近40年后描绘了这场运动:

> 8月21日,维利·缪岑贝格在《国际记者通讯》(Imprecor)这份共产国际杂志上发起了这场运动。他并不知道保罗·鲁埃格是谁,在上海警方宣布鲁埃格使用牛兰的名字并称有比利时国籍之前,他对此事也一无所知,但是他的名望是非常起作用的。自由世界很快相信,鲁埃格夫妇尽管可能曾经是共产党,直接从事劳工工会活动,但仅仅因为他们对工会运动的执着,就受到了不公正的指控。舆论认为,中国政府为了铲除工会,就将这两个瑞士人说成了

---

① 普罗斯基:《我们的人民》,第63页。平奇:《极长的机密》,第32页。
② 上海法租界档案,237/S,第128—129页。
③ 上海法租界档案,237/S,第129—130页。
④ 上海法租界档案,237/S,第130—131页。

苏联间谍。①

1931年9月,上海外侨中的激进分子组织了一个委员会,帮助"泛太平洋工会的总书记"。在这些人中有史沫特莱、J. B. 鲍威尔、艾德加·斯诺和伊罗生。孙中山的遗孀宋庆龄收到许多欧洲的组织和著名人士的电报,要求她对此事进行干预,宋庆龄组织了"牛兰夫妇营救委员会",委员会包括有乔治·冯齐(基督教青年会秘书)、西奥·塔科里(《大美晚报》编辑)等人,取得了孙科、蔡元培和居正(立法院院长)的支持②。

在此期间,牛兰夫妇在南京的军事法庭受到了审判,10月下旬,法庭判决牛兰死刑,牛兰太太终身监禁。维利·缪岑贝格立即以牛兰夫妇营救委员会的名义致电蒋介石,抗议死刑判决并要求无罪释放牛兰。随着国际上对释放牛兰的呼声日益高涨,1931年12月,蒋介石决定此案不应由军事法庭审判。1932年7月5日,牛兰夫妇在南京的江苏省高级法院受审。7月17日,他们被判死刑,但在大赦宣布的一个月前,又改判终身监禁③。最后,牛兰仅在监狱服刑5年。当日军占领南京,牛兰被设法释放,在上海短暂露面后又消失了,可能回到苏联,最后死于斯大林的肃反④。

根据法租界警务处对该案的报告,"牛兰的被捕导致发现了相当数量有关中国共产主义运动的重要文件,在相当长的时期内破坏了远东共产国际的联络机构"⑤。1931年夏天,许多共产国际的间谍和联络站被破获或被捕。牛兰的一个香港联络人阮爱国(胡志明)1931年7月6日在皇冠区被英国巡捕逮捕时,身份是印度支那共产党的领袖,后被香港军事法庭判处两年监禁⑥。

---

① 普罗斯基:《我们的人民》,第64页。
② 上海法租界档案,237/S,第130—132页;麦金农夫妇:《史沫特莱》,第148—149页。
③ 但布朗认为:"1930年共产国际代表牛兰—鲁埃格被捕,在办公室起获了许多重要文件。只有通过贿赂,法庭才可能将死刑改判监禁。"布朗:《一个第三国际代表在中国》,第2页。
④ 上海法租界档案,237/S号,第132—133页。冯齐:《上海与外界》,第317—319页。沈醉:《军统内幕》,第68页。(作者推断有误。牛兰夫妇经宋庆龄安排回到苏联后,于1960年代去世,并恢复真名。参见爱泼斯坦:《宋庆龄——二十世纪的伟大女性》,沈苏儒译,人民出版社1992年版,第301页。——校注)
⑤ 上海法租界档案,237/S,第147页。
⑥ 阮爱国实际上于1933年3月被释放。上海法租界档案,237/S,第147页。

许多当时共产国际和亚洲各地共产党之间交通员的被捕,至少在短时间内关闭了远东局。1932年8月,印度支那共产党派代表到上海,试图重新建立与远东局间的联系,他们去找中国共产党中央委员会,由其发布指示。由此可见,在牛兰被捕后共产国际联络中断的时期内,上海的共产党中央发挥了共产国际远东指挥部的作用①。

在共产国际远东局的困难时刻,共产国际不得不采取措施,将其掌握的间谍暂时移交给中共支部。而此时的中共中央,正处于生死存亡的紧急关头。正当牛兰案件被法租界巡捕房和法国安全部门破获时,在上海市公安局的协助下,另一个同样打击中国共产党的案件也被国民党情报部门破获了。1931年4月,在牛兰被捕前两个月,领导中共红队的顾顺章落到了国民党特别调查局手中②。

(魏斐德　美国著名中国学家、历史学家,生前曾任美国历史学会会长、加州大学伯克利分校东亚研究所所长、中国研究中心主任;周育民　上海师范大学教授)

---

① 阮爱国实际上于1933年3月被释放。上海法租界档案,237/S,第147页。
② 包华德:《中华民国传记辞典》,第2卷,第307页。索顿:《中国:权力角逐》,第50页。有人认为,顾顺章投降国民党,是因为他的对手康生1931年1月被任命为中共组织部部长。同时,顾顺章由中央委员会调到政治局。范里高和考福:《康生》,第87页。

孤岛时期上海的国际情报战

——以郑苹如间谍案为中心

◎ 徐 青

一、郑苹如间谍案的研究现状

2007年台湾出身的著名华人导演李安的电影《色·戒》(*Lust Caution*)在意大利威尼斯电影节上获得了最优秀电影奖。取材于张爱玲同名短篇小说的《色·戒》也因影片的成功而受到世人的瞩目。女主人公郑苹如女士鲜为人知的英雄事迹也开始浮出了历史的表层。与此同时也引发了人们对历史人物形象和小说、电影人物形象的争议。

把郑苹如女士的姓名作为关键词在网上搜索得出的结果可以用"文章过千、信息过万"八个字来进行概括。但是,纵观公开发表的论文,大多是对张爱玲同名小说的解读或者是对李安电影的评价,以及小说与电影的比较研究。从挖掘史料,以史实的角度进行的研究却不多见。发表的时间也大都集中在2007—2009年之间。有关郑苹如的研究虽多,但是相关的历史资料却并不多见。究其原因主要有三点:一、郑苹如参加地下活动的时间较短;二、过早地结束了年轻的生命;三、其家人在新中国成立之后先后都移居台湾和美国。虽然,文学家郑振铎曾在抗日战争胜利后的1945年10月6

日出版的《周报》上以《一个女间谍》为题追悼过郑苹如,1964年台湾政府也曾追认郑苹如为烈士,但是,在中国大陆有关她的事迹直到李安的电影《色·戒》上映为止都鲜有人知。

在众多的论文专著中尤为值得一提的是上海卢湾区地方志研究员许洪新的专著《一个女间谍》(2009),该著作对电影《色·戒》女主角原型档案进行了彻底的揭秘,对来源于中国大陆、台湾以及日本的户籍、学校记录、遗族的证言等文献和口述资料都进行了鉴别。特别是研究资料形成的环境、提供者的身份、立场、其与郑苹如的关系都一一进行详细的分析和研究。郑苹如的亲属在阅读了许洪新的相关文章后也都认为对郑苹如的生平事迹的叙述内容真实,对事件发生时间的把握都很正确。可以说许洪新的专著是国内众多相关研究中最具有代表性的研究成果之一。

在战后的日本对中日混血儿的郑苹如的生平事迹的研究与中国国内相比较,虽然数量不多,但是掌握着重要的历史资料。大致可分成以下三类。

第一类,曾经直接与郑苹如有过接触的日本人士的证言、回忆录和传记。如,以郑苹如的真人真事为铸型进行再创造后最早公开发表的是日本著名电影制片人松崎启次的《上海人文记》(1941),后来由导演成濑巳喜男根据该作拍成电影《上海的月亮》[①]。原日军梅机关派驻伪特工总部代表晴气庆胤的《谋略的上海》(1951),政治家、内阁总理大臣犬養毅的儿子犬養健的《扬子江现在仍在流淌》(1960)以及日军驻上海宪兵队林秀澄的《林秀澄谈话记录》(1974)等都属于此类。

第二类,以部分的历史资料为蓝本进行引用和借用的著作。如,每日新闻社记者、抗日战争时期驻中国特派员的益井康一的《被裁判的汪政权》(1948)和《汉奸裁判史(1946—1948)》。《每日新闻》的记者永松浅造的《左尔格事件》(1956)对郑苹如暗杀丁默邨事件也都有所提及。日本第二次世界大战时期的政治家、内务大臣木户幸一的《木户幸一日记》(1966)中对郑苹如与近卫文麿的儿子近卫文隆交往的事实也有所记录。

第三类,作家们运用丰富的想象力勾勒再创作的"郑苹如"。如,日本作

---

① 2005年在东京国立近代美术馆胶卷中心上映了该片的五分之三(《日本語・中国語双方の文脈における戦争の語りとスパイ像——鄭蘋如を例として》,见《シンポジウム帝国主義と文学発表論文集》,爱知大学,2008年,第378页)。

家平野纯的《上海巴比伦》(1990)，小说家西木正明的《问候梦脸兄》(1999)、《不知其逝去的地方——鸦片王·里见甫的生涯》(2001)和《问候梦脸兄——最后的贵公子·近卫文隆的生涯》(2002)，漫画家村上本加的漫画《龙—RON—23—大世界》(2004)和佐藤真一创作的《鸦片王满洲的夜和雾》(2005)。此外，战后旅居台湾的金雄白的《汪政权的开场和收场》(1965)、孙扬的《我与郑苹如行刺丁默邨》(1968)、高阳的《粉墨春秋》(1981)等也都属于此类。

近年来随着国内对郑苹如间谍案的研究不断升温，日本方面又广集中日两国的各类资料再次推出了柳沢隆行的《美貌的间谍郑苹如》(2010)和高桥信也的《魔都上海的女间谍——郑苹如的传说(1914—1940)》(2011)，两者都与历来的研究视角有所不同。前者围绕着郑苹如间谍案对郑苹如的整个家族进行了研究和访谈。特别是从郑苹如的母亲，一个普通日本女性木村华子的角度，着重分析了作为中国人妻子的日本妇女对自己的丈夫、孩子以及自己的祖国日本的深厚感情。后者，综合了战后中日两国研究者的论著，进行了去芜存菁的爬梳整理，较为全面地概括了郑苹如间谍案中错综复杂鲜为人知的历史内幕。

从上述先行研究的资料来看，有出自日本宪兵、76号特务机关成员之口的，也有出自汪伪特务、军统和中统特工人员之口的，更有以资深报人的立场对事件的叙述。由于他们所处的立场不同，撰写的内容也是千差万别，各有千秋。既有杜撰的文艺作品也有纪实文学。虚虚实实，难分真假。正像许洪新所言，"任何回忆，包括任何研究，欲与历史真相完全吻合那是很困难的，甚至是不可能的。特别是像郑苹如这类因从事情报工作而被历史的假相重重包裹起来的人物，那就更困难了。"①

郑苹如的青春肖像，曾风靡上海。(《良友》画报封面，1937年7月，第130期)

---

① 许洪新：《一个女间谍》，上海辞书出版社2009年版，第104页。

揭开历史的帷幕，我们可以发现围绕在郑苹如周围的都是代表着那个时代的重量级人物。如：日本首相近卫文麿的弟弟近卫忠麿、近卫文麿的谈判代表早水亲重、华中派遣军副总参谋长今井武夫以及陆军特务部的花野吉平、三木亮孝、驻沪日军报道部的花野慊仓、小野寺机关机关长小野寺信和日军上海特务机关机关长片山大佐[①]等人。

郑苹如与他们之间到底又有着怎样千丝万缕的关系？本文将在中日两国学界先行研究的基础上，首先，对郑苹如女士其人及其功绩给予梳理，其次，通过对郑苹如女士与日本反战和平派人士的关系和活动进行研究分析，试以阐释孤岛时期，郑苹如与日本反战和平派人士的地下活动的共同目标，就是为了早日推翻日本帝国主义的统治，早日恢复东亚的和平。针对这一时期上海的国际情报战，特别是有关郑苹如的研究虽然很多，但是随着近年来大批公文书、密件的解禁，对很多历史事件需要进行重新的评价和研究。

二、郑苹如间谍案发生的时代背景

在对郑苹如间谍案进行研究之前，有必要分析一下孤岛时期上海社会的复杂性。

当时的中国处于四分五裂的状态之中，除去在大后方高喊抗日救国的重庆国民党政府之外，"九一八"事变后，清朝的末代皇帝溥仪在日军的操纵下也建立了伪满洲国。日本占领下的华北五省与长江下游流域，也各自组建了"中华民国临时政府"[②]和"中华民国维新政府"[③]。1938年12月，汪精卫离开重庆逃至河内，公开投降日本，取消了"临时"与"维新"两个政权，1940年3月在南京成立伪国民政府。可以说当时的中国对抗日军统治是一个三极构造：国民党统治的大后方即国统区重庆、共产党领导的解放区和孤岛上海。

孤岛时期的上海虽然表面上呈现奇异的"繁荣"景象，其背后却深藏着

[①] 郑苹如曾一度被认为是小野寺信主掌的陆军情报机关的翻译和日军报道部新闻检阅室的电台播音员，甚至被说成是片山大佐的秘书。
[②] 1937年12月14日在北平成立，又称"华北临时政府"。
[③] 1938年3月28日在南京成立。

杀机——中国重庆方面与中国共产党之间的斗争、重庆与汪伪的斗争,以及他们直接与日本人的斗争。这一时期也是日本与中国的人际关系中"间谍"和"汉奸"等虚实混杂的问题喷发而出的时期。

魏斐德认为,国民政府特工与伪政府特工对于银行、报纸、法庭等控制权的角逐是最为混乱也是最基本的斗争。"一方面是蒋介石'自由中国'的支持者,他们于1937年从南京撤至武汉,然而沿长江上溯至四川,以此地为大本营,直到战争结束。另一方面则是想与日本合作的人,他们意欲结束战争,并破坏蒋介石的国民政府与毛泽东的共产党两者的联合阵营。日本方面,尤其是那些急于从中国泥沼中脱身的人,需要寻找一个中国的政治人物,此人首先应该是可以与之签订协定,其次是可以在南京组成一个合理合法的中国政府,再次是能够帮助日本人最佳地利用上海的经济资源,以弥补在南亚扩张战争中的消耗。当时,国民党领袖之一的汪精卫离开了重庆蒋介石的圈子,飞往河内,然后赴香港与上海,他似乎成为最佳人选"。①

魏斐德的研究扼要地把当时中国的整个政治构图概括得非常地清晰,又尖锐地指出了日本人的用意和汪伪的野心。

围绕着是扶持汪精卫建立汪伪政权还是和重庆政府代表蒋介石进行直接的谈判交涉,也成为日本政府高层中争议不休的主要问题之一。两派互不相让分别成立了梅机关②和小野寺机关③。本文旨在研究的郑苹如女士的间谍案就是发生在这样的时代背景之下。

三、郑苹如其人及其功绩

"间谍"在中文里有多种不同的解释,根据叙述者和被叙述者所处立场

---

① 魏斐德(芮传明译):《上海歹土——战时恐怖活动与城市犯罪(1937—1941)》,上海古籍出版社2003年版,第2—3页。
② 土肥原机关的一个分支。派驻"76号"总联络代表晴气庆胤是土肥原的助手,也是梅机关的代表人物。
③ 小野寺机关的代表人物小野寺信中佐是二战时期日本陆军军人也是一位翻译家,1938年6月成为参谋本部人员,同年10月作为中支那派遣军司令部配属机关(小野寺机关)在上海从事谍报活动。

的不同,可以是贬义的也可以是褒义的,其称谓各不相同。比如,"特务"就是一个典型的贬义词,专指潜入我方刺探我方情报的敌方情报人员;而"地下工作者"就完全是一个褒义词,专指潜入敌人内部承担重要革命任务的我方情报人员。无论是"特务"还是"地下工作者",他们的工作性质都是一致的,都是为了刺探对方的战略情报、谋图摧毁或者策反敌方势力的谍报活动。与"间谍"同义的还有"特工人员"和"情报工作者"等,在敌我关系不断的变化下,对这类词语的界定包含着众多不确定因素和模糊性,具有两重性。考虑到本文所要研究的郑苹如女士,因所处时代背景及其身份的复杂性等因素,在本文中一律使用"情报工作者"一词。

郑苹如,1914年5月15日[①]出生于日本东京。其父郑钺[②],官费留日学生,先后就读于岩仓铁道和法政大学,与陈其美[③]、于右任[④]等革命党人有深交,并加入同盟会。后与在寄宿公寓谋生的日本女子木村花子[⑤]相识结婚,育有子女五人,郑苹如排行老二。郑苹如两岁那年,一家离开日本回国,在上海万宜坊88号定居,与史沫特莱女士的寓所相近[⑥]。由于父亲的关系,郑苹如曾就读民光中学[⑦],后入上海法政学院学习。

1937年7月,作为当时全中国最畅销、最具影响力的杂志《良友》的封面女郎,郑苹如美艳的特写照片被刊登在封面上。既非名演员,仅仅以一名普通女大学生的身份,究竟是通过什么样的途径把照片刊登在畅销杂志上,已经无从考证。但是,日本研究者高桥信也认为与中统的特意安排有关[⑧]。

[①] 对于郑苹如年龄的叙述有好几个版本,本文以许洪新《一个女间谍》中对郑苹如年龄的考证——生于1914年,没于1940年——为准(参见许洪新2009年,第109页)。

[②] 有关郑钺的去世的时间有两种说法:第一种说法是,1876年—1943年4月8日,参见许洪新(2009年,第94页);第二种说法是,1876年—1941年4月2日,参见柳沢隆行(2010年,第404页)。郑钺回国后担任南京大理院检察官、山西高等法院院长、复旦大学教授、上海特区法院首席检察官等职。

[③] 创立CC团(中统)的陈立夫和陈果夫的叔父。

[④] 1879—1964年,早年系中国同盟会成员,中华民国开国元勋之一,担任检察院院长长达34年。

[⑤] 1886—1966年,中国名字郑华君。

[⑥] 笔者认为这也是后来为什么永松浅造在《左尔格事件》(1956年)中多次提到左尔格和郑苹如关系的原因之一。

[⑦] 国民党教育机关,中统人士几乎都出自于该校,也可以说是国民党的党员养成所。丁默邨也曾在该校做过理事。

[⑧] 高橋信也:《魔都上海に生きた女間諜——鄭蘋如の伝説 1914—1940》,东京平凡社新书2011年版,第60页。

杂志上没有署郑苹如的全名,只称是郑女士。查阅该刊的其他月份没有前例,实属特殊。笔者的推测认为或许是考虑到郑苹如身份的特殊性为保护其安全的缘故。

郑苹如间谍案的研究者们一般都认为 1937 年的秋天,郑苹如经中统 CC 上海地区负责人陈宝骅①的介绍加入了"CC 团"。中统对其家世经过彻底的调查,包括对她的社会关系也了如指掌。郑苹如的父亲是留日学生,归国后担任检察官一职,其母是日本籍人士,郑苹如兄妹都能说一口流利的日语。② 这些信息都被中统掌控,也是郑苹如会被中统发展为情报人员的根本原因。对中统来说,郑苹如所具备的各项条件使得她成为打入日本上层,从日本人那里获取情报的最佳人选。

1938 年 1 月,郑苹如在母亲的周旋下在由日军监控的大上海广播电台③里觅得播音员的职位。这家广播电台有日本陆军报道部,于 1937 年 12 月末,设置在虹口日本人俱乐部的三楼。第二年(1938)的 1 月开始正式运营。郑苹如从 1938 年 1 月至 5 月,在此担任播音员的工作。

松崎启次在专著《上海人文记》(1941)的第一章"戴志华④的枪决"中也证实了郑苹如曾在日本电台工作。松崎提到与戴小姐第一次相遇是她在维新政府机关里工作的时候,她的母亲是日本人,其父亲是中国人在租界法院供职,想到日本与中国正处于交战之中,所以戴就

郑苹如照片(转引自蔡登山:《张爱玲——色戒》,作家出版社 2007 年版,第 81 页)

---

① 陈立夫、陈果夫的堂兄弟,也有研究者认为是陈氏弟兄的同父异母的弟弟。时为国民党上海市党部常委、中统局驻沪专员。
② 对于郑苹如语言能力也是各有说辞,松崎启次在《上海人文记》写道,只会说一点点日语。郑振铎和益井康一则认为,擅长日语、日语说得极好。
③ 当时,上海有近 40 多家广播电台,与日军军部有关的只有这一家。
④ 郑苹如在该文中化名为戴志华,汉奸丁默邨则化名为冯露明。

隐瞒了自己的国籍。虽然穿着中式衣服说着中国话，但是戴小姐的心里想的却是日本。①

松崎在该书中还详细地引用了戴志华的母亲与日本军部少佐的对话："让女儿做些对日本有用的事情吧。女儿能把上海话、北京话和英语说得和自己国家的语言一样好。并且，日语也行，那个孩子多少可以替代我为日本工作。"②从松崎的引述中很容易让读者误解为戴志华是在为日本人搞特工。松崎又写道："租界里又发生了暗杀。维新政府警察部部长冯露明被袭击。犯人是戴志华。我的直觉告诉我，她一定参加了重庆方面的暗杀团。她有日本血统的，但愿我的直觉是错的。"③换言之，松崎认为维新政府警察部冯露明既然是在为日本方面工作，具有日本血统的戴志华怎么会暗杀冯露明？是什么直觉或者说从哪里松崎得到了有关戴志华参加了重庆方面的暗杀团的情报？她的身份到底是"军统"还是"中统"？对这些问题，在松崎的书中都没有给出明确的答案。即使是现在，中日两国的研究人员对该事件的叙述也可谓众说纷纭，缺少一致性。

除去松崎以外，西木正明也撰写并发表了众多有关郑苹如的专著。2011年西木在杂志《文艺春秋》上再次撰写了《秘密的恋情35》④，该文提到郑苹如是军统的一员。但是，据许洪新的研究表明，军统的名单上既没有郑苹如的名字，也没有郑苹如参加活动的任何记录。其实，不仅是军统，在中统情报员的名单上也没有关于郑苹如的任何记录。但是由中统的陈宝骅发展为外围情报人员，由嵇希宗负责领导之事却是不争的事实。

就这样郑苹如凭着爱国心和好奇心成为了一名"业余情报人员"。战后国民党军统的核心人物沈醉追认郑苹如为军统的"烈士"⑤，1964年郑苹如父亲的好友于右任主持了表彰郑钺、郑苹如的仪式并致词。蒋介石也题词"教忠有方"四字赠予郑苹如家人。

可以推断郑苹如作为重庆情报人员参加地下工作的时间，应该是1937

---

① 参阅松崎启次：《上海人文记》，东京高山书院1941年版，第7—8页。
② 参阅松崎启次：《上海人文记》，东京高山书院1941年版，第8页。
③ 参阅松崎启次：《上海人文记》，东京高山书院1941年版，第43页。
④ 西木正明：《秘密的恋情35》，《文艺春秋》，2011年，3月号。
⑤ 参见邵迎建：《引き裂かれた身体——張愛玲〈色、戒〉論》，中国研究所编《中国研究月报》，2001年，第646号，第15页。

年的秋天至1940年的春天。就是在这短短的两年半的时间里,郑苹如展现了其过人的聪敏才智,也付出了宝贵的生命。

(一) 刺杀丁默邨未遂

1939年圣诞节的前夜,在上海的闹市区南京西路上传来了汽车的飞驰声和枪击声,这在抗日战争时期的上海已经屡见不鲜。这次被狙击的是汪伪76号的特务头子丁默邨[①]。丁默邨曾经施存统的介绍加入共青团,不久又加入国民党,专门从事秘密工作,与徐恩曾和戴笠平起平坐,因戴笠在蒋介石面前密告他贪污招待费而受到排挤。之后丁默邨以养病为由离开重庆来到上海。他的旧识李士群[②],此时正在计划成立汪伪的特工总部,在李士群拉拢下丁默邨成了臭名昭著的76号特工总部的头目。

1939年,在与丁默邨交往几个月后[③],郑苹如终于获得了老谋深算的丁默邨的信任,于是嵇希宗开始布置制裁丁默邨的暗杀行动。第一次行动,郑苹如诱惑丁默邨下车进屋喝茶,但是狡猾的丁默邨没有依言行事。第二次行动,郑苹如提出想要圣诞礼物,准备在丁默邨从店里出来时,让埋伏在外的枪手击毙丁默邨。但是,丁默邨本是特工出身,感觉特别敏锐,透过西伯利亚皮货店的橱窗,发现了形迹可疑的人,于是当机立断飞快地跑出商店冲过马路钻进早已发动了马达的防弹汽车,这次又让丁默邨逃过了一劫。屡次失败的原因其实都不在郑苹如,而在于同志的失手和上司的决策问题。为了最终完成刺杀丁默邨的任务,郑苹如给丁默邨打了"慰问"电话,老奸巨猾的丁默邨并没有让郑苹如起任何的疑心,当郑苹如再次踏入76号时被特务当场扣押[④],于1940年2月10日左右在徐家汇郊外秘密处死[⑤]。

1945年日本败战后,蒋介石重庆政府对丁默邨等汉奸公开审判,郑苹如的母亲也提起了公诉。开庭审议的记录也刊登在了报刊上,当裁判官问及郑苹如一事,丁的回答是:"其实郑苹如小姐的母亲是日本人,被日本人怀

---

① 1903—1947年,汪伪76号特务总部头目。
② 早年参加中国共产党,后叛变。
③ 据日本特务的监视记录显示,两人的约会多达50次。
④ 也有研究者认为是丁默邨威胁郑苹如不来自首就对其家人下手,郑苹如出于无奈,只得只身前往76号。
⑤ 徐家汇过火车站(今凯旋路2115号,即凯旋路、中山西路口附近)之荒野地方(参见,许洪新,2009年,第79页)。

疑是共产党或者是重庆的间谍而被日本人逮捕。"丁默邨自始至终都否认枪杀郑苹如一事，反复称辩与郑苹如一案无关，郑苹如的问题非常地复杂。1947 年 5 月 1 日最高法院判处其死刑，并于 1947 年 7 月 5 日在被关押的南京老虎桥监狱就地正法。

（二）第一个报告汪精卫投日叛国

即便是现在对于郑苹如的英雄事迹，大家一般也只知道上述的刺杀 76 号特务丁默邨事件。其实，早在 1938 年 1 月，郑苹如就有了出色的表现。当近卫文麿发表第一次对华声明，提出"不以国民政府为对手"后，汪精卫和周佛海认为"和平之门不可闭"，主张"不放弃和平工作的进行"。许洪新认为，8 月近卫文麿的谈判代表早水亲重①曾告诉郑苹如，汪精卫将有"动作"，12 月初又再次告知汪精卫将于近日有"异动"。郑苹如获悉后立即向上级报告了汪精卫可能脱离重庆的重要情报②。1939 年 5 月，汪伪政府的主要成员高宗武在汪精卫的授意下，秘密由港奔赴东京，通过影佐祯昭③和今井武夫的关系，同日本政府陆军大将坂垣征四郎、日军参谋次长多田骏进行会谈。6 月汪精卫与日本陆、海、外、大藏省各大臣、近卫文麿等会谈。达成了以蒋介石为对手，希望由汪精卫出马维持和平的协议。

郑苹如凭借其语言能力和社会关系，在侵华日军驻沪各机关的中上层中先后结交了不少日本人。在这些人物中，和谈代表早水亲重是日本首相近卫文麿的心腹，被派到上海秘密地行使"和平工作"，与近卫文隆一样都是和平工作人员。他们与 1938 年 10 月成立的小野寺机关的小野寺信中佐的立场虽然不同，但是对中日问题却有共识。在这期间，郑苹如还认识了花野吉平等反战和平派军部的文官们，建立了如同志般的关系，通过这条路径郑苹如在 1938 年成为可以随时出入小野寺机关的一员。

---

① 早水亲重是近卫文麿的谈判代表，能够自由地出入小野寺机关。和三木亮孝都属于中支那派遣军特务部总务部第一班（思想班），三木任班长，早水亲重任班长辅佐。

② 但是，据花野吉平《历史的证言》所言，花野吉平、早水亲重和武田信近 3 人从郑苹如处得知"有关汪精卫活动"的情报是头一次听说。并指出从中国地下工作者那里得来的有关日本方面的动向、采取的行动等情报较多。有关汪精卫"异动"的情报，不管郑苹如是从花野那里得到的，还是花野从郑苹如那里听说的，显然这一时期，郑苹如把陈宝骅介绍给了早水亲重。早水通过郑苹如与中统、重庆的关系在这时候就已经打通。

③ 影佐机关的代表人物是影佐祯昭，参谋本部第八课课长，通称谋略课长。此人对此后发生的郑苹如刺杀丁默邨案，对郑苹如的处刑起着至关重要的作用。

花野吉平虽然与小野寺机关没有直接的关系,但是早水、花野和武田3人都在小野寺机关的周边活动,和小野寺同样都是赞成直接与重庆方面接触的和平派。他们的第一次活动是"八一三"事变后的1937年9月。他们的主要任务是明确重庆方面和反日中国人的目的和立场,摸索如何才能尽快地停止战争。

(三)绑架近卫文隆未遂

1938年在美留学的近卫文隆归国后,成为其父近卫文麿的秘书,开始涉及政治的世界。1939年的1月,近卫内阁总辞职后,近卫文隆于同年2月23日来沪,担任东亚同文书院的学生主事。早水親重与武田信近与文隆见了面。早水在《近卫文隆追悼集》的《断云》一文中叙述了与文隆见面时的对话:"爸爸的责任很重。爸爸对中国的认识太肤浅了。只要到中国来看看就会明白。但是父亲也是一点儿办法也没有,到底该怎么做。"从这段话中可以窥见近卫文隆和其父近卫文麿对中国的认识是不同的。虽说是一国之相,却不能以正规的外交途径与重庆交涉,需要秘密派遣使者寻找其他和平解决的方法,从其侧面可以查知当时日本国内形势的复杂和政治交涉的困难。

之后,近卫文隆、早水親重和武田信近3人经常见面,讨论的结果是,如果要尽快结束战争,就只有和蒋介石直接交涉。至于具体该怎样实施,3人进行了具体商议和情报交换。商议的结果是早水离开总务部第一班,与文隆、小野寺等一起行动,之后郑苹如也加入其中。

郑苹如第一次与文隆见面应该是文隆到达上海半月后的1939年3月10日。近卫内阁虽然已在1939年1月4日倒台。但是,近卫文麿在日本国内仍有一股政治势力。在早水的介绍[①]下,郑苹如与文隆相识。这一年文隆年纪只有23岁,比郑苹如小两岁。文隆来上海工作的实质其实就是替代近卫文麿与重庆谈判,尽快地结束战争恢复,两国之间的和平。为了打开与重庆对话的可能性,文隆做好了直接访问蒋介石,完成直接和平交涉的计划,甚至认为即使一人前往重庆面会蒋介石也在所不惜。但是,近卫文麿在得

---

① 也有一种说法是近卫文隆离开日本去上海时,近卫文麿把小野寺信的电话号码给了儿子,让他尽可能地摸索和平解决的办法。

知儿子的想法后的回答却是:"如果军部同意的话"。显而易见,父子两人对直接和平交涉的态度存在着明显的差异。

随着郑苹如与文隆的关系越来越亲密,在东亚同文书院举行运动会时,郑苹如以文隆"女友"的名义参加了活动。一天晚上,当两人回到郑苹如的小屋时,郑苹如向文隆表明了自己的身份,并鼓动文隆前往重庆。第二天,当"失踪"一夜的文隆回到学校时,校方已经通知了日本宪兵队分队,翌日文隆就被送回了日本。这就是被大家传说的郑苹如"诱拐"文隆未遂事件始末。事实是郑苹如和文隆两人在达成了制止战争的共识之后,郑苹如才鼓动文隆秘密前往重庆与蒋介石直接谈话。这一事件无疑反映了郑苹如从事的这项谍报工作的战略价值和作出的贡献。

1939年6月6日,内阁会议正式通过承认了"拥立汪精卫工作"的"对支处理要纲",与重庆方面的直接交涉被否决。当天宪兵队特高课课长林秀澄带领宪兵队搜查了小野寺的宿舍,在没有进行任何调查的情况下逮捕了三木亮孝和花野吉平。据花野所言这全都是影佐机关的谋划。就在三木和花野被逮捕的当天,近卫文隆、早水親重和武田信近3人都在东京。6月8日近卫文隆被软禁于荻外庄,早水和武田也被军部当局命令必须在24小时之内离开。

木户幸一在1939年6月9日(星期五)的日记里记录道[1]:"从有田外相处得到有关文隆君在上海行动的来电。文隆与经常出入法租界高恩伯(与重庆有联系)家的美女在交往。文隆经常与她手挽手地进进出出,两人的关系如果发展下去的话,即使高恩伯没有在政治上利用文隆的意图,我担心结果还是会连累令尊[2]。与小野寺见面的是假冒的戴笠,真正的戴笠还在重庆。文隆与小野寺信中佐的手下早水親重、武田信近等都在涉足重庆的工作。杉原正己也在参与。几天前,文隆君在林家与早见、武田等聚餐,此后西园寺公一君也有出席。"

这段日记既从另一个侧面证实了郑苹如与文隆的关系,也反映出日本上层对"重庆直接交涉派"的不信任。首先,有人专门监视并及时地向日本

---

[1] 木戶幸一:《木戶幸一日記》,东京大学出版会,第724页。
[2] 指近卫文麿。

报告文隆的行动。木户在日记中没有指名道姓与文隆出双入对的美女就是郑苹如,但是至少已经明确了文隆与这位美女的关系非同一般。其次,指出高恩伯与重庆方面是有关联的,安排与小野寺见面的戴笠是冒名顶替的,但是没有明确说明把冒名的戴笠介绍给小野寺的人正是郑苹如。最后,指出小野寺、早见、武田、杉原、西园寺等人都属于"重庆直接交涉派"。

6月,早水等人一回到上海就被上海宪兵队逮捕。一直到1940年3月30日"汪伪政权诞生"的第二天才被释放。小野寺机关就此败于梅机关,被强行解散。在这期间,郑苹如因刺杀丁默邨未遂而被秘密杀害[①]。1939年6月26日,文隆通过征兵体检,1940年2月被送往满洲阿城重炮兵连队第三中队,成为近卫家史上的第一个军人;1956年10月29日病死于苏联监狱。

四、为了共同的目标——早日结束战争

从上述郑苹如鼓动文隆秘密前往重庆与"蒋介石直接谈话"这一事件中可以得知,这一时期日本政府的最高决策层分成两派,是支持"汪精卫和中华民国",还是支持"蒋介石和中华民国",日军参谋本部的中国课和俄罗斯课的判断是不同的,虽然土肥原机关遭受了挫折,但是开始了在上海隐秘的拥护汪精卫的工作。不久,影佐机关主管影佐祯昭与梅机关的工作人员取得联系,开始对"与蒋介石直接交涉派"的活动进行干扰。

影佐机关以给汪精卫抬神轿、诱使汪精卫对日本人言听计从,从而建立傀儡政权以达到所谓的"和平"的目的。换言之就是要寻找对日本有利的"和平之路"。在这个阵容里有晴气庆胤、塚木诚、林秀澄和上海宪兵队、76号特工总部等。日军参谋本部"中国课"也在背后操控。可以概括地说这批人都是日本军人。

与这批日本军人持对立意见的是由小野寺信率领的小野寺机关,小野寺始终欲与得到多数中国人支持的重庆政府为谈判对手,寻求停止战争的

[①] 有研究者认为,1939年12月16日爱女被捕后,郑苹如的母亲托早水等日本友人尽量设法营救郑苹如,早水对营救郑苹如十分地尽心尽力,曾多次去找林秀澄,有误。因为,此时早水亲重被押在监。但是,出狱后又找到林秀澄询问郑苹如的下落被林秀澄嘲弄还是可信的。

和平之路。小野寺曾是拉脱维亚大使馆的专职武官，之后由俄罗斯课派遣来沪。对小野寺来说，必须优先考虑的问题就是俄罗斯的共产国际（世界共产党）与其支部中国共产党的动向，尽快地与蒋介石达成和平协议，以及应该如何处理俄罗斯和共产党的问题。在小野寺的阵容里有吉田东祐、近卫文隆、早水親重、武田信近以及其他日本协助者。中国方面有郑苹如、陈宝骅以及其他中统工作人员。他们的背后又有英国驻中国大使帕特里克。除小野寺是军人之外其他都是在野人士。

在陆军省军务局的会议上，当影佐祯昭问及花野对"汪精卫工作"的意见时，花野说道："日军的撤退是原则，作为保证和平工作的契机，要保障政治行动的自由，如果我是中国人，对现在的日本是无法信任的。肯定会被认为是伪政权的民族汉奸。所以我要求日本改变对华政策，要有新的政治体制，如果能够实现的话，不仅是汪精卫，抗日的中国人民也是能够理解的。"①

花野还披露了这样一段小插曲，两位共产党新四军被日本宪兵队逮捕，让花野他们设法营救。花野和三木把两位新四军说成是为自己机关工作的情报人员，他们才得以脱险。一晚，在法租界的中华菜馆摆了答谢宴会。花野、三木、早水、中央情报局军用犬训练员和郑苹如等8人都参加了这场热闹的盛宴。他们中间有新四军情报员、中央情报员、中共党员和国民党员。早水、花野和郑苹如属于直接和平派，其中一方是中国中部派遣军，另一方却是中统联络员，这8个人超越了各自的党派和立场，是真正的同志之间的合作。虽然他们的年龄、立场和想法都不尽相同，但是心中都有一个共同的目标，那就是早日结束日本对中国的侵略战争。

在以往撰写郑苹如的文章中，都没有涉及郑苹如与日本反战和平派、中国共产党关系的研究，笔者却认为这是郑苹如谍报生涯中最为重要的一章，是不可忽视的一节，对郑苹如间谍案应当有更新的认识和更准确的评价。

笔者认为要想全面理清郑苹如的情报活动，以及与共产国际的关系，需要诸国各学界研究者的共同参与，展开更为全面和深入的调查研究，特别是还有待日本方面档案资料的进一步公开和披露，由此发现新的线索。但即

---

① 高橋信也：《魔都上海に生きた女間諜——鄭蘋如の伝説 1914—1940》，东京平凡社新书，第81页。

便如此,有一点是可以肯定的,那就是孤岛时期郑苹如与日本反战和平派人士斗争的共同目标是非常明确的,都是为了早日结束日本对中国的侵略战争,恢复东亚的和平。对于中日混血儿的郑苹如来说,这也是能从两个敌对国家的自我认同的困境中解脱出来的唯一办法。也是一个从单纯的民族主义到双重民族主义,并且对国际主义明示的课题。

参考文献:

[1] 蔡德金编:《七十六号汪伪特工总部口述秘史》,团结出版社,2007年。
[2] 蔡德金:《历史的怪胎汪伪国民政府始末》,团结出版社,2008年。
[3] 蔡登山:《张爱玲〈色·戒〉》,作家出版社,2007年。
[4] 黄美真等:《汪伪"七十六"号特工总部》,北京团结出版社,2010年。
[5] 黄美真等:《汪伪十汉奸》,团结出版社,2010年。
[6] 胡兰成:《今生今世——我的情感历程》,中国长安出版社,2013年。
[7] 魏斐德(芮传明译):《上海歹土——战时恐怖活动与城市犯罪(1937—1941)》,上海古籍出版社,2003年。
[8] 王一心:《色;戒不了》,中国广播电视出版社,2008年。
[9] 许洪新:《一个女间谍》,上海辞书出版社,2009年。
[10] 木戸幸一:《木戸幸一日記》,東京大学出版会,1966年。
[11] 佐藤真一:《アヘン王満州の夜と霧》,東京新潮社,2005年。
[12] 邵迎建:《引き裂かれた身体——張愛玲〈色、戒〉論》,中国研究所编《中国研究月報》,2001年,第646号。
[13] 高橋信也:《魔都上海に生きた女間諜——鄭蘋如の伝説 1914—1940》,東京平凡社新書,2011年。
[14] 鄭振鐸:《書物を焼くの記——日本占領下の上海知識人》,東京岩波書店,1954年。
[15] 晴気慶胤:《謀略の上海》,東京亜東書房,1951年。
[16] 花野吉平:《歷史の証言——満州に生きて》,東京龍渓書舎,1979年。
[17] 平野純:《上海バビロン》,東京河出書房新社,1990年。
[18] 平野純:《上海コレクション》,東京ちくま文庫,1991年。
[19] 西木正明:《秘密的恋情 35》,《文艺春秋》,2011年,3月号。
[20] 西村正男:《日本語・中国語双方の文脈における戦争の語りとスパイ像——鄭蘋如を例として》,《シンポジウム帝国主義と文学 発表論文集愛知大学》,

2008年。
[21] 益井康一：《裁かれる汪政権》，東京植村書店，1948年。
[22] 益井康一：《漢奸裁判史 1946—1948》，東京みすず書店，1977年。
[23] 松崎啓次：《上海人文記》，東京高山書院，1941年。
[24] 松本重治：《上海時代——ジャーナリストの回想》，東京中央公論社，1974年。
[25] 村上もとか：《龍— RON — 23 —大世界》，東京株式会社小学館，2004年。
[26] 柳沢隆行：《美貌のスパイ鄭蘋如》，東京光人社，2010年。
[27] 劉傑：《漢奸裁判——対日協力者を襲った運命》，東京中公新書，2000年。

（徐青　浙江理工大学外国语学院讲师）

反战间谍作家陶晶孙

◎ 高建国

被冤屈被遗忘的海外赤子

随着和谐的文化气氛展延，又一位与关露女士相似的著名作家、反战间谍，以其独特而多彩的形象，出现于世人面前。他就是抗战期间在上海打入日伪内部，1952年客死于日本的陶晶孙先生（又名陶炽、陶炽孙，1897—1952）。

陶晶孙用日语撰写的散文集《给日本的遗书》，曾在日本数次出版，受到广泛赞誉。日本文学评论界著名前辈伊藤虎丸先生曾说：在战后一代日本读者心目中，"对日本的文学和思想给以影响的中国作家……除鲁迅以外，陶晶孙是唯一的人物……实际上是与鲁迅有同样意义的作家"。[①]

然而，由于受潘汉年冤案的影响，陶晶孙在自己祖国却长期蒙受"文化汉奸"的恶谥。1981年出版的《鲁迅全集》，便曾以权威注释把他称为"汉奸"。

[①] 伊藤虎丸：1992年4月《致夏衍的信》，张小红编：《陶晶孙百岁诞辰纪念集》，百家出版社1998年版，第142页。

穿越历史浓雾，为陶晶孙讨还清白的人，是他在上海的胞妹、人民教师陶瀛孙女士。

陶瀛孙深知其兄品德高洁，不相信他真在抗战期间当了汉奸，便以老病之躯带着其兄的哲嗣，亲往北京有关部门申诉，并走访了陶晶孙的昔日密友、文化部老领导夏衍先生等人。

夏公遂于晚年，吐露中共情报战线长期屏蔽的一段隐情：抗日战争爆发后，中共情报战线负责人潘汉年，因陶晶孙具有诸多日本关系，便委派陶以"落水"假象，打入日伪系统从事情报工作，为反法西斯战争服务。夏公当年曾听潘汉年亲口说过此事，是这一重要史实的知情者。①

夏公为陶晶孙所作的历史证明，得到有关方面认可。陶晶孙为中国抗战、世界和平，长期献身隐蔽战线的动人事迹，遂如冰山一角浮出水面。新版《鲁迅全集》，也在注释中改正了对陶晶孙的错误提法。

陶瀛孙老师，是我早年在上海市上海中学就读时的班主任。她于2003年病故前，一再叮嘱我写一写这位被冤屈与被遗忘的海外赤子。

中日现代派小说开山人之一

1906年，陶晶孙9岁那年，便随父亲——同盟会无锡会员陶廷枋先生——东渡日本，成为年龄最小的中国留学生。

陶晶孙在九州帝国大学医学系求学时，结识了中国留学生中的"新罗曼

---

① 夏衍晚年曾两次为陶晶孙公开作证：一、1992年5月8日致刘平的信；二、1994年11月为《陶晶孙选集》所作《序言》。

夏衍致刘平函主要内容为：陶晶孙和潘汉年的关系"很密切"。"陶晶孙是早期创造社成员，他与潘汉年很早就相识，抗战开始后，上海沦陷，我和潘汉年一同到香港去，潘汉年曾告诉我，他们的人都安排好了，只有陶晶孙留下来，因为他的夫人是日本人。当时他的行动是受潘汉年领导的"。夏衍为《陶选》所作《序言》，对陶晶孙的历史情况，说得更为具体些。刘平：《陶晶孙与"大东亚文学者大会"》，《新文学史料》，北京，人民文学出版社主办，1992年第4期，第173—174页。夏衍：为《陶晶孙选集》所作《序言》，陶晶孙著，丁景唐选编：《陶晶孙选集》，人民文学出版社1995年版，序言第1—2页。

夏衍为陶晶孙所作证词，确为孤证。但情报工作具有高度非公开性，人员之间的联系方式极其特殊，潘汉年等当事人又均已谢世，夏衍作为1927年加入中共的老党员、著名作家，其书面证词具有重要而独特的价值。

主义"才子郭沫若先生。1921年7月,由郭沫若、郁达夫、陶晶孙、成仿吾、张资平等留日青年共同发起,在日本创办了著名新文学社团创造社。

《创造》季刊为了刊载陶晶孙为郭沫若史剧《湘累》谱写的歌曲五线谱,一举打破中国文学刊物竖排旧习,开创文学刊物横排印刷之先河,也成为文坛脍炙人口的佳话。

很少有人知道,创造社曾有一个青绿的前身,那便是以陶晶孙为主创办的《Green》杂志社。《Green》是一本打字油印的日文杂志,后根据新文学事业需要,而转生为中文刊物《创造》。

陶晶孙的成名作《木樨》,一篇以微妙的性心理分析手法,描写少年男生与青年女教师畸恋的小说,便以美妙的日文,先刊于《Green》,后经郭沫若建议,由陶转译为中文,再刊于《创造》。

陶氏注重描写人物精神感受,善于捕捉瞬间直觉、错觉的创作方法,不仅在当时中国新文学作品中前所未有,"甚至早于日本新感觉派的形成"。日文版《木樨》,比日本新感觉派代表人物横光利一的《太阳》早刊一年,堪称中日现代派文学滥觞作品之一。

1924年,陶晶孙与郭沫若日裔妻子佐藤富子(安娜)的胞妹佐藤操(弥丽),在福冈市结为伉俪。

如今,耸立于宫城县大衡村佐藤姐妹出生地,永供后人瞻仰的"佐藤姐妹碑",便记录了这两位中国作家与这对日本姐妹当年在日本相濡以沫的动人事迹。

"左联"旗刊《大众文艺》主编

1929年年初,陶晶孙与弥丽携子归国,定居于上海虹口的施高塔路(今山阴路)。

郁达夫先生在日本期间,便非常赏识陶晶孙的编辑才具,这时便把自己创办却已废刊的《大众文艺》,交给陶晶孙续办。同住施高塔路的鲁迅先生与陶晶孙晤谈后,也十分赞同这一动议。

陶晶孙于1929年11月主编《大众文艺》后,果然不负众望,把它迅速改造成"普罗"(Proletariate)色彩浓郁、各类作品与理论文章兼收的刊物,特邀鲁迅、郭沫若、冯乃超、冯雪峰、田汉、郑伯奇、柔石、夏衍等轮流撰稿,形成群星璀璨的局面。该刊并开辟专栏,大量译介高尔基、巴比塞等俄、日、欧、美新兴作家的作品,在中国首次搭起世界大众文艺讨论平台。

上海左尔格国际学术会议提供了俄语、英语和日语的翻译,这是同声翻译席。

在中国左翼作家联盟,陶晶孙虽然不是"登高一呼众声应"的人物,但他以自己的精诚与实干,在短短时间里,便使《大众文艺》成为中国左翼文化一面大旗。称他是"左联"功臣,并不为过。

他从日语转译的西欧名著,奥地利作家施尼茨勒的新潮心理小说《盲目兄弟的爱》,及日本作家根据雷马克反战小说《西线无战事》改编的同名话剧,都曾为中国文学界带来震撼。

而弥丽夫人协助陶晶孙,创办于上海的"木人戏社",曾为中国风行一时的新型木偶讽刺剧拉开序幕。陶的反战剧作《勘太和熊治》上演时,由弥丽夫人亲自制作木偶。

在上海办刊、写作兼当医学教授的日子,是陶晶孙一生中最快乐的时光。他曾对胞妹等家人说,他正以双手捧出的赤子之心,热烈而努力地报效祖国。

与关露同为潘汉年的秘密情报员

1937年7月,卢沟桥一声炮响,改变了陶晶孙的人生轨迹。

当日军的战火在上海燃烧时,弥丽出于安全考虑,带着3个儿子渡海去日本避难,留下陶晶孙一人独自留在上海,咀嚼日本侵华的浓重苦味。

日军在上海犯下的种种血腥暴行,使陶晶孙耳闻目睹后不堪忍受,他曾当着亲属的面,数次痛哭失声。

当他迁居法租界枫林桥日本人创办的自然科学研究所(他在该所兼任研究员),再回日军占领的施高塔路寻取物品时,居然一度得用"佐藤操女士的中国佣人"身份。因为,搬离日占区的中国人,都已"自动"丧失居住权,必须重新申办。他在愤慨之余辛酸地说,他与弥丽所生的孩子,如今已成"国家私生子"。

就在此后不久,中共情报网负责人、昔日"左联"中共党团书记潘汉年,出现在陶晶孙面前。潘汉年要求陶晶孙加入他领导的隐蔽战线,为抗战从事情报工作。虽然陶晶孙觉得这并不是一件令人愉快的工作,却在国难当头之际,接受了老友的重托。

据说,作家出身的潘汉年,偏好使用理想主义色彩浓郁的知识分子当情报干部。他认为,这种人要么不干,要干就会不惜以生命为代价,深入虎穴,忍受折磨,坚持始终;并能在远离领导与组织的特殊环境,保持应有品质,恪守应有原则。

于是,陶晶孙与著名女作家关露一样,成为潘汉年领导之下,抗日隐蔽战线的重要成员。

对陶晶孙鲜为人知的红色情报工作,夏衍曾对陶瀛孙透露如下内情:"陶晶孙和潘汉年的关系一直很密切"。"抗日战争爆发,上海沦陷后,陶晶孙和他的夫人陶弥丽,留在上海。1937年12月,我和潘汉年同志同船离沪南下香港。潘曾告诉我,他们的人都作了安排,陶晶孙留下来,因为晶孙长期留学日本,与日本文艺界有广泛的交往,他的夫人又是日本人,让晶孙隐蔽下来，为我们做些工作。由于这是党的秘密，所以外界都不知道。有人随便说他是'汉奸'，使他蒙受了不白之冤。事实上，他和左翼女诗人关露一样，他的行动是受潘汉年领导的"。

夏衍并说，潘汉年选择陶晶孙"卧底"，也许与陶晶孙的两个妹妹陶瀛孙、陶凯孙都是20世纪30年代初期加入中共的老党员有关（陶瀛孙于1930年在清华大学加入共产党；陶凯孙于1931年在北京大学加入共青团，1933年转入共产党）。①

当年，左翼女作家关露在上海，变成了路人皆知的"亲日分子"，打入汪伪特务头子李士群身边，进行秘密工作（李士群为潘汉年暗中提供情报，由关露担任联络员）；②并去日本海军报道部与日本大使馆合办的《女声》杂志担任编辑（后任主编）。

而陶晶孙，则以"留日学者"、"日本人家属"身份，在日伪设于上海、南京的各种重要场所周旋，并数度往返于中日两国之间，收集反战情报。

当弥丽夫人1941年携子返沪后，陶晶孙家更出现了日本要人刚从前门离去，延安干部已从后门踏入的惊险场面。③

毋庸讳言，陶晶孙为了完成特殊使命，也不得不给自己涂上一身"文化

---

① 夏衍曾于1982年5月—1992年10月，数次在北京对陶瀛孙谈及陶晶孙的历史情况，其要点与他两次所写证词基本相同，但多了对陶与尾崎秀实关系的介绍、对陶与潘汉年"一直保持着联系"的提法，及对陶氏姐妹政治背景所起作用的设想等。夏衍并曾于20世纪80年代末，请陶瀛孙依据其口述写成文章，拿给《新文学史料》发表，但该刊不敢登载此文。于是，夏衍直接出面为陶晶孙说话并写了证词。陶瀛孙谈话记录，1997年12月18日，上海。

陶瀛孙于1930年在清华大学读书时，由同学、著名抗日英雄张甲州（后为东北红军36军师长）介绍加入中共，为清华有史以来第一个女党员，曾任中共北平市委秘书，后因北平市委遭破坏，转到上海，协助其妹陶凯孙办共青团刊物《少年真理报》，抗战之前，因患肺病数次开刀拆除肋骨而脱党，但仍保持信仰。陶凯孙于30年代，曾在上海任共青团江苏省委组织部长，后调任中共哈尔滨市委宣传部长；其夫金文哲，为1929年加入中共的华籍朝鲜人，曾任中共哈尔滨市委书记。金、陶夫妇于1937年9月赴延安学习，因被康生诬为哈尔滨市委被破坏案中的"内奸"，于1939年3月在延安遭秘密处决。1982年，公安部发文为金、陶平反昭雪。当年，陶晶孙只知道两个妹妹信仰马克思主义并积极抗日，并不清楚她们的政治身份。但潘汉年于1937年冬发展陶晶孙加入隐蔽战线时，应知道曾在上海工作的陶氏姐妹的政治背景。——参见陶瀛孙谈话记录，1997年12月18日，上海。陶瀛孙：《张甲州是我的入党介绍人》，中共黑龙江省巴彦县委党史办公室：《巴彦党史资料（第一辑）》，巴彦，巴彦县委党史办公室，1986年，第31—32页。陶瀛孙：《被康生杀害的两位共产党员》，《人物》，人民出版社，1987年第3期，第32—34页。史言：《被康生秘密处决的金文哲夫妇》，哈尔滨新闻网。

② 丁言昭：《关露传》，上海文化出版社2009年版，第88页。

③ 陶瀛孙谈话记录，1997年12月18日，上海。陶坊资：《回忆父亲》，《陶晶孙选集》，第411页。

汉奸"的浓墨重彩。

那些年，陶晶孙不仅违心地在上海发表过拥护"大东亚共荣圈"的文章，还违心地去汪伪首都南京，主持由日本军部督导的第三届"大东亚文学者大会"，担任大会副议长，并违心地接受周作人之邀，就任汪伪"中日文化协会事务局局长"——虽然他在这个职位上只滞留了25天，并婉拒了汪伪中央大学医学院院长的任命——一连串"落水"假象，已使他"堕落成周作人第二"的流言，沸沸扬扬传遍国门内外。[①]

陶晶孙无法为自己的"汉奸"言行做任何辩白。他于这一时期所写的这样一段文字，也许可以视作他对自己的安慰与鼓励："花……任人弃在垃圾之中，任人践踏。他自己有自己的苦恼，他自己有他自己的狂欢，自己有自己的憧憬，也有自己的光耀……美的是你自己，美是你心中。"[②]

潘汉年当年的重要助手刘人寿，曾对笔者讲述：老潘在抗日情报系统，曾对我们这些新来者说，情报干部要有为祖国和人民彻底牺牲的精神，不仅准备牺牲生命，也要准备牺牲名誉，就像陆游诗词所咏的梅花："零落成泥碾作尘，只有香如故。"[③]

陶晶孙这段专写"花"与"美"的文字，也许就是对潘汉年作出的内心呼应吧。

与左尔格的助手尾崎秀实关系密切

史料显露，陶晶孙与"20世纪最伟大的红色间谍"左尔格的首席搭档尾崎秀实，曾有多年密切联系。

德国"纳粹党员"左尔格，实际是德共、苏共秘密党员，其伯父是马克思的密友。左尔格于1930年年初至1933年年初曾在上海，以《德意志粮食报》记者身份为掩护，主持共产国际远东局上海情报网。

时任日本《朝日新闻》驻沪记者的尾崎秀实，由美国女作家史沫特莱引

[①] 陶瀛孙等：《陶晶孙小传》，《陶晶孙选集》，第406页。
[②] 《陶晶孙选集》，第332页。
[③] 刘人寿谈话记录，2000年2月1日，上海。

见，于 1930 年 10 月左右开始协助左尔格工作，不久后加入左尔格小组。①二战期间最重要的情报——日军将"南下"与英美为敌，而非"北上"攻打苏联——即由尾崎秀实协助左尔格获取。

陶晶孙早在 20 年代旅日时期，就已成为尾崎秀实的知交。1926 年，他去东京行医时，通过胞弟陶烈，结识了医学家柘植秀臣及其表弟尾崎秀实。据陶晶孙自述，年轻的《朝日新闻》记者、马克思主义者尾崎秀实，是给予他早年思想最大影响的几个人之一。②

陶晶孙来上海"左联"工作后，曾多次向同时在沪任记者的尾崎秀实约稿；1931 年 10 月，与尾崎秀实合作翻译"左联"剧本集《蜂起（起义）》日文版。此前，陶晶孙曾因史沫特莱"看戏时闯祸"，造成工部局警方突击查封他发起的"左联"剧社，而住进尾崎家中避难三日。尾崎曾亲自帮助陶晶孙，将其病逝于日本的胞弟陶烈的灵柩，运回祖籍无锡。陶与尾崎实可谓莫逆之交。③

那几年，尾崎秀实为了支持"左联"工作，还曾将日共党员、驻沪记者山上正义，及日本官方助办大学——上海东亚同文书院——的多位友人，介绍给陶晶孙、夏衍为友。同文书院的两位学生领袖，年轻学者中西功与年轻记者西里龙夫，即通过尾崎秀实结识陶晶孙、夏衍等"左联"骨干。西里龙夫还积极地为"左联"会议，提供了秘密会场。④

夏衍在《懒寻旧梦录》中写道："尾崎秀实，他是一个表面上看来是绅士式的记者，但是，他在当时却是在上海的日本共产党和日本进步人士的核心

---

① 石垣绫子：《一代女杰史沫特莱》，光明日报出版社 1992 年版，第 222 页。尾崎秀树：《左尔格事件》(日本版)，转引自杨国光：《功勋与悲剧——红色谍王左尔格》，中国青年出版社 2012 年版，第 27 页。尤里·科罗利科夫：《间谍——左尔格》，新华出版社 1980 年版，第 58—59 页。
② 陶瀛孙谈话记录，1997 年 12 月 18 日，上海。陶瀛孙等：《陶晶孙小传》，《陶晶孙选集》，第 401、403 页。
③ 尾崎秀树：《三十年代上海》，译林出版社 1992 年版，第 58 页。陶瀛孙等：《陶晶孙小传》，《陶晶孙选集》，第 401—404 页。
陶晶孙去尾崎秀实家中避难，原委如下："左联"艺术剧社于 1930 年 3 月，上演陶晶孙编译的话剧《西线无战事》。陶晶孙通过山上正义，借到了日本人经营的上海演艺馆。史沫特莱在话剧演出将结束时，使用老式镁光灯拍照，造成"巨响"，沉浸在剧情中的观众以为真有炸弹爆炸，争先恐后逃离剧院。此后，工部局警方便以此为借口，查封"左联"艺术剧社，并抓走五人。陶晶孙遂在尾崎秀实邀请下，去尾崎家中避难三日。
④ 夏衍：《懒寻旧梦录》，三联书店 1985 年版，第 160、162 页。陶瀛孙谈话记录，1997 年 12 月 18 日，上海。西里龙夫：《在革命的上海》(日文版)，转引自杨国光：《功勋与悲剧》，第 92 页。

人物。"同文书院里，"有十来个日本共产党员和同情者，他们都和尾崎、山上有联系。'社联'的王学文还经常去辅导他们学习马克思主义，这些学生中有几个后来成了日共的领导干部"。①

史料披露，在上海与左尔格有密切合作关系的中共"特科"干部、著名经济学家王学文，曾在同文书院任教。王学文于 1930 年，领导同文书院中的日本学生，创建了革命组织"日支斗争同盟"；此后，并介绍多名盟员加入中国共产党与中共"特科"情报组织。

其中较著名的有：中西功(政论家。1931 年 4 月加入中国共青团，1930 年代中期加入中共"特科"，1938 年转为中共党员。抗战期间曾任日本驻华情报机关"满铁"的支那抗战力量调查委员会负责人、日本支那派遣军总司令部顾问、日本中支那方面军特务部顾问，在潘汉年领导下从事情报工作)、西里龙夫(记者。1934 年加入中共，20 世纪 30 年代中期加入中共"特科"。抗战期间任日本中支那方面军司令部报道部顾问、汪伪中央联合通讯社指导官，在潘领导下工作)、手岛博俊(中共党员，中共"对日情报工作训练班"骨干，配合中西功等工作)、白井幸行(1930 年加入中国共青团，抗战期间任日本北支那方面军司令部情报科长，协助中西功等工作)、安斋库治(日共党员，抗战期间任"满铁"张家口—包头支社干部，协助中西功等工作。战后任日共中央书记)、尾崎庄太郎(抗战期间任"满铁"北方经济调查所经济组长，协助中西功等工作)……②

中共"特科"的创建者与领导者周恩来，对王学文发展的这批日本同志高度重视，曾赞誉他们建立的反战情报线，是中国的"国宝"。③ 中共中央于 1931 年 8 月，根据周恩来指示，专门发出《关于组织在华日本共产主义者开展工作的指示》。④

---

① 夏衍：《懒寻旧梦录》，第 152 页。
② 王征明(华东情报史编纂委员会委员、上海市公安局政保处原处长)：《铁窗赤子心》，香港文汇出版社 2012 年版，第 375—376、383—390 页。景德(钱明)：《北京行》(未刊稿)，上海，1986 年，第 1—7 页。鲁特·维尔纳：《谍海忆旧》，解放军文艺出版社 2000 年版，第 47—49、61 页。杨国光：《功勋与悲剧》，第 91—92、206—218 页。
③ 景德(钱明)：《北京行》(未刊稿)，第 2 页。
④ 日本警视厅特高课：《中共对日谍报团主要谍报》(日文版)，转引自杨国光：《功勋与悲剧》，第 218 页。

抗战时期中共建立的华中情报网

抗战期间,中西功、西里龙夫等重要的日裔情报员,均划归潘汉年领导的中共社会部(即原"特科")所属"上海情报科"。该科于 1939 年前,曾由徐强、刘少文领导;1939 年后由潘汉年领导。

"上海情报科",以中日情报员紧密合作为特色。其具体负责人为吴成方(化名"吴纪光",代号"老刘"、"老张"。潘案发生后,下放江西省德兴铜矿当职工;"文化大革命"期间,我在该矿工作时即与吴相熟),机要交通员景德(化名"钱明",1941 年专赴北京联系尾崎庄太郎、白井幸行),密点联络员李伟光(台湾人,在上海以西医职业为掩护)。

"上海情报科"辖下的南京情报组,负责人为李德生(化名"纪纲",在南京以中医职业为掩护),骨干有汪锦元(化名"大桥",中日混血儿,汪精卫的秘书)、倪兆渔(化名"陈一峰",经西里龙夫保荐,任日本同盟社驻南京记者)、郑文道(化名"程和生",专门联系中西功。1942 年暴露后,与李、汪、倪同时押解东京,为保护先已被捕的中西功,在东京跳楼牺牲。中西功在回忆录中,称誉郑为"中共党员的典型")。①

潘汉年在上海,同时建有其他情报机构。譬如,潘汉年指导部下袁殊(日本外务省在沪情报机关负责人岩井英一的"助手"),在"岩井公馆"内部建点,并帮助延安派来的刘人寿(潘的代表),直接打入"岩井公馆"任机要秘书,设立秘密电台。潘还指导袁殊,既在上海为岩井办《新中国报》,让恽逸群、鲁风(原名刘祖澄)等中共干部,成为该报负责人(鲁风曾"荣赴"东京,出席"大东亚文学者大会");又兼任汪伪中宣部副部长、清乡委员会政工团团长,去打开南京新局面。而从香港迁来的"老太爷"张唯一,则是潘汉年身边协管上海摊子,并联系香港与海外的枢纽。②

---

① 日本警视厅特高课:《中共谍报团李德生讯闻调书》(日文版),转引自程兆奇:《六十余年前的特殊"口述历史"》,《歧羊斋史论集》,上海交通大学出版社 2013 年版,第 532—539 页。王征明:《铁窗赤子心》,第 375—376、383—390 页。景德(钱明):《北京行》(未刊稿),第 2—9、12—18 页。中西功:《在中国革命的风暴中》(日文版),转引自景德(钱明):《北京行》(未刊稿),第 9 页。

② 尹骐:《潘汉年传》,中国人民公安大学出版社 1991 年版,第 192—193、201—217、224 页。王征明:《铁窗赤子心》,第 393—394 页。

虽然我们至今未能详知陶晶孙抗战期间从事情报工作的具体内情,但由多位中、日义士编织而成的立体情报网,已使我们可以想见陶晶孙的部分工作状况——他无论组织关系属于哪里,都参与着潘汉年领导下的对日情报战,很可能与上述中、日义士中的某几位,进行着秘密协作。

《女声》杂志社长佐藤俊子女士(中国名字左俊芝)的社交圈,也给我们提供了思考空间。

佐藤俊子由日来华后,经陶晶孙的老友、时任汪伪政府文化顾问的日本诗人草野心平介绍,而结识日本海军部太平出版公司经理名取洋之助,成为其下属杂志《女声》社长。关露即在吴成方安排下,由陶晶孙的老友中西功引见,成为佐藤俊子之友,进入《女声》工作(中西功被捕后,保护了关露,未使其暴露)。佐藤俊子突发脑溢血病故前数小时,曾专去兼任《女声》董事的陶晶孙家作客。《女声》与《新中国报》的日常联系,也非常多。虽然关露、袁殊均不知道经常见面的陶晶孙同为"卧底",但《女声》与《新中国报》,都应为陶晶孙提供了工作平台。①

现在已知,由中日义士合作、以沪宁为中心的华中情报网,曾为中外反法西斯战争提供大量重要情报,并受到在延安的中共中央与毛泽东高度赞扬。②

潘汉年系统由上海发往延安的主要情报有:东京御前会议、内阁会议密定的对华政策与国际政策;日本军政高层的内部分歧;日本战略物资匮乏状况;侵华日军的兵力配备与军事动态;日军板垣司令"诱蒋扶汪,坚决反共"、"南攻北剿,巩固华中"的战略部署;汪精卫与日本签订的《日支新关系调整纲要》、《帝国陆军作战纲要》等绝密文件;日军将于 1941 年 12 月 7 日(美国时间)突袭美国的准确情报(中西功侦得这一情报,并经吴成方、潘汉年认同后,曾设法转报在重庆的军统负责人戴笠,再由宋子文转报美国驻华大使詹森,可惜却未得到美国高层重视,致使日军对珍珠港奇袭成功)……③

---

① 丁言昭:《关露传》,第 92—93、106、118 页。
② 石堂清伦解说《现代史资料 24——"左尔格事件"4》(日文版),转引自程兆奇:《六十余年前的特殊"口述历史"》,《歧羊斋史论集》,第 533 页。
③ 扬帆口述,丁兆甲执笔:《断桅扬帆》,群众出版社 2001 年版,第 112—113 页。王征明:《铁窗赤子心》,第 375—376、383—390 页。方知达等:《太平洋战争的警号》,东方出版社 1995 年版,第 73 页。杨国光:《功勋与悲剧》,第 214 页。

我们无法肯定或否定陶晶孙与这些情报的关系,但他必然是华中反战情报的重要贡献者之一。否则,潘汉年决不会让一个"左联"作家,多年蒙受"落水汉奸"之巨辱。

史料披露,陶晶孙的密友尾崎秀实,于1937年中国抗战爆发之际,出任日本首相近卫文麿(原上海同文书院院长)的秘书与内阁顾问;1939年后,长期担任"满铁"顾问,继续参与中枢决策。

尾崎秀实在东京,不仅密切协助共产国际的左尔格小组开展工作(左于1933年离沪赴东京,主持"拉姆扎"小组),并仍与在沪中共情报组织保持着经常联系。据日本1971年出版的《左尔格事件》披露:中共"上海情报科"的情报,曾"相当大量地传给了尾崎秀实,成为左尔格判断的基础"。而左尔格与尾崎秀实侦获的情报,也"十分可能……流向中共中央"。①

据刘人寿向笔者介绍,虽然共产国际禁止其情报人员与各国共产党情报组织发生联系,但实际上出于工作需要,各种横向联系一直存在。②

史料披露,尾崎秀实于1939—1941年,曾数度由日本来上海,直接与中西功等中共情报系统的人员交换情报,了解、核实日军"南下"或"北上"等重要信息。③

我们有理由考虑,尾崎秀实在沪期间,应不会放过难得之机,去与陶晶孙见面,并获得陶的帮助。而陶倘若获知尾崎来沪,也应会与尾崎晤面,为他提供种种帮助。结束法西斯战争,反对日本军国主义,是他们俩的共同目标。

夏衍晚年曾数次对陶晶孙亲属强调:陶晶孙"和尾崎秀实关系密切……和潘汉年同志一直保持着联系"。④

尾崎秀实的弟弟尾崎秀树,则在《三十年代上海》一书中分析,尾崎秀实在狱中供述提及中国"左联"时,恐怕是为了保护陶晶孙,"故意把时间与人

---

① 石堂清伦解说《现代史资料24——"左尔格事件"4》(日文版),转引自程兆奇:《六十余年前的特殊"口述历史"》,《歧羊斋史论集》,第532—533页。
② 刘人寿谈话记录,2000年2月1日,上海。
③ 渡部富哉:《尾崎秀实和中共谍报团事件》(日文版),尾崎秀树:《左尔格事件》(日文版),均转引自杨国光:《功勋与悲剧》,第154—155页。西园寺公一:《红色贵族春秋》,中国和平出版社1990年版,第98—99页。
④ 陶坊资:《回忆父亲》,《陶晶孙选集》,第415页。

物岔开来了。这里，跟他关系密切的夏衍和陶晶孙等人的名字，被避开了"。①

看来，进一步揭晓陶晶孙与潘汉年、尾崎秀实等人的翔实关系，有待继续发掘中外相关档案与史料。

举家逃离台湾，飞赴日本避难

抗战胜利后，陶晶孙立即与潘汉年取得联系，协助中共地下组织接管了南京日军医院的部分物资，并秘密转运至苏北新四军驻地。

1946年年初，陶晶孙经潘汉年批准，加入国民党所组织的接收队伍，渡海前往台湾。②

我们现在并不知道，陶晶孙去台湾后，是否继续从事红色情报工作，但他既然"和潘汉年同志一直保持着联系"，似应与台湾的中共地下组织建立联系。中共那时在台湾，已设有诸多秘密组织。

陶晶孙在台北，先由国府教育部台湾区教育复员辅导委员会主任罗宗洛保荐，参与接收台北帝国大学；后由台湾大学校长陆志鸿委聘，出任台大医学院卫生学研究室与热带医学研究所教授。诸多来台湾后身患热带病的国民党官员，都成为他的病人与友人，充当了他的保护伞。

一转眼，就到了1950年。正当陶晶孙在台湾各处奔波忙碌之际，中共台湾省委书记蔡孝乾，在配合大陆"解放台湾活动"时，于1月、3月两次被捕。蔡的失误与出卖，导致中共情报网打入国民党国防部、高居参谋次长要职的吴石（后牺牲），与中共台湾省委武装部长张志忠（后牺牲），以及中共中央华东局驻台北女机要联络员朱枫（后牺牲）等大批潜伏干部被捕。③

这一系列恶性事件，导致台岛发生了针对左翼人士的持续性大捕杀。

---

① 尾崎秀树：《三十年代上海》，第61页。
② 陶瀛孙口述，高建国整理：《纪念我的哥哥陶晶孙》，张小红编：《陶晶孙百岁诞辰纪念集》，第1—2页。《陶晶孙选集》，第408页。
③ 王春慧等：《建国初期中共地下组织武装解放台湾的活动》，《镜周刊·党史信息报》，上海，中共上海市委党史研究室主办，2006年5月24日。何立波：《1950，叛徒蔡孝乾与台湾地下党》，《同舟共进》，广州，广东省政协主办，2013年第2期，第47—51页。

正当警车日夜呼啸之际,一位当秘密警察的远亲张延生紧急通知陶晶孙,他的小儿子陶易王,因参加反独裁的左翼学生运动,也已被列入黑名单。陶晶孙早已严厉警告小儿子:"不能图一时的痛快暴露自己,一旦被捕,对革命不利!"①倘若陶易王此时被捕,暴露的就绝不是他一人。据以后访问过陶晶孙的须田祯一先生介绍,陶此时在台湾,已"被看作是'反蒋危险分子',受到了特务监视"。②

陶晶孙感到危险正在逼近,立即以赴日本参加学术会议为名,向当局申请只身离开台湾。其实,他通过关系购得三张台北——东京往返机票,便于4月19日,带着妻儿一同飞离台湾,前往日本(其长子、次子已在日本)。

据陶易王先生回忆:那时,我们母子随父亲"逃离台湾,一切准备工作都是秘密进行的。为了制造假象,家中一切照常,就像是只有父亲一人出门似的。来机场送行的人,看到我们全家上了飞机,都很吃惊。父亲在起飞之前,一直担心会被扣押"。

撰写不朽遗著,在日本广受爱戴

陶晶孙一家在东京暂住后,转移到郭沫若与安娜夫妇曾居住的千叶县市川市,被那里的亲友保护起来。

政治空气趋缓后,陶晶孙由著名汉学家仓石武四郎先生举荐,出任东京大学的中国文学专业讲师(冰心女士返华后空出的讲席),并开设了一家夜间诊所行医。

陶晶孙使用日文写作优于中文。他的日语,雅致灵动、明晰流丽、幽默辛辣,是一种极富个性发挥的、"独一无二的日语","表达了语言本身莫明其妙的伟大"(草野心平语)。而他的日语文章,"文体清新,构思独特"(佐藤春夫语),兼具"中国的灵魂,日本的教养"(河上彻太郎语),"于幽默、哀愁中,伴随着愤怒",如同中国主流文化"'王冠'上滴落下来的珠玉"(平贞藏语)。

---

① 陶易王:《父亲在台湾》,《陶晶孙选集》,第419页。
② 须田祯一:《陶晶孙其人与作品》(日文版),转引自伊藤虎丸:《战后五十年与〈给日本的遗书〉》,陶晶孙:《给日本的遗书》,上海文艺出版社2008年版,第167页。

因此，他在日本一公开露面，便被各家报刊的编辑包围，要求赐稿。

第二次世界大战结束以后，中日民众之间出现了巨大隔阂。如何增进中日和平友好，并促使日本民族反省自己的价值观等，已是国际性大问题。陶晶孙决定以一个热爱与了解日本民族的中国老朋友身份，与战败后情绪激动不安的日本民众，像拉家常一样谈谈这些问题。

他这种把大哲理蕴含于生活小事的幽默写法，触到日本民族性格痛处的"文明批评"，借着日语美文特有的感染力，顿时获得日本读者欢迎。

譬如，他深刻讽刺日本，企图"脱亚入欧"，让中国充当殖民地，自己却沦入被美军看管的处境，把殖民主义曾带给中国的种种社会病，又一样不少地引进日本……让日本读者"一读就冒冷汗"。但因深含对日本民族的热爱，使广大读者甘愿接受并且反思。

不少日本读者感佩地说："充满文化良知与高尚情趣的陶晶孙，是这一代日本人最敬爱的作家"，"他在日本'第二次开国'时，帮我们确定了终其一生的和平建国方向"。

日本著名作家佐藤春夫先生称赞，陶晶孙的战后日语作品，是"内心富含温雅善意的对日本的文明批评"，使不少日本读者感到，只有在陶晶孙这里，才存在着"连接新日本与新中国的纽带"。

著名作家手塚富雄先生赞誉，陶晶孙的作品，是"一个对日本了如指掌的友人痛彻心脾的文明批评"、"震撼心灵的文明批评"，以"渗透于独特日语中的高尚人格，从意想不到的旷野，向气息奄奄的日本文学界，送来一个男子的自由之声"。

著名作家臼井吉见先生感慨，只有陶晶孙知道，扩张战争使日本民族特有的"幽默和忧伤感同时消失"。至今还"没有哪句话，将这个国家的文明批评得如此彻底"。

著名学者奥野信太郎先生赞誉，陶晶孙的作品，"可谓警世的文学，为世上有识者瞩目"、"是一本应该反复阅读的书"、"还没有见过这样对中日关系深刻剖析和富于教训的文章"。

日本德高望重的文学评论家伊藤虎丸先生，则如此评价陶晶孙出现在日本文坛的特殊意义："郭沫若等人是否曾给过日本大众任何影响？无疑可以说丝毫没有。大概只有鲁迅和陶晶孙例外吧"。陶晶孙是"除鲁迅之外，还有一位在日本广受爱戴、尊敬,并对日本施于影响的近当代中国作家"。他"对日本近当代精神状态的批判……于幽默之中,准确地指出了深沉且日常性的'罪责',并友好地指出了应在反省的基础上,规划日本重建的方向"。此外,他还促使两国知识分子认真思考,"为了日中真正的友好,必须了解日中近代的差异,发现共同的课题,共同的文化上、精神上的课题……倘若不过是以政治上、经济上暂时的利害关系为基础,那还不能算真正的友好。没有共同的反省,就没有共同的发展"。"鲁迅曾说:人类'互相关心……最平正的道路,却只有用文艺来沟通,可惜走这条道路的人又少得很'"。而陶晶孙,正是"走这条道路的人"。①

我们相信,陶晶孙在日本所言所为,必然也是他在中国的反战同道、革命同志深为期许之举。中日和平共进,是两国的需要,也是亚洲与世界的福祉。

1952年2月12日,陶晶孙因患肝癌不治,在市川市病故,年仅55岁。弥丽夫人守候在他身边,陪伴他走完了坎坷而非凡的人生旅程。

陶晶孙终于未能如愿返回他眷恋的祖国。根据在日亲友意见,他的骨灰一分为二,分别安葬于千叶县市川市公墓与东京青山无产阶级无名战士公墓。中国哲人曾云:"诗言志。"市川市公墓黑色晶莹的墓碑上,篆刻着陶晶孙用中文手写的两句诗:"台风从井里起,洪水从沙漠来。"

为了纪念这位唯一安葬于日本的中国杰出作家,经佐藤春夫先生等多位日本作家倡议,1952年当年,便由创元社推出陶晶孙的日语作品集《给日本的遗书》(半年之内连印三次)。仓石武四郎先生用一句话,说明了出版初衷:"如果书籍也可以像酒那样分级的话,它可以说是特级书了。"

1995年,日本东方书店又将《给日本的遗书》推出新版。伊藤虎丸先生在充满感情的长跋中,再次指出它对中日和谐共进,具有无与伦比的意义。他并曾寄语中国出版界:"考虑陶晶孙在日本知识分子中引起的巨大反响和发生的深远影响,可能中国知识分子也会有了解他的愿望……希望见到在中国出版《陶晶孙全集》,和他日语文章的中译本。"

---

① 均见伊藤虎丸:《战后五十年与〈给日本的遗书〉》,陶晶孙:《给日本的遗书》,第171、173、178、181、183—186页。陶瀛孙等:《陶晶孙小传》《陶晶孙选集》,第410页。

奇人奇书奇事,永远流芳传世

然而,《给日本的遗书》中译本出版过程曲折而漫长。

经弥丽夫人于1993年仙逝前示愿,北京的人民文学出版社曾于1995年,首次出版由著名出版家丁景唐先生编选的《陶晶孙选集》。但其中绝大多数为陶晶孙的中文作品,仅收晚年日语作品三篇(由陶晶孙在华胞弟陶乃煌医师翻译)。

陶瀛孙老师于2003年病逝前,多次呼吁翻译、出版《给日本的遗书》,却憾无结果,遂命我助其一臂之力。

我为此求助于著名文化思想家王元化先生。元化先生颇愿玉成此事,但他作风严谨,要求先译出各篇梗概,以便研究。然而,合适的译者一时未能找到,此事只得搁置。

抗战胜利60周年之际(2005年),我特撰长稿一篇,详述陶晶孙的非凡生平与《给日本的遗书》的不朽意义。此文在香港《文汇报》连载后,获得上海文艺出版社一位编辑朋友好评。未久,该社确定了翻译与出版此书计划。

2009年,历经半个多世纪沧桑,《给日本的遗书》中译本终于在陶晶孙的祖国问世,[1]并立即引起读书界良好反响。故乡与同胞,没有忘记这位海外赤子。

由中国现代人物研究专业委员会、上海师范大学人文与传播学院,于2013年9月,在沪联合主办的"上海国际红色情报战史国际学术研讨会",又将陶晶孙列为研究对象之一,再次说明,一个为中国抗战、世界和平与人类进步作出卓越贡献的历史人物,将永远被世人关注并纪念。

(高建国 上海市现代管理研究中心研究员)

---

[1] 高建国:《奇人与奇书》,陶晶孙:《给日本的遗书》,第204—205页。

太平洋戦争前の日本の二大紙における中国関係の組織と記者

◎［日］土屋礼子

一、有力紙における中国担当部署

　第一次世界大戦から1941年(昭和16)に太平洋戦争開戦に至る間に、日中関係は悪化の一途をたどった。1915年(大正4)に二十一箇条の要求を日本が中国に突きつけた結果、排日運動が始まり、1919年(大正8)の五四運動、1927年(昭和2)山東出兵の開始、1931年(昭和6)満州事変、翌年の上海事変で衝突は決定的となり、1937年(昭和12)に宣戦布告のないまま日中戦争が始まった。この間に、百万部を超えマス・メディアに成長していた日本の有力紙は、中国についてどのように情報を集め分析し、何を伝え、どのようなアジア報道を展開し、人々の中国及びアジアに対する認識にどう影響したのだろうか。

　この問いに対しては、新聞の論説や報道記事の表現や内容を分析する研究が行われてきた。たとえば江口圭一「侵略戦争とファシズムの形成」(1971)や後藤孝夫『辛亥革命から満州事変へ―大阪朝日新聞と近代中国』(1987)などがその代表である。だが本稿では別の角度から検討を加えてみたい。それはこの時期に日本の有力紙に設けられた「東亜部」あるいは「東亜」に関する調査会などの、中国および東アジア関係組織への着目である。

　1920年代から1940年代における日本の新聞界では、大手新聞が企業として巨大化するとともに寡占化が進行した。その中で、『大阪朝日新聞(以下、大朝と略す)』『大阪毎日新聞(以下、大毎と略す)』の大阪系二大紙が他紙を圧して発展した。1920年代半ばに両紙は百万部達成を宣言し、関東大震災で被災した東京各紙が没落する一方で、全国紙化を推進した。やがて『大朝』は元来経営母体が同じだった『東京朝日新聞(以下、東朝)』と題号を統一して『朝日新聞』(1940)となり、『大毎』は傘下に収めた『東京日日新聞(以下、東日と略す)』と完全に同一化して『毎日新聞』(1943)となるが、その企業としての拡大の時期に両社とも、「東亜」部署を拡充したのである。

　もともと日本の有力新聞社には、(A)取材報道組織として、中国大陸各地の支局と、それらを統括する「外報部」あるいは「通信部」があった。特に『大朝』『東朝』と『大毎』には、それぞれ独立した「支那部」と「支那課」が大正期からあった。これらの中国担当部署は、満州事変後に「東亜通信部」と「東亜部」に名称を変え、次第に人員を増やした。もう一つは、(B)「東亜」に関するインテリジェンス組織である。毎日新聞社は、「東亜調査会」を1929年(昭和四年)に、本山彦一社長の主導で創設した。これは1945年の敗戦で消滅したが、後の1964年(昭和39)に社団法人として発足したアジア調査会の前身といえる組織であった。一方、朝日新聞社も1934年(昭和9)に「東亜問題調査会」を、主筆・緒方竹虎の構想により創設した。こちらは1940年(昭和15)に廃止された。

　(A)と(B)の組織の実際の担い手は、大部分重なっており、「支那通」とも呼ばれた、中国専門の記者たちが中心であった。中国専門の記者たちに、ソ連や朝鮮の事情に通じた記者を加えた組織が、「東亜」関係組織であったといってよい。(B)は、日本の大陸政策に積極的に関与しようとした組織であり、敗戦とともに役目を終えたが、(A)の報道組織としての「東亜部」は戦後もしばらく存続した。これらの中国関係組織とその関係者には、ゾルゲ事件の尾崎秀実(朝日)や、影佐禎昭陸軍少将の梅機関に関わった神尾茂(朝日)や吉岡文六(毎日)などが含まれていた。

ところで「支那通」について荻野脩二は、明治期から中国で情報収集活動を行う「スパイ的性格を多分に持つものであった」と述べている。[①]彼によれば、日清戦争の前年に漢口で楽善堂という売薬店を開業し、中国内地の調査を行い、東亜同文書院の前身である日清貿易研究所を設立した荒尾精(1859〜1896)が「支那通」の第一世代であり、大正期に上海で書店を開き、魯迅をはじめとする文化人と親交の厚かった内山完造(1885〜1959)が、第二世代の代表であり。第三世代には、宣教師として中国に渡り北京のスラム街に女子のための学校を建て、後に桜美林大学の創立者となった清水安三(1891〜1988)がいる。

こうした「支那通」には新聞雑誌の記者や文筆業などメディアに従事する者が多く含まれている。第一世代では1914年に上海で東方通信社を興した宗方小太郎(1864〜1923)、第二世代では『京津日日新聞』に執筆した橘樸(1881〜1945)などがいるが、大手新聞社において中国専門記者として一角を占めた人々も当然これら「支那通」に含まれる。荻野は、『大毎』の支那課長だった澤村幸夫(1883〜1942)を、第二世代の「支那通」に挙げているが、先に見たような新聞社組織の編成からみると、満州事変前の「支那部」あるいは「支那課」という名称の時代が第二世代の「支那通」の活躍場所であり、満州事変以後の「東亜部」あるいは「東亜通信部」を担った人々は、第三世代と言えるだろう。本稿では、朝日新聞社と毎日新聞社という、当時最有力だった二つの新聞社における東アジア関係のインテリジェンス組織の概要を述べながら、どのような中国専門記者たちが、第二・第三世代の「支那通」として活動したのかスケッチしてみたい。

二、毎日新聞社の東亜調査会

毎日新聞社の東亜調査会は、1929年(昭和4)本山彦一社長の主導に

[①] 荻野脩二：「「支那通」について」『中国研究月報』48(4)、1994年4月。

より創設され、7月27日東京で発会した。当時の紙面では、「本社の二大新施設/東亜調査会設置、健康増進運動」(1929/1/1)というように、新事業の一つとして宣伝された。「東亜調査会規程」によれば、「東方亜細亜諸国における日本と利害緊密なる各般の問題を調査研究し、必要に応じてその結果を公表し、東亜に関する知識の普及を図る外或は本会と趣旨を同じくする個人若くは団体に対し適切なる協調援助を與へ、或は当局に建議し、或は輿論を喚起し、以てその効果を挙ぐることを目的」として設立され、「本会の主張と行動は、大阪毎日新聞、東京日日新聞、英文毎日及東京日日とは関係なきものとす」と宣言しているが、本部は大阪毎日新聞本社内に置かれた。①

　同調査会の役員としては、会長に本山彦一が就任するが、彼が1932年(昭和7)に没した後は、同社社賓だった徳富蘇峰が引き継ぎ、高石真五郎が副会長に就いた。理事には、楢崎観一、黒田乙吉、松本鍵吉、引田哲一郎、田中香苗、高橋公彦、馬場秀夫など中国やソ連、アジア担当の記者たちや、丸山幹治(客員)、森正蔵(論説委員)などが加わり、顧問及び評議員には、清浦奎吾伯爵、宇垣一成陸軍大将、近衛文麿公爵、東亜同文会理事の白岩龍平など、軍・議員・新聞社役員が名を連ねた。

　専任理事の楢崎によれば、「当時既に東亜の形勢急を告げつつあるに拘わらず、政府並びに政党は眼前の政争に齷齪して、東亜百年の国策樹立とその遂行を苟且に附する状あるを憂慮して」。本山氏が興したこの会は、1930年(昭和5)から1932年(昭和7)かけて、「支那動乱期に於ける海陸交通確保の件」、「満州における日本の自衛権主張」など何件かの決議を採択し、政府にこれを建議するとともに、輿論を喚起することに努め、随時、講演や座談会などを開催し、調査報告書や講演集などのパンフレットを出版した。

　つまり、満州と中国の問題がこの会の主要テーマであったが、満州事変以降、その範囲は拡大し、『支那満州を繞る諸問題』(1933)、『東亜問題研究』(1号〜6号：1940〜1942)、『焦点化の北方問題』(1942)、『南方報告』

---

① 東亜調査会：『昭和六年四月　東亜調査会報告』。

(1943)、『支那問題解決の途』(1944)などを刊行した。たとえばその第1号(1940年10月)の内容は、次のようなものである。德富猪一郎(会長)「世界秩序の基礎概念」、田中香苗(理事)「東亜共栄圏の問題と日本」、馬場秀夫(理事)「ソ連邦の新聞」、松本鎗吉(理事)「華僑問題に関する考察」、田乙吉(理事)「ソ連の北氷洋航路開拓」、神田五雄(理事)「蘭印東印度の経済的地位」、中保與作(理事)「国共相克の外貌と其の主張」、志村冬雄(大毎東亜部)「南京国民政府と農村建設」、橘善守(東日東亜部)「抗戦過程における西康、新疆両省の地位」、東京日日東亜部「白熱化せる国共摩擦」。馬場秀夫以下の各記者の論文は、客観的な事実を積み重ね、冷静な分析を展開しているが、德富と田中の論文は、近衛内閣が1938年に打ち出した「東亜新秩序」構想に沿った帝国主義的な観念に満ちあふれた内容である。この会が国策を唱道し、あるいは国策に先んじて満州・中国問題の喧伝につとめていたのは、明らかである。

　この会の実質的な中心人物は、楢崎観一と田中香苗の二人である。楢崎観一(1885～1965)は、1904年(明治37)6月に『大毎』に入り、日露戦争時の大本営が置かれた広島で働いた後、翌年韓国に派遣され、京城支局を長らく切り回した。共著『朝鮮最近史』(1912)、訳書『欧戦後の支那』(1921)、『満州・支那・朝鮮：新聞記者三〇年』(1934)、『興亜建設の基礎知識』(1940)、『大陸行路』(1943)、『新聞記者五十年』(1955)などの著作がある。東亜調査会には、彼の他にもロシア・ソ連に通じた馬場秀夫(1901～1979)、黒田乙吉(1888～1971)がいたが、本稿では中国担当記者の田中香苗の方に焦点を当てる。

　田中香苗(1904～1985)は、香川県出身で、1924年(T13)に中学卒業後、上海東亜同文書院に入学。卒業後の1929年(S4)7月『大毎』に入社し、翌1930年(S5)夏に大阪本社東亜部に転じた。この時すでに東亜調査会は発足しているが、25歳の彼はまだ理事にはなっていない。中国担当記者で調査会理事に名を連ねているのは、彼の上司だった東亜通信部副部長の村田孜郎、上海支局長・澤村幸夫、大連支局長・石村誠一、北平通信主任・松本鎗吉、天津通信部主任・引田哲一郎、南京通信部主任・吉岡文六、奉天通信部主任・三池亥佐夫、ハルピン通信主任・小林英生、漢口通信主任・足利緝である。
　このうち村田孜郎(1890?～1945)は、佐賀県生まれで、中学生時代、日露戦争の時に貨物船に潜入して大連に渡ろうとし、送還されたという。上海東亜同文書院卒業後、大連で金子雪齋に学び、北京の『順天時報』の記者になった。京劇を愛好し、梅蘭芳訪日の説明役として同行したのが機縁で、『大毎』に1919年頃入社。上海支局長を勤め、『支那の左翼戦線』(1930)を著したのち、『東日』の東亜課長となり、1933年には東亜部副部長に昇進したが、同年の城戸事件がきっかけで退社。1938年頃から『読売新聞(以下、読売と略す)』東亜部長となり、『風雲蒙古』(1936)、『宋美齢』(1939)などを著し、蒋介石、郭末若等の翻訳も行う。数年で『読売』を辞して、「辺彊問題研究所」を創設。1944年に上海市政府顧問となって上海へ渡り、終戦後まもなく上海で死去した。
　澤村幸夫(1883～1942)は熊本市に生まれ、熊本市立商業を卒業後1896年に中国に渡り、1916年(大正5)に『大毎』に入社した。1920年代は支那課長を務め、1930年(昭和5)に上海支局長に転じ、東亜通信部顧問を務め、1942年(昭和17)4月に享年60歳で死去。『江浙風物誌』(1939)、『支那草木虫魚記』(1941)などの著書がある。1921年に芥川龍之介が中国旅行をした際には、村田孜郎と澤村が世話をし案内した。この二人は、だいたい「支那通」第二世代といっていいだろう。
　田中より少し年上の三池亥佐夫(1899～1945)は、福岡県八女郡生まれで、東亜同文書院を1921に卒業し、『大毎』に1923年に入社。支那課に配され、大連支局次長、奉天通信部主任を務めた。この奉天時代の1931年に田中香苗は派遣され、彼の部下として働いた。『東日』の東亜課長となった後、1934年に『大毎』の東亜副部長となり、さらに北京支局長・天津支局長を務め、上海在駐で『華文毎日』編集長となったが、1943年マニラに派遣され、1945年ルソン島で戦病死した。
　三池と同い年の吉岡文六(1899～1946)は、熊本生まれ、東亜同文書院を卒業後、『大毎』の北京通信部員となり、南京と上海で10年以上中国報道に携わった。1934年(昭和9)に『東日』東亜課長となり、田中香苗はその部下となった。『蒋介石を繞る支那政局』(1936)、『蒋介石と現代支那』

(1936)、『蒋政権はどうなる：支那は赤化するか』(1937)、『支那人物論』(1938)などの著書を発表。東亜部長に就任後、1940年(昭和15)軍からの依頼で現職のまま、南京政府顧問(梅機関顧問)になった。1942年に戻って編集局長に就任したが、1944年(昭和19)に、精神論が横行し竹槍訓練が行われる現状を憂い、「竹槍ではだめだ、渡洋爆撃機を作れ！」という記事を第一面に掲載し東条首相を激怒させた、いわゆる竹槍事件で局長を退き休職した。敗戦後の1945年12月辞職し、1946年3月に死去した。

　この二人の下で駆け出し時代を送った田中香苗は、大阪から東京勤務に転じ、1938年(昭和13)には、吉岡の後任として東亜課長となった。東京の東亜課での仕事は、「外務、軍部等この大陸に関する情報集めが任務だった」という。昭和研究会の中の支那問題研究会にも、尾崎秀美、波多野乾一、大西斉などと共に加わっていた。東亜課長となった年に中国の視察旅行に出て、影佐禎昭大佐と接近し、1939年(S14)には上海租界で、日本の新聞記者として初めて汪兆銘と会談した。『現代支那の変革過程』(1938)、『東亜の開展：新支那の史観』(1939)、『汪兆銘と新支那』(1940)などを著した。

　これら三池、吉岡、田中の三人は、「支那通」第三世代といえよう。第三世代は、しかし単に中国だけでなく、「東亜」を論じなければならなかった。そして新聞社はその機能を東京へ集中させていく中で、「東亜」部署も東京へ集中させていった。1940年(S15)10月に、毎日新聞社は大阪にあった東亜通信部、東亜部本部を東京移転し統合した。当時新たに発足した東亜部は、吉岡部長、田中副部長の下で20人を超え、その過半数は入社間もない青年記者だったという。吉岡と田中のコンビは、東亜部の中枢となった。

　「…〔吉岡部長と田中副部長の〕ご両人は何とも味わい深い名コンビであった。ピッタリと呼吸が合っているだけでなく、お互いが敬意を抱き、信頼しきった間柄であった。……ここに橘善守君を加えると、東京東亜ファミリーとなる。吉岡、田中、橘〔善守(1907～1997)〕の三人の東京東亜課の生活は大変長い。ア・ウンの呼吸でことは処理されて行くまで成熟度が出来上がっていた。戦後久しきにわたってまで東亜部ファミリーが形成されていったのは、この東亜課ファミリーの雰囲気から育っていったに違いない…」①

　1942年(S17)には、戦線が南方に拡大するとともに、東亜部の機構と権限が強化された。台湾、ハノイ、サイゴン、バンコクさらに朝鮮など全員が東亜部の指揮下に入り、陣容は急速に膨張した。同年12月に東亜部長に就任した田中は、マニラでの新聞発行に約160人を派遣した。この時期から各社の東亜部長は「陸軍嘱託」になり、軍による無線電信機や記事の統制に対応することになり、朝日新聞東亜部長・橋本登美三郎と往来するようになった。敗戦後、橋本は記者を辞め政治家になるが、田中は東亜部長を辞任した後、終戦事務局次長となり、敗戦時に外地にいた469人の社員の帰還に尽力した。彼は1949年総合技術調査室長になり、ラジオ東京設立などを手がけ、1956年には毎日新聞社取締役となり、1961年代表取締役社長・編集主幹となった。1964年アジア調査会を発足させ、専務理事に就任。1968年代表取締役会長となるが、1972年に辞任。1985年に死去した。なお、田中の部下だった橘善守(1907～1997)は、戦後の東亜部を担い、論説委員長になった。『招かれて見た中共』(1956)を著し、1956年のボーン上田記念国際記者賞を受賞した。

三、朝日新聞社の東亜問題調査会

　毎日の東亜調査会よりも遅れて、1934年(昭和九年)9月に朝日の東亜問題調査会は設立された。これは前年東北三省・華北を視察した主筆・緒方竹虎の構想に基づくもので、陸海軍や満鉄、大企業と連携を取りながら東亜の諸問題を研究するシンクタンクをめざしたという。同年元旦の『東朝』の自社広告によれば、「通信機関の拡大強化」という「読者奉仕の新年計画」として「超高速飛行機増備」、「海外本社特電充実」、「専用電話線の増設」などと並んで、「東亜問題調査会設立」が宣言されている。その

---

① 『回顧田中香苗』田中香苗回顧録刊行会発行、1987年、81—82頁、宮森喜久二による回想。

趣旨は、「満州国設立以来、わが外交政策の根幹は同国の健全なる発達を助成し、これを前提として隣接国との親善関係を確立するにある。本社はここに鑑みるところありて、これが必要緊切なる機関として東亜問題調査会を創設し、これを東京朝日新聞社内に常置することに決定した。…(略)…本調査会の目的とするところは、(一) 満州国を中心に、これに隣接する支那、ソビエト・ロシアその他東亜各方面の政治、経済、社会の各事情を研究し、在外本社通信網の情報と相まって、常に最新、精密の資料と知識とを用意し、更にこれが普及を計り、(二) 各方面権威者の参加を求めて、刻々に生起する国策上の諸問題を討究し、輿論の指導上並にニュース報道の上に、一層遺憾なきを期するにある。」と説明されている。つまり朝日新聞社が、満州国を中心とした国策に直接協力するための機関であった。

初代会長は副社長・下村宏で、幹事は大朝東亜部長・神尾茂、常任幹事・東朝論説委員大西斎、太田宇之助、尾崎秀実、竹内文彬、益田豊彦、嘉治隆一などがメンバーだった。この中で「支那通」として最も先輩格だったのは、神尾茂(1883〜1946)である。福島に生まれ、1906年に早大政経を出て、上海東亜同文書院で学び、卒業後すぐに朝日の南京通信員となり、1913年に正式に『大朝』に入社し、上海特派員、北京特派員となる。1921年から緒方竹虎とともにワシントン会議に派遣され、翌年帰国。1923年から1936年まで支那(東亜)部長を務めた。編集局顧問として論説委員を務め、1938年7月から香港に特派され、和平工作にあたった。1939年2月に定年となったが、同年11月請われて中国に渡り、影佐機関に加わった。1942年には郷里から衆議院議員に当選。1946年5月に死去。

しかし、実務的な実権を握っていたのは、緒方竹虎の腹心だった大西斎(射月 1887〜1947)である。彼は、福岡生まれで、福岡修猷館で緒方の後輩にあたる。東亜同文書院を卒業後、1911年に『大朝』に入社し、1917年に上海特派員、1919年に北京特派員となった。1924年に帰国した後、『東朝』に転じ、1925年に『東朝』の支那部長となる。1929年にロンドン特派員となった後、1930年に『東朝』論説委員に就任。1934東亜問題調査会常任幹事を兼任。1939年副主筆となり、1945年11月に論説委員室主幹となるが、1946年に退社した。なお、大西の前に『東朝』の支那部長を務めていたのは、神田正雄(1879～1961)である。彼は栃木県出身、東京専門学校(早大)卒業後、重慶府達用学堂の教習として招かれ、四川省で三年半過ごし、帰国して『西清事情』(1905)を著した第二世代の「支那通」で、1909年(明治42)に『大朝』に入り、北京特派員の時に21箇条要求の内容をスクープした。その後『東朝』に転じて、支那部長、外報部長などを務め1923年に編集委員ととなり、緒方竹虎と四人の合議制で編集局長職を代行した。1924年に衆議院議員となった。

東亜問題調査会の中心は、太田宇之助(1891～1986)だった。彼は兵庫県生まれで、早大在学中の1916年に上海に渡り、孫文の第三革命に参加した。卒業後、1917年に『大朝』に入社し、1919年から上海特派員となる。1923年『東朝』に転籍し、1925年には北京特派員となり、『済南事変の真相』(1928)を著す。1929年から1932年まで『東朝』上海支局長を務め、1934年東亜問題調査会中国主査となった。彼が「東亜問題調査会」の肩書きで『東朝』に掲載した記事は、「支那農村の現状」(1935/2/16)と「日支提携の進展」(1935/3/10)であった。『新支那の誕生』(1937)を出版した後、1939年に論説委員を兼任。1940年在籍のまま、支那派遣軍総司令部嘱託となる。1941年解任されると、汪兆銘の依頼で東亜連盟総会顧問になり、1943年には南京政府の経済顧問兼江蘇省政府経済顧問に招聘され、朝日新聞社を退社。1945年3月に帰国。戦後は夕刊紙『内外タイムズ』社に1969年まで在籍、『中国と共に五十年』(1977)などを著す他、太田宇之助日記を残している。しかし、彼は終生満州国には足を踏み入れなかったという。

武内文彬(ぶんひん1889～1971?)は、愛媛県出身で明大法科を卒業後、『中外商業新報』に入り、1919年『東朝』に移り、翌年支那に留学し、大連や奉天支局で勤務。『支那経済の見方』(1925)を出版。満州事変の勃発を現地奉天から打電したのが有名である。1934年にはロンドン軍縮会議にも出席したが、戦後の動向が不明である。

波多野乾一(1890～1963)大分県出身で、東亜同文書院を卒業後、1913

年に『大朝』に入社。北京特派員となり、後に『北京新聞』主幹となる。『現代支那』(1921)、『中国国民党通史』(1943)などを著し、外務省情報部にも勤務。戦後は『産経新聞』の論説委員となり、『毛沢東と中国の紅星』(1946)、『中国共産党史資料集成』(1961)を刊行。京劇研究家としても有名だった。太田と武内、波多野は、第三世代の「支那通」と言えよう。

　彼らに較べて一回り若い世代が、益田豊彦と尾崎秀実である。益田豊彦(1900～1974)は、福岡市生まれで、父親が修猷館の教師だった。修猷館を卒業したが、緒方竹虎の後輩で、動機には笠信太郎がいた。1924年に東大法学部を卒業し、高松高等商業の教授となるが、1926年労働農民党結成に参加。解党の後、ドイツ語の翻訳にいそしみ、1931年ベルリンに留学、翌年朝日のベルリン特派員となり、1934年に帰国して正式に『東朝』に入社し、東亜問題調査会に参加した。ここで尾崎と出会い、昭和研究会にも加わった。東京本社の東亜部長を経て、1945年ジャワ新聞の社長となり、終戦を迎えた。戦後は1952年に大阪本社編集長、1954年に取締役となり、1965年に退任した。

　尾崎秀実(ほつみ1901～1944)は、岐阜県で生まれ台湾で育ち、東京帝大卒業後、1926年に『東朝』に入社、翌年『大朝』の支那部に転じ、1928年から上海特派員となった。英語とドイツ語ができた彼は、この時にコミンテルンの諜報活動に参加し始めた。1932年大阪本社外報部に戻った後、1934年『東朝』に転じ、東亜問題調査会に勤務。1937年には昭和研究会に参加、1938年朝日新聞を辞め、翌年満鉄調査部嘱託となった。1941年ゾルゲ事件で逮捕され、1944年に処刑された。尾崎は、第三世代の「支那通」記者達の中で最も研究されている人物だが、九州出身者と東亜同文書院卒業者が多い「支那通」記者の中では、異色の経歴だったといえよう。

　これらのメンバーは、1935年(昭和10)末から翌年にかけて中国情勢を視察するため中国各地に派遣されたという。そのためか、東亜問題調査会の出版物は、1937年以降になって公刊されている。『朝日東亜年報』(1937～)は、「今後の帝国の指針を示すもの」として日本・満州国・支那・ソ連などアジア各国の人口・地理・政治・産業などに関するデータ集だったが、なぜかその次は中央調査会の名で1941年に「昭和十三―十六年版」が出され、戦時体制や時事問題を論じる内容に変じた。一方、「朝日時局読本」として『移りゆく支那』(1937)、『植民地の再分割』(1937)、『国防と軍備』(1937)が刊行され、また『朝日東亜リポート』(1939)として地域別の地誌・産業・現状などをまとめた本が出版された。第一編「香港と海南島」、第二編「満州」、第三編「支那の租界」、第四編「北洋漁業」、第五編「蒙疆」、第六編「大陸の通貨建設」、第七編「中国国民党と汪兆銘コース」で、「東亜新秩序建設」のための知識啓蒙を目指したシリーズであった。また、最も充実した出版物として、中国の主要人物350名を写真入りで説明した『最新支那要人伝』(1941)が最後に刊行されている。

　だが、東亜問題調査会の中心は、官僚や軍部のリーダー、財界や企業の要人、学者たちと膝を交えて懇談する毎月の例会にあったようだ。テーマは日中関係の改善で、汪兆銘による親日政権の樹立が最大の関心事であった。議会による民主主義の不全の中で、政党政治を立て直すのではなく、議会も政党も飛び越えて、直接権力者たちと話し合い、積極的に協力し、彼らを動かし、かつ密着して情報を得て利益に結びつけようとしたのである。しかし、ほぼ毎月掲載されていた例会記事は、1940年6月を最後に途絶え、会は廃された。一応、「中央調査会」が後継組織で、『朝日東亜年報』もそこから刊行されたが、実質的な活動内容は継承されなかったらしく、組織改廃の理由はよくわからない。

四、情報戦と「支那通」第三世代

　一般的に日本の新聞社の中で、中国および東アジア関係の部署の地位は高くない。政治部、経済部、社会部といった社内の権力的序列の中で、外報部・外信部の片隅に中国及び東アジア関係の担当記者がいるのが通常である。しかし、1920年代から1940年代までの「支那」および「東亜」部署は、かつてなく注目され、期待され、また拡大した部署だった。大正期のはじめには、大阪が中国および東アジア関係の情報拠点であったが、日本軍と日本の経済活動が大陸で拡大するにつれ、その拠点は東京にシフトし、満州事変後に「支那」部署は「東亜」部署へと名称を変更した。それは国策に沿うというより、1938年(昭和12)の近衛内閣による「東亜新秩序」建設構想という国策に先んじて「東亜」政策を唱道する新聞社の立場を表明するものだった。毎日と朝日の両調査会も、議会や政党を相手にするのではなく、直接官僚や軍の指導者から情報を得て、その政策に追随するよう大衆を啓蒙しようと試みた。その意味で単なるジャーナリズムの枠を踏み越え、情報宣伝機関として自らを国家的機関の一部と化することによって日本を動かそうとしたといえる。それは西洋のジャーナリズムへの対抗というナショナリズムによって正当化された。

　本稿では触れなかったが、1936年に発足した同盟通信、その母体となった日本電報通信社、新聞聯合社、あるいは東方通信社などの通信社こそ、最も多くの海外駐在記者・通信員を中国を中心としたアジア各地に展開しており、通信社の海外人員の総数は毎日・朝日・読売を含めた各新聞社の海外人員の総計を上回っていた。彼らにとってニュースの覇権はロイター通信をはじめとする西欧諸国のメディアとの闘いであり、中国大陸はその主戦場とみなされた。主に国内をみつめていた日本の新聞社の中で、こうした国際的競争を強く意識したのは、二三の有力紙だけだったが、満州事変によってその国際競争意識がはっきりと帝国的ナショナリズムに転じたのである。

　その中で、「支那通」の役割は、第一世代、第二世代とは異なった、格段に難しいものになった。第一世代は、日清や日露戦争に直接役立つような情報を集め、自らも中国で商売を行ったり、実体的な業績を上げることが目指された。第二世代では、中国で業績を上げる者のための知識、とりわけ中国の実態を描き出した社会的風俗的な記述が志向された。文学や演劇などに造詣が深く、その翻訳を手がけた記者も多い。第三世代では、共産主義の影響下での中国の政治経済的な変化と将来の方向性を論ずることが求められると同時に、排日運動と日本の中国侵略と格闘しなければならなかった。新聞社の「支那通」記者は、記事を執筆する以外の活動を仕事の延長として、軍や外務省と情報と意見を交換するだけでなく、和平工作に参画することも要請された。

先の荻野論文は、第二世代の「支那通」の仕事について、「皮肉として言えば、彼らの中国研究は何一つとして中国侵略に役立たなかった。勿論、中国侵略を阻止するのにも役立たなかった。つまり中国の風俗・習慣についての研究成果、あるいは中国人の発想・生活についての研究成果を、日本のより広い人々は受け入れなかった。」と断じている。

上海左尔格国际会议会场

一方、東亜調査会や東亜問題調査会の出版物を読むと、そこには軍事面や経済面という実利的科学的な記述ばかりがあふれ、中国に日本人とは異なる人々が人として生活していることへの尊重も共感も見出せない。それが第三世代にのしかかった言論弾圧のためなのか、コロニアリズムによる冷徹さのためなのか、あるいは日本の帝国主義的ナショナリズムによる偏見と縛りのためなのか、いずれにせよ、これらの出版物の大半は、戦後、占領軍によって没収され禁書の類となり、顧みられることなく忘れられ、また、第三世代の「支那通」記者たちも多くを語ることなく姿を消していった。彼らは「東亜」の名の下に何を目指し、何を発言し、どう行動したのか、そして戦後それをどう考えたのか、彼らが間違っていたとすれば問題はどこにあったのか、ジャーナリストたちがどう情報戦に荷担していったのかを問い明らかにする作業は、私たちの課題として残されている。

（［日］土屋礼子　日本早稲田大学教授）

朝日新聞と中国――日中戦争期での国策新聞『大陸新報』の足跡

◎［日］山本武利

上海での日本語新聞『大陸新報』の創刊

　　上海は満州を除く中国の都市の中では日本人の居留民が多かった。『大陸新報』が創刊された1939年には、上海の日本人は5万8千人で、第2位の北京の4万6千人よりもはるかに多かった。居留民のみならず、上海周辺には日本軍の軍人、軍属が多数常駐していた。中国語のリテラシーの低いかれら居留民、軍人は中国よりも日本の情報を日本語新聞に求めていた。そのため大小の日本語新聞が上海に育っていた。すでに1879年に週刊の『上海新報』が生れ、1904年には日刊の『上海日報』が誕生した。第1次大戦前後には『上海日日新聞』や『上海毎日新聞』の前身の『上海経済日報』が創刊された。1930年代になると、従来の中小の商人、旅館・遊興飲食店経営者、従業員などに加え、会社銀行員、商社員役人などの日本人がこの国際都市に渡ってきた。共同租界を中心に日本人居住地域は上海事変以降膨張した。同紙創刊当時、上海、南京、武漢など華中、揚子江流域の日本人居留民は5万4千人いたが、日米開戦後の1942年には15万6

千人と三倍弱の増加となった。1942年の上海は9万7千人であった。無視できないのは軍人、軍属の数で、それは1932年の第1次上海事変以来急増し、居留民の数に匹敵したと思われる。

しかし1937年夏の第2次上海事変までは『上海毎日新聞』、『上海日報』、『上海日日新聞』の三大紙が市内で鼎立していた。ところが蒋介石の国民党軍との戦闘の中で、日本軍は3紙の合併を促し、1937年11月『上海合同新聞』の1紙となる。停戦後の1938年1月にはまた3紙それぞれが復刊した。しかし経営難と軍部の働きかけで、『上海日日新聞』が軍資金で買収され、漢字の『新申報』となった。これは御用紙であったが、有料読者は僅少であった。軍は日本語新聞の刊行を急いだが、御用紙では反発を買うので、御用色を隠した国策新聞の刊行を図った。そこで『上海日報』を買収し、『大陸新報』として刊行することになった。

陸軍省情報部は中支派遣軍参謀長に1938年11月3日付けで暗号電報を送り、その中で上海に新たに日本語新聞を設立するとし、

　一、本新聞設立後適当ノ時機迄、概ネ月額二万五千円以内ノ補助ヲ与フ

　二、前号ノ補助ハ之ヲ対支院ノ予算ニテ支弁スル如ク措置スルモノトシ、対支院設立迄ハ暫定措置トシテ陸海外三省ニ於テ之ヲ支出ス。三省ノ支出ニ関シテハ別ニ定ムと、費用は対支院（興亜院の前身）が支払うが、それが発足するまでは、陸軍、海軍、外務省が分担することになったと伝えた。三省間での設立決定から創刊までは二ケ月の短期間であった。

1939年（昭和14）1月1日に上海で創刊された『大陸新報』の第1面を見ると、内閣総理大臣近衛文麿、陸軍大臣板垣征四郎、海軍大臣米内光政、外務大臣有田八郎の「発刊を祝す」が写真入りで大きく掲載されている。板垣陸相はその祝辞のなかで、「貴社の使命を達成するには、日本の新聞であると同時に中国民衆の新聞であるとの自覚と雄大なる意図」をもって、新支那を建設し、日満支の関係を強化する気運を醸成せよとの檄を飛

ばしている。『大陸新報』が日本人だけでなく中国人の読者に支持され、愛読される新聞になることを板垣は希望していることに注意したい。第2面トップには天皇・皇后の「御近影」がある。陸海軍、外務省肝いりの日本の国策新聞であることが、この紙面構成から見て取れる。

日本軍・政府の侵略への便乗は部数を増やす

　図1は昭和戦前期の東西の『朝日新聞』の発行部数の合計をグラフ化したものである(『朝日新聞社史』資料編、1995年、320～321頁参照)。満洲事変では1931年の百四十三万部から翌年の百八十二万部へと27％増えた。太平洋戦争まで同紙の部数が右肩上がりに一本調子に急増していることがわかる。とくに1937年の日中事変以来の日本の中国大陸侵略の拡大に呼応した派手な戦況報道が同紙を経営的に潤し、その業界支配力を高めたことをグラフが如実に示している。戦争なしではとても『朝日新聞』の基盤は形成されなかったことがわかる。なお1943年以降の減少は戦況悪化による極端な用紙不足と業界統制強化によっている。

　(図1)発行部数の変化：『朝日新聞の中国侵略』、46頁。

大陸進出への秘めたる野心

　編集面は東京本社、印刷、営業面は大阪本社が協力するという軍からの具体案を朝日はすぐに受けいれ、緒方主筆がさっそく題字の筆をとった。初代社長には朝日新聞上海支局長で中国通でもある木下猛が選ばれていた。編集局長には朝日新聞南京支局長の森山喬、印刷局長には大阪朝日の印刷部長石井民吉をもってきていた。

　朝日はもともと大阪から出発した新聞社で、本社も大阪に置かれ、関西に強固な基盤を築いていた。また大阪朝日は米騒動の報道で激しい政府批判を展開して発行禁止処分(白虹事件)を受けて以来、不偏不党の現実主義をとりだしたが、それでも東京朝日や他紙よりはデモクラシー色が強かった。満州事変や軍縮問題でも厳しい軍部批判を展開した。しかしそれをリードしてきた高原操主筆は中国侵略批判から現状肯定の立場に転換し、それを部下にも理解を求める事態になった。東京朝日の緒方主筆の方では、大阪朝日の満州事変批判や軍縮推進の言論活動を不偏不覚の社是から逸脱、ないし突出と見なしていた。

東西の朝日が現実受け入れの方針に揃ったと見た緒方が以降、大阪朝日の言論をも統括する主幹として社全体の編集、論説の陣頭指揮をとるようになった。五・一五事件や二・二六事件では軍部批判はできなかったし、しようとしなかった。満州事変から盧溝橋事件や支那事変でも現実追認に終始した。緒方が「筆政」を担うとともに東西の社論の乱れはなくなったが、軍への迎合が目立つようになった。初代オーナーの村山龍平は平時はデモクラシー、戦時はナショナリズムを編集方針とすることを編集幹部に指示していたが、2代目の村山長挙にはリベラルな体質はなく、中国侵略を是認する国権主義的ポリシーを支持していた。緒方の体質も「平時はデモクラシー、戦時は帝国主義」という社論の矛盾に違和感がなかった。

軍への積極御用

1940年から以降、終戦までは軍への一瀉千里の協力であった。創刊当初、『大陸新報』は成功するか、失敗するか予測できなかったが、国策新聞であるため資本提供の必要がなく、成功した際の利益は大きいと考えた。ローリスク・ハイリターンとの経営判断であった。しばらくして「大陸新報」の成功が見えてきた段階での「満州朝日新聞」計画は自主経営をねらったヴェンチャーであり、本体の用紙不足解消策をねらった二兎を追う抜け目ないものであった。しかし毎日など他紙への軍部の配慮がそれほど強いこと、逆に言えば、軍の朝日評価が思ったほど高くないことに気付かなかった。その失敗を教訓に、成功しつつある大陸新報社からは朝日色を消しつつ、その経営強化を図り、朝日の中国進出の橋頭保構築に傾斜するようになった。1944年の業務会議では大陸新報社の値上げが議題として取り上げられた。尾坂に指示して福家の排除を図り、内部から朝日色を固めようとし出した。その意図が中国新聞協会の設立と、朝日による協会支配の確立である。同社や協会を隠れ蓑とした朝日の野心は、華字紙までも支配下におく中国侵略工作に他ならなかった。その成否は中国での日本軍の制覇にかかっていたが、すでに新聞協会設立時において軍の凋落は明らかであった。そのため新聞協会の設立の時期は遅きに失していた。

「国賊新聞」から「国策新聞」へ

　1923年の虎ノ門事件の報道に怒った右翼が村山長挙専務を襲った際、緒方は村山をかばって重傷を負った。二・二六事件のとき、朝日新聞社は陸軍青年将校の襲撃を受けた。そのときも緒方が銃剣をもつ部隊責任者と落ち着いた応対をして男をあげた。とかく同紙には右翼、軍部からの攻撃が絶えなかった。『国賊東京及大阪朝日新聞膺懲論』(野依秀一、1928年)、『大阪朝日新聞は正に国賊だ！』(藤吉男、1932年)、『軍部を罵倒する国賊大阪朝日新聞ヲ葬レ』(松井芳太郎、1933年)といった書籍やパンフレットは多かった。ところが支那事変以降の軍部側の資料には『朝日新聞』をリベラルとか、ましてや「国賊新聞」と見なすものはもはやない。朝日は安心して「国策新聞」を任せられる有力紙であった。朝日の本紙は内地で戦争報道を煽って部数を急増させた。国策に他紙を出し抜いて協力することによって、陸軍に媚を売り、「名報道部長を謳われた馬淵さんはまた大の朝日ファン」(長生俊良「陣中新聞づくり」前掲『戦争と社会部記者』、45頁)にさせるのに成功させた。

　『大陸新報』は朝日の「国策新聞」化を促進させる触媒の役割を果たした。リスク性の高い資本の直接出資を避け、転出社員を退職扱いにする部分関与的な慎重な協力関係からはじまったものの、高い収益をあげる新聞であると判明すると、朝日色を押し隠しつつ、一般紙を装ったブラック新聞への関与の度を強めた。満州その他中国への帝国的侵略機関の基盤づくりに出向社員を暗躍させる工作を始める。また軍部による抗日華字紙テロという援護射撃を受けつつ、朝日関係者は『大陸新報』の勢力拡大を図った。『社史』はその世評を気にしてか、あるいは戦後の同紙が批判して止まない南京事件や軍の中国侵略での同紙の報道責任を読者に感じさせないためにか、神尾茂の香港での和平工作が異常なまでに強調されている感がする。それは『大陸新報』に割かれたスペースの四倍である。しかし彼が仕掛けた独自のいくつかの和平工作は、権力を動かすことはなく、それらのことごとくの失敗は朝日と同紙の限界を露呈するものであった。

こうして「国賊」から「国策」への姿勢転換は、緒方の主導で中国侵略という国際的謀略の渦へ朝日本体を巻き込むことになった。『大陸新報』は新聞と日本国との関係、新聞と中国の関係など客観的に把握しにくいマンモス・メディアの行動を鋭角的、象徴的に映し出すミニ・メディアであった。

『大陸新報』の収益性と侵略性

太平洋戦争下で朝日が刊行した『ジャワ新聞』は軍報道部による赤字補填と購入の保証という陣中新聞であったから公然と創刊できた。またライバル紙も同様な行動を示したので、その歴史的経過を従来の社史で堂々と記述してきた。ところが『大陸新報』の発行は陸軍参謀本部からの朝日のみへの実質的参加要請であったこと、その参加には秘密性があったことから、当時から社内外で秘匿されていた。しかも軍の窓口が影佐禎昭という参謀本部の名うての謀略専門家であったこと、影佐と緒方らが相互利益供与の関係にあったこと、さらに影佐の特務機関が暗殺、処刑といった特務工作で悪名を残したことなどから、公表しづらかったのであろう。また『新申報』は中国人に対し日本中心の大東亜共栄圏を宣伝し、彼らに日本軍の侵略を納得させるための宣撫新聞であった。さらに『大陸画刊』も『大陸新報』と同質の宣撫メディアであった。

『新申報』も『大陸新報』も汪精衛政権という傀儡政府を支援し、軍の中国侵略をごまかし、真実の報道を行わなかった謀略新聞であった。『大陸新報』には中国侵略とか、帝国主義的野心がなかったと朝日の社史は言いたいのであろう。しかし本質は同じである。ただホワイトかブラックかの差異である。ブラックの方が質が悪い。

情報公開を求める

朝日はGHQへ提出した弁明書で自己の戦争責任を軽減すべく、ぎりぎりまで太平洋戦争回避のための努力を行った最後の新聞であったと述べた。(1948年4月15日提出「朝日新聞調査表」RG331 Box8602Folder25)

日本の最大の悲劇である太平洋戦争、その阻止に朝日新聞は全力を試みた。真珠湾寄襲の日、12月8日附の朝日の紙面を見れば、誰でもが朝日の平和的態度を諒解するであろう。が、戦争の進展とともに政府の言論統制は日とともに強化された。その間の朝日の態度は今日から見て些かあきたらぬものがあろうが、その時、政府の命に反し独自の立場をとったとすれば、すでに朝日の存立は許されなかったのである。朝日新聞が他の諸新聞に比較して最も遅れて政府に追従したことは幾分その罪を軽くするものであろう。

しかし朝日は支那事変以降もっとも戦争を煽った新聞であったことはたしかである。この『社史』が強調する香港での「和平工作」の節には、「武漢攻略に報道陣二千人」という見出しの記事が挿入されているし、その前節は同紙だけで総数138人もの特派員を派遣した軍の中国攻略への過剰ともいえる熱狂的な報道ぶりを扱った「戦局の進展で特派員増派」（第2節）である。同紙は太平洋戦争でライバル紙以上に派手に戦況を報道したとの世評があった。

熱狂的な戦争報道で朝日の部数は増加し、広告増収も顕著で、多額の戦況報道経費を補ってあまりある利益をあげた。朝日から上海の特務機関に秘密に派遣された神尾茂は、爆弾3勇士の標柱を見た後、「朝日新聞が飛行に助力せるために、海軍より与えられたる建物付2万坪の地面」を見学したと日記に記している。(神尾茂『香港日記』1957年、167頁)。この記述はどこまで正確であろうか。海軍の工作員であった児玉誉士夫は終戦時に集めた財宝を朝日新聞所有の飛行機で日本に持ち帰ったと言っているが、それと神尾の日記とは結び付くのであろうか。

　最初は陸軍、続いて海軍への緒方の接近は朝日並びに緒方への利益供与につながった。朝日は長年の読者からの軍用飛行機の献納募金(献機運動)によって陸海軍から便宜供与を与えられ、自紙の取材活動の迅速化、飛行機部門の営業化(日本最初の民間航空会社設立)に寄与したが、神尾日記にあるように、大場鎮飛行場での海軍からの建物付き2万坪の敷地の同社への供与がなされることになった。これは朝日の支那事変報道のためばかりでなく、飛行機部門からの利益増大につながった。この大陸侵略による目に見える現実利益がジャーナリズムとしての権力批判の喪失をもたらせた。それが村山社長による自社飛行機によるぜいたく品の密輸や児玉誉士夫による終戦時の財貨の日本への持ち帰りなどに悪用されることになった。

　第二次大戦での新聞の戦争責任を論じるポイントは、軍部による報道への検閲、統制への服従やうその報道、プロパガンダの程度である。たしかに『社史』は「汚点」をかなり自己解剖、自己告白している。しかしこれは消極的行動に対する軽い自己責任に関するものである。積極的行為で重い責任というべきものは、国内での軍関係出版雑誌、書籍の発行や植民地、占領地でのプロパガンダ、宣撫のための新聞、雑誌の発行である。さらに重い「大きな汚点」は、中国新聞協会設立による中国新聞市場支配の野望とその行動である。『社史』はその事実を部分的ながら初めて出した点で評価されるよう。しかしその解明のための資料公開は不十分であった。こうした事実関係を明らにできる情報公開を待ちたい。

戦前の朝日の足跡から今後の
日中報道をどう展望するか

　朝日は文革期に中国政府から国外追放されなかった唯一の新聞である。林彪事件でもその発生を中国政府の公式発表があるまで認めなかった最後の新聞である。戦前の日本の中国での行動をめぐる「侵略」か「進出」かの教科書問題では、一貫して日本政府の姿勢を批判し、中国側の「侵略」の立場に立った報道を行った。現在でも現政府に批判的なサンケイ新聞に対極の同調的なソフトの姿勢を堅持している。

　1949年以来の中国共産党やその政府に好意的と見なされる朝日が果して今後とも中国の味方となるだろうか。

　戦前の歴史を見る限り、朝日は中国を日本軍の意向を体して侵略した最有力の新聞であった。「平時はデモクラシー、戦時は帝国主義」を貫いた新聞が戦後の日中報道でどのような役割をはたしていくだろうか。1949年以来60年余り日中が交戦状態となったことはない。いわば平時の時代である。そこでは朝日はデモクラシーの姿勢を中国に示して来た。しかし尖閣諸島など領土問題、台湾問題、北朝鮮問題などで日中が交戦状態にならないとはだれも断言できない。そうした不幸が発生した際、歴史が語るように朝日は帝国主義の立場を露骨に顕示するのではあるまいか。

上海左尔格国际会议会场上展示的各国代表带来的研究资料和书籍

　　　　　　　　（山本武利　早稲田大学教授）

谍战海上，厥功至伟：
左尔格和他的谍报工作

——"左尔格与上海情报战国际学术研讨会"综述

◎ 李云波

2013年9月15—16日，上海师范大学人文与传播学院、中国现代人物专业研究委员会为深入研讨第二次世界大战时期曾经在中国开展过红色谍报工作的苏联间谍左尔格，在上海师范大学举办了"左尔格与上海情报战国际学术研讨会"。这是中国首次举行研究左尔格的学术会议，来自俄罗斯、日本、中国、韩国、澳大利亚等国的专家学者及左尔格小组成员后人60余人参加此会。会议共收到论文20余篇。

理查德·左尔格(Richard Sorge, 1895—1944)，第二次世界大战时期苏联著名军事间谍，1930年1月—1932年11月，左尔格以德国记者、自由撰稿人等合法身份在上海开展情报搜集工作，为苏联全面掌握远东局势、制定对外政策及中国红色革命的开展提供了重要信息和援助。这一时期左尔格的谍报工作，也为其后来成长为国际情报精英打下坚实基础。1933年左尔格由苏联去日本，二战期间曾提前7个月获得德国进攻苏联的情报。1941年10月左尔格不幸在东京被捕，1944年11月7日被日本处以绞刑。左尔格为苏联、中国和日本共产主义事业及世界反法西斯的胜利作出巨大贡献。

中国现代人物研究专业委员会主任、上海历史学会副会长、上海师范大学人文与传播学院院长苏智良教授主持会议开幕式，中国史学会副会长熊月之教授，俄罗斯科学院远东研究所中国当代史研究中心部门主管、首席学术主任玛玛耶娃研究员，高级研究员索特尼克娃女士，日本一桥大学名誉教授加藤哲郎，上海世界史学会会长潘光研究员，日本爱知大学教授铃木规夫等人分别作精彩报告，围绕"左尔格小组与中国"、"左尔格的活动研究"、"左尔格小组的日本情报人员"、"牛兰事件及其他"等几个议题，与会人员展开深入交流和广泛探讨。会场上还展示了各国研究左尔格的文献资料，加强了各国学者之间信息的交流和资源的共享。主办方专门制作的《20世纪20—40年代上海情报战地图》和特别组织的实地参观，考察左尔格及其小组成员曾经在上海的活动足迹，给与会者带来更直观的感受，受到一致好评。

会议以熊月之的《上海城市对于中共领导革命斗争的意义（1921—1949）——一个城市社会史的考察》作为主题报告的开篇，他从社会史的角度全面就上海这个异质文化交织下的城市特点和特殊历史意义作了分析，认为上海硕大的城市体量、便捷的交通与通信网络、奇特的政治格局（存在管理缝隙）、开放的文化氛围、复杂的社会结构（华洋混处、五方杂处）等，使其成为中共1921—1949年领导革命斗争过程中极端重视和尽量利用的重要城市。这个报告实际也是对20世纪30年代左尔格小组之所以在上海开展谍报工作大背景的介绍，是对本次会议主题的重要铺垫和突出说明。

一、左尔格小组与中国

左尔格的奇迹是从上海开始的，研究左尔格小组与中国的关系是本次会议的重要议题之一。玛玛耶娃在其《理查德·左尔格和他的情报小组1929—1932年在中国的活动及其结果》中，对左尔格来华前后的国际国内背景、具体经过、主要活动、功绩等进行了探讨，认为左尔格和他的情报机构是苏联了解中国国内局势及国民党的军事、对外政策，特别是围绕中国的各种国际关系的重要信息渠道。在这一过程中，左尔格和蒋介石邀请的德国军事顾问间的密切联络及左尔格本人对情报的分析发挥了巨大作用，为其在中国和随后在日本从事间谍活动打下了良好基础并取得了初步成绩。玛玛耶娃在会上还特别强调左尔格小组的密切协作对其谍报工作的重要性。苏智良的《左尔格在上海(1930—1932)》，通过深入挖掘文献史料结合实地考证，对左尔格"拉姆扎小组"成员的构成、身份、职责、影响，以及小组在上海的具体活动形态（包括与中共的合作关系）、参与营救牛兰等问题展开深入研究。尤其披露了左尔格在上海的长期居所，即尾崎秀实的虹口居所施高塔路（今山阴路145弄2号）、中西功的寓所施高塔路留青小筑28号（今山阴路124弄28号），以及在华懋饭店（金和平饭店北楼）和青年会大楼（今西藏中路123号）；此外，依据相关史料作者还就"拉姆扎小组"中中国组的人员构成以及小组和中央特科的关系往来作了极尽全面的阐述，肯定了左尔格对中国革命的贡献。加藤哲郎《作为国际情报战的左尔格事件》，摆脱以往"左尔格事件"研究的冷战思维，从国际情报战史的独特视角，将1930—1940年在上海以及东京发生的关于左尔格谍报团的活动、检举、裁判和处刑等一系列事件，纳入到系统的国际情报战的层面来研究，将战后日本、美国、苏联和俄罗斯在不同时间节点上对左尔格事件的报道和研究也作为国际情报战的一部分来研究，形成了对左尔格问题新的认识。在大会发言中作者还从学术史的角度就全世界范围内研究左尔格的学术动态进行了梳理，呼吁相关资料的公开和共享。潘光的《左尔格与上海犹太人中的地下反法西斯集团》，主要介绍了曾与左尔格情报小组有过联系的几位上海犹太人及由部分犹太人组成的地下反法西斯集团的人员构成及主要活动等情况，认为他们中很多都是左翼分子，是上海反法西斯国际统一战线的重要组成部分，这是一个新的突破。

二、左尔格小组的活动研究

左尔格在中国和日本开展的谍报活动，是其人生轨迹的最主要组成部分，寻找左尔格的活动足迹，对深入了解左尔格其人及合理评价他的历史功绩具有重要作用。索特尼克娃在《共产国际执行委员会设在上海的国际联络点OMC》中通过重点梳理共产国际执行委员会国际联络部在上海站点的人员构成、人员更替、组织活动原则、活动方式,以及该站点在牛兰事件前后的职能、组织演变等,认为 20 世纪二三十年代,共产国际在中国开展工作实际是异常艰难的,国际联络部上海站点作为一条"神经中枢",为共产国际等组织和代表的活动及中共革命的开展提供了设备、情报和资金等方面的重要保障。日本日俄研究中心白井久也主任的《艾格尼丝·史沫特莱:20 世纪 30 年代的上海的情报活动》主要阐述了史沫特莱 20 世纪 30 年代在上海的情报工作,认为研究这一时期史沫特莱的情报活动,既要将其作为共产主义者的一份子来研究,同时更要将其活动作为当时红色情报战的一部分来研究。俄罗斯 Algoritm 出版社总编辑 A. 科尔帕克基编审的《左尔格之后苏联在华的侦查活动》,系统介绍了 1930—1940 年左尔格离开上海后,随着中苏关系的变化,苏联在华情报活动的演变情况,包括情报人员的变更和结局,情报站的破坏和重建等,作者认为左尔格小组失陷后苏联在华各情报站仍继续运作,尽管有一些失误,但圆满完成了对日侦查的工作,同时还加强了苏、中之间军事和情报的合作。上海师大邵雍教授文章《左尔格在上海——以共产国际解密档案为中心》依据 2002—2007 年出版的《共产国际、联共(布)与中国革命档案资料丛书》的相关文献记载,重构了左尔格当年在上海的情报战的精彩画面,包括情报小组的组建、主要任务和具体活动等,充分肯定了左尔格对苏联军情部门和中国革命作出的贡献。

三、左尔格小组的日本情报人员

以尾崎秀实为主的日本情报人员是左尔格小组的重要组成部分,尤其在左尔格被派往日本期间,他们发挥了不可替代的作用。复旦大学徐静波教授的《上海和东京:尾崎秀实情报活动的起点和终点》,通过深入发掘和利用尾崎秀实狱中信函、审讯记录、《申诉书》等珍贵文献,对其特殊人生经历及其与史沫特莱、左尔格、川合贞吉等人的关系作了介绍,详细披露了左尔格在东京从事情报活动并被捕入狱和牺牲的细节,认为尾崎秀实参与左尔格的情报工作,既有其偶然性,也有其必然性;但是其始终如一的坚定共产主义信仰和高尚的道德情操决定了他最终投身于革命的实践活动。铃木规夫教授在《从尾崎秀实看谍报概念的革新》中,从政治文化的视角出发,认为尾崎秀实的革命实践与理想形成了一种新的谍报概念,其谍报活动始终以国际主义克服狭隘的民族主义作为理想支撑,为实现这种理想他认为,要通过中日间的对抗和相互作用来寻找两国自身的社会变革。上海档案馆陈正卿研究员的《钱明、肖心正等口述、回忆中的日本中西功及"中共谍报团案"》对中西功本人及"中共谍报团案"的部分情况作了细致探讨,认为满铁调查人员在战时中国日占区的显著影响力,为中西功等人搜集情报创造了条件;中共也为其在满铁的调查工作提供了必要帮助;中西功等人为摧毁日本法西斯势力作出了突出贡献。早稻田大学土屋礼子教授的《太平洋战争前日本二大报纸中与中国相关的组织与记者》对第二次世界大战时期日本最有力量的两大新闻社——《朝日新闻》和《每日新闻》——中有关东亚情报组织和相关记者的情况作了概述,细致考察了第二、第三代"支那通"日本记者的人物身份、在情报战中的角色、参与的活动等问题。山本武利《〈朝日新闻〉与中国——中日战争时期日本的国策报刊〈大陆新闻〉的足迹》详细阐述了日本《大陆新闻》在上海创刊的背景、人员组织构成、性质等,认为由于日本军部对报刊的审查、高压控制以及虚假的报道和宣传,《大陆新闻》归根到底成为一份侵略报刊,尤其它在中国新闻协会成立时对中国新闻市场的支配野心和行动更证明了这一点。作者呼吁加强对朝日新闻社相关资料的公开。

四、牛兰事件及其他

牛兰事件是发生在 1931 年 6 月 15 日的共产国际远东局秘密情报人员、泛太平洋产业同盟上海办事处秘书牛兰及其妻子在公共租界被捕并被押解南京判刑的案件,左尔格曾参与营救工作,导致其情报网暴露并被迫离开上海。对这一事件进行探讨有助于加深对左尔格的研究。上海东方有线电视吴基民研究员的《得不偿失的大营救——牛兰、宋庆龄与左尔格》一文认为,时任国民党组织部中央调查科总干事的张冲在牛兰案中扮演重要角色,而宋庆龄和左尔格的奋力营救,不仅暴露了宋庆龄的秘密身份,使左尔格情报小组被迫瓦解,同时还使中共中央在蒋介石身边德军顾问团的情报网损失殆尽,因此这次营救得不偿失。上海档案馆张姚俊的《牛兰事件细节问题的再研究》通过梳理牛兰夫妇在江苏高等法院第二分院受审时的部分庭审记录,对牛兰夫妇被捕的地点、受审的相关细节、移提南京等问题作了逐一梳理和考证,深化了对牛兰案的研究。朱玖琳的《左尔格小组与宋庆龄30年代初政治活动关系之初探》,主要就左尔格及其小组如何与宋庆龄建立联系、如何合作营救牛兰等问题作了详细探讨;作者还考证得知左尔格通过潘汉年而非陈翰笙和宋庆龄传递蒋介石"围剿"红军的军事情报给中共;作者认为宋庆龄应该是在1933年9月,即远东反战会议成功召开后加入共产党。浙江理工大学徐青的《孤岛时期上海的国际情报战——以郑苹如间谍案为中心》,对孤岛时期上海情报战中的"郑苹如间谍案"进行了细致爬梳和分析,披露了"郑苹如第一个报告汪精卫投日叛国"的史实,探讨了郑苹如同日本反战和平派人士及中共的合作关系,以及他们的活动等重要细节。认为郑苹如和这些反战人士的共同目标是为了早日结束日本对中国的侵略。上海现代管理研究中心高建国研究员《反战间谍作家陶晶孙》,结合陶晶孙亲属口述,对其本人及其从事的情报工作作了初步研究,梳理了他与尾崎秀实等人的亲密合作关系,肯定了他对日情报战的贡献。作者还认为陶晶孙在日时期的日语著述,核心理念是促使日本民族反省自己的价值观,促进中日和谐共进,其著述对日本民众影响巨大。

会议讨论时,各国学者一致认为左尔格为反法西斯战争作出的贡献不容否认,今后各国之间应加强资源信息的交流与合作。与会人员还就诸多细节问题展开激烈争论。关于左尔格小组的经费运作,A.科尔帕克基认为,小组的经费是苏联通过美金来发放的,左尔格在上海期间苏联在资金支持上从没有缺少过;索特尼克娃则认为当时共产国际实际很难在中国开展工作,情报小组是很难得到资助的。关于周恩来与左尔格是否会过面,苏智良、陈正卿、A.科尔帕克基一致认为这一事件确实存在[①];而玛玛耶娃则认为周恩来和左尔格是否会过面需要史料的进一步论证。关于左尔格情报工作的得失,玛玛耶娃认为左尔格在上海的工作既有成绩也有致命的错误,这

---

① 关于这一事件的记载只见于《张文秋回忆录》,苏智良教授认为这本回忆录基本是可信的;周恩来曾要求蔡叔厚、张文秋等中共特工参加左尔格小组,陈正卿认为周恩来和左尔格确实有直接联系;A.科尔帕克基确信当时左尔格有能力会见周恩来,苏联政府也不会对此表示反对。

上海左尔格国际会议代表合影

是他被迫离开上海一个重要原因;而 A. 科尔帕克基则认为左尔格对世界反法西斯战争作出重要贡献,但其从上海撤离及最后在日本被捕则证明他的工作是失败的。会中索特尼克娃、加藤哲郎等学者还对相关研究资料的真伪有自己的思考[①]。

  本次研讨会与会人员来自不同国家和地区,其中有学者、作家、外交官、左尔格小组后人等,身份不一,交流广泛。会议提供的高品质的俄、英、日三种同声翻译,确保了各国学者能无障碍地进行交流。会议内容既有主题报告、综合讨论,又有纪录片放映、资料地图展示、实地参观等,形式多样,信息多元,对深化和推动左尔格问题及"国际红色情报战史"的研究具有重要作用,各国学者一致呼吁今后应加强类似的交流。本次会议也为即将于 2014 年在东京举行的纪念左尔格逝世 70 周年研讨会做了学术充分准备。

(李云波 上海师范大学专门史博士)

---

  ① 索特尼克娃认为口述和亲人的回忆等究竟在多大程度上还原了历史值得思考;加藤哲郎则指出《日本的黑雾》当中伊藤律的信息是明显错误的。

后　记

　　2012年春,日本爱知大学的铃木规夫教授在复旦大学臧志军教授、浙江理工大学徐青博士的陪同下,来上海师范大学会晤。铃木教授传递了一个信息:关于左尔格的研究,无论是冷战中,还是冷战后持续不断;在他战斗过的地方,只有中国没有主办过学术会议。

　　我即表示,我们来主办。这首先是因为,左尔格的情报生涯是从中国、从上海开始的,上海应该隆重主办并纪念这位在这里留下诸多轶事的情报奇才。其次,20世纪前叶的上海,一直是全球情报搜集的重镇,而许多隐秘的人物、事件,扑朔迷离,举行这样一个高水准的国际会议,会大大推进该领域的研究。再次,本人潜意识中有些英雄情结,20多年前,就曾写过《聚集在党旗下》,描述过周恩来、钱壮飞、陈赓、潘汉年、李克农、杨登瀛等的情报传奇。

　　但是不幸的是,2012年11月20日下午,我在结束了上海市档案局的专家座谈会后,准备返回学校时,在外滩上街沿被一位河南女士的电动车从背后撞击,导致左膝盖髌骨粉碎性骨折,随后在瑞金医院做了装钢钉固定的手术。整个2013年,不良于行,时常拄着拐杖,但总算会议的筹备工作非常顺利。

　　2013年9月15日,"左尔格与上海情报战国际学术研讨会"在初秋的上海举行。来自俄、日、中、韩、澳大利亚等国的专家学者,以及左尔格小组成员的后人出席了会议。我们为会议提供了俄语、英语、日语三种语言的同译,创作了一幅左尔格小组在上海活动的人文地图(吴俊范副教授指导,彭代琨、吕圆圆绘制）。会议代表还饶有兴致地参观了当年左尔格、史沫特莱居住过的华懋饭店——今天的和平饭店，不少代表为这座世界著名旅馆的高雅与华丽而赞叹不已；代表们还拜谒了尾崎秀实、中西功的虹口故居，并观赏了黄浦江上璀璨的夜景。

在这里，我除了要感谢主办方上海师范大学人文与传播学院、中国现代人物专业研究委员会，也要感谢爱知大学、早稻田大学、日俄历史研究中心的协办。感谢远道而来的玛玛耶娃·娜塔丽娅·列欧尼多芙娜（Natalia Mamaeva，俄罗斯科学院远东研究所中国当代史研究中心部门主管、首席学术主任、高级研究员）、索特尼克娃·伊里娜·尼科拉耶芙娜（Sotnikova Irina Nikolaevnu，俄罗斯科学院远东研究所中国当代史研究中心高级研究员）、A. 科尔帕克基（Aleksandr Kolpakidiss, Algoritm 出版社总编辑、社长），他们提供了高质量的论文。铃木规夫（爱知大学教授）、渡部富哉（日本社会运动资料中心主任）、白井久也（日俄历史研究中心主任）、加藤哲郎（日本早稻田大学教授）、山本武利（日本早稻田大学教授）、土屋礼子（日本早稻田大学教授）等近30名日本学者的出席，使得本次会议的外国学者数量远远超过中国学者而成为真正意义上的国际会议。我还要感谢中国研究左尔格的开拓者杨国光前辈，感谢田洪敏、王军彦、张航萍、金灵、吴俊范、赵文文等高质量的翻译，感谢所有的参与者。

对于理查德·左尔格在华传奇生涯之研究，本次会议还只是一个新的开端。周恩来在法租界的哪个高级旅馆会见了左尔格？张文秋在福开森路（今武康路）租赁的3层西式洋房究竟是哪一幢？在这幢屋子里，史沫特莱为张文秋作了两个多月的口述记录，后来出版了《中国的女共产党员羡飞》一书。再如，董秋斯位于亚尔培路（今陕西南路）的寓所里，左尔格是常客，这个寓所还存在吗？还有宋庆龄与左尔格的关系，牛兰事件的诸多细节，等等，这些历史之谜，期待后人去探索、去解开。

如今，左尔格所处的战争与革命的年代已经远去。回望过去，我们对那些为战胜法西斯、为人类进步而献身的人们，仍应怀抱崇高的敬意与感激之情。

苏智良
2014 年 3 月 28 日于海上